성철 평전

性徹

김택근

전북 정읍에서 태어나, 동국대 국문학과를 졸업했다. 1983년《현대문학》에 故박두진 시인의 추천을 받아 시인으로 등단했다.〈경향신문〉문화부장과 종합편집장, 경향닷컴 사장, 논설위원을 역임했다.《김대중 자서전》편집위원으로 자서전 집필을 맡았다. 지은 책으로《새벽: 김대중 평전》,《사람의 길-도법 스님 생명평화 순례기》,《강아지똥별: 가장 낮은 곳에서 별이 된 사람 권정생 이야기》,《뿔난 그리움》,《벌거벗은 수박 도둑》등이 있다.
《성철 평전》으로 2017년 '올해의 불서' 대상을 수상했으며, 2017년 세종도서 교양부문,《용성평전》으로 2019년 세종도서 교양부문에 선정됐다.

감수 | 원택 스님

1967년 연세대 정치외교학과를 졸업하고 1971년 친구를 따라 찾아간 백련암에서 성철 스님과 처음 만났다. 이러한 인연으로 1972년 출가한 이후 성철 스님 곁에서 22년, 또 스님을 떠나보낸 뒤 24년, 이렇게 46년여 동안 큰스님을 시봉하며 살고 있다. 조계종 총무원 총무부장을 역임했으며, 현재 조계종 백련불교문화재단 이사장, 도서출판 장경각 대표, 해인사 백련암 감원, 부산 고심정사 회주로 있다. 선禪의 핵심이 담겨 있는《선림고경총서》37권과 성철 스님 법어집 11권 등을 편집 발간했으며, 최근에는 개정증보판《백일법문 상, 중, 하》,《명추회요》등을 펴냈다.

성철 평전

초판 1쇄 발행일 | 2017년 1월 16일
초판 7쇄 발행일 | 2023년 7월 1일

지은이 | 김택근
펴낸이 | 남배현
기획 | 모지희
책임편집 | 박석동
펴낸곳 | 모과나무
등록 | 2006년 12월 18일 (제2009-000166호)
주소 | 서울시 종로구 삼봉로 81 두산위브파빌리온 1308호
전화 | 02-720-6107
전송 | 02-733-6708
전자우편 | jogyebooks@naver.com
디자인 | ㈜끄레 어소시에이츠

ⓒ 김택근, 2017
ⓒ 사진, 주명덕/유철주/백련불교문화재단
ISBN 979-11-87280-10-1 03220

모과나무는 (주)조계종출판사의 단행본 브랜드입니다.
지혜의 향기로 마음과 마음을 잇습니다.

성철 평전

김택근 지음 | 원택 스님 감수

야반삼경에 다 떨어진 걸망 하나 지고
달빛 수북한 논두렁 길을 걷다가
차가운 논두렁을 베개 삼아 베고
푸른 별빛을 바라다보면서
죽음을 맞이할 수 있어야
조금이라도 수행자의 모습에 가깝다.

퇴옹성철

1936년 해인사에서 출가

1966년 해인사로 다시 들다

1981년 대한불교조계종 종정 취임

1987년 해인사에서 일타, 서암, 성철, 혜암, 법전 스님

추천의 글
성철 스님이 다시 오신다면

지난 가을, 성철 대종사 열반 추모다례를 올렸습니다. 해인사 나들목에서부터 길이 막혀 다비장으로 30리 가까운 길을 걷고 걸어서 밀려들던 군중의 모습을 떠올리며, 용탑선원 앞 외나무다리 밑으로 좔좔좔 흘러가는 개울물을 물끄러미 바라보았습니다. 벌써 23년의 세월이 흘렀습니다.

큰스님은 살아서는 "절 집안 어른"이셨지만 열반에 드시고는 "대한민국의 큰스님"이 된 드문 예를 남겼습니다. 백련암에서 큰스님을 시봉하면서 보낸 22년의 세월은 큰스님에게 늘 꾸중 들은 대로 "마음속은 캄캄한 곰새끼의 세월"이었습니다. 제 마음속이 먹통이니 어른스님을 제대로 모실 수가 있었겠습니까? "자상하게 일러주지 않고 나무라기만 하신다"고 불평을 한 마음 가득 쌓고 살았던 세월이 부끄럽고 부끄럽습니다.

세월이 지나 저도 칠십이 넘어 노장이 되어 어느 날 신도님이 "스님! 솜 누더기 무명옷이 얼마나 무겁습니까? 이 옷을 입으시지요" 하며 실크 누비옷 한 벌을 가져왔습니다. 입어보니 참 따뜻하고 가벼웠습니다. 그때 불현듯 큰스님이 칠십 중반을 지나시면서 "야 이놈아! 요새는 이 무명 솜 누더기 옷이 와 이리 무겁노!" 하시며 힘겨워 하던 모습이 떠올랐습니다. "그래, 그때 큰스님께 이 가벼운 실크 누비 두루마기 옷을 지어드릴 생각을 왜 못했을까?" 하는 아쉬운 마음이 밀려왔습니다.

분명 큰스님은 우리와는 다른 정신세계에 살고 계신다는 믿음은 철저했지만 저 자신의 깨달음의 세계로 향하는 마음의 동력은 힘차게 발동시키지 못한 세월이었다고 크게 반성을 하고 있습니다. 하지만 큰스님이 열반에 드시고 매년 기일을 맞이하여 7일 동안 8만4천배 추모참회법회를 열고 있습니다. 20여 년 동안 해마다 3,000명에 가까운 신도가 모여 철야정진을 해왔습니다. 처음 5년 가까운 세월에 보여준 백련암에서 장경각, 퇴설당까지 옮겨가는 오렌지색 노적가리 형태인 초야의 방광 모습은 잊을 수가 없습니다.

삶과 죽음을 초월한 큰스님의 정신적 능력을 뒤늦게야 목격한 감격과 회한은 무엇으로 표현할 수 있겠습니까. 큰스님의 가

추천의 글

르침 따라 오늘날까지 10년, 20년을 하루같이 천배, 삼천배 정진하는 신도님들이 계신가하면 그 힘든 아비라기도를 매월 3일간 60번을 10년 넘게 해오는 분들도 있습니다. 신도님들은 큰스님 열반 뒤 지금까지도 상상을 초월하는 기도를 계속하고 있습니다. 그렇게 열심히 기도하는 신도님들이 상좌들보다 더 큰스님의 가르침을 믿고 따르기에 고마운 마음 한량없습니다.

얼마 전에는 80명 가까운 신도님들이 하남 정심사에 모여 24시간 동안 1만배를 올리는 법회를 가져 여법하게 회향하며 환희에 젖은 모습은 정말 감동적이고 극적이었습니다. 그러나 이러한 체험은 큰스님 주변에서 너무나 좁은 범위에 국한되는 일이어서 아쉬운 마음을 가눌 수가 없습니다. 그런데 이런 안타까움을 한 방에 날려 보내는 쾌거를 이번에 법보신문 모과나무 출판사에서 이루어 주었습니다. 2015년 1월부터 시작하여 2016년 6월 말에 끝낸 김택근 선생의 '성철 스님 평전' 법보신문 연재글을 모과나무 출판사에서 출간한다는 소식을 전해주었기 때문입니다.

성철 큰스님의 전기에 관한 책으로는 《우리 옆에 왔던 부처》(1993년 11월), 《산은 산 물은 물》(1998년 10월), 《성철 스님 시봉 이야기》(2001년 12월) 등이 있습니다.

법보신문에 연재가 시작되면서 김택근 선생을 만나 부탁드렸습니다.

"큰스님에 대한 여러 가지 책이 시중에 나와 있지만 위의 세 가지 책 모두 저의 구술과 관련이 있습니다. 주변에서 여러 스님을 만나보고 교계 신문도 두루두루 살펴보며 자료를 많이 모아주셨으면 합니다. 무엇보다도 선생님은 김대중 대통령의 자서전을 쓰신 분이니 근현대사에 상당한 조예가 깊을 것으로 생각됩니다. 지금까지의 큰스님에 대한 책은 절집 안에서 일어난 사연들이 주를 이루고 있습니다. 평면적인 서술이 아니라 시대의 역사상을 보태서 큰스님에 대한 평전을 기록하여 입체적인 모습을 재현해주시면 좋겠습니다."

연재가 진행될수록 김 선생의 필력이 발휘되고 불교에 대한 이해도 더욱 깊어져 많이 고무되었습니다.

성철 큰스님의 가르침을 따르는 신도들의 신행생활은 누구도 따를 수 없을 만큼 깊지만 수많은 불자에 비하면 너무나 적은 숫자입니다. 그래서 어떻게 하면 큰스님의 신행을 널리 펼칠 수 있을까 하는 안타까움을 늘 품었습니다.

이번 《성철 평전》은 그동안 나온 큰스님에 대한 그 어떤 책보다도 우리의 역사 속에서의 성철 큰스님 모습이 생동감있게 그려지고 있습니다. 큰스님이 살아온 시대상과 역사적 일들이 잘 엮어져 큰스님의 생애뿐만 아니라 우리가 살아온 시대상도 흥미진진하게 펼쳐져 감동과 재미가 더합니다.

지금 백련암에는 성철 큰스님이 계시지 않습니다. 스님이 계실 때처럼 하루하루 팽팽한 긴장감을 지금은 찾을 수가 없습니다. 그러나 김택근 선생의 평전은 우리 앞에 "큰스님이 다시 오셔서 밥값 내놓으라고 죽비를 내리치는 것"과 같고 또 "불자의 바른 길을 뚜벅뚜벅 걸어가라고 외치는 것"만 같습니다. 많은 노력을 기울여주신 김택근 선생에게 감사한 마음을 전합니다.

2017년 새해 백련암에서
벽해원택 碧海圓澤

차례

추천의 글 성철 스님이 다시 오신다면 11

서장 | 저 언덕으로
시간을 걷어내고 22 / 청정비구의 외길 25
사람의 산 28 / 스스로 소금이었던 수행자 33
떡갈나무의 작별인사 37

제1장 | 눈 오는 밤, 팔을 자를 수 있는가
경허가 가고 성철이 오다 44 / 글자가 없는 경 52
죽음을 버리다 60 / 대원사에 들다 67
마음이 도망가지 않았다 75 / 겨울 해인사 83
보이지 않는 눈이 내리고 90 / 출가 99

제2장 | 서있음이 벽이고 흐름이 불이었다

중이 없는 세상 108 / 가난한 절 116

아들이 가져간 한쪽 눈 123 / 운부암과 마하연의 도반 131

어머니를 업고 금강산을 구경하다 139 / 그날이 다가오고 147

오도 155 / 혈맥상승의 여로 162 / 홀로 가는 길 170

아버지가 울다 177

제3장 | 그대 달을 보았는가

간월암의 달 186 / 문상과 문안 사이 194

복천암의 한글 202 / 눈이 퍼붓기 전에 209

쌍련선원의 두 연꽃 217 / 비구니 묘엄 225

말없이 말하는 제3의 도반 233 / 철수좌가 온다 243

큰딸 도경이 죽다 255

제4장 | 봉암사 결사

배고프면 먹고 곤하면 잔다 266 / 부처님 법대로 살아보자 274

비불非佛을 태우다 282 / 공주규약, 오래된 새길 290

시간의 사리 298 / 불멸의 결사정신 306

봉암사를 나오다 315

제5장 | 벽방산 새벽이 찢어졌다

바다에 묻은 아버지 326 / 천제굴 334
내가 너를 보고 있다 342 / 전쟁을 씻기다 350
네 놈이 도인은 도인이구나 358 / 증오의 소용돌이 366

제6장 | 나 같은 중한테 속지 마라

성전암 10년 동구불출 376 / 쓸모없어야 도를 이룬다 384
우리가 세상을 가둔 것이야 393 / 절집의 기왓장을 팔아서라도 403
초전법륜 '운달산 법회' 411 / 삼천배 420
아비라 기도 428 / 법 고향 가야산에 437
덕산거사와 인재불사 445

제7장 | 물이 곧 불이며, 불이 곧 물이니

밥값 내놔라 454 / 묻겠으니, 내외명철 하신가 464
백일법문 473 / 양변을 떠나 가운데에도 머물지 마라 482
불교 속으로 들어온 과학 491 / 청담 그리고 향곡과 자운 499

제8장 | 돈오돈수

해동불교의 종조와 법손 512 / 지눌을 찌르다 520
한국불교를 깨운 '돈점논쟁' 529 / 지눌과 성철 538
원을 받은 제자들 546 / 남을 위해 살라 556

제9장 | 자기를 속이지 마라
10·27법난 566 / 산은 산이요, 물은 물이로다 574
옳은 편도 들지 마라 584 / 한글 법어 593
밥값을 하다 602

제10장 | 눈 푸른 납자를 기다리다
법거량, 슬픈 삽화 616 / 분홍꽃빛 후광 624
불필은 단단했다 634 / 평범한 것의 위대함 643
병중일여 게송 651

결장 | 참선 잘하그래이
열반 662

글을 마치며 668
퇴옹성철 대종사 행장 671
참고문헌 683

서장 / 저 언덕으로

惊骇

시간을 걸어내고

아침이 맑았다. 새소리가 띄엄띄엄 퇴설당堆雪堂 뜰에 떨어졌다. 성철은 제자 원택圓澤의 가슴팍에 몸을 부렸다. 제자는 스승의 가는 숨소리에 자신의 숨소리를 포갰다.

'이제 저 언덕으로 가시는 모양이다.'

스님 몇이서 해인사 경내를 쓸고 있었다. 비질이 섬세했다. 간밤 퇴설당을 다녀온 이들은 말을 아꼈다. 오늘 '가야산 호랑이'가 가야산을 뜰지도 몰랐다.

불생불멸不生不滅.

성철이 저 언덕(彼岸)으로 건너간들 슬퍼할 일은 아니었다. 시시각각 생멸하는 세간의 모습은 겉보기일 뿐 우주는 그대로였다. 떨어진 가을을 쓸어내자 경내가 텅 비었다. 빈 하늘에서 쓸쓸함이 경내로 떨어졌다. 사미승이 비질을 멈추고 퇴설당을 향해 두 손을 모았다. 막 생겨난 햇살이 앳된 얼굴에서 경건하게 부서졌다.

성철의 숨소리가 가늘어지더니 이내 아무 소리도 들리지 않았다. 원택이 코밑에 손을 댔다. 좌탈坐脫이었다. 퇴옹退翁, 물러난 늙은이가 앉은 채로 다시 세상 밖으로 물러났다. 사람의 울음을 터뜨린 지 81년, 산문에 든 지 58년 만이었다. 1993년 11월 4일 아침 7시 30분. 성철은 시간을 벗어났다. 원택과 시자 셋이서 이를 지켜봤다.

퇴설당은 원래 선방이었다. 가야산 해인사를 상징하는 수행의 요람이었지만 지금은 방장실이다. 성철은 퇴설당에 들어 삭발을 했고 이승의 마지막도 퇴설당에서 맞았다. 조계종 종정 성철, 이른 봄날에 세상에 나왔다가 늦은 가을에 떠났다.

범종이 울렸다. 아니 울었다. 열반의 종소리가 가야산 구석구석에 퍼졌다. 108번의 울림은 느려서 무거웠고, 무심해서 더 슬펐다. 법당에서, 선방에서, 강원에서, 암자에서, 산등성이에서 종소리를 들었다. 누구는 기도를 올리고, 누구는 낙엽을 굽어보고, 누구는 하늘을 보았다.

"호랑이가 떠났구나."

바람이 퇴설당 문짝을 잡아당겼다. 가야산 봉우리들도, 백련암白蓮庵을 지키는 키 큰 느티나무도, 경내의 불면석佛面石도 큰절을 향해 고개를 숙였다. 종소리가 희로애락을 지우며 언덕을 넘어갔다.

이윽고 범종이 그쳤다. 일순 시간이 멈췄다. 가야산 해인사는 정적 속으로 빠져들었다. 성철은 무심하게 떠났지만 남은 자들은 유심했다. 주검은 깃털처럼 가벼웠지만 죽음은 쇠처럼 무거웠다. 마른기침으로 경내의 정적을 걷어내며 노장들이 퇴설당으로 모여들었다. 목소리보다 발소리가 컸다. 법신은 퇴설당에 모시고 분향소는 궁현당窮玄堂에 차렸다. 원로스님과 상좌 20여 명이 영전을 지키고 다른 상좌 20여 명은 궁현당에서 조문객을 맞았다. 종소리를 듣고 신도와 주민들이 일주문을 넘어왔다.

다음 날 전국에서 조문객들이 밀려들기 시작했다. 해인사 일주문에서 궁현당까지의 길은 추모 인파로 뒤덮였다. 해인사가 생긴 이래, 아니 가야산이 인간을 품은 이래 최대의 인파였다. 날마다 2만 명이 넘었다.

청정 비구의 외길

성철은 청정비구의 외길을 걸었다. 평생 누더기를 걸쳤다. '부처님 법대로 살아보자'는 봉암사 결사를 통해 조사祖師들이 걸었던 옛길을 찾아냈다. '10년 장좌불와長坐不臥(밤에도 눕지 않고 앉아서 수행하는 것)'에 '10년 동구불출洞口不出'. 이는 무량불사無量佛事를 위한 수행이었다. 말씀을 얻겠다고 백련암白蓮庵을 찾아온 사람에게는 누구나 삼천배를 시켰다. 감투와 돈 보따리는 소나무에 걸쳐두고 몸만 올라오라 일렀다. 성철 자신을 보지 말고 부처를 보라 했다. 부처가 그랬듯이 자신은 길이 아니고 길을 가리키는 사람일 뿐이라고 설했다.

평생을 산중에 머물렀다. 산중에 있음이 만 리 밖에 있음이었다. 사람들은 그걸 떠난 뒤에야 알았다. 새삼 성철의 남긴 말이 공명을 일으켰다.

"자기를 바로 봅시다, 남을 위해 기도합시다, 남모르게 남을 도웁시다."

한사코 마다했지만 종정이란 고깔모자를 써야 했다. 그러면서도 구도 정진과 청정 계행을 멈추지 않았다. '산속의 종정'은 한국불교와 조계종단의 상징이었다. 비로소 수백 년 동안 욕심을 올려놓았던 기복의 제단을 부술 수 있었다.

11월 6, 7일 이틀 동안 비가 내렸다. 빗속에도 조문객은 끊이지 않았다. 해인사는 회색과 검정색으로 물들었다. 빈소인 궁현당에서는 스님들이 금강경金剛經을 독송했다. 신도들은 퇴설당 문밖에 엎드려 길게 울었다. 한 무리가 울음을 멈추면 다른 무리가 다시 엎드렸다.

혜춘 노스님이 경내 귀퉁이에 비닐 거적을 깔고 앉아 있었다. 성철은 특히 혜춘에게 엄했다. 수행처 천제굴을 찾아온 혜춘을 주장자로 내리쳤다. "일러보라"는 추궁에 답을 못했기 때문이었다. 피투성이가 되었지만 혜춘은 스승이 고마웠다. 성철이 곁에 있어 든든했다. 스승을 따라가면 깨달음을 얻을 것 같았다. 그런 스승이 떠나가고 있었다. 이제 뉘라서 늙은 비구니의 등짝을 내리칠 것인가. 혜춘 또한 언제 떠날지 몰랐다. 거적 옆에는 혜춘의 해진 털신이 놓여있었다. 스승도 해진 고무신 한 켤레를 남겼고, 제자도 신 한 켤레 남기고 뒤를 따를 것이다.

  입관식은 산중 노장들과 제자들이 지켜봤다. 평생 검소하게 살다간 삶을 헤아려 성철의 몸에 삼베 가사, 장삼을 입혔다. 관 뚜껑을 덮고 제자들이 눈시울을 붉혔다. 단풍이 빠져나간 가을 산, 가을 산사에는 슬픔을 가릴만한 아무것도 없었다. 눈물이 훤히 보였다. 법구가 들어간 소나무 관은 붉었다. 성철을 굽어보던 가야산의 소나무였다.

사
람
의
산

  11월 10일 다비식茶毘式(화장의식) 날이 밝았다. 아침 7시 55분 퇴설당 문이 열렸다. 전국 선방 대표 20여 명이 법구를 옮겼다. 퇴설당 문이 유독 비좁아 보였다. 스님, 신도들이 일제히 "석가모니불"을 정근했다. 스님 500여 명이 두 줄로 도열해있는 사이로 법구가 지나갔다. 대적광전大寂光殿에서 학사대學士臺, 다시 범종각梵鐘閣 앞을 지났다. 해인사 구광루九光樓 앞마당에 법구를 내려놨다.

  말짱했던 하늘이 웅크렸다. 느닷없이 비가 내렸다. 범종이 다섯 번 울렸다. 비에 젖은 종소리가 남은 자들 가슴 속으로 흘러들어갔다. 영결식은 오전 11시에 열렸다.

서장/저 언덕으로

삼귀의, 영결법요, 행장소개, 추도묵념, 육성법문 듣기, 영결사, 추도사, 조사, 조가, 헌화, 분향, 문중대표 인사, 사홍서원.

성철이 비로소 만 송이 국화로 뒤덮인 차에 실렸다. 세상에서 가장 향기로운 국화옷을 입었다. 다비장은 절에서 3킬로미터 떨어져 있었다. 인로왕번引路王幡을 따라 명정銘旌과 2,000여 개의 만장輓章이 뒤를 따랐다. 향로, 영정, 위패 뒤로 행렬이 이어졌다. 석가모니불 염송이 은은하게 퍼졌다. 법구차가 다비장에 도착했는데도 추모객 일부는 아직 해인사 경내를 빠져나가지 못했다. 해인사를 찾은 인파는 어림 20만 명이 넘었다.

다비장 주변 언덕과 숲 속에도 사람들이 빼곡히 박혀있었다. 온통 사람의 산이었다. 키 큰 소나무들이 연꽃 모양 다비대를 둘러싸고 있었다. 연화대는 자못 거대했다. 만장들도, 나무들도 연화대를 둘러싸고 있었다. 연화대 연꽃 봉오리가 붉어서 오히려 쓸쓸했다. 가을 풍경을 지우려다 이내 그 속에 홀로 남겨진 듯했다. 성철은 누워 있고, 바람이 불고, 잎이 떨어지고, 또 비가 내렸다.

법구를 연화대에 모셨다. 제자들이 장작으로 거푸집 입구를 막았다. 염불이 끝나고 종단 대표와 제자들이 거화봉에 불을 붙였다.

"거화擧火."

일제히 연화대에 불을 붙였다. 오열과 염불 소리가 산자락에 가득했다.

"스님, 집에 불 들어갑니다. 어서 나오십시오."
"스님, 집에 불 들어갑니다. 어서 나오십시오."
"스님, 집에 불 들어갑니다. 어서 나오십시오."

세 번을 외쳤다. 누구는 "석가모니불"을 염念하고 누구는 "아미타불"을 송誦했다. 수만 명의 입에서 나온 염과 송이 잠시 빗줄기를 밀어냈다. 연화대가 화염에 뒤덮였다. 연화대는 지수화풍의 몸을 태우는 화택火宅이었다.

둥근 한 수레바퀴 붉음을 내뱉으며 푸른 산에 걸렸도다.
一輪吐紅掛碧山

열반송의 마지막 구절이 그대로 펼쳐져 있는듯했다.
'육체는 헌 누더기, 진여자성眞如自性은 본래 청정하여 나고 죽음이 없다.'
'생사란 바다의 파도와 같다. 끝없는 바다에서 파도가 일었다 스러졌다 하듯이, 우리도 그렇게 태어났다 죽었다를 반복한다. 생과 사는 하나이지 둘로 볼 수 없는 것이다.'

성철은 그리 일렀지만 어찌 슬프지 않을 것인가. 주저앉아 오열하는 이들이 많았다. 그 눈물을 빗물이 씻기고 있었다.

1993년 11월 10일
퇴옹退翁당 성철 스님의
다비식이 열리던 날,
전국에서 20만 명 인파가 운집해
마지막 길을 배웅했다.
연화대가 화염에 뒤덮이자
사람들은 하나둘
주저앉아 오열했다.

"우리 스님을 어이 할꼬."

연기가 피어올라 가야산 운무와 합쳐졌다. 번뇌 조각을 깨물고 있는 중생들을 두고, 그렇게 성철은 저 언덕으로 건너갔다.

이 광경을 불필不必 스님이 멀리 산등성이에서 지켜봤다. 세상은 불필을 성철의 딸로만 바라봤다. 그런 세상의 눈을 피해 영결식장에 나타나지 않았다. 금강굴을 나와 산봉우리 두 개를 넘어 다비장이 보이는 산등성이에서 두 손을 모았다. 육신을 태우는 연기가 피어오르자 절을 올렸다. 불필은 곡哭을 하지 않았다. 그는 단단했다. 속가의 딸이 아닌 선승의 제자였다.

스스로 소금이었던 수행자

가난해서 행복했던, 그래서 거침이 없었던 선승이 떠나갔다. 선승은 산문 밖으로 한걸음도 나가지 않았지만 세상이 가야산속으로 들어왔다. 성철이 남긴 누더기 옷과 죽비를 보며 사람들은 비로소 우리 시대가 오염되었음을, 어른이 없음을 실감했다. 저마다 자기 이름 하나 제대로 간수하지 못하고 이리저리 흔들리고 있었다. 눈에 불을 켜고 더 큰 밥그릇만 찾고 있었다. 그런 중생에게 이제 누가 죽비를 내려칠 것인가.

성철은 생전에 자기 집의 무진장 보화를 버리고 거지 노릇을 하고 있는 절집과 사람들을 꾸짖었다. 성철의 유산을 더듬던 사람들은 문득 성철의 소리를 들었다.

"그대들 본래면목本來面目은 무엇인가? 그대들은 지금 어디에 있는가?"

성철의 빈자리는 깊고 넓었다. 이 시대 사람들은 지난날 지구라는 별에서 성철과 함께 또 다른 진리의 별을 바라보았음을 알게 됐다. 지나서 생각하니 새삼 그것이 축복이고 행운이었음을 알게 됐다. 위선과 아만과 허무가 넘실대는 세기말에 최선을 다해 살다간 한 선승의 삶은 아쉬움 너머의 희망이었다. 어떻게 살아야하는지에 대한 답이었다.

선객, 묵객들은 붓을 들어 성철을 기렸다. 시인 고은高銀은 소금 없는 식단으로 한평생을 살아온 것은 성철 자신이 스스로 소금이었기 때문이라며 시퍼런 결기를 찬했다.

'성철 큰스님은 자애롭다, 천진이다 하고 누가 말하지만 그분의 특장은 엄혹 거기에 있다. 사람 하나 다루는 데도 금강산 일만이천봉을 다 써버리며 시자나 상좌 하나 길러내는 데도 향수해香水海 바닷물을 다 써서 그 파도에 실려 보내는 것이다. 실로 자비 문중의 무자비無慈悲였다. 그런 뼈 으스러지는 공부를 통한 뒤에라야 겨우 가야산 겨울 홍시 두어 개를 따 먹으리라 하는 것이다.'

언론은 열반 소식을 대서특필했다. 가야산의 늦가을 정취를 배경으로 성철의 삶을 조명했다. 저마다 영전에 향을 살랐다. 한때 엄중한 우리네 현실을 외면하고 산속에서 선문답만

하고 있다고 비판했던 언론 매체도 꽃을 바쳤다. 선禪은 사상과 논리의 저 편에 있으니, 문자로는 결코 선승의 경지를 제대로 그릴 수 없었다. 그래도 문자로 찍힌 성철의 일생은 향기로웠다.

청산도 묵언이었다. 법체가 옮겨진 연화대 다비장이 거화되자 영결식 때부터 청산을 적시던 빗물도 그쳤다. 수만 불자들의 흐느낌과 독경이 가득한 가운데 거행된 성철 큰스님의 가시는 길은 무지중생이 짐작할 길 없는 무량무애無量無碍였다. 그 무량 앞에서 장엄하다, 위대하다 등의 수식어는 오히려 훼가 될 뿐이다. 가시는 님은 이승에 아무것도 남기지 않았다. 권부의 이력도 이재의 축적도 없이 수저와 그릇, 누더기 옷을 남긴 것이 고작이었다.

그리 말을 아끼던 생전에 병든 속세를 향해 내뱉던 돈오頓悟의 법어들. 조계종 종정에 추대되고도 추대식장에는 물론 끝내 속세에 모습을 드러내지 않은 채 내보내곤 했던 큰스님의 그 법어들은, 삼보정재를 세속의 밥그릇 싸움으로 전락케 만든 한국 불교계를 향한 질타였으며, 사바세계 대중에게는 바른 삶으로 인도하는 계문이었다.

그러나 그조차도 "일생 동안 남녀의 무리를 속여서, 하늘을 넘치는 죄업은 수미산을 지나친다"라며 버리고, 또 버리고 갔다. 영혼을 극락세계로 인도한다는 인로왕번을 앞세우고 동방 약사유리광불, 서방 아미타불 등 오방번五方幡을 모신 채 한 가닥 남은 육신의 옷조차 벗고 갔다.

경향신문 양권모 〈해인사의 흐느낌〉

다비식 법요를 마쳤지만 사람들은 다비장을 떠나지 않았다. 화광삼매火光三昧에 든 성철을 향해 경배하고 있었다. 밤을 꼬박 새우며 재로 변해가는 법구를 염불로 지켰다. 연화대 불길은 11일 새벽 4시에 사그라들었다.

떡갈나무의 작별인사

다음 날 오후 습골이 시작됐다. 의현義玄 장의위원장, 일타日陀 장의집행위원장, 혜암慧菴 해인총림부방장, 법전法傳과 천제闡提 등 상좌들이 재를 뒤적였다. 성철은 생전에 사리를 거두어 이를 과시하는 풍토를 경계했다.

"사리만 나오면 뭐하나. 부처님 가르침에 맞게 살았는지가 중요한 것이지."

그럼에도 세속의 관심은 온통 사리에 집중되었다. 1,000여 명의 사부대중이 모여서 습골을 지켜봤다.

"사리다! 사리가 나왔다."

늦가을 하늘이 환했다. 대중들이 서로를 쳐다보며 고개를 끄덕였다. 성철은 능히 고무신 한 켤레로도 도인이었지만 속인들에게는 사리가 당연히 그 증표가 돼야했다. 모두 110과의 사리를 수습했다.

성철의 유골을 항아리에 담아 다비장을 나섰다. 바로 그때 다비장 옆에 서있던 키 큰 떡갈나무가 제 몸을 떨었다. 잎을 우수수 떨구더니 눈앞에서 순식간에 나목이 되어버렸다. 떡갈나무는 가장 가까이서 다비의식의 처음과 끝을 지켜봤다. 기이했다. 일행이 걸음을 멈추고 한참 동안 나무를 올려다보았다.

장례식을 마치고 성철의 사리친견법회가 시작되는 날 아침이었다. 갑자기 누군가 외쳤다.

"방광이다! 백련암 쪽이다."

그러자 절 식구들이 밖으로 뛰쳐나와 백련암 쪽을 바라봤다. 정말 오렌지색 빛 무더기가 백련암 뒷산을 휘감고 있었다. 구름인 듯 안개인 듯 빛을 품고 산등성이 위로 피어올랐다가 사라지고 다시 피어올랐다. 20여 분간 백련암을 장엄했다. 백련암에서 성철을 시봉했던 제자들이 보기에 그 빛은 아침노을보다 훨씬 붉고 밝았다.

방광을 목격한 것은 그날만이 아니었다. 열반한 날 밤과 영결식 전날 밤에도 붉은 빛이 숲과 산등성이를 물들였다. 사하촌 사람들과 산 아래 가야면 주민들이 눈을 비벼가며 이를 지켜봤다. 일부에선 허무맹랑하다며 일축했지만 목격자들은 침을 튀기며 '붉은 가을 밤'을 증언했다. 일타 스님은 〈퇴옹당성철대종사사리탑비명退翁堂性徹大宗師舍利塔碑銘〉에 이렇게 썼다.

'7일 장중葬中에 수많은 사람들이 와서 모두 슬퍼하였고, 그 기간 동안 퇴설당과 백련암 뒷산에 걸쳐서 일곱 차례나 방광을 하시니, 그 이적에 사부대중은 모두 놀라워하고 감격했다.'

성철의 사리가 일반인에게 공개됐다. 이를 친견하려는 사람들의 줄이 길고도 길었다. 날마다 1만 명이 넘게 몰려들었고 몇 시간을 기다려야 볼 수 있었다. 생전에도 만나기 어려웠지만 사후에도 성철을 친견하기 어려웠다. 성철이 이 광경을 보았다면 혀를 찼을 것이다. 문도들과 몰려든 사람들에게 이렇게 일갈했을 것이다.

"미련한 곰들아, 살아 수행이 중요하지 죽어 사리가 무슨 소용인가. 아직도 사리 장사하고 있으니 참으로 딱하다. 왜 당신네 본 모습은 보지 않고 남의 사리를 구경하러 그 고생을 하는가."

제 1 장 / 팔을 자를 수 있는가
눈 오는 밤

경허가 가고 성철이 오다

유교의 나라가 망해가고 있었다. 꺼져가는 왕조의 끄트머리에서 종교는 '으뜸 가르침'이 아니었다. 삿된 것들이 정법을 능멸하고 있었다. 그럼에도 홀로 깨쳐 암흑기에 선禪의 등불을 밝힌 선사가 있었다. 바로 경허鏡虛(1849~1912)이다. 설법이 오묘해서 선풍禪風을 일으켰다. 눈 밝은 이들이 모여들어 제자로 삼아 달라 간청했다.

선사는 깨달은 이후에 기행을 일삼았다. 경허에 대한 세평은 무애無碍와 방종放縱, 두타頭陀와 파계破戒 사이를 오갔다. 그러던 어느 날 홀연 함경도 삼수갑산으로 들어갔다. 지도상에서도 찾기 힘든 오지 중의 오지였다. 선사가 유배지 개마고원 속으로 들어간 것은 스승 없이 일군 선가禪家에서 스스로를 유배시킴이었을 것이다.

선사는 머리를 길러 유관儒冠을 쓰고 글방선생 훈장이 되었다. 스승이 사라진 땅에서 수월水月, 혜월慧月, 만공滿空(법명은 월면月面) 제자 셋은 달로 떠서 선방을 밝혔다. 선사는 1912년 4월 25일 능이방能耳坊 도하동道下洞이란 곳에서 입적했다. 장례는 유교식으로 치러졌고 유생 차림으로 묻혔다. 뒤늦게 스승의 입적 소식을 듣고 달려간 혜월과 만공은 무덤을 헤쳐 스승에게서 유복儒服을 벗겼다. 악취 나는 시신을 불태웠다. 그 가루를 북쪽 강과 산에 뿌렸다.

경허가 입적한 바로 그해, 남쪽 오지 유가儒家에서 사내 아기가 태어났다. 훗날 선승으로 경허와 같은 듯 매우 다른, 다른 듯 같은 길을 걸었던 성철이었다. 성철은 1912년 4월 6일(음력 2월 19일) 경남 산청군 단성면 묵곡리에서 첫 울음을 터뜨렸다.

성철이 태어난 그해, 세수 49세인 용성龍城 스님은 서울 종로에 대각사大覺寺를 세우고 도심 포교에 전념하고 있었다. 동산東山 스님은 23세의 경성의전 의학도로 용성 스님을 찾아가 몸이 아닌 마음의 병을 고치는 의사가 되겠다고 다짐했다. 37세 한암漢岩 스님은 통도사 내원선원에서 정진 중이었고, 효봉曉峰 스님은 이찬형이라는 속명의 25세 일본 유학생이었다. 34세

만해萬海 스님은 통도사에서 경전 편찬을 기획하고 있었다.

일제강점기의 불교는 급속히 왜색에 물들었다. 사찰은 여염집과 다름이 없었다. 공양간에서는 비린내가 빠지지 않았고, 빨랫줄에는 기저귀가 나풀거렸다. 그래도 이 땅 곳곳에 선승들이 살아있었다. 어느 때보다 눈을 부릅뜨고 정진했다. 그것은 일본불교를 물리치고 고유의 선맥을 이으려는 또 다른 독립 투쟁이었다. 조선말과 일제강점기에 큰스님이 대거 등장한 것은 이 땅의 불자들이 500년 동안 기도하며 기다렸기 때문일 것이다. 거친 시간들 속에서, 아픈 땅에서 경허가 떠나고 성철이 태어났다.

성철의 세속 이름은 영주英柱였다. 아버지 이상언李尙彦과 어머니 강상봉姜相鳳 사이의 장남이었다. 아버지는 유학자였다. 아호는 율은栗隱. 아마 집 주위에 밤나무가 많아서 '밤나무 숲에 숨은 자'를 자처했을 것이다. 아버지는 성실하고 셈에 밝아 해마다 살림이 불어났다. 영주가 태어났을 때는 이미 많은 땅을 사들여 인근에서 살림살이가 가장 윤택했다.

아버지 이상언은 성정이 당당하고 직설적이었다고 한다. 손녀인 불필 스님은 할아버지를 이렇게 기억하고 있다.

"외모는 아버지보다 더 훤해 지팡이를 짚고 갓을 쓰고 길에 나서면 선풍도골仙風道骨의 모습이었다. 유림으로서 향교에 나가 좌정하면 향교가 다 휜해질 정도였다."

영주네 커다란 기와집은 마을에서 좀 떨어진 곳에 있었다. 집 앞으로는 경호강이 흘렀고, 옆으로는 대나무 밭이었다. 집 주위에는 소나무, 밤나무, 참나무, 버드나무가 온통 숲을 이뤘다. 경호강 너머 야산에는 두 개의 봉우리가 솟아서 마을을 굽어보고 있었고, 그 오른편으로 아스라이 지리산 천왕봉이 보였다.

산청군에는 남명 조식의 유풍이 면면히 내려왔다. 영원한 처사이며 재야의 선비였던 조식은 곧잘 퇴계 이황과 비견됐다. 경상좌도에 퇴계가 있다면 경상우도에는 남명이 있었다. 퇴계가 관직을 내려놓지 않은 반면 남명은 임금의 부름에도 벼슬길에 나가지 않았다. '경의검敬義劍'을 차고 다니며 자신을 다스렸다. 불의와는 타협하지 않았고 공리공담을 멀리했다. 말년에는 지리산 천왕봉이 보이는 곳에 초가를 짓고 후학을 길렀으니 산청군 시천면의 덕천서원德川書院이 그곳이다. 산청군에서도 단성면은 특히 남명의 유풍이 강하게 남아있었다. 일제가 단성군을 산청군에 통합시켰는데 그 이면에는 유림의 기세를 누르려는 저의가 있었다고 한다. 《산청군 향토사》는 단성면 유림들의 기질을 이렇게 전하고 있다.

'단성을 일제가 거북한 상대로 알고 있었다. 옛날부터 단성은 진주와 같이 사족士族들이 남명사상에 젖어 경의敬義를 제일로 삼고, 위선을 경멸하는 지행일치知行一致의 선비풍이 남다르고, 배일排日사상이 투철하기 때문에 그 기세를 억누르는 (抑勢制裁) 조치를 취하였던 것이라고 전하여 온다.'

이상언도 유림으로서의 자부심과 기개가 대단했다고 한다. 일제가 전쟁 물자를 조달하러 쇠붙이들을 거둬갈 때도 숟가락 하나 건드리지 못하게 했다고 한다. 그럼에도 관리들은 이상언의 기세에 눌려 어쩌지 못했다고 한다. 그런 유림이 아들을 얻었다.

영주는 신동이었다. 세 살 때 글을 익히고 아버지로부터 《천자문》《소학》《대학》을 배웠다. 다섯 살에 어른들을 따라 백일장에 갔다가 한시를 지어 상을 받기도 했다. 그런 아들이 기특해서 글 읽는 소리만 들어도 배가 불렀다. 아버지는 서둘러 영주를 서당에 보냈다. 서당은 경호강 건너에 있었는데, 훈장의 칭찬이 자주 물을 건너왔다. 그때마다 아버지는 지리산 영봉을 올려다봤다.

훗날 성철은 무비 스님에게 《육조단경》을 세 번 읽고 외우는 사람이 있다면 "그런대로 괜찮은 머리"라고 말했다. 성철 자신도 그만큼 괜찮은 머리라는 얘기일 것이다. 일타 스님도 갓 출가해서 송광사에 갔을 때의 일을 기억했다. 대중들이 "성철 스님이 온다"며 하나같이 술렁거렸는데, 그 연유를 묻자 "성철 스님은 팔만대장경을 거꾸로 외우는 대단한 스님"이라 했다. 물론 소문이 부풀려졌겠지만 성철의 비범함은 이렇듯 제방에 일찍이 알려져 있었다.

1920년 4월 단성공립보통학교에 입학했다. 보통학교도 경호강을 건너야 갈 수 있었다. 동급생은 거의가 스무 살 전후 청년들이었다. 갈수기에는 그런 동급생 등에 업혀서, 물이 불어나면 줄배를 타고 강을 건넜다. 영주의 학적부에는 입학 이전에 서당서 글을 깨친 것으로 기록돼있다.

영주는 어려서부터 독서광이었다. 한번 책을 잡으면 단숨에 독파했다. 보통학교에 다닐 때 이미 《서유기》《삼국지연의》 같은 중국 기서를 읽었다. 열 살이 되기 전에 사서삼경을 완독했다. 영주는 훗날 이렇게 회고했다.

"내가 울 밖에서 배운 것은 서당에서의 《자치통감》과 소학교 6년 과정이 전부였다."

영주는 고집이 셌다. 하고 싶은 일은 어떻게든 해야 했다. 또 무엇이 갖고 싶으면 기어이 손에 넣어야 했다. 돈이 필요할 때면 대문 앞에서 아버지 이름을 불렀다.

"이상언~, 이상언아~"

동네가 떠나갈 듯이 크게 외쳤다. 그러면 어머니가 달려 나가 돈을 쥐어주었다. 그런 일이 한두 번에 그치지 않았다. 무엇을 사고 싶으면 몇 번이고 아버지를 불렀다. 마을 사람들은 악동이라며 돌아서서 웃었고 아버지 이상언은 입맛을 다셨다. 훗날 일타 스님은 그런 기질을 지닌 영주를 이렇게 평했다.

"성철 스님은 1만 명 중 한 명이 태어나는 태양인으로 다소 변덕스러우면서도 영웅 기질을 지닌 분이셨다."

영주는 영특했지만 몸이 약했다. 특히 위장이 약해서 좀 과하게 먹었다 싶으면 탈이 났다. 어머니는 자주 보약을 달여 먹였다. 영주의 허약한 몸은 집안의 걱정거리였다. 지리산 동쪽 기슭에 붙어있는 대원사大源寺에 보내 요양療養을 시킬 정도였다.

1926년 진주중학교 입학시험을 치렀다. 필기시험에는 너끈히 합격했지만 신체검사에서 떨어졌다. 아버지는 낙방에도 덤덤했다. 당시 유림에게 신학문은 흥미롭기는 했겠지만 배움의 본질은 아니었다. 결코 사서삼경보다 나을 수 없었다.

영주는 학교에 가지 않고 집에서 독학을 했다. 그만의 시각으로 다른 지식을 섭취했다. 영주는 자주 엉뚱한 생각을 했다. 몸이 아파서인지 혼자만의 상상을 많이 했다. 성철은 훗날 이렇게 술회했다.

"나는 어릴 때부터 좀 엉뚱한 생각을 많이 가지고 있었는데 너무 이상주의였다고나 할까요. 사람이 걸어 다니지 말고 하늘로 훨훨 날아다니면 좋겠다는 생각을 하거나, 사람이 죽지 않고 영원토록 살 수는 없을까 하는 생각들이 조그마할 때부터 머릿속을 왔다 갔다 했습니다."

또 엉뚱한 실험도 했다. 하지만 다른 사람이 볼 때 엉뚱할 뿐이지 실험 결과는 놀라웠다. 실 끝에 돌이나 쇳덩어리를 매달고 그것에 정신을 집중시켰다. 그런 후에 자신이 생각하는 방향으로 움직이게 했다. 동쪽으로 움직이라 하면 정말 쇳덩이는 동쪽으로 움직였다. 앞으로, 뒤로, 원형으로 영주의 생각대로 움직였다. 인간의 정신 반응은 광물에도 작용을 한다는 것을 실험을 통해서 알 수 있었다. 이렇듯 엉뚱한 실험을 하면서 엉뚱한 세계로 빠져들었다.

글자가 없는 경

성철은 청소년기에 "엉뚱한 생각을 많이 했다"고 회고했다. 그 엉뚱한 생각이란 다름 아닌 존재에 대한 물음이었을 것이다. 존재하는 모든 것들은 최후가 있었다. 생명붙이는 물론이요 길도 끊기고, 지나가는 바람도 홀연 멈췄다. 인간도 한 번 상여를 타고 떠나면 돌아오지 못했다. 영주의 젊은 날은 그래서 아프고 허망했다. 당시 심경의 일단을 훗날 딸 불필 스님에게 준 법문 노트의 머리말을 통해서 엿볼 수 있다.

초로인생草露人生, 풀잎의 이슬 같은 인생! 들판의 저 화초는 겨울에 죽었다가 봄이 오면 다시 꽃이 피건마는, 오직 이 인간은 한 번 죽으면 아주 가서 몇 천 년의 세월이 바뀌어도 다시 돌아오는 이 없으니, 우주는 인생의 분묘라 함은 이를 두고 이름이라. 참으로 영원한 비극이 아닐 수 없는 것이다.

생자필멸生者必滅. 그렇다면 이대로 죽어야 하는가. 영주는 책에 빠져 들었다. 책이 인생의 해답을 줄 것으로 믿었다. 누구나 인생의 목표는 행복하게 사는 것이었다. 하는 일이 다르고, 생김새도 다르고, 삶의 방식도 다르지만 인간은 모두 행복하게 살고 싶어 했다. 그러나 인간에게 찾아온 행복에는 끝이 있었다. 영주는 끝이 없는 행복, 즉 영원한 행복을 찾으려 했다. 하지만 책 속 영웅과 위인들의 삶도 영원한 행복과는 거리가 멀었다. 성철은 훗날 세속에서 성공했다는 세 사람의 삶을 들어 그들의 부귀영화가 덧없음을 대중에게 일깨워준 바 있다. 법문을 통해 몇 번이나 설했으니 바로 록펠러와 맹상군, 진시황이다.

미국의 석유 사업가 록펠러는 자수성가해서 세계적인 갑부가 되어 아흔아홉까지 살았다. 그만하면 누가 봐도 행복하게 산 사람이었다. 돈 많고 장수했으니 부러울 것이 무엇이겠는가. 그런데 당장 죽어도 여한이 없을 것 같았지만 사람의 욕심은 끝이 없었다. 말년에 암에 걸리자 자신에게 닥친 죽음을 받아들이지 못했다. 그래서 자신의 생명을 일 년만 연장시키면 재산의 반을 주겠다는 광고를 냈다. 거금을 들여 광고를 했지만 소용없었다. 별별 사람이 각양각색의 방법을 동원하였지만 록펠러는 죽었다.

중국 춘추전국시대 맹상군 또한 세상의 모든 부귀를 누렸다. 왕자로 태어나 정승을 지내며 역사에서 가장 호화롭게 살았다. 하지만 백 년도 못 살고 일흔 가까운 나이에 죽고 말았다. 장례를 거창하게 치러 죽어서도 호강을 했다. 그러나 세월은 모든 영화를 앗아갔다. 누군가 시를 지어 세속 영화의 덧없음을 노래했다.

> 호화코 부귀코야 맹상군만 하련마는
> 백년이 못하여서 무덤 위에 밭을 가니
> 하물며 여남은 장부야 일러 무삼하리오.

무덤이 산처럼 거창했지만 세월이 흐른 후에는 누군가 무덤 위로 밭을 냈으며, 무심한 농부는 그 밭을 갈 뿐이었다. 맹상군도 그럴진대 보통 사람들은 어쩌겠는가.

진시황도 진나라 대제국을 건설한 영웅이었다. 천하를 얻고 보니 세상이 자기 것으로 보였다. 음식과 옷 등 세상의 좋은 것들을 독차지했고 수많은 미인을 끼고 살았다. 아방궁이란 궁궐은 그 길이가 칠백 리에 뻗쳤다. 그러다 문득 돌아보니 자신이 늙고 있었다. 곧 죽고 말 것이라는 불안감이 엄습했다. 황제는 불사초不死草를 구해 오라 군사들을 동쪽으로 보냈다. 하지만 기다리던 '불사초 원정대'는 오지 않았고 진시황은 죽고 말았다. 그 후 유방과 항우가 들고 일어나 진나라는 망했다. 항우가 아방궁에 들어가 불을 질렀는데 밤낮없이 석 달 동안 화염을 뿜었다.

저들은 영원한 행복을 찾으려 몸부림쳤지만 모두 부질없는 짓이었다. 죽음을 막아보겠다는 것은 버마재비가 수레를 멈춰보겠다며 바퀴 앞을 가로막는 것과 다름없었다. 저들은 세속적인 행복을 누렸지만 지나보니 행복이라는 것이 거지가 밥 한 끼 잘 얻어먹는 것과 다름이 없었다.

'사람이 죽지 않고 살 수는 없을까? 영원에서 영원으로 통하는 진리는 없을까?'

영주는 온통 영원한 삶이란 무엇인가를 붙들고 해답을 찾아 책 속을 헤매었다. 고전, 명작이라 일컬어지는 동서고금의 책들을 읽었다. 1932년 12월 2일, 영주는 21세에 당시 관혼상제에 대한 의식을 모아놓은 책《간례휘찬簡禮彙纂》사이에 메모 형태의 '이영주 서적기書籍記'를 남겨놓았다. 이를 통해 영주의 엄청난 독서량을 가늠해볼 수 있다.《행복론》《순수이성비판》《실천이성비판》《역사철학》《장자남화경》《소학》《대학》《하이네 시집》《신구약성서》《자본론》《유물론》같은 70여 권의 책이름이 나온다. 종교, 철학, 문학 서적을 두루 읽었음을 알 수 있다. 다독은 물론이고 책에 대한 욕심도 대단했다. 칸트가 지은 《실천이성비판》은 일본 유학생으로부터 쌀 한 가마니 값을 주고서 손에 넣었다고 전해진다.

영주는 의학 서적도 열심히 읽었다. 자신의 몸이 아팠기도 했지만 인체에 대한 호기심이 대단했기 때문이었다. 의서를 탐독하다보니 자연 인체에 우주의 신비가 들어있음을 알게 되었다. 만상좌 천제 스님은 이렇게 들었다.

"성철 스님은 약에 대한 지식이 전문가 못지않았다고 들었다. 출가하기 전부터 《동의보감》《본초강목》 등을 읽으셨고 웬만한 병은 처방전을 내려줄 정도였다고 한다. 먼 길 떠나는 도반이나 몸이 약한 제자들의 약도 손수 지어주셨다. 아마 속가에 계셨으면 용한 한의사가 됐을 것이다."

일본으로 건너가 유학생과 학자들을 만나고 도서관을 전전하며 책을 실컷 읽다가 돌아오기도 했다. 집안이 윤택하여 돈 걱정이 없었고, 한문과 일어에 능통했기에 영주의 '독서여행'은 막힘이 없었을 것이다.

삶에 대한 근원적인 해답을 얻고 싶었지만 동서고금의 책들은 읽을수록 혼란스러웠다. 영주가 읽은 책을 살펴보면 군데군데 '영원한 삶' 같은 낙서를 발견할 수 있다. 그것은 영원히 사는 길, 즉 구원에 목말라 있었음을 암시하는 방황의 흔적들이었다.

천제 스님의 증언에 따르면 청년기의 성철은 영원한 행복과 자유를 찾기 위해 몸에 비상砒霜을 지니고 다녔다고 한다. 인간에게 현세를 떠난 또 다른 세계가 없다면 살아갈 이유가 없다는 생각으로 진리를 찾아 헤맸다는 것이다. 영주는 대숲에서 생각에 잠겼다. 또 집 앞 바위에 앉아서 꿈쩍도 하지 않았다. 흰 얼굴에 눈이 큰 영주는 그림 속에서 나온 사람 같았다. 마을 사람들은 수근거렸다.

"참말로 여기 사람은 아니네."

그러던 어느 날 한용운 스님이 해설을 붙인 《채근담강의菜根譚講義》를 읽었다. 그리고 한군데에 눈이 딱 멈췄다.

나에게 한 권의 책이 있으니
종이와 먹으로 만든 것이 아니다.
펼쳐 여니 글자 한 자 없으나
항상 큰 광명을 비친다.
我有一卷經 不因紙墨成
展開無一字 常放大光明

글자가 한 자도 없는 경이 과연 무엇일까. 영주의 마음이 움직였다. 그것은 여느 지적 호기심과는 달랐다. 성철은 그때의 감동을 이렇게 말했다.

"이 글귀를 읽으니 참 호기심이 많이 났습니다. '아마 그럴 것이다. 종이에다 먹으로 설명해놓은 것 가지고는 안 될 것이다. 종이와 먹을 떠난 참 내 마음 가운데 항상 큰 광명을 비치는 경이 있을 것이다. 그러면 어떻게 해야 이 글자 한 자 없는 경을 읽을 수 있을까?' 하는 생각이 들었습니다."

이때 영주는 이미 불교에 물들어 가고 있었다. 《채근담》의 경구들은 이미 불법에서 많은 것을 따왔기 때문이다. 아마 이런 글도 읽었을 것이다.

고요한 밤 종소리를 듣고
꿈 속의 꿈을 불러 깨우며
맑은 못의 달그림자를 보고
몸 밖의 몸을 엿보는도다.
聽靜夜之鐘聲 喚醒夢中之夢
觀澄潭之月影 窺見身外之身

그럼에도 '글자 없는 경'을 찾기란 쉽지 않았다. 영주는 공맹 孔孟의 '가르침'에서 노장老莊의 '은유와 성찰'로 눈을 돌렸다. 성철이 노자 《도덕경》에 나오는 '배움을 위해서는 날마다 더하고, 도를 위해서는 날마다 덜어내라(爲學日益 爲道日損)'는 글귀를 법문에서 자주 인용한 것을 보면 젊은 날 의식의 흐름을 유추해 따라가 볼 수 있다. 도는 학문 속이 아닌 학문 저 편에 있었다.

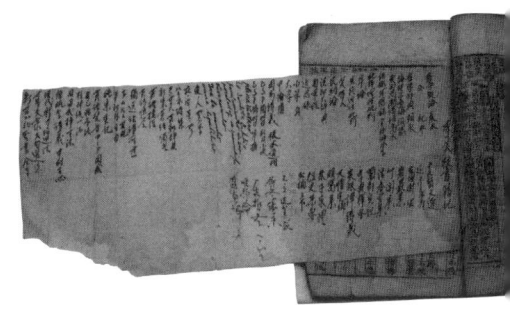

성철 스님은 21세에 당시 관혼상제에 대한 의식을 모아놓은 책《간례휘찬簡禮彙纂》 사이에 메모 형태의 '이영주 서적기書籍記'를 남겨놓았다. 이를 통해 영주의 엄청난 독서량을 가늠해볼 수 있다.

영주는 특히《장자》를 읽으며 무위자연의 세계를 거닐었다. '도는 들을 수도, 볼 수도, 말할 수도 없다. 듣고 보고 말한다면 도가 아니다'라는 〈지북유편知北遊篇〉을 곱씹었다. 그리고 〈소요유逍遙遊〉를 흉내 냈다. 장주莊周는 세상의 명리를 버리고 자연 속에서 구름을 타고 바람을 부르며 유유자적했다. 상상력을 확장시켜 상식을 희롱했다. 장주는 또 세상의 아름다움과 추함, 귀함과 천함, 쓸모 있음과 쓸모 없음을 지우고 자유를 획득했다. 그럼에도 장주의 자유에는 '영원함'이 빠져 있었다. 영원한 자유를 찾으려는 영주에게는 무언가가 아쉬웠다.

죽음을 버리다

비상을 품에 넣고 영원한 행복, 영원한 자유를 찾아 헤매는 영주를 식구들은 비상하게 지켜봤다. 영주의 고뇌는 부모의 눈에 방황으로 비쳐졌다. 사서삼경 안에 살아가는 이치가 다 들어있건만 아들은 다른 것을 찾고 있었다. 유림의 소양을 쌓아 선비의 길을 걸을 것이라는 아버지의 믿음은 서서히 무너지고 있었다. 타고난 큰 그릇에 아들은 다른 것을 채우고 있었다. 아버지 이상언은 아들 영주를 그대로 둘 수 없다고 생각했다. 결혼을 서둘렀다. 결혼을 하면 해와 달 대신 색시를 쳐다보고, 책 대신 제 자식을 볼 것이라고 여겼다.

영주는 1931년 11월 묵곡리와 가까운 덕산의 전주 이씨 문중 규수와 결혼했다. 이름은 이덕명이었다. 신부는 영주보다 세

살 위인 스물셋이었다. 불필 스님이 기억하는 어머니 이덕명은 옷매무새가 단정한 멋쟁이었다.

"갓 시집왔을 때 얼마나 인물이 훤했는지 동네 사람들이 붙인 별명이 '물 찬 제비'였다. 외가가 넉넉한 집안이어서 시집 올 때 소 몇 마리와 노비를 함께 데리고 왔다고 한다."

실제로 남아있는 이덕명의 사진을 보면 이목구비가 뚜렷하다. 하지만 결혼은 아버지의 뜻대로 장남 영주를 바꿔놓지 못했다. 결혼 후 마을잔치가 벌어졌을 때 영주는 친지들의 성화를 이겨내지 못하고 노래를 불렀다. 쉰 듯한 목소리에 타령조로 부른 노래는 한동안 묵곡리를 맴돌았고, 이후에도 마을 사람들은 성철을 떠올리면 그 노래를 기억해냈다. 딸은 어른들에게 들은 노래의 가사를 외우고 있다.

달아 달아 밝은 달아 이태백이 놀던 달아
저기 저기 저 달 속에 계수나무 박혔으니
은도끼로 찍어내고 금도끼로 다듬어서
초가삼간 집을 짓고 양친부모 모셔다가
천년만년 살고지고 천년만년 살고지고

한마디로 흥을 깨는 노래였다. 신부 이덕명은 고개를 숙였고, 사람들은 서로의 얼굴을 보며 거듭 '이 세상에 살 사람은 아니다'는 생각을 했다. 아버지는 다시 불길한 예감이 들었다.

결혼한 이듬해 큰딸 도경을 얻었다. 아이는 예쁘고 젖을 물리는 아내는 덕스러웠다. 하지만 영주의 일상은 크게 달라지지 않았다. 여전히 강가를 거닐고 밤이슬을 맞았다. 아버지는 곳간을 들여다보고 대소사를 챙기는 장남의 모습을 기대했지만 영주는 늘 저만치 떨어져 있었다.

한번은 영주에게 창고에 쌓여있는 수십 가마의 밤을 팔아보라고 했다. 집 근처 밤 숲에서 수확한 것이었다. 아버지는 어떻게든 일거리를 주어 아들을 현실 속으로 끌어들이고 싶었을 것이다. 수십 가마니의 밤을 팔려면 당연히 상대를 물색하여 밀고 당기는 흥정을 해야 했다. 식구들은 영주가 모처럼 골치 아픈 일거리를 맡았다고 소곤거렸다. 하지만 영주에게 밤을 파는 일은 단순하고 간단했다. 영주는 밤을 시세의 반값에 팔았고, 그 소문을 들은 사람들이 몰려와 단 이틀 만에 창고를 비워버렸다. 아버지는 혀를 차며 담뱃대를 찾았지만 이 일화에 많은 것이 들어있다. 성철은 출가 전에도 번거로운 것을 싫어했다. 밀고 당기는, 주고받기식의 인간관계를 불편해했다. 또 재물을 탐하지 않았다. 영주의 전 생애를 관통하고 있는 하나의 상징이었다.

그러던 어느 날 노승이 묵곡리에 나타났다. 그리고 영주와 마주쳤다. 허름한 차림의 노승은 걸음을 멈추고 영주를 한참 바라보았다. 영주는 키가 크고 얼굴이 크고 눈도 컸다. 노승은 낡은 바랑에서 차림새만큼이나 낡은 책 한 권을 꺼냈다. 영가 스님이 지은 《증도가證道歌》였다. 육조 스님을 찾아가 깨침을 인가받고, 영가 스님 나름의 깨친 경지를 펼쳐 놓은 것이었다.

"자네에게 힘이 될 것이네."

책을 펴자 머릿속이 환해졌다. 1,300년 전에 살았던 선승의 노래는 청년의 가슴을 적셨다. 운명이 바뀌는 순간이었다. 지금까지 봐왔던 공맹과 노장 및 제자백가의 사상과는 확연히 달랐다. '그대 보지 못하였는가(君不見)'로 시작하는 첫 구절부터 마음에 박혔다.

배움이 끊어진 하릴없는 한가한 도인은
망상도 없애지 않고 참됨도 구하지 않으니
絶學無爲閑道人 不除忘想不求眞

갑자기 한밤중에 밝은 해가 솟아 앞길을 환히 비추는 것 같았다.

'아아 이런 공부가 있었구나.'

수행을 마쳐 다시 배울 것이 없는 '한가한 도인'이 세상에 분명 존재할 것 같았다. 영원한 행복에 이르는 길은 글자 속에 있지 않았다. 깨달음에 있었다. 참됨(眞)도 설래야 설 수 없고 망상妄想도 본래 공空하여 찾아볼 수 없는 참됨과 망상이 완전히 끊어진 경지가 머릿속에 그려졌다. 책장을 넘길수록 언어문자에 집착하면 인간의 본래면목을 영원히 깨치지 못한다는 것을 알았다. 글자나 헤아리고 문자나 파고드는 사람은 바다 속에 들어가서 모래알이나 헤아리는 것과 같음이었다. 영주의 방황이 마침내 끝을 향해 가고 있었다.

> 예전에 때 낀 거울 미처 갈지 못했더니
> 오늘에야 분명히 닦아내었도다
> 比來塵鏡未曾磨 今日分明須剖析

중생의 근본 자성은 본래 청정한 것인데 번뇌망상의 티끌이 꽉 차서 지혜광명이 드러나지 않는다는 깨우침이었다. 마음만 본래의 모습대로 닦으면 모두가 부처였다. 부처는 따로 존재하는 것이 아니라 내 안에 있는 것이었다. 중생이 곧 부처였음을 처음 밝힌 분이 석가모니부처였다. 영주는 비로소 글자 없는 경이 존재할 수 있다는 확신을 얻었다. 《증도가》를 깜깜한 밤 등잔불 밑에서 읽었어도 머릿속은 대낮처럼 밝아졌다. 훗날 성철은 《증도가》를 《신심명信心銘》과 더불어 이렇게 찬했다.

"이 《신심명》과 《증도가》는 최고의 법문이며 만고에 유명한 최상승의 표본이니 만큼, 내 법문을 들은 대중들은 이것을 다 외웠으면 합니다."

그렇다면 영주는 제대로 된 불서를 얻어 읽은 셈이었다. 종교란 상대유한의 세계에서 절대무한의 세계로 들어가 영원한 행복을 얻는 것이었다. 2,500년 전 석가모니란 사람이 부다가야의 보리수 아래서 새벽에 명성明星을 보고 깨달았고, 그것이 불교의 출발이었다. 유교는 공자 말씀, 기독교는 절대 신의 계시가 출발점이었다. 즉 다른 종교는 절대신을 전제로 하고 있지만 불교는 인간의 본래면목을 바로 깨치는 것을 근본으로 삼고 있었다. 성철이 훗날 대구 팔공산의 파계사把溪寺 성전암聖殿庵에서 정진할 때 작성한 단상, 일명 '성전암 노트'를 보면 그의 종교관을 알 수 있다.

'불합리하기 때문에 나는 믿는다.' 이 말은 대표적인 신학자인 성 어거스틴(St. Augustine)의 선언으로 신앙의 절대성을 표시한 말이다. 즉 신앙이란 어떠한 불합리한 사실이 있을지라도 오직 무조건 종조宗祖를 추종하여야 한다 함이니, 이야말로 종교의 지상명령이며 생명선일 것이다. (…) 그러면 탁월하고 명민한 두뇌의 소유자인 어거스틴 같은 지혜인이 어째서 '불합리하기에 나는 믿는다'라는 삼척동자도 속일 수 없는 어리석기 그지없는 말을 토했을까. 여기에는 아주 깊은 까닭이 있다. 다른 이유가 아니라 자기가 신봉하는 종교의 불합리성을 엄폐하려는 일종의 수단 방법으로 그와 같은 말을 한 것이다. (…) 만약 자기 종교에 불합리한 점이 없다면 이러한 언사는 절대로 생각해내지 못했을 것이다. 따라서 이러한 불합리한 종교는 인지人知가 발달함에 따라 그 가면이 벗겨지고 그 진상이 드러날 것이다. 객관적 확실성을 토대로 하되 조리가 정연한 이론체계로서 조직된 종교만이 오직 인류의 영원한 태양이 될 것이다.

영주는 독서를 통해 어쩌면 가장 논리적인 사고를 지녔을 것이다. 그런 영주에게 불교는 가장 허점이 없는, 가장 객관성이 담보된, 그래서 가장 논리적인 사상으로 비쳐졌음이 분명하다. 훗날 성철이 진리를 위해 불교를 택했지 불교를 위해 진리를 택하지 않았다며 "만약에 불교 이상의 진리가 있다는 것이 확실하면 그 진리를 찾아 나설 것이다"라고 한 것도 같은 맥락일 것이다. 그것은 불교가 영주의 두꺼운 논리의 벽을 깨뜨리고 마음속에 들어갔음이었다.

영주는 다른 불교 서적을 읽기 시작했다. 〈불교〉라는 잡지를 읽으며 화두를 잡고 공부하는 법에도 눈을 떴다.

달 밝은 밤, 영주는 품에서 비상을 꺼내 흩뿌렸다. 늘 지니고 다니던 '죽음'을 버렸다.

대원사에 들다

영주는 불교를 더 알고 싶었다. '문자가 없는 경'의 세계를 체험하고 싶었다. 아예 절집에 머물며 제대로 공부해 보고 싶었다. 영주는 대원사를 자주 찾았다. 몸이 약해서 어릴 때부터 들렀던 절이었다.

영주가 요양이 아닌 정신적 수양修養을 목적으로 대원사를 드나들자 묵곡리 집 식구들은 불안했다. 아버지 이상언은 말수가 줄어들었다. 마침내 영주가 대원사에서 한 철을 나겠다고 하자 집안 분위기는 무겁게 가라앉았다. 가족의 불안감이 현실로 다가오고 있었다. 아버지는 장남과 눈을 맞추지 않았다. 가장의 기침 소리만 들어도 가솔은 화들짝 놀라곤 했다.

1934년 가을, 영주는 집을 나섰다. 대원사가 가장 가까운 절이긴 하지만 그래도 70리 길이었다. 이른 아침 이슬을 밟으며 떠나갔다.

"곧 돌아오겠습니다."

영주는 혼잣말처럼 나직이 말했다. 아내 이덕명은 아무 말도 하지 않았다. 어머니는 그런 며느리를 바로 볼 수 없었다. 아버지는 끝내 내다보지 않았다. 경호강변은 어느새 삭풍이 불고 있었다. 영주는 한 번도 뒤돌아보지 않았다. 그렇게 스물세 살 청년은 대원사의 가을 속으로 들어갔다.

대원사는 지리산 동쪽 기슭 산청군 삼장면 유평리의 대원사 계곡 옆에 파묻혀 있었다. 계곡은 깊고 길었다. 선녀탕, 옥녀탕, 세심대洗心臺, 세신대洗身臺 등이 있음으로 미루어 불교 설화가 깃들어 있었을 것이다. 하지만 가느다란 얘기는 사라지고 굵은 제목만 남아있었다. 대원사 계곡과 그 주변은 약자들이 숨어든 피난처였다. 임진왜란, 동학혁명, 항일투쟁, 한국전쟁 등의 난민들이 숨어들어 화전 등을 일구며 생을 이었다.

지금의 대원사는 유명한 비구니 참선도량이다. 스스로 동국 제일 선원이라는 다층 석탑 앞의 선원 탑전塔殿(지금은 사리전舍利殿)이 그윽하다. 경내는 정갈하고 비구니의 맑은 미소가 밝게 부서지고 있다. 이 모든 것이 비구니 법일法日 스님의 원력이 이루어낸 불사라며 그 공덕을 중창사적비문에 새겨서 기리고 있다. 하지만 천년고찰 대원사도 부침을 거듭했다. 548년 신라 진흥왕 때 창건한 후 여러 차례 불에 탔다. 그러다 1890년 혜흔선사慧昕禪師가 전각을 중건한 후에는 고승의 강경講經 소리가 그득했고, 선객과 학인이 몰려와 탑전에서 좌선을 했다고 전해진다. 그것도 어찌 보면 잠시, 1914년 화재로 전각이 소실되었다. 다시 주지 영태永泰 스님 등 50여 명이 1917년 전각과 요사채 등 12동 184칸의 건물을 중건했다고 한다.

영주가 들락거릴 때의 대원사에는 대처승들이 살고 있었다. 1936년 영주보다 2년 늦게 대원사로 출가한 법일 스님은 당시 대원사에 대처승이 100여 명 정도 기거하고 있어 비구니로서 토굴 생활에 불편한 점이 많았다고 회고했다. 그러니까 영주가 대원사에 머물 때에도 많은 대처승들이 살고 있었음을 짐작할 수 있다. 훗날 여순사건(1948) 때 국군의 박격포사격으로 대원사 전체가 불탔는데, 그 직전까지도 대처승이 기거하고 있었다.

"그 당시 주지는 마을에서 술도가를 운영하고 가족이 있으므로 절에 머무르지 않았다. 어린 학인과 속인 몇 사람이 절을 지키는 정도였다."(성우)

아무튼 대원사는 일제강점기는 물론이고 해방 후에도 대처승들의 절이었다. 작정하고 공부하러 들어간 그해 가을의 대원사 광경을 성철은 훗날 또렷하게 기억해냈다. 마당에는 속인들의 옷들이 빨랫줄에 걸려 있었고, 풍경이 울리면 기저귀나 여자 속옷이 나부꼈다. 영주는 가자마자 대원사 계곡에서 벌어진 질펀한 술판을 목격했다. 단풍놀이 나온 경찰서장 일행과 대처승들의 얼굴이 단풍보다 붉었다. 승려들이 왜경에게 술을 따르고 함께 고기를 뜯었다. 성철은 훗날 언론과의 인터뷰에서 이렇게 말했다.

"살생을 금하는 게 불교의 근본인데 경찰서장이 온다니까 중들이 법석을 떨며 큰 돼지를 잡고 술을 몇 통씩 메고 개천에 나가고 난리더군요."

영주는 그런 중들이 싫었다. 이후 숱한 출가의 권유에도 망설인 이유는 타락한 승려들에 섞이고 싶지 않아서였다. 하지만 당시 술 마시고 돼지를 잡아먹는 사찰은 대원사만이 아니었다. 영주가 《증도가》와 〈불교〉를 처음 읽었던 1930년대 초반, 조선 불교는 끝없이 추락하고 있었다.

일제강점기 불교의 가장 큰 문제는 '세속화'였다. 그것은 조선시대 억불정책보다 무서웠다. 일제는 대처식육帶妻食肉을 허용했고 대처승들은 버젓이 절에서 처자식을 거느리고 살았다. 승려들은 살이 올라 뒤뚱거렸다. 승려의 결혼은 차치하고 축첩이 문제가 되는 무엄한 시대였다. 이 땅의 선지禪旨를 붙들고 있던 선승들은 제 가슴만 치다가 마침내 더 이상 불법을 능멸하지 말라며 입을 열었다. 백용성 스님도 1926년 두 차례나 〈건백서建白書〉를 제출하여 조선총독부의 불교 정책을 비판했다.

"석가모니 이래로 비구의 대처식육의 설이 없는데 근래에 무치無恥한 무리들이 대처식육을 강행하여 청정한 사원을 마굴로 만들고 결과적으로 참선, 염불, 간경看經 등까지도 전폐하는 지경에 이르렀다."

용성 스님은 대처식육을 행하는 무리를 대적大賊으로 단정했다. 하지만 대처승들의 반격이 만만치 않았다. 일본 유학을 다녀온 승려들까지 합세하여 불교계는 대처식육 논쟁에 휩싸였다. 고기 맛을 보고 쾌락에 젖은 무리들은 소리쳤다.

"인간의 본능은 원시시대 이래 변치 않았다. 육체는 활동과 가치의 원천이다. 인간을 위한 불교가 돼야한다."

여자를 곁에 두는 것은 본능에 따름이고, 왕성한 종교 활동을 하려면 고기를 먹어야 한다고 우겼다. 그들의 항변이 가소로웠다. 용성 스님은 다시 1932년 잡지 〈불교〉에 일제강점기의 사원경제를 개탄하는 글을 실었다.

"불교는 흡혈적, 사기적 종교이며 기생적 종교라 아편 독과 다름없다 하니 나는 조석朝夕으로 생각함에 수치스런 마음을 이길 수 없다."

그러나 불교계를 혁신시키기에는 역부족이었다. 사찰은 용성 스님의 표현대로 '음탕한 소굴'이 되어갔다. 오죽하면 일본인들이 조선불교의 타락을 걱정했겠는가. 승려들이 타락하니 백성들이 불교를 천시하며 침을 뱉었다. 중이 나타나면 노려봤고,

아이들은 돌을 던졌으며 덩달아 개들이 짖었다.

　조선불교는 억불정책에서 벗어났다고 환호하더니 결국 고삐 풀린 망아지가 되었다. 정체성을 잃고 이리저리 몰려다니다가 급기야 일본의 승복을 입겠다고 먼저 날뛰었다. 일제강점기의 한국불교는 참으로 비루했다.

일제강점기 조선불교의 타락상과 똑같은 궤적의 삶을 살아간 승려가 있었다. 바로 이회광李晦光이었다. 그는 한때 조선왕조의 마지막 대강백大講伯이라 불렸다. 《동사열전東師列傳》은 전국의 학인들이 이회광의 강론을 듣기 위해 풀덤불을 헤치며 몰려들었다고 전한다. 하지만 을사늑약 체결 후 20년 남짓 승권을 쥐고 친일 행각을 벌였다. '불교계의 이완용'이 되어 조선불교를 팔아먹었다.

　불교연구회 회장직을 맡아 불교계 핵심인물로 떠오른 이회광은 원종圓宗을 설립하여 조선불교를 일본 조동종과 합병하려 했다. 하지만 박한영, 한용운 스님 등이 주축이 되어 원종을 부정하고 이회광 등 친일파를 규탄했다. 야심이 일단 깨졌지만 이회광은 멈추지 않았다.

　1919년 3·1독립만세운동이 일어난 이후 이회광은 11월 일본으로 건너갔다. 청암사 주지 김대운, 실상사 주지 진창수, 대원사 주지 조영태 등을 대동했다. (조영태는 영주가 자주 대원사에 들렀기에 마주쳤을지도 모른다.) 일본에서 돌아온 이회광은 다시 조일朝日불교를 연합하려는 책동을 벌였다. 그러나 승려들과 신도들의 반대로 뜻을 이루지 못했다.

그럼에도 친일 행각은 계속됐다. 숱한 비리에 연루되어 해인사 주지에서 쫓겨나자 '조선불교총본산을 설립하여 일선융화日鮮融和를 실천하자'고 떠벌렸다. 그러나 아무도 주목하지 않았다. 효용 가치가 없자 조선총독부도 결국 그를 외면했다.

이회광의 말년은 쓸쓸했다. 몇 년 동안 잠적해있다가 1933년 한강변의 조그만 절에서 생을 마감했다. 왜색에 물들어 살았던 많은 승려들도 이회광과 비슷한 최후를 맞았을 것이다. 이회광의 삶 속에 일제강점기의 조선불교가 들어 있었다. 그것은 거대한 지옥도였다.

그럼에도 어둠은 빛을 품고 있었다. 조선불교는 다시 일어서고 있었다. 영주도 스무 살을 지나서 잡지 〈불교〉를 구독했으니 만해와 용성 스님이 설파한 불교개혁론을 접했을 것이다. 이미 조선불교의 어두운 면을 훤히 들여다보고 있었을 것이다.

영주는 대원사에 들를 때마다 탑전이 마음에 들었다. 그 안에 들면 편안했다. 참선을 하겠다고 탑전에 들자 주지가 펄쩍 뛰었다. 유발 속인이 어찌 탑전에 들 수 있느냐는 것이었다. 당시의 주지가 이회광을 따라 일본에 간 조영태였는지는 알 수 없다. 영주는 주지를 향해 일갈했다.

"당신들은 처자식 거느리고, 소 잡아먹고, 술장사 떡 장사까지 하면서 누구를 나무랍니까. 절에서는 공부를 해야지 어찌 살림을 한단 말입니까. 당신들이 그러고도 중이랄 수 있습니까. 그러면서도 웬 말이 그리 많으시오."

그것은 조선불교에 대한 질타이기도 했다. 주지는 얼굴을 붉혔다.

대원사 다층 석탑은 신라 선덕왕 때 자장율사가 부처님 사리를 모시고자 세운 것으로 알려졌다. 탑은 천 년이 넘었어도 그 자리에 의연했다. 세월에 그을려 피부가 검붉고 탑신이 조금 기울었을 뿐이었다. 그 앞 탑전은 창건 이래 수많은 선승들이 정진했던 곳이니 대원사로서는 자부심이 서린 곳이었을 것이다. 그런 탑전에 유발 청년이 들어가 참선 공부를 해보겠다고 했으니 아무리 자신들이 대처승이라도 선뜻 허락하기 어려웠을 것이다.

마음이 도망가지 않았다

 가을이 깊어갔다. 계곡의 물소리가 가늘어지고 경내에는 낙엽이 수북했다. 영주는 탑전에 들지 못하고 대신 요사 작은 방에서 책을 보거나 사색에 잠겼다. 하지만 하루하루가 아까웠다. 갈 길은 먼데 제자리걸음을 하고 있는 것처럼 느껴졌다. 낙엽 지는 소리에도 마음이 일어섰다.

 산사의 가을밤은 일찍 찾아왔다. 어둠은 지리산 봉우리에서 빠르게 내려왔다. 대처승도, 그들의 아이들도, 또 객들도 일찍 잠자리를 폈다. 밤이면 고찰 대원사는 그야말로 적막강산이었다. 대중들이 일찍 잠자리에 든 것은 월동 준비를 마친 산사에 별로 할 일이 없기도 했지만 다른 이유도 있었다. 바로 지리산 일대에 호랑이가 나타나 사람을 해친다는 소문이 돌고 있었기 때문이었다.

영주도 갑자기 호랑이가 나타날까봐 무서웠다. 해가 지면 방안에만 있었다. 잠을 이루지 못하고 홀로 깨어있으면 가끔 달빛이 문틈으로 들어왔다. 문을 밀치면 별들이 방안으로 쏟아져 들어왔다. 가을바람이 영주의 마음을 흔들었지만 호랑이 밥이 될까봐 밖으로 나가지 못했다. 그런데 어느 날 보니 그런 자신이 한심하게 느껴졌다. 크게 깨쳐보겠다고 집을 나왔는데 호환虎患 정도를 두려워하다니 생각할수록 자신은 겁쟁이였다. 그날 밤부터 방문을 열어놓고 잤다. 성철은 마음속에서 호랑이를 몰아낸 일화를 이렇게 털어놨다.

"하루는 가만히 생각해보니 언제 나타날지 모르는 호랑이를 겁내서 떨고 있는 내 꼴이 우습다는 생각이 들었지. 호랑이에게 잡아먹힐 때는 먹히더라도 겁내지 말아야겠다 싶어서 그 뒤부터는 방문을 활짝 열어놓고 잤어. 그렇게 하루, 이틀, 사흘이 지나도 아무 일이 없었거든. 그 다음부터는 호랑이를 무서워하지 않아 낮이나 밤이나 마음대로 다녔어."

영주는 대원사에서 중국 대혜大慧(1089~1163)선사의 편지글인 《서장書狀》을 정독했다. 대혜는 간화선으로 의심덩어리를 타파하여 대자유에 이르는 길을 체계화시켰다. 그것은 깨달음에 이르는 새 길을 낸 것이었다. 《서장》은 대혜가 40명의 사대부와 두 명의 제자에게 보낸 편지를 묶은 것이다. 깨달음을 얻으려는 자들에게 화두를 참구하라는 가르침이 들어있다. 또 선禪 수행에 필요한 방법과 경계할 것들도 구체적으로 알려주고 있다. 《서장》은 곳곳에 영주가 외우고 있는 《증도가》와 《신심명》의 글귀를 인용했기에 무릎을 치며 빠져들었을 것이다.

대혜는 화두 중에서도 유독 '개에게는 불성이 없다'는 '무자無字' 화두를 들라고 강조했다. 무자 공안은 중국 당나라 때 어떤 학승이 조주 스님을 향해 "개에게도 불성이 있습니까" 묻자 조주가 "없다"고 답한 것에서 비롯됐다. '구자무불성拘子無佛性'은 선종에서 가장 널리 알려진 화두이다. '부처님은 일체중생에게 불성이 있다고 가르쳤는데 왜 조주는 개에게는 불성이 없다고 했는가.' 이를 의심하고 의심해가는 것이 무자 화두 참구였다. 《서장》 도처에 무자 화두가 등장한다.

- 무자 한 글자는 문득 생사 의심을 타파하는 칼입니다.
- 화두를 참구하기를 '개도 불성이 있습니까?' '없다'고 한 것을 보면 정히 이러한 때는 붉은 화로 위의 한 송이 눈과 같을 것입니다.
- 지금 힘을 덜어서 고요하고 시끄러운 가운데서 한결같음을 얻으려고 한다면, 단지 조주 스님의 무자를 뚫으십시오. 홀연

히 뚫으면 바야흐로 고요함과 시끄러움의 둘이 방해되지 않는다는 것을 알 것입니다.
- 청컨대 부질없는 알음알이의 마음을 무자 위에 돌려서 시험 삼아 헤아려 보십시오. 홀연히 헤아림이 미치지 못하는 곳을 향하여 이 한 생각을 타파하면 문득 이것이 삼세를 통달하는 자리입니다.
- 만약 이 무자를 꿰뚫으면 부처님의 말씀과 조사의 말씀과 모든 노숙의 말씀과 천 가지 만 가지로 다른 것을 일시에 꿰뚫어서 남에게 묻지 않을 것입니다.
- 당신이 조주의 구자무불성의 화두를 드는 것은 사람이 도둑을 잡는데 이미 숨은 곳은 알지만 다만 아직 잡지 못한 것과 같을 뿐입니다.
- 티끌을 제거한다는 생각도 하지 말며, 감정의 티끌이라는 생각도 하지 말며, 차별 경계라는 생각도 하지 말며, 불법이라는 생각도 하지 말고, 다만 구자무불성의 화두를 들어야 합니다.
- 때때로 조주 무자로 잡아 끌어서 오래오래 순수하고 익숙해지면 자연스럽게 무심하여 칠통漆桶을 타파하게 될 것입니다.

전재강 역주 《서장》에서

겨울 문턱에서 대원사에 변화가 있었다. 몇몇 승려들이 산문을 나섰다. 탑전에서 영주를 끌어낸 고집불통 주지도 산을 내려갔다. 새로 주지 대행을 맡은 스님은 젊었다. 영주와는 말이 통했다. 그는 진리를 찾아보려는 젊은이의 순수한 열정을 이해했다. 영주의 근기를 알아보는 안목도 지니고 있었다. 영주는 비로소 탑전에 들어 공부를 시작했다.

영주는 무자 화두를 들었다. 《서장》을 보고 대혜의 가르침대로 따라했을 가능성이 높다. 대혜는 화두 참구에서 나타나는 경계를 알려주며 결코 물러서지 말라고 했다. 화두를 들고 있으면 이치에 맞지 않고, 문득 재미가 없고 마음이 답답해질 때가 오는데 그때가 바로 목숨을 걸 때이니 이를 기억하라고 했다. 그런 경계가 바로 부처와 조사가 될 수 있다는 소식이 임박했음이니 결코 공부를 멈추지 말라 일렀다.

일상의 생활 가운데 차별 경계를 만나서 힘 덜림을 아는 때가 문득 힘을 얻는 곳이니, 힘을 얻는 곳이 힘이 지극히 덜리는 곳입니다. 만약 조금이라도 지탱하면, 결단코 이것은 잘못된 무리의 법이고 부처님의 법이 아닙니다. 다만 장구하고 원대한 마음을 판단해 가지고 구자무불성의 화두와 더불어 다가가십시오. 다가오고 다가감에 마음이 갈 곳이 없다가 홀연히 꿈속에서 깨어나는 것과 같으며, 연꽃이 피는 것과 같으며, 구름을 헤치고 태양을 보는 것과 같게 될 것입니다. 이러한 때에 이르면 저절로 한 조각을 이룰 것입니다. (…) 또 고덕이 이르기를 "어리석은 사람은 경계를 없애고 마음은 없애지 않으며, 지혜로운 사람은 마음을 없애고 경계는 없애지 않는다"고 하였습니다.

전재강 역주 《서장》 '종직각에게 답함(答宗直閣)'

   《서장》은 어림 850년 전에 깨쳤던 대혜가 청년 영주에게 선禪의 요체를 전하는 편지였다. 북송, 남송 교체기 피폐했던 시대의 대혜가 역시 일제강점기 궁핍한 시대의 조선 청년 영주에게 주는 가르침이었다.

   영주는 대원사 탑전에서 불서를 보고 참선하는 방법을 익힌 대로 용맹정진했다. 24시간 내내 허리를 방바닥에 대고 눕는 일이 없었다. 누구의 가르침도 없었다. 하지만 도道에 들어간 옛 사람들이 남긴 인연들을 붙들고 있거나, 또 검은 산 귀신 굴 안에 들어 눈 감고 앉아있는 것이 선 수행이 아니라는 것쯤은 영주도 잘 알고 있었다. 영주의 공부하는 모습을 대처승들도, 신도들도 기이한 눈초리로 바라봤다.

   점차 영주를 보는 눈이 달라졌다. 기이한 눈초리를 거두었다. 탑전 근처에서 함부로 떠들지 않았다. 영주는 북풍한설이 몰아쳐도, 재를 지내러온 속인들이 떠들어도, 설경이 눈부시게 펼쳐져 있어도, 대처승들이 서로 싸워도 동요하지 않았다. 크게 의심하며 정진했다. 마음이 답답하고, 앉아있음이 한심하게 느껴질 때가 진정 무언가 이뤄지기 직전이라는 것을 믿었다.

탑전에 든 영주는 북풍한설이 몰아쳐도, 재를 지내러 온 속인들이 떠들어도, 설경이 펼쳐져 있어도 동요하지 않고 정진했다. 이 모습을 본 대중들은 탑전 근처에서 함부로 떠들지 않았다. 사진은 대원사 다층석탑의 모습.

어느 날 보니 화두라는 의심덩어리가 앉으나 서나, 고요하거나 분주할 때나 머릿속을 떠나지 않았다. 걷거나 세수하거나 밥을 먹을 때에도 공부가 되었다. 마침내 유발한 채 속인으로 동정일여動靜一如의 경지에 들었다. 헤아려보니 작심하고 화두를 든 지 어림 42일 만이었다. 물론 당시에는 그런 경지가 동정일여인지는 정확히 알지 못했다.

성철은 훗날 대원사에서의 얘기를 할 때면 신이 나서 목청을 높였다. 자신이 생각해도 그때 일이 대견했다. 일타 스님과 공양 중에 탑전 얘기가 나오자 입에 넣었던 밥숟가락을 확 빼면서 말했다.

"마음이 다른 데로 도망가지 않았어. 동정일여가 되니까 정말 참선 부지런히 하면 도인되겠다 싶데."

동정일여의 경지는 목숨을 내놓고 공부해야 이룰 수 있었으니 참으로 신비롭고도 벅찼다. 그러면서도 두려웠다. 영주의 인생이 달라졌다. 그해 겨울은 특별했다.

제1장/눈 오는 밤 팔을 자를 수 있는가

겨울 해인사

"속인이 대원사에서 무섭게 정진하고 있다."

소문은 바람처럼 산문을 빠져나갔다. 하지만 대원사의 대처승들은 불편했다. 영주의 치열한 공부는 자신들을 돌아보게 만들었다. 젊은이가 탑전을 점거하고 '참선 시위'를 하고 있는 것처럼 보였다. 대원사 대처승들은 큰절 해인사에 공문(편지)을 보냈다. '젊은이가 대원사 탑전에 들어 공부하고 있는 바 수행정진의 자세와 기세가 범상치 않으니 해인사로 데려가 크게 지도함이 좋겠다'는 내용이었다.

며칠 후 해인사에서 스님이 찾아왔다. 총무 최범술崔凡述(법명은 효당曉堂)이었다. 범술은 이미 항일운동에 참여해서 몇 차례 옥고를 치른 바 있었다. 훗날 해방공간에서는 불교 교단의 총무부장을 맡았다. 제헌의원에 뽑힌 정치가였으며, 여러 학교를 세운 교육자이기도 했다. 하지만 그 또한 대처승이었다. 커다란 저수지가 오염되었으니 그 안에서 누가 멱을 감아도 맑을 수가 없었다. 청년시절에는 서릿발 같은 서원을 했겠지만 현실에 부딪혀 조금씩 무뎌져 갔을 것이다.

범술은 영주를 해인사로 이끌고 싶었다. 병약해 보이지만 흰 얼굴 속 커다란 눈동자는 사람을 빨아들였다. 해인사에는 당대의 선지식 백용성 스님과 제자 하동산 스님, 송만공 스님, 불교계 석학 김법린金法麟 등이 있었다. 그들이 영주를 보고 싶어 한다는 것이었다. 범술은 영주에게 간곡하게 권했다.

"해인사는 절도 크고 불법이 고여 있으니 같이 가면 어떻겠는가. 큰스님들이 자네를 보고 싶어하네. 함께 불법을 공부해서 불교를 일으켰으면 좋겠네."

하지만 영주는 이를 간단히 뿌리쳤다.

"여기 대원사도 산이 깊고 조용해서 공부하기 좋습니다. 일부러 해인사까지 갈 필요 있겠습니까."

범술 또한 물러나지 않았다.

"이곳과 해인사는 많이 다르다네. 팔만대장경을 모시고 있는 법보종찰法寶宗刹이 아닌가. 아마 자네는 새로운 세상을 만나게 될 것이네."

그날 밤 영주는 잠을 이루지 못했다. 자꾸 해인사가 떠올랐다. 큰절에서는 어떻게 살림을 하고, 승려들은 어떻게 살아가는지 궁금했다. 자신이 경험한 선의 경지가 어느 정도인지도 알고 싶었다. 대원사의 풍경 소리를 붙들고 여러 생각을 했다.

'해인사로 가면 영원한 자유를 찾을 수 있을 것인가. 범술 스님이 얘기한 것처럼 해인사에 들면 특별한 불법을 만날 수 있을 것인가.'

대원사에서 하룻밤을 묵고 범술은 떠나갔다. 영주는 또 여러 날 고민했다. 사실 큰절에서 '실세스님'이 다녀갔기에 대원사 승려들의 시선이 더욱 따갑게 느껴졌다. 마침내 짐을 꾸려 탑전을 나왔다. 1935년 새해가 밝은 지 얼마 되지 않아서였다.

해인사 가는 길이 불가에 드는 길임을 당시에는 알지 못했다. 들을 지나 계곡에 이르자 느낌이 이상했다. 단풍이 물에 비쳐 흐르는 물조차 붉다는 홍류동紅流洞 계곡은 겨울에도 범상치 않았다. 기묘한 바위들이 불쑥불쑥 나타났고, 붉은 소나무들이 청년 영주를 내려다보고 있었다. 물소리가 커서 최치원의 귀를 먹게 했다는 계곡은 엄동이라 그 소리까지 얼어있었다. 그래도 침묵의 기세가 비범했다. 농산정, 낙화담, 분옥폭포, 무릉교 등을 지나 해인사 경내로 들어섰다. 그렇게 지리산을 나와 가야산에 들어갔다.

해인사는 신라 화엄십찰華嚴十刹의 하나였다. 절 이름은 《화엄경》에 나오는 해인삼매海印三昧라는 구절에서 비롯됐다. 해인삼매란 어리석음의 바람이 잦아들고 번뇌의 물결이 멈추면 참 지혜의 바다(海)에 흡사 도장을 찍듯이(印) 우주의 참된 모습이 그대로 비치는 경지를 말한다. 해인사는 순응 스님과 그 제자인 이정 스님이 802년 신라 애장왕 때 지금의 대적광전 자리에 창건했다고 전해진다. 그 후 균여, 의천 같은 고승을 배출했다. 해인사는 일제강점기에도 통도사, 범어사, 송광사와 함께 선승들에게 방을 내줬다.

해인사는 영주의 생각보다 크고 근엄했다. 스님들의 걸음걸이부터 달랐다. 무엇보다 장경판전이 아무 장식도 없이 소탈하게, 또 긴 세월 무탈하게 서 있음이 미더웠다. 장경판전이 대적광전 뒤에 있음은 해인사가 팔만대장경의 가르침을 머리로 받들고 있음이었다. 영주가 범술 스님을 찾았지만 보이지 않았다. 다른 곳으로 떠났다고 했다. 대뜸 주지스님을 찾아갔다.

"대원사에서 왔습니다."

"오라, 바로 그 청년이구만."

주지는 환한 표정으로 맞았다. 당시 주지는 이고경李古鏡 스님이었다. 강경講經이 유려하고 몸가짐이 반듯했다. 성철은 훗날 당시의 고경을 "화엄학에 밝은 유명한 스님"으로 기억하고 있었다.

"그래, 그렇게 열심히 공부를 했다면서 해인사에서는 어떤 공부를 해보려 하는가?"

"중은 싫지만 부처님을 좋아하게 됐습니다. 참선을 해서 그분의 가르침을 제대로 알고 싶습니다."

주지는 무례한 유발청년을 지긋이 쳐다보더니 이내 미소를 머금었다.

"일단 나와 한 밤 자면서 얘기해봅시다."

그렇게 주지 방에서 하룻밤을 묵게 되었다. 두 사람은 서로에게 호기심이 일었다. 영주는 큰 절의 산중 생활이 궁금했다. 고경은 새삼 유발청년이 대견했다. 불교계는 인재가 필요했다. 그러나 이제 막 불교 속으로 들어가는 청년에게 부처님 얘기만 할 수는 없었다. 현실을 알려줘야 했다.

"나라꼴도 그렇지만, 불교도 주인이 없다네. 이리저리 손을 타고 있으니 큰일이야. 부처님 법을 모시고 있는 여기 해인사도 그리 맑지만은 않다네."

고경도 영주도 쉽게 잠을 이루지 못했다. 영주는 주지의 고뇌가 손에 잡힐 듯했다. 다음 날 고경이 원주를 불러 영주를 선방에 들게 하라 일렀다. 그러자 원주는 순간 표정을 바꾸었다.

"속인을 선방에 들인 일은 없습니다. 하물며 선승과 함께 나란히 앉아 참선을 하게 한다니, 이는 있을 수 없는 일입니다."

주지도 물러서지 않았다.

"이 청년은 다르네. 다 그만한 뜻이 있으니 따르게."

원주는 주지와 영주를 번갈아 보더니 획 돌아섰다.

"알 수 없는 일이네. 나를 따라오시오."

고경은 처음부터 영주의 그릇을 알아봤다.

주지 고경은 해인사 승려와 신도들이 신뢰하는 강백이었다. 임기를 마치자 해인사 대중은 고경을 주지로 재신임했다. 하지만 총독부가 승인을 해주지 않았다. 종권은 친일파 대처승에게 넘어갔다. 친일승들은 고경이 눈에 가시였다. 강원에서 한국사를 가르치며 항일정신을 고취했다는 혐의로 밀고했다. 왜경은 고경과 임환경林幻鏡 스님, 그리고 젊은 승려들을 잡아갔다. 고경은 모진 고문을 당했다. 형사들은 한 번 묻고 열 번을 때렸다. 고문을 이기지 못하고 죽을 지경에 이르자 고경을 근처 여관으로 옮겼다. 고경은 여관방에서 입적했다. 그리고 죽어서도 친일승이 장악하고 있는 해인사에 들지 못했다.

1943년 새해 합천 남정강 강변에서 다비식이 있었다. 말이 '다비'였지 그저 송장 태우기였다. 후미진 겨울 강가에서 조선불교가 불타고 있음이었다. 이를 지켜보는 지인들은 가슴을 쳤다. 날카로운 강바람은 몸보다 마음을 후볐다. 시신을 태우며, 또 재를 쓸어가며 바람이 소리쳤다. 강도 울었다.

주지 고경의 배려로 유발속인 영주는 선방에 들었다. 전무후무한 일이었다. 당시 선방은 퇴설당堆雪堂이었으니 바로 '눈 쌓이는 집'이었다. 이 당우명은 선종 제2조 혜가慧可 스님의 구도와 관련된 고사에서 유래된 것이었다.

혜가의 속명은 신광神光이었다. 달마가 소림사에서 면벽좌선하고 있다는 소문을 듣고 몇 번이나 찾아가 가르침을 청했다. 그러나 달마는 쳐다보지도 않았다. 어느 날 신광은 눈 오는 밤 소림사 마당에 서 있었다. 새벽이 되자 눈이 무릎까지 쌓였다. 그러자 비로소 달마가 물었다.

"눈 속에 그토록 서 있으니 무엇을 구하고자 함이냐?"

"바라건대 감로의 문을 여시어 어리석은 중생을 구해주소서."

"부처님 도는 오랫동안 수행해야 얻을 수 있는데 어찌 작은 지혜와 가벼운 마음으로 참다운 법을 바라는가. 헛수고일 뿐이다."

달마의 말을 들은 신광은 홀연 칼을 뽑아 자신의 왼쪽 팔을 잘랐다. 눈 위에 선혈이 뚝뚝 떨어졌다. 달마가 말했다.

"부처님들은 법을 위하여 자신의 몸을 잊었다. 팔을 잘라 내놓으니 이제 도를 구할 만하다."

달마는 신광에게 혜가라는 새 이름을 지어 주고 법을 전했다.

퇴설당 벽에는 혜가의 〈설중단비도雪中斷臂圖〉가 걸려 있었다. 그동안 수많은 선승이 '눈 쌓인 집'에 들어 번뇌를 베어냈을 것이다. 영주가 이를 바라봤다. 그림이 묻고 있었다.

"눈 오는 밤, 너는 팔을 자를 수 있겠는가."

눈이 내리고 보이지 않는

해인사 퇴설당에서도 화두를 들었다. 선방 대중들의 묵언이 호통보다 무겁고, 고함보다 예리했다. 죽비소리에 자신만의 마음을 폈다. 그러면 '눈 쌓이는 집' 퇴설당에 보이지 않는 눈이 내렸다. 영주는 비로소 선객들이 하나가 되어 만들어낸 고요 속으로 들어갔다.

좌선의 몸가짐이 의젓했다. 한번 앉으면 미동도 하지 않았다. 절집 식구들이 보기에는 절밥 얻어먹으며 유발한 채 면벽하고 있음이 꼴불견이었다. 그래도 영주는 여여부동했다. 그러자 대중들이 영주를 향한 삐딱한 시선을 점차 거둬들였다. 정진하는 모습을 기특하게 바라봤다. 방선放禪(좌선이나 공부하던 것을 쉬는 것) 시간에는 다가와 말을 걸기도 했다. 영주의 공부 소식에 오히려 산중이 유쾌해졌다.

김법린은 특히 영주에게 관심을 보였다. 그는 훗날 문교부 장관과 동국대 총장을 지냈다. 왜색에 물든 한국불교를 혁신하려는 뜨거운 가슴을 지니고 있었다. 이미 서울 탑골공원서 열린 3·1독립만세운동에 참여했고, 부산 범어사로 내려가 만세운동을 주도하기도 했다. 1929년 봄에는 조선어학회가 주관하는 조선어편찬회의 준비위원을 맡았다. 특히 불교계 항일비밀 결사체인 만당卍黨을 결성하기도 했다.

만당은 1930년 5월경 결성됐다. 불교계 청년운동의 선봉에 섰던 김법린은 한용운의 뜻을 받들어 이용조, 김상호, 조학유 등과 함께 부처님 앞에서 타락한 조선불교의 개혁을 맹세했다. 만당의 선언문은 지금 들어봐도 비장하다.

보라, 이천년 법성法城이 허물어져 가는 꼴을! 들으라, 이천만의 동포가 헐떡이는 소리를! 우리는 참을 수 없는 의분에서 감연히 일어났다. 이 법성을 지키기 위하여, 이 민족을 구하기 위하여! 향자向者는 동지요, 배자背者는 마권魔眷이다. 단결과 박멸이 있을 뿐이다. 우리는 안으로 교정을 확립하고 밖으로 대중불교를 건설하기 위하여 신명을 다하고 과감히 전진할 것을 선언한다.

만당은 비밀을 엄수하고 당에 절대 복종하는 사람만 선발했고, 당원은 전국에 80여 명이 있었다. 김법린의 권유로 최범술도 만당에 들어왔다. 김법린, 최범술 등이 포진하고 있던 해인사는 항일 독립운동과 불교 개혁의 산실이었다. 해인사 젊은 승려들은 범어사와 함께 3·1독립만세운동을 전국 사찰 중에서 가장 큰 규모로 전개했다. 만당 구성원들은 불교계 개혁을 부르짖었고, 불교 개혁은 독립운동과 직결되어 있었다. 나라가 독립되지 않고는 불교계 개혁이란 있을 수 없었기 때문이다. 그러나 청년들이 품고 있던 가슴 속의 격정은 폭풍이 되지 못하고 소멸했다. 만당의 실체가 발각되어 결국 23명이 붙잡히고 그중 2명은 옥사했다. 김법린도 붙잡혀 옥고를 치러야 했다. 그렇다고 그들의 불사佛事가 그냥 사라지겠는가. 그 인연은 훗날 해방공간에서 새바람을 일으켜 불교계를 깨웠다.

영주가 해인사에서 만난 김법린은 저명한 강사였다. 1935년 다솔사와 해인사의 강원이 합병되어 김법린은 해인사 강원의 강주로 있었다. 당시 대중들은 김법린, 최범술 등이 만당의 핵심요원이란 것을 알지 못했다.

김법린은 영주에게 이것저것을 물었다.

"불교를 어디서 배웠는가."

"혼자서 공부했습니다."

김법린은 고개를 갸웃거렸다. 독학으로 터득했다고 보기에는 식견이 비범했다. 더욱 놀란 것은 영주의 책읽기였다. 불교 관련 서적을 내주면 단숨에 독파했고, 그러면서도 핵심을 정확히 꿰뚫었다. 교학에 밝은 김법린은 그런 영주가 탐이 났다.

"우리 함께 교教를 배워보면 어떻겠나."

책 욕심이 많은 영주에게 불서를 내밀며 강원에 들어 학승이 될 것을 권유했다. 또 일본 유학을 함께 다녀오자는 제의도 했다. 하지만 영주는 김법린의 은근하면서도 집요한 눈빛을 뿌리쳤다.

"저는 마음을 깨치러 왔습니다."

영주는 참선 수행만이 영원히 사는 길이라 확신하고 있었다. 이미 논리가 논리를 낳는 논리의 허망함을 간파하고 있었다. 비상을 품고 진리를 찾아 헤매인 젊은 날의 방황을 김법린은 물론 알 수 없었을 것이다. 하지만 김법린은 이미 영주가 상당한 경지에 이르렀음은 한눈에 알아봤을 것이다. 영주는 이미 선불교란 교외별전教外別傳임을, 진리는 문자가 아닌 마음속에 있음을 믿고 있었다.

대원사 승려들이 탑전에서 정진하는 속인을 해인사에 보고한 것이나, 또 큰절에서 살림을 도맡고 있는 최범술이 직접 찾아온 것이나, 또 주지 고경이 속인을 퇴설당 선방에 들인 것은 모두 '사건'이었다. 이로 미루어 보면 당시 영주는 영원한 삶을 찾아가는 길을 알았고, 이미 그 길로 제법 깊이 들어섰음을 알

영주는 범술 스님의 권유로
대원사 탑전을 나와 해인사로 향했다.
그리고 속인으로서는 처음으로
'눈 쌓이는 집' 퇴설당에 들었다.
옛 모습대로 서있는 해인사 퇴설당.

제1장/눈 오는 밤 팔을 자를 수 있는가

수 있다. 그랬기에 훗날 대원사 탑전에서 '동정일여'에 들었다고 얘기했을 것이다. 다만 성철은 당시 일들을 곧잘 '지나가는 말'로 반추했다. 그 이후 더 혹독하고도 특별한 수행이 있었기 때문일 것이다.

퇴설당에 해인사의 노장들이 찾아왔다. 그들은 영주의 신상에 대해서 묻고, 또 이것저것을 떠보았다. 영주 또한 스님들에게 바람직한 참선 수행법을 비롯하여 불교 전반에 관한 의심들을 묻고 또 물었다. 그러나 돌아온 답은 시원치 않았다.

그러던 어느 날 동산 스님이 큰절로 내려왔다. 동산은 설악산 봉정암에서 효봉, 청담 등과 안거를 지낸 후 백련암에 머물고 있었다. 동산의 설법이 당대 제일이라는 칭송이 자자했다. 무엇보다 음성이 고왔다. 법문을 하면 장소가 어디든 신도들로 넘쳐났다. '아무리 가난한 절도 동산이 법회를 열면 3년 먹을 양식이 들어온다'고 할 정도였다. 주로《증도가》와《신심명》을 설했다.

영주는 동산 스님을 보는 순간 매료되었다. 오래전에 어디선가 본 것 같았다. 인연이었다.

'저 스님이라면 내 의심을 풀어줄 수 있겠지.'

영주는 퇴설당을 찾은 동산에게 거침없이 물었다. 다른 선객들이 듣기에도 당돌했다.

"제가 혼자 공부하여 무자 화두를 들었는데 바른 길로 들어셨는지요? 스님이 보시기에 완전한 깨달음은 어떤 경지인지요?"

동산은 이상한 놈의 발칙한 질문이 싫지 않았다. 대답 대신 빙긋이 웃으며 한마디 했다.

"백련암으로 놀러오게."

영주는 날을 잡아 백련암으로 올라갔다. 백련암은 정겨웠다. 동산은 영주에게 여러 가지를 물었다. 영주의 답을 들으며 동산은 고개를 끄덕이고 지긋이 쳐다봤다. 이윽고 나직이, 하지만 단호하게 말했다.

"중이 되시게."

감전된 듯 아무 말을 못하고 있는 영주에게 동산은 몇 마디를 보탰다.

"속인으로는 선방에 오래 머물 수 없을 것이고, 또 나간들 어디를 가겠는가. 이제 자네가 세상에 머물 곳은 없다네. 중이 되어 제대로 참선해서 지금 들고 있는 의심을 끊어보시게."

사실 영주는 해인사에서도 절집 살림에 관한 부정적 인식을 씻어내지 못하고 있었다. 대원사와는 다르긴 하지만 해인사도 대처승들이 절 살림을 맡아 꾸려가고 있었다. 영주는 온통 깨달음에 관심이 있었지, 중이 될 마음은 없었다. 그래서 대원사에서도, 해인사에서도 속인 차림으로 당당했던 것이다. 그런데 큰스님이 출가를 명령하고 있었다. 동산은 불명까지 지어서 내밀었다.

'성철性徹'

그렇다면 동산이 불가에서는 다소 어울리지 않는, 오히려 속가에서 흔한 '성철'을 내림은 어떤 의미가 있을까. 물론 모든 불명에는 연緣이 있지만, 전후를 살펴볼 때 실로 각별한 의미가 있어 보인다. 어림해서 지은 것이 아니라 동산의 치밀한 계산에서 나왔을 것이다. 그것은 '자성自性을 확철確徹하게 깨쳐 성불하라'는 뜻이었다. 동산은 영주가 이미 한 경계에 이르렀음을 간파하고 있었음이 분명해 보인다. 그렇기에 성철이란 이름에는 부단히 정진하여 대철대오大徹大悟하라는 동산의 바람이 들어있었을 것이다.

하지만 영주는 중이 되겠다는 대답을 안 하고 물러나왔다. 머릿속에서는 성철이란 이름이 계속 맴돌고 있었다. 그러던 어느 날 동산이 백련암에서 큰절로 내려왔다. 주장자를 비껴들고 동안거 법문을 했다.

여기 길이 있다.
아무도 그 비결을 말해주지 않는다.
그대 스스로 그 문을 열고 들어가기 전까지는.
그러나 그 길에는 문이 없다.
그리고 마침내 길 자체도 없다.

영주의 마음이 움직였다. 그것은 영주에게 주는 법문이었다. 문자가 없는 경은 결국 문 없는 문이었다. 조주의 무자 화두가 문득 환해지는 듯했다.

영주는 출가를 결심했다. '성철'로 살아가기로 했다.

출가

영주는 봄날 묵곡리 집으로 돌아왔다. 아니 돌아옴이 아니었다. 더 멀리 떠나기 위해 잠시 들른 것이었다. 속가에는 숱한 인연이 고여 있었다. 그 인연 속으로 들어가 인연을 끊어야 했다. 그것이 어디 쉬운 일이던가. 식구들은 이미 영주가 지리산에서 가야산으로 옮긴 후 선방에 들었다는 사실을 알고 있었다. 집안 안팎의 분위기는 돌을 얹은 듯 무겁게 가라앉았고, 아버지 이상언의 심기는 하루도 편치 않았다. 사실 영주의 '산속 공부'는 묵곡리 전체의 관심사였다.

해질 무렵 대문을 밀쳤다. 어머니는 버선발로 뛰어나왔다. 안방에 들어가 아버지에게 큰절을 올렸다. 그런 아들을 아버지는 물끄러미 바라봤다. 어머니와 며느리는 함께 밥상을 차리며 안방 쪽으로 귀를 세웠다. 전에도 그랬듯이 부자는 말이 없었다. 할 말이 쌓여 산을 이뤘지만 아버지는 말이 나오지 않았다.

영주가 밥상을 물리자 어머니가 들어와 호롱불을 밝혔다. 아버지는 몇 번이나 마른기침을 했다. 이윽고 입을 열었다.

"얘기는 드문드문 들었다. 네가 한다는 공부가 정녕 석씨釋氏를 따르겠다는 것이냐? 집을 떠나겠다는 것이냐?"

"예, 산에 들겠습니다."

"사내는 모름지기 공맹을 익혀 사람의 길을 가야지, 어찌 산속에 들어 해괴한 귀신들을 따르겠다는 거냐. 대대로 유림인 우리 이씨 집안에 어찌 이런 일이 있을 수 있단 말이냐?"

영주는 아무 말도 하지 않았다. 아버지는 다시 한숨과 함께 혼잣말을 했다.

"장남이 삼강오륜을 저버리고 허무한 적멸지도寂滅之道에 들겠다니 죽어서 조상을 어찌 대할 것인가. 혈육의 인연을 끊고 불효불충의 길로 들어선다니 이를 어찌 할 것인가."

영주는 그래도 말이 없었다.

"다시 묻겠으니, 정말 석씨에 의지해서 빌어먹을 작정이냐?"

침묵만이 호롱불에 무심히 타들어갔다. 이윽고 영주가 해인사에서부터 준비해 온 거짓말을 풀어놓았다.

"아버님, 저는 중이 못 되면 급히 죽을 사주랍니다."

아버지 이상언의 안색이 바뀌었다.

"대체 어느 놈이 사람의 운명에 대해 포악질을 해대는 것이냐?"

"저를 본 스님들이 한입처럼 말했습니다."

어머니는 신음을 뱉었고, 아버지는 끝내 돌아앉아 버렸다. 성철은 훗날 당시를 떠올리며 이렇게 회고했다.

"거짓말을 했지요. 나를 집에 그냥 두면 곧 죽는다는데 어떻게 하겠어요. 부모들이 그런 데 제일 약하거든."

다음 날 영주는 부모에게 큰절을 올렸다.

"앞으로 오랫동안 뵙지 못할 것 같습니다. 부디 건강하십시오."

길 떠나는 영주를 아버지는 내다보지 않았다. 어머니와 아내 덕명은 그 뒷모습을 하염없이 바라봤다. 영주는 이후 한 번도 속가를 찾지 않았다. 혈육들이 세상을 떴을 때도 묵곡리에는 얼씬도 하지 않았다. 아들의, 지아비의 성품을 잘 알고 있었던 두 여인은 가슴이 미어졌다. 자꾸 불길한 생각이 올라왔다.

'이것이 마지막인가.'

영주의 모습이 보이지 않자 아내 덕명은 네 살배기 딸을 끌어안았다. 어머니는 천왕봉 쪽을 올려다봤다. 지리산은 봉우리에 아직 잔설을 이고 있었다.

아버지는 홀로 가슴을 쳤다. 자식이래서가 아니라 아들 영주는 누가 봐도 영민했다. 천자문을 따라 읽는 것이 기특하여 무릎에 앉히고 가르쳤더니 금세 외워 사람들을 놀라게 했다. 행여 몰라 주제를 주어보면 나름의 글을 지어 공손하게 바쳤다. 그때의 기쁨을 어디에 비유하겠는가. 또한 하는 짓이 반듯했고, 마음은 드러나지 않게 넉넉했다. 당연히 선비가 되어 나랏일을 봐야 했다. 나라를 빼앗긴 무도한 세상이어서 그 뜻을 펴지 못한다면 학자로서 유풍儒風을 일으켜야 했다. 알고 있어도 드러내지 않는 장남이 얼마나 듬직했던가.

어쩌면 자신보다는 자식을 믿고 살아온 세월이었다. 그러나 창졸간에 늙은 아버지를 남겨 두고 아들은 떠나가버렸다. 아들을 불가에 뺏겼으니 이제 유림들을 무슨 낯으로 보며 서원이나 향교에 나가 어찌 배례할 수 있을 것인가. 조선시대 중은 노비, 무당, 상여꾼, 기생, 백정, 광대와 더불어 천민이었다. 자식이 돌팔매를 맞으며 동냥질 할 것을 생각하니 기가 막혔다.

"내 일찍이 사람의 도리를 가르쳤거늘, 집 떠날 자식인 줄은 꿈에도 몰랐다."

아버지의 분노는 아들을 잡아간 석가모니를 향해 분출했다. 식솔에게 경호강에 그물을 치게 하고 물고기를 잡아오도록 했다. 펄떡이는 물고기를 집어넣고 끓이도록 했다. '산목숨을 죽이지 말라'는 석가의 첫째 계율을 조롱하며 살생으로 석가를 향해 삿대질한 셈이었다. 나름 복수였다. 저녁마다 매운탕을 들며 눈을 부릅떴다.

"석가야, 그래 나를 지옥으로 보내 보거라."

그러나 어머니 강씨는 아버지와 달랐다. 강씨는 남편이 잠들기를 기다렸다가 남은 물고기를 물통에 담아 경호강에 놓아주었다. 어머니는 짚이는 데가 있었다. 자신이 시집 올 때 세운 소원을 떠올렸던 것이다. 손녀 딸 불필은 할머니 강씨의 소원을 이렇게 기억하고 있다.

"할머니는 묵곡리로 시집오던 날 가마에서 내린 뒤 '이 세상에서 제일가는 큰 인물을 낳겠다'는 원을 세웠다고 한다. 큰스님을 가진 할머니는 항상 바른 마음과 단정한 태도로 태교에 임해서 뒤틀어진 오이나 무를 먹지 않았고, 울퉁불퉁 못생긴 과일도 먹지 않았으며, 평상이나 마루에 앉을 때에도 모퉁이는 피했다. 행여나 나쁜 것을 보거나 듣게 될까 열 달 동안 대부분 밖에 나가지 않고 집 안에서 지냈는데, 아침저녁으로 온갖 정성을 기울이며 세상에서 제일가는 아들을 점지해 달라고 천지신명과 조상님께 기도 드렸다."

영주는 다시 가야산에 들었다. 홍류동에서 해인사로 들어가는 길을 걸으며 흡사 다른 세상으로 들어가는 느낌을 받았다. 그것은 영원 속으로 들어가고 있음이었다. 지난 번 지리산 대원사에서 건너올 때는 미처 보지 못했던 것들이 눈에 들어왔다. 살아있는 것들은 물론이요 바위와 흐르는 물도 말을 걸어왔다.

영주는 곧장 백련암을 찾아갔다. 동산 스님을 뵙고 절을 올렸다. 스님은 속가를 다녀온 영주를 그윽한 눈길로 바라봤다.

"그래, 결심하였는가?"

"예, 저를 받아주십시오."

"아하, 올해는 백련암에 봄이 일찍 오겠구먼."

그렇게 동산 스님의 제자가 되었다. 큰절 퇴설당에서 수계득도식이 있었다. 이영주라는 속명을 버리는 날이었다. 계戒는 부처 가문의 구성원이라면 누구나 받들어야 하는, 육화肉化시켜 지녀야 하는(受持) 의무였다. 그것은 생사의 기나긴 밤을 밝히는 등불이요, 고통의 바다를 건너는 배였다. 대중들 앞에서 성철이 계를 받았다. 지난날은 부처를 좋아하고 구도의 여정을 동경했지만, 이제 부처를 섬기고 그 삶과 가르침을 따라야 했다.

속세의 인연들이 들어붙은 머리카락이 잘려나갔다. 영주의 무명초가 잘려나가자 못생긴 성철의 머리통이 드러났다. 성철은 거울에 비친 울퉁불퉁한 머리통을 봤다. 이제 그 머리통을 감싸줄 그 무엇도 있을 수 없었다. 그 무엇도 감춰서는 안 되었다. 성철이란 선승이 태어났다. 1936년 3월 3일, 세상 나이로 25세였다. 성철은 출가시를 지었다.

하늘에 넘치는 큰 일들은
붉은 화롯불에 한 점의 눈송이요
바다를 덮는 큰 기틀이라도
밝은 햇볕에 한 방울 이슬일세
그 누가 잠깐의 꿈속 세상에
꿈을 꾸며 살다가 죽어가랴
만고의 진리를 향해 모든 것 다 버리고
초연히 나 홀로 걸어가노라
彌天大業紅爐雪 跨海雄基赫日露
誰人甘死片時夢 超然獨步萬古眞

이런 출가시를 남긴 승려가 있었던가. '꿈에서 깨어 만고의 진리를 향해 홀로 걸어가겠다'는 결기가 만지면 베일 듯 선명하다. 탈속脫俗의 비장함이 스며있으면서도 한편으로는 인간적인 따스함이 묻어나온다. 성철의 출가시는 요즘도 집 떠나는 이들에게 영감을 주고 있다. 성철은 동산 스님의 둘째 상좌였다. 하지만 나중에 첫째(성안 스님, 속명 유성갑)가 제헌의원에 당선되어 환속하는 바람에 맏상좌가 됐다. 이로써 용성-동산-성철로 이어지는 한국 불교계의 선맥이 출현하게 되었다.

제 2 장

불이었다
흐름이
벽이고
서있음이

状报

중이 없는 세상

성철은 1936년 스승 동산 스님을 따라 부산 금정산金井山 범어사梵魚寺로 옮겨갔다. 의상대사가 678년 문무왕 때 창건했다고 알려진 범어사는 신라 화엄십찰이었다. 금정산과 범어사라 부르게 된 연유가《동국여지승람》에 나와 있다.

'동래현 북쪽 20리쯤에 명산이 있고, 산꼭대기에 금빛을 띤 우물이 항상 가득 차 있다. 물속에 범천梵天의 물고기가 오색구름을 타고 내려와 놀고 있어 우물을 금샘이라 부른다. 그래서 산을 금정산, 절을 범어사라 이름 지었다.'

범어사는 왜구를 격퇴시키고자 원을 세운 국찰國刹이었다. 하지만 정작 임진왜란이 일어나자 모두 불타버렸다. 이후 고승

범어사의
일주문 조계문.
성철 스님은
범어사에서
용성 스님을
모시고 정진했다.

들이 중건을 거듭했고 근현대에는 경허, 용성, 성월, 만해 등 선사들이 수행 정진하여 선풍을 드높였다. 구한말에 일찍 개화 문물을 받아들여 야학과 유치원 등을 운영했고, 일제강점기에는 남녘의 항일운동 본거지였다.

범어사는 동산이 일으킨 절이었다. 크고 작은 불사를 통해 사격을 높였고, 참선수행도량인 선찰대본산禪刹大本山의 면모를 갖추는 데 힘을 쏟았다. 서울의학전문학교를 졸업하고 용성 스님을 은사로 출가한 동산은 이후 수행가풍을 진작시켜 수좌들의 존경을 받았다.

성철은 범어사 금어선원에서 하안거를 지냈다. 금어선원은 스승 동산이 하안거 중에 오도悟道한 곳이었다. 동산은 방선 시간에 선원 동쪽에 있는 대나무 숲을 자주 거닐었다. 어느 날 대나무 숲에서 서걱대는 댓잎 소리를 들었다. 한데 그날은 평소에 듣던 소리가 아니었다. 바람이 흔들자 대나무들이 어지럽게 울었다. 순간 동산은 활연히 깨쳤다. 짓누르고 있던 의심덩어리가 사라졌다. 동산은 그 순간 서래밀지西來密旨가 눈앞에서 명백해졌다고 말했다. 의사의 꿈을 버리고 진리를 찾아 나선 지 15년 만의 일이다. 동산은 이후 그 대숲을 특별히 아꼈고, 자신의 별호를 순창筍窓이라고 지었다.

성철 또한 스승이 깨친 대숲을 자주 거닐었다. 묵곡리 속가에도 대밭이 있었기에 감회가 깊었다. 사실 성철은 댓잎 소리를 들으며 자랐다. 집 앞 바위에서 생각에 잠겨있을 때면 댓잎 소리가 선명하게 들려왔다. 어느 때는 울고, 어느 때는 속삭이고, 어느 때는 소리치는 듯했다. 그 소리에 진리가 숨어있었다니 새삼 신기했다. 깨친 스승이 '죽순의 창'으로 바라보는 세상은 어떨지 궁금했다.

성철은 그해 범어사 원효암에서 동안거를 지냈다. 1936년 11월, 스승 동산이 용성 스님으로부터 지리산 칠불계맥七佛戒脈을 전해 받았다. 조선시대 대은화상이 지리산 칠불선원에서 7일 동안 기도하니 이마에 상스러운 빛이 내리고 저절로 향에 불이 붙어 '서상수계瑞祥受戒'한 것이 칠불계맥의 연원이다. 조선불교에는 '상서롭고 향기로운' 일이겠지만 계맥이 끊겨《범망경》에 의지하여 새로 세웠으니 어찌 보면 궁여지책이었다. 그 후 금담, 초의, 범해, 선곡, 용성 스님에게 전해졌다. 용성이 전계증傳戒證을 내려 제자에게 당부했다.

"보인寶印을 계맥과 더불어 정법안장正法眼藏을 바로 전하는 신표로 삼아 은근히 동산혜일東山慧日에게 부여하노니, 그대가 스스로 잘 보호하고 지녀서 단절됨이 없게 할 것이며, 여래의 정법과 더불어 세상에 머물러서 다함이 없게 하라."

사실 억불숭유의 조선시대에서 불교의 지계 의식은 속절없이 얇어졌다. 특히 일제강점기에는 왜색불교의 영향으로 계맥이란 말 자체를 입에 올리지 않았다. 친일승들이 펼쳐놓은 파계破戒의 그늘에서 너나없이 늘어지게 낮잠을 자고 있었다. 그럼에도 계맥을 주고받아 청정비구승의 가풍을 세우려는 노력들은 이어지고 있었다. 용성은 1884년 21세가 되던 해 통도사 금강계단金剛戒壇에서 선곡 율사로부터 받은 칠불계맥을 제자 동산에게 전해준 것이다.

성철은 그 의미 있는 현장을 지켜봤다. 계맥을 전수하는 장면은 장엄했다. 성철은 많은 생각을 했다. 저 인도에서 온, 오래된 불교는 이렇듯 시공을 뛰어넘어 살아있었다. 부처님은 열반에 들기 전 사방이 고요한 한밤중에 말했다.

"내가 열반에 든 뒤에는 계율 존중하기를 어둠 속에서 빛을 만난 듯이, 가난한 사람이 보물을 얻은 듯이 해야 한다. 계율은 너희들의 큰 스승이요, 내가 세상에 더 살아있더라도 이것과 다름이 없을 것이다."

 가르침은 사방으로 퍼졌고, 그 후 바른 법이 있는 곳에는 계율이 있었다. 그러한 계맥은 동쪽으로 건너와서도 면면이 내려왔다. 하지만 조선시대에는 맥이 끊겨 결국 스님이 아닌 경(범망경)을 율사 삼아 계戒를 다시 세워야 했다. 나라를 잃은 일제강점기에는 이마저 전해줄 비구승이 보이지 않았다. 칠불계맥은 용성에게서 동산에게로 비장하게, 어찌 보면 위태롭게 이어지고 있었다.

 1937년 3월 성철은 범어사 금강계단에서 비구계를 수지했다. 그리고 원효암에서 하안거를 지냈다. 이때도 성철의 수행은 비범했다. 누가 보든 말든 치열하게 정진했다. 스스로를 다잡는 12명十二銘을 지었다. 그것은 자신의 마음에 새긴 나름의 계율이었다.

> 아녀자에게는 눈길도 주지 말라.
> 속세의 헛된 이야기에는 귀도 기울이지 않으리라.
> 돈이나 재물에는 손도 대지 않으리라.
> 좋은 옷에는 닿지도 않으리라.
> 신도의 시줏물에는 몸도 가까이 않으리라.
> 비구니 절에는 그림자도 지나가지 않으리라.
> 냄새 독한 채소는 냄새도 맡지 않으리라.

고기는 이빨로 씹지 않으리라.
시시비비에는 마음도 사로잡히지 않으리라.
좋고 나쁜 기회에 따라 마음을 바꾸지 않으리라.
절을 하는 데는 여자 아이라도 가리지 않으리라.
다른 이의 허물은 농담도 않으리라.

안거 해제 후에는 동산 스님의 은사인 용성 스님을 시봉했다. 용성은 범어사 내원암에 머물고 있었다. 당시 세수 74세였다.

용성은 일제강점기에 불교의 중흥을 위해 몸을 던진 범어문중의 중흥조였다. 평생을 왜색불교에 맞섰고 한 번도 꺾이지 않았다. 또 조선의 선맥은 임제종임을 직시하고 매종역조賣宗易祖의 친일행위를 규탄했다. 특히 기미독립선언서의 공약3장 중에 '최후의 일인까지, 최후의 일각까지 민족의 정당한 의사를 쾌히 발표하라'는 내용은 용성의 제안으로 막판에 채택되었다. 그만큼 일제에 담대하게 맞섰다.

서울 종로에 대각사를 건립하였고, 선지식들과 뜻을 합쳐 안국동에 선학원禪學院을 세우는 데 동참했다. 용성이 개창한 대각사는 독립운동과 불교계의 혁신을 도모하고, 불교대중화를 외친 도심 포교의 산실이었다. 용성의 불교대중화운동은 단순히 구두선에 그친 것이 아니라 불교 경전의 한글화로 이어져 그 결실을 맺었다.

성철은 용성 스님의 손상좌였다. 용성은 성철이 정진하는 모습을 기특하게 바라봤다. 흡사 할아버지가 손자의 글공부를 지켜보듯 했다. 용성이 보기에 성철은 큰 그릇이었다. 제대로 배워 제대로 간다면 크게 깨칠 것임을 의심치 않았다. 성철이 선방에 앉아있으면 그대로 그득했고, 그 뒤태만 봐도 안심이 되었다.

용성은 어떤 스님을 보더라도 "선생"이라 불렀다. 하지만 성철에게만은 달랐다.

"성철 스님."

"성철 수좌."

이렇게 불렀다. 그때마다 성철이 민망하여 뒷머리를 긁적거렸다. 그러자 하루는 조용히 부르더니 그 연유를 들려줬다.

"어찌된 세상인지 아무리 둘러봐도 스님이라 부를만한 중이 없구나. 너를 보니 스님이라 부를만하다는 생각이 들었다. 앞으로 참선정진 열심히 하거라."

성철에게는 무엇보다 무거운 경책이었다. 왜색불교에 맞서 싸우며 불교계를 일깨웠지만 용성이 보기에 당시 승려들은 무기력하기만 했다. 납자들의 수행 태도가 도무지 마음에 들지 않았다. 노스님의 말에 회한이 묻어났다.

용성은 성철을 미더워했다. 성철 또한 척박한 여건 속에서도 삿된 믿음을 경계하며 자신을 지키는 스님을 깊이 존경했다. 그런 할아버지스님이 살아계심이, 또 바로 곁에 계심이 든든했다.

자연 신명이 돋아나 시봉이 즐거웠다.

그해 가을 용성은 서울 대각사로 옮겨가야 했다. 큰스님은 손상좌 성철을 대각사로 데려가고 싶어 했다. 하지만 성철은 서울로 가고 싶지 않았다. 번잡한 도시보다는 산속에 머물며 더 공부하고 싶었다. 노스님을 따라갔다가는 평생 시자 노릇만 할 것 같았다. 그래도 큰스님 앞에서는 감히 싫은 기색을 내비칠 수 없었다. 부산역까지 말없이 따라나섰다. 큰스님이 열차에 오르기를 기다렸다가 냅다 도망쳐 나왔다. 성철다운 선택이었다. 아직 갈 길이 멀었기에 촌음이 아까웠다. 깨달음은 서울에 있지 않았다.

가난한 절

어머니 강상봉이 범어사 원효암을 찾아갔다. 큰절 범어사에 들러 아들을 찾으니 원효암에서 여름 안거 중이라 일러주었다. 어머니는 몸이 약한 아들이 마음에 걸렸다. 계절이 바뀌면 약과 의복을 마련하여 성철을 찾아갔다. 그러나 성철은 어머니를 아예 만나주지 않았다. 해인사에서도 그랬고, 범어사에 와서도 마찬가지였다.

  원효암은 금정산 중턱에 있다. 의상대사가 범어사를 창건한 해에 원효대사가 세운 것으로 알려졌다. 범어사 암자 중에서는 가장 높아 큰절에서도 한참을 올라가야했다. 어머니는 잡목 사이로 나있는 숲길을 보따리를 이고 올라갔다. 등짝에 한여름 불볕이 쏟아졌다. 온몸이 땀에 젖었다. 가쁜 숨을 몰아쉬면서도 어머니는 걸음을 멈추지 않았다. 이렇듯 힘들게 찾아감이 다행일 수 있다는 생각도 들었다.

'설마 이리 고생해서 찾아가는 에미를 내치진 않겠지.'

원효암에 도착해서 두리번거리는데 스님 하나가 먼저 보고 말을 건넸다.

"보살님, 이 염천에 어떻게 오셨습니까?"

"성철 스님이라고 여기 있지요."

"선방에 있습니다만…. 누구신지요."

"에미되는 사람입니다. 좀 불러주시오."

"잠시 기다려보시지요."

스님이 선방 문을 열고 들어갔다. 그 뒷모습을 보며 스님의 키가 유난히 작다고 느꼈다. 아들 성철의 모습이 떠올랐기 때문이었다. 키 작은 스님이 이내 혼자서 나왔다.

"만나지 않겠답니다."

그렇게 전하고는 어디론가 사라졌다. 자신이 무슨 잘못이라도 저지른 듯 허둥거렸다. 어머니는 또 가슴이 무너졌다. 소리 없이 선방으로 다가가 문고리를 잡아당겨보았다. 역시 문이 잠겨있었다. 아들이 잠근 문을 열어 달라 할 수 없었다. 어머니는 말없이 돌아섰다. 이고 간 보따리를 풀었다. 선방 앞에 한약과 과일, 옷가지 등을 늘어놓았다.

어머니는 기다리지 않고 원효암을 나섰다. 큰절로 오는 길은 내리막임에도 다리가 풀려 힘이 들었다. 쉬엄쉬엄 걸으니 비로소 새소리, 풀벌레 소리가 들려왔다. 오솔길에 주저앉아 어머니는 아들을 떠올렸다. 서운한 마음이 엷어졌다. 이내 미소를 머금었다.

"좌우지간 별난 사람이야. 내가 낳았어도 그 속을 모르겠어."

1937년 7월 중일전쟁이 발발했다. 이 무렵 '황도불교皇道佛敎'란 용어가 등장했다. 황민화정책을 불교에 접목시킨 것이었다. 황민皇民은 '일본 천황의 백성'이라는 뜻이니 황민화정책은 조선백성을 황국皇國의 신민臣民으로 만드는 것이었고, 황도는 '천황의 도'를 뜻하고 있음이니 조선불교를 황국의 종교로 예속시킴이었다. 이에 소위 총독부 산하 불교단체 간부들은 재빨리 호응했다. 제국주의의 전쟁을 미화하고 승려와 젊은이들을 전장으로 보내는 데 앞장섰다.

대표적인 중앙기관인 조선불교중앙교무원은 모든 사찰이 국위선양 무운장구를 기원하는 재를 지내도록 독려했다. 8월이 되자 당대 명강주였던 권상로와 김태흡이 청년들에게 참전을 부추기는 시국강연을 열었다. 또 주요 간부승려들이 중국 화북지역으로 떠나는 일본군을 환송했다. 이후 중앙교무원 간부들은 날마다 전장으로 떠나는 일본군을 향해 합장했다.

중앙종무원에서는 이와 같은 출동부대 송영과 아울러 중일전쟁에 나간 일본군인과 그 가족들을 위한 위문금을 경성시내 사·암과 포교소에서 모금하여 일본군에 갖다 바쳤다. 그해 8월 20일 오후 6시에는 용산역에 도착하는 출정장병 유골 영접차 이종욱, 황금봉, 한성훈, 권상로, 최응산, 이태준, 이상열 등의 조선승려들이 조기를 들고 용산역 구내에 출영하였다가 유골 행렬과 함께 계행사階行社에 가서 일본군 영전에 독경·분향했다.

임혜봉《불교사 100장면》

31본산 주지들은 주지회의를 마치고 신궁을 찾아가 단체로 참배했고, 불교단체들은 황군 위문단을 파견했다. 조선불교 개혁을 부르짖던 승려들도 하나둘 친일로 돌아섰다.

그렇다고 조선불교가 몽땅 왜색으로 물든 것은 아니었다. 비록 초라하고 궁해도 선방에는 수좌들이 가부좌를 틀고 있었다. 성철은 1937년 가을 범어사를 나와 통도사로 향했다. 동안거를 하기 위함이었다. 자장율사가 646년 선덕여왕 때 창건한 통도사는 불보종찰佛寶宗刹이다. 부처님의 진신사리를 모시고 있기 때문이다. 영축산이 통도사를 품고 있다. 부처님이 설법한 인도의 영축산과 닮아서 그리 불렸다고 한다. 경허선사가 선풍을 크게 일으킨 이후 근현대에는 성해, 구하, 경봉, 벽안, 월하스님 등 고승들이 주석했다.

백련암白蓮庵은 1374년 고려 공민왕 때 월화 스님이 창건했고, 1634년 조선 인조 때 현암 스님이 중건했다고 전해진다. 백련암 선방은 숱한 고승들이 깨달음을 얻어간 명소였다. 만해 한용운도 백련암에서 《불교대전》을 집필했다. 백련암은 1935년 다시 선방을 열었는데 당시 통도사 주지인 경봉 스님은 백련암 선방에 쌀 200가마를 보냈다고 한다. 이후 선객들의 발길이 끊이지 않았다.

통도사 백련암에 이르자 우선 우람한 은행나무가 성철을 맞았다. 자태가 의젓했다. 적어도 500년은 그 자리에서 백련암을 지키며 선객들의 깨닫는 순간을 지켜봤을 것이다. 은행나무야말로 꼼짝하지 않고 화두를 들고 서있는 진정한 선객이었다. 그리 생각하니 비범해 보였다. 은행나무가 물었다.

"그대는 무엇을 붙들고 왔는가?"

이듬해 봄 스승의 부름을 받고 다시 부산 범어사로 돌아왔다. 동산 스님이 지키고 있는 내원암에서 하안거를 지냈다. 성철은 바르게, 또 치열하게 수행했다. 하지만 선방스님들은 그렇지 않았다. 성철이 보기에 화두를 건성으로 들고 흉내만 내고 있는 듯했다. 그런데도 동산은 그런 선객들을 못 본 척하고 있었다. 성철은 스승에게 선객은 모름지기 용맹정진해야 옳다며 대중들을 경책해달라 요구했다. 동산이 이를 받아들여 선객들에게 용맹정진하라 일렀다. 그러자 선방 대다수 스님들이 수마睡魔를 이기지 못하고 괴로워했다. 신경이 날카로워졌다. 모든 불평이 성철에게 쏟아졌다. 하지만 성철은 꿈쩍도 안 했다.

"생사해탈을 기약해야 하는 선객들이 이만한 것도 참지 못해서야 되겠는가."

이윽고 탈이 나고 말았다. 말싸움이 결국 주먹다짐으로 이어졌다. 이 소식을 들은 스승이 성철을 불렀다. 우선 상좌부터 나무라야 했다.

"공부하고 싶으면 자네만 열심히 하게. 앞으로 억지로 대중을 공부하게 만들지 말게. 그것이 함께 사는 요령일 수도 있음이야."

그래도 성철은 쉽게 승복하지 않았다. 그것은 스승에 대한 불경이 아니었다. 깨달음을 향한 '분노'였다. 성철은 경전 가르침대로 대각大覺이야말로 스승에 대한 최상의 보답이라 여겼다.

또 동산 스님과 이런 일도 있었다. 한눈에 부잣집 안주인처럼 보이는 보살이 찾아왔다. 그러자 동산이 공손하게 맞이하더니 주지실로 안내했다. 공양시간이 되자 직접 밥상을 들고 들어가 대접했다. 성철이 이를 목격했다. 도인풍의 외모에 반듯한 몸가짐으로 기품을 잃지 않던 스승이 보살에게 굽신거리는 모습을 보니 부아가 치밀었다. 보살이 돌아가기가 무섭게 쫓아가 따져 물었다.

"출가승이라면 인천人天의 스승이라는데, 스님은 어찌 보살에게 밥상을 들고 가십니까?"

동산이 그런 제자를 한편으로는 다독이고 한편으로는 꾸짖었다.

"자네도 나중에 절 살림을 책임 맡으면 알게 될 거네. 주지는 주지대로 할 일이 있는 거야. 이 절에 머물고 있는 대중들을 굶게 할 순 없지 않은가. 적어도 선객들에게 수행할 여건은 마련해줘야지. 이 어려운 때 쌀 몇 십 가마씩 시주하는 보살한테 밥상 좀 나르는 게 무슨 큰 흠이라고. 설령 흠이 되더라도 그만둘 생각은 없네. 자네는 그렇게 시주 받은 밥 먹고 힘내서 수행하면 되고, 나는 부지런히 쌀 모으면 되는 것 아닌가."

성철은 뭐라 대꾸할 수 없었다. 어려운 절 살림을 꾸려나가는 스승과 구도의 결기가 시퍼런 제자의 부딪힘이었다. 형편이 좋으면 뉘라서 보살에게 밥상을 차려가겠는가. 스승은 현실을 헤아리지 않는 제자가 섭섭했다. 친일승들이 종권을 쥐고 호의호식을 할 때 저 남쪽 가난한 절에서는 이렇듯 스승과 제자가 승려의 품격을 따지고 있었다. 성철은 훗날 제자들에게는 이렇게 말했다.

"아무리 그래도 스님은 그러면 안 되지, 안 그래?"

아들이 가져간 한쪽 눈

묵곡리 집은 장남만 보이지 않을 뿐 그대로였다. 일찍부터 장남노릇을 해 온 차남 호주昊柱는 인근에 잘 알려진 유지였다. 형과는 달리 성격이 활달하고 사람 사귀기를 좋아했다. 활솜씨가 뛰어나 국궁대회에 나가면 우승을 놓치지 않았고, 한잔 걸치면 친구들에게 집안 자랑도 늘어놓았다. 하지만 아버지 이상언의 마음속에는 아직도 차남보다 장남이 크게 자리하고 있었다.

집안 분위기는 갈수록 가라앉았다. 유가의 자존심이 우뚝 솟아있던 이씨 집안은 승려의 속가가 되어버렸다. 아버지의 바깥출입이 눈에 띄게 줄어들었다. 세상 사는 재미가 없으니 사

성철 스님의 아버지 이상언.
선친의 강인함은 창씨개명을
거부한 데에서도 알 수 있다.

람들과 마주치기가 싫었다. 마을 사람들이 이를 먼저 알아차리고 먼발치서 이상언이 나타나면 얼른 숨어버렸다.

사실 마을 사람치고 이상언 신세를 지지 않은 사람이 없었다. 궁하면 언제라도 급전이나 양식을 빌리기도 하지만 그보다 몸이 아프면 맨 먼저 이상언에게 달려갔다. 큰 병이 아니면 이상언이 지은 약을 먹었다. 글을 아는 사람이 의서를 보고 약을 지어주는 것은 당시에는 자연스러운 일이었다. 문리를 깨쳤으니 당연히 글 모르는 사람을, 어려운 이웃을 도와야 했다. 유건

儒巾을 쓴 이상언도 약저울을 늘 곁에 두어야 했다. 그런 마을의 어른이 정작 자신의 아들을 중으로 떠나보냈으니 주민들은 그 참담함을 헤아려 어떤 안부도 물을 수 없었다.

북적이던 사랑방에도 차츰 유림과 과객의 발길이 줄어들었다. 그들의 먹고 마실 것을 차려내느라 정신없었던 식구들의 일손도 줄어들었다. 그러자 식솔은 그 빈자리를 힐끔거리며 자연 이상언의 심기를 살폈다. 이상언은 제 집처럼 드나들던 강 건너 향교에도 드문드문 나갈 뿐이었다. 합천 이씨 종친들이 세운 향교는 목화시배지 건너편에 있었다. 고려 말 문익점이 원나라에서 목화씨를 붓두껍에 숨겨 들여와 처음 재배한 곳이다. 문중에서 세웠다 해도 그 중심에는 이상언이 있었다. 불필 스님은 할아버지 이상언을 이렇게 회상했다.

"으뜸가는 선비였어요. 향교에 가서 좌정하면 주변이 환했어요. 당당하고 어디서든 중심에 계셨습니다."

그런 이상언이었지만 차츰 어깨 힘이 빠졌다. 향교에 들어 문묘 앞에 배례할 때는 무언가 뜨거운 것이 올라와 목울대를 적셨다.

아버지와는 달리 어머니 강씨는 아들 성철을 자주 찾아갔다. 철마다 옷가지와 약을 챙겨 집을 나섰다. 남몰래 불서를 구해 읽기도 했다. 남편은 그런 부인이 못마땅했다. 이를 꾹꾹 누르며 참고 있던 이상언의 심기가 마침내 폭발했다.

추운 겨울날임에도 강씨 부인은 아들을 찾아가려 보따리를 꾸리고 있었다. 이를 보자 참았던 분기가 솟구쳐 올라왔다. 자신의 처지가 비루하고 집안 꼴이 말이 아니라는 생각이 들자 더 이상 참을 수 없었다. 이상언은 부인 강씨를 향해 숯불이 담긴 화로를 던졌다. 물론 부인을 향해 정면으로 던진 것은 아니었다. 하지만 화로에서 쏟아진 불씨가 부인의 오른쪽 눈에 박혔다. 치명적인 실수였다. 얼굴을 감싸 쥔 부인 강씨는 진주 시내 병원으로 실려 갔고, 진주에서는 치료가 어렵다고하자 다시 여수로 옮겨갔다. 그럼에도 끝내 한쪽 눈을 잃고 말았다. 아들의 출가로 어머니가 눈을 잃었으니, 아들이 눈 하나를 가져가버린 셈이었다. 한쪽 눈만 지녔지만 어머니 강씨는 그 누구도 원망하지 않았다. 그리고 세상을 한쪽으로만 보지 않았다.

식구 중에서 가장 기막힌 사람은 아내 이덕명이었다. 시어머니를 따라 출가한 남편을 찾아 나설 수도 없었고, 그렇다고 가슴을 치는 시아버지 앞에서 어찌해야 좋으냐고 물을 수도 없었다. 또 친정으로 돌아가 하소연할 수도 없었다. 도경과 수경, 두 딸이 잠들면 홀로 울었다. 혈육을 두고 출가한 행위는 정녕 무책임했다. 이덕명은 속으로 부르짖었다.

"내 기필코 지아비가 내친 피붙이를 잘 키워 훗날 그 앞에 당당히 세울 것이다."

성철은 1938년 가을 범어사를 나왔다. 마음속으로 동안거 선방을 더듬어봤다. 범어사는 동산이 있었기에 스승 곁에서 오래 머물며 정진할 만도 했다. 그럼에도 범어사를 떠나왔다. 성철은 그 이유를 제자들에게 이렇게 말했다.

"범어사는 나하고는 맞지 않았어. 무엇보다 물이 맞지 않았지."

선문답처럼 들린다. '물이 맞지 않다'는 뜻이 수행 풍토가 마음에 들지 않음인지, 아님 자연환경이 좋지 않음인지 알 수 없다. 하나 훗날 성철이 물을 가려 마셨고 물이 나쁜 곳에서는 오래 머물지 않았다는 사실로 미루어 범어사 경내의 물이 몸에 맞지 않았다고 여겨진다. 범어사는 참선도량으로 손색이 없는 사격을 지녔지만 그 후로는 다시 찾지 않았다. 스승 동산의 따끔한 경책과 할아버지스님 용성의 따뜻한 격려가 스며있었지만 표표히 떠나갔다.

사실 성철은 해인사 퇴설당에 들고 싶었다. 하지만 자신이 출가할 때의 해인사가 아니었다. 당시 해인사에는 변설호가 막 주지로 부임했다. 그는 지독한 친일승이었다. 중일전쟁이 터지자 용산 조선군사령부에 머물며 일본군 전사자들을 위해 독경을 하고 향을 살랐다. 국방헌금을 거둬서 일선부대를 찾아가 전달했고, 전장으로 떠나는 일본군에게 무운을 빌어주었다. 그 공을 사 총독부가 공석 중인 해인사 주지직 선거에 나서도록 했다. 당시 해인사는 대중들이 두 차례나 주지를 선출했음에도 총독부가 인가를 해주지 않았다. 고경 스님 등 그들이 다루기 힘든 승려가 뽑혔기 때문이었다. 총독부는 주지 선거에 경찰관을 입회시켜 해인사와는 연고가 없는 변설호를 당선시켰다.

친일승이 종권을 장악하자 해인사는 왜색 사찰로 변했다. 친일로만 따지면 누구에게도 지지 않을 이회광이 10년(1912~1921) 동안 주지를 하면서 사격寺格을 훼손시키더니 변설호가 다시 승풍을 망가뜨렸다. 변설호의 친일행각은 가관이었다. 강원에서 항일교육을 한다고 왜경에 밀고, 고경 스님을 옥사하게 했다. '해인사 사건'을 일으킨 장본인이었다. 또 비문 내용이 불온하다고 부추겨 왜경이 사명대사 비석을 네 조각으로 부수도록 만들었다. 조계종 총무원장을 지낸 지관智冠 스님은 역저 《해인사지海印寺誌》〈해인성지를 오염시킨 왜정주구倭政走狗〉에서 이렇게 기록하고 있다.

일제주구走狗의 두목 합천 경찰서장 다케우라는 여름이 되자 휘하의 형사와 석수를 데리고 홍제암에 있는 사명당 비석을 무너뜨리고 비면을 4등분하여 사이사이를 정으로 쪼아 망치로 내려치기 시작했다. 이것을 보고 있던 산내 대중들은 그저 울분을 토할 뿐 어떻게 할 도리 없이 보고만 있었다. 불·보살님과 호법선신護法善神의 가호였는지 청천백일에 천지가 캄캄해지더니 뇌성벽력을 하며 소나기가 쏟아지기 시작했다. 석수가 하던 일을 멈추고 겁에 질려 벌벌 떨고 있으니 다케우라 또한 두려운 생각에 일을 멈추고 귀가하였다. 그러나 이런 악독한 일을 하여 출세한 다케우라는 2, 3일 후에 한사코 거절하는 석수를 대동하여 원래 계획대로 네 동강내고 부서진 4개의 비면은 경찰관 해인사 파출소 정문에 디딤돌로 사용하고 사명당 영정은 압수해갔다.

여기서 왜정주구는 바로 변설호였다. 해인사 주지를 지낸 인물이라 차마 그 이름을 밝히지 않았을 것이다. 1947년 새로 사명대사비가 세워졌는데, 수주 변영로 선생이 지은 비문은 '왜倭 짐승과 절의 버러지가 통모하여'로 시작된다. 여기서도 왜 짐승은 다케우라이고, 절 버러지는 변설호였다. 변설호는 그 후로도 숱한 친일행각을 벌였다.《해인사지》의 지관 스님 개탄을 더 살펴보자.

일제의 말로가 가까워지니 조선재造船材, 비행재를 포함하여 각종 목재로 천심노송千尋老松이 무참하게 벌목을 당했고, 각종 진귀한 보물 등 1,900여 점을 3대의 트럭에 만재하여 군수용으로 공출 당했으니 안타까운 일이다.

변설호는 해방이 되자 절에서 쫓겨났다. 그럼에도 다시 대한 불교총화종을 만들어 초대종정을 지냈고 89세까지 천수를 누렸다. 그의 건재함은 역으로 한국불교의 취약함이니, 그 후로도 오래도록 불교가 제자리를 못 잡고 흔들렸음이 아니겠는가.

성철은 변설호 일당이 장악하고 있는 해인사로 갈 수 없었을 것이다. 해인사에 팔만대장경은 있었지만 그 속의 가르침은 없었다. 성철은 해방이 될 때까지 해인사에 가지 않았다. 은해사, 송광사, 수덕사, 간월암, 법주사, 도리사, 대승사 등에서 정진했다.

성철은 다시 통도사 백련암을 찾아갔다. 늙은 은행나무가 여전히 백련암을 지키고 있었다. 노란 잎을 흔들며 은행나무가 다시 물었다.

"그대 왜 다시 왔는가."

운부암과 마하연의 도반

1939년 팔공산 은해사 운부암에서 하안거를 했다. 운부암은 '북 마하연 남 운부암'이라 불릴 만큼 남쪽의 대표적인 수행도량이었다. 은해사에서 산길 3킬로미터를 더 올라가야만 나타난다. 651년 신라 진덕여왕 때 의상 스님이 창건했고, 절을 지을 때 상서로운 구름이 줄곧 떠있어 운부雲浮라 했다고 전한다. 혹자는 절이 '구름 위에 떠있어' 그리 불렸다고도 한다. 스님이란 어차피 떠도는 운수납자이니, 운부암은 구름처럼 떠돌던 수도승이 문득 멈춰선 무문관인지도 모른다.

성철은 그곳에서 도반 향곡香谷(1912~1978)을 만났다. 향곡은 성철과 같은 해에 태어났다. 두 선객의 만남은 개인은 물론이고 한국불교에도 사건이었다. 향곡은 16세에 양산 천성산 내원사로 출가하여 18세에 득도했다. 20세에 운봉 스님을 계사로 구족계를 받았고, 33세인 1944년에 깨쳐 역시 운봉으로부터 전법게를 받았다.

성철과 향곡은 운부암에서 서로를 알아보고 이후 향곡이 먼저 입적할 때까지 가장 편하게 대했던 도반이었다. 하지만 구도의 여정에서는 누구보다 준엄하게 서로를 경책했다. 체구가 크고 근기마저 비슷해서 두 선승이 으르렁거리면 범종이 울고 산천이 놀랄 정도였다. 성철과 향곡 사이에 전해오는 일화가 있다. 어찌 보면 별 얘기가 아닌데도 아이들의 천진한 장난처럼 속기가 없어 따사롭다.

하안거 해제한 지 얼마 되지 않은 초가을, 수좌 몇이서 포행에 나섰다. 햇살은 맑고 바람은 부드러웠다. 가을은 참으로 그득했다. 잣나무에는 잣이 주렁주렁 달려있었다. 잣나무숲을 걷던 성철은 장난기가 발동했다. 대뜸 향곡에게 말했다.

"향곡아, 저 잣을 따 올 수 있겠는가?"

"아무렴, 내가 저걸 못 따겠느냐."

"아무래도 네 몸집으로는 어려울 것 같다."

그러자 향곡이 자못 씩씩거리며 잣나무로 달려들었다. 이를 성철이 급하게 말렸다.

"옷을 벗고 올라야지, 송진이 옷에 묻으면 어쩌려고."

향곡이 옷을 훌러덩 벗고 잣나무에 올랐다. 체구가 커서 잣나무가 심히 흔들렸다. 잣을 막 따려할 때 성철이 나무 아래서 소리쳤다.

"아이고 큰일이다! 저기 처녀 서넛이 올라오네. 향곡아 빨리 내려와라."

성철은 소리를 지르고 냅다 도망쳐버렸다. 성철은 제자들에게 이 대목까지 말하고는 혼자 배꼽을 잡고 웃었다. 같은 얘기인데도 매번 즐거워했다. 보기 좋게 속은 향곡이 내려와 씩씩거렸을 것이니, 아마도 향곡의 분노에 잣나무숲이 들썩거렸을 것이다.

이때 성철의 이름은 전국 사찰에, 특히 선방에 널리 알려졌다. 치열한 용맹정진은 안거를 함께한 선객들 입을 통해 퍼져나갔다. 처음에는 법랍을 따져 성철을 얕보다가도 막상 수행정진에 들어가면 성철을 따라갈 스님이 없었다.

성철은 수도팔계修道八戒를 지어 스스로를 다스렸다. 훗날 불필 스님과 후학들에게 전해준 법문 노트를 보면 치열한 구도정진 자세를 엿볼 수 있다.

억천만겁토록 생사고를 헤매다가 어려운 일 가운데 어려운 일인 사람 몸을 받고 부처님 법을 만났으니 이 몸을 금생에 제도하지 못하면 다시 어느 생을 기다려 제도할 것인가. 철석같은 의지 서릿발 같은 결심으로 혼자서 만 사람이나 되는 적을 상대하듯, 차라리 목숨을 버릴지언정 마침내 물러나지 않으리라.

1. 희생犧牲
작은 것을 버리고 큰 것을 취하지 않으면 큰 것을 성취하지 못한다. 오직 영원한 자유를 위해서 일시 소소한 영화는 완전히 버려야 한다. 그러므로 일시 환몽幻夢인 부모처자, 부귀영화 등 일체를 희생하여 전연 돌보지 않고 오직 수도에만 전력해야 한다.

2. 절속絶俗
생사의 근본은 음행에 있나니 이는 제불諸佛의 통설이다. 음행을 끊지 못하면 성도成道는 못한다.

3. 고독孤獨
수도에는 인정이 원수다. 서로 돕고 서로 생각하는 것이 좋은 것 같지만 이것이 생사윤회의 출발이니 일체의 선인악업善因惡業을 다 버리고, 영원한 자유와 더불어 독행독보해야 한다. 일반에 있어서 일대 낙오자가 되어 참으로 고독한 사람이 되지 않고는 무상대도無上大道를 성취하지 못한다.

4. 천대賤待

남에게 대접받을 때가 망하는 때이니 일시의 대접에 팔려 영원한 활로를 잃게 되기 때문이다. 천대받고 괄시받는 때만이 참으로 살아나가는 때다. 나를 좋아하고 따르는 사람은 나를 제일 방해하는 마군魔軍이다. 중상모략 온갖 침해로써 나를 적대하는 사람보다 더 큰 은인은 없다.

5. 하심下心

내 못난 줄 알 때가 비로소 철나는 때이다. 나이 팔십이 넘어도 내 잘난 것이 있으면 아직 철이 안 난 것이다. 내 못난 줄 알고서 일체를 부처님처럼 섬기게 될 때 참으로 도가 높아지는 것이다. 가장 낮은 곳은 자연히 큰 바다가 되지 않은가. 남의 존경과 대접은 총알과 같이 피하고 독사같이 멀리해야 한다.

6. 전념專念

한 몸으로 두 길은 못 간다. 영원한 자유는 화두를 바로 깨쳐 자성을 보는 데(見性) 있다. 그 외에는 모두 사로邪路다.

7. 노력努力

모든 성공의 대소大小는 노력의 여하에 정비례한다. 영원한 자유는 보통의 노력으로는 성취하지 못한다. 고인들은 말하지 않고 잠자지 않고 사력을 다한 부단불휴不斷不休의 노력으로 성도했다.

8. 고행苦行

모든 타락과 실패는 해태懈怠에서 온다. 그리고 신도의 돈은 중을 죽이는 설비상雪砒霜이다. 고인이 '일일부작 일일불식一日不作 一日不食'의 철칙을 세움도 여기에 있다. 남의 밥 먹고 내 일을 하려는 썩은 정신으로는 만사 불성不成이다. 그러므로 부처님의 정법이 두타제일인 가섭존자에게 가지 않았는가.

그해 겨울 성철은 금강산 마하연 선원을 찾았다. 내금강 유점사의 말사인 마하연은 의상대사가 창건하고, 보우선사가 출가했으며, 나옹선사도 머물렀던 천년고찰이었다. 장안사에서 10리 정도 오르면 표훈사가 있고, 그곳에서 조금 더 오르면 마하연이 나타난다. 한때 승방 53개를 갖춘 화엄십찰로 명성을 날렸다. 마하연 뒤쪽으로 촛대봉, 앞쪽으로는 혈망봉과 법기봉이 솟아 있다. 마하연 자리는 '금강산의 복장腹臟'이라 일컬어졌으니 금강산 가슴의 한복판이었다. 의상은 선객들이 가슴으로 산 전체를 품으라고 이곳에 선방을 열었을 것이다. 선승이라면 한 번쯤은 마하연 선방에서 정진하고 싶어 했다. 그만큼 선방 규모도 커서 마하연에서 함께 한 철을 났어도 서로 얼굴을 모를 정도였다. 그곳에서 또 다른 도반 자운慈雲(1911~1992) 스님을 만났다.

자운은 강원도 평창에서 태어났으며 17세에 해인사로 출가했다. 24세에 범어사에서 비구계를 수지했고, 울진 불영사에서 3년 동안 장좌불와하며 정진했다. 자운은 훗날 흐트러진 계단戒壇을 새로 정비하여 계율의 중흥조, 조계종단의 대표 율사로 추앙받았다. 종단 전계대화상을 지내며 수만 명에게 계를 주었다. 그 옛날 자장율사가 있었다면 근현대엔 자운 스님이 있었다.

수행에만 정진하려는 성철에게 문제가 생겼다. 선객들이 시도 때도 없이 편지를 써 달라, 읽어 달라 했기 때문이었다. 당시에는 한문을 제대로 읽고 쓰는 승려들이 드물었다. 편지 글은 거의가 초서草書였다. 절뿐만 아니라 마을에서도 편지는 당사자가 쓰고 읽는 경우가 드물었다. 글을 모르니 누군가 읽어주고 써줘야 했다. 대개의 대필자들은 한껏 갈겨써서 자신의 유식을 뽐냈다. 그래서 편지가 오면 으레 동네 훈장이나 유학자에게 보였고, 답장 또한 써주는 대로 공손히 받아갔다.

"철수좌가 초서에 능하다더라."

소문이 돌자 선객들이 은밀히 성철을 찾았다. 팔도에서 모인 스님들의 사연도 사투리만큼이나 각양각색이었다. 처음에는 정성껏 대독, 대필해주었다. 그러나 59칸 마하연의 수많은 선객들의 부탁을 감당할 수 없었다. 성철에게 은근한 미소를 보이면 영락없는 '편지 부탁'이었다. 특히 대필을 해줄 때면 구구한 사연을 알아야했다. 건성으로 써줄 수도 없었다. 나중에는 종일 편지만 써도 하루가 모자랄 지경이었다. 스님들이 다가오거나 미소만 지어도 겁이 날 정도였다. 할 수 없이 대중들에게 '편지 사절'을 선언했다. 그러자 여기저기서 볼멘소리가 터져 나왔다.

"글 좀 안다고 너무하는 것 아닌가. 글 모르는 중들은 서러워서 살 수 있겠나."

그래도 성철은 한번 뱉으면 그걸로 끝이었다.

그해 겨울 금강산에는 유독 눈이 많았다. 처음에는 설경이 곱더니 큰 눈이 내려 이내 설경마저 덮어버렸다. 그랬다, 결국 어떤 아름다움도 추함도 없었다. 모양도 없이 공空할 뿐이며 궁극적으로는 공마저 없음이었다. 마하연 선원도 눈 속에 파묻혔다. 눈이 눈을 삼킨 세상에서 성철은 깨어 있었다.

어머니를 업고 금강산을 구경하다

성철은 혈육을 멀리했다. 찾아오는 어머니마저 만나지 않았다. 심지어 돌까지 던졌다. 속세에 있었다면 천하의 불효자식이었다. 하지만 불가에 들어 법명을 받은 불자는 다르다. 성철은 흔들림 없이 정진하여 깨치겠다는 발원문發願文 마지막에 '소림문손少林門孫 성철'이라 밝히고 있다. 속연俗緣을 끊고 소림산문에 들었음을 분명히 한 것이다. 그렇지만 두고 온 인연들을 어찌 쉽게 잊을 것인가. 애틋하고 그리웠을 것이다. 자신을 기다리는 속가의 식구들을 떠올리면서 무수히 부대꼈을 것이다. 그럴수록 성철은 세속과 절연하자며 자신을 채찍질했다. 성철이 남긴 글을 통해 우리는 그런 심경을 엿볼 수 있다.

세속은 윤회의 길이요, 출가는 해탈의 길이니, 해탈을 위해 세속을 단연히 끊어버려야 한다. 부모의 깊은 은혜는 출가수도로써 보답한다. 만약 부모의 은혜에 끌리게 되면 이는 부모를 지옥으로 인도하는 것이니, 부모를 길 위의 행인과 같이 대하여야 한다. 황벽희운 선사가 수천 명의 대중을 거느리고 황벽산에 주석하였다. 그때 노모가 의지할 곳이 없어서 아들을 찾아갔다. 희운 선사가 그 말을 듣고는 대중들에게 명령을 내려 물 한 모금도 주지 못하게 하였다. 노모는 하도 기가 막혀서 아무 말도 못하고 돌아가다가 대의강大義江 가에 가서 배가 고파 엎어져 죽었다. 그리고 그날 밤 희운 선사에게 현몽하여 "내가 너에게서 물 한 모금이라도 얻어먹었던들, 다생多生으로 내려오던 모자의 정을 끊지 못해서 지옥에 떨어졌을 것이다. 그러나 너에게 쫓겨나올 때 모자의 깊은 애정이 다 끊어져서 그 공덕으로 천상으로 가게 되니, 너의 은혜는 말할 수 없다"고 말하며 절하고 갔다 한다.

부처님은 사해군왕四海君王의 높은 지위도 헌신짝같이 벗어 던져버렸으니, 이는 수도인의 만세모범이다. 그러므로 한때의 환몽인 부모처자와 부귀영화 등 일체를 희생하여 전연 돌보지 아니하고 오직 수도에만 전력하여야 한다.

수도팔계 중 〈절속絶俗〉

성철은 수도자들에 절속하라 이른다. 그것은 자신의 출가수도의 길이 험난했음을 얘기하는 것 아니겠는가. 피붙이를 두고 영원한 자유를 찾아 나선 구도의 여정이 얼마나 힘이 들었겠는가. 화두를 들고 있으면, 마음을 닦고 있으면 무수한 인연들이 파장을 일으켰을 것이다. 이를 물리치기 위해 성철은 눈을 부릅떴다.

"나는 말하노니 '청상과부가 외동아들이 벼락을 맞아 죽어도 눈썹 하나 까딱이지 않을만한 무서운 생각이 아니면 절대로 이 공부할 생각을 말아라'고 하겠다."

요즘 언론에 스님의 부고가 자주 실린다. 본인의 입적이 아니라 속가의 부음이다. 스님의 혈육이 상喪을 당했으니 어쩌란 말인가. 아직도 세속의 인연에 핏줄을 대고 있으니, 성철이 보면 그런 자를 중이라 하겠는가.

1940년 봄, 어머니 강씨는 다시 보따리를 챙겼다. 성철은 금강산 마하연에서 동안거를 하고 아직 선원에 머물고 있었다. 아침 일찍 집을 나서는데 며느리가 편지 한 통을 내밀었다. 아마도 며칠 동안 궁리하고 밤을 새우며 썼을 것이었다. 성철을 향한 눈물과 한숨 그리고 원망이 적혀 있을 것이었다. 강씨는 말없이 편지를 받아 보따리 깊숙이 넣었다.

금강산 가는 길은 그야말로 천리였다. 산청을 떠나 진주로, 진주에서 부산으로, 부산에서 서울로, 다시 서울에서 금강산 장안사로 가야했다. 버스로, 기차로, 또 걸어서 갔다. 강씨는 장안사에서 다시 삼불암, 표훈사, 만폭동, 보덕암을 거쳐 마하연에 이르렀다. 꼬박 사흘이 걸렸다.

주지스님이 낯선 여인의 행색을 살폈다. 어머니는 주지에게 성철과의 속연俗緣을 밝혔다. 주지는 강씨를 공양주보살 방에 머물도록 했다. 다음 날 아침 어머니는 조심스레 선방을 찾아갔다. 성철은 어머니를 보자 대뜸 먼발치서 퉁명스럽게 쏘아붙였다.

"이렇게 먼 길을 왜 찾아오셨습니까?"

그러자 어머니는 '그럴 줄 알았다'는 듯 둘러댔다.

"나는 스님 보러 안 왔다. 금강산이 좋다기에 구경하러 왔을 뿐이지."

사무치게 그리운 아들이었지만 막상 만나면 손 한 번 잡을 수 없었다. 아들은 차디 찬 바위였다. 그래도 어디든 찾아가야 하는 자신이 미웠다. 어머니는 이내 돌아섰다. 이런 일이 새삼스럽지 않았다. 해인사에서도, 범어사에서도, 그리고 통도사에서도 어머니는 그렇게 돌아섰다. 힘없이, 풀이 죽어 공양주 방으로 들어섰다. 늙은 보살이 노해서 소리쳤다.

"세상에 이런 법이 어디 있는가. 목련존자는 어머니 찾아 지옥 불에 뛰어들었다는데, 천 리 길을 찾아온 어머니를 산속에서 내치다니. 세상에 이런 법은 없다."

그날 밤 마하연 선방에서는 때 아닌 대중공사가 벌어졌다.

해동제일선원 또는 동국제일선원으로 불린 금강산 마하연은 만공 스님을 비롯해 청담, 환경, 성철, 석주 스님 등이 용맹정진했던 도량이다. 사진은 1932년 마하연 전경. 민족사 제공.

'성철 수좌가 모친 상면을 거부하는 것이 과연 옳은가'를 두고 대중들이 저마다 의견을 얘기했다.

"철수좌의 구도 정신은 산봉우리처럼 높습니다. 세속의 인연을 끊고 정진하겠다는 그 자세를 높이 평가해야 합니다. 이미 부처님이 걸었던 길이기도 합니다."

"그야 옳은 말이지만 그래도 철수좌가 어머니를 만났으면 합니다. 진주 산청이라면 얼마나 먼 곳입니까. 그리고 부처님께서도 혈족이 찾아오면 흔쾌히 제접하지 않았습니까."

"글쎄요, 부처님과 철수좌를 같은 반열에 두고 얘기하는 것이 옳은지 모르겠습니다. 소승이 보기로는 철수좌의 공부가 범상치 않습니다. 행여 속연으로 인해 공부에 방해가 될까 걱정됩니다."

"출가한 지 어제 오늘도 아닌데, 이제 어머니가 오셨다는 것을 속연으로만 생각해서는 안 될 것입니다. 부처님도 찾아 온 혈족을 보살의 길로 인도하지 않았습니까. 지금은 안거 기간도 아니고, 철수좌는 어머니를 모셔야 마땅합니다."

마침내 뜻이 모아졌다.

"아무리 세상과 인연을 끊었다지만 성철 수좌는 인정이 너무 없는 것 같소이다. 우리가 차마 볼 수 없으니, 어머니를 맞이하지 않으려면 이곳을 떠나도록 하시오."

대중공사의 결정을 성철에게 통보했다. 성철은 순순히 따르기로 했다.

이튿날 어머니와 아들이 마주보았다. 열아홉에 낳은 자식이 눈앞에 있었다. 강씨는 아들의 얼굴을 자세히 들여다보았다. 아들은 많이 변해 있었다. 빛나는 눈, 훤칠한 이마, 얼굴 전체에 흐르는 온화한 기운…. 자신의 뱃속에서 나왔지만 이제 자기 자식이 아니라는 느낌이 들었다. 그것은 꽉 찬 기쁨이었지만 다른 한편으로는 허전함이기도 했다.

성철도 어머니의 얼굴을 자세히 들여다보았다. 작은 키가 더 작아 보였다. 아직 오십 줄에 들어서지 않았는데도 노인이 되어 있었다. 그러나 얼굴에 속기가 없었다. 주름진 작은 얼굴은 온화했다. 성철은 어머니의 마음속이 평온하다는 것을 알 수 있었다. 그것은 어머니도 이미 불교에 빠져있음이었다. 그런데 어머니 눈이 이상했다. 한쪽 눈이 깜박거리지 않았다.

"어머니 눈이 왜 그리되셨습니까?"

"뭐 나이 먹으면 다 그렇지."

어머니는 오른쪽 눈을 손으로 가렸다. 성철이 다가가 손을 잡았다. 어머니 거친 손이 파르르 떨렸다.

성철은 어머니와 함께 금강산 구경에 나섰다. 늙은 공양주보살은 밥을 꾹꾹 눌러 도시락을 싸주었다. 그리고 마하연을 나서는 모자를 흐뭇하게 바라봤다.

'개울이 나오면 손을 잡아 건너고, 험한 오르막길을 만나면 등에 업고 오르고, 넓고 평평한 바위가 보이면 앉아 함께 쉬기도 했다.'

불필 스님이 들어서 전하는 모자의 행복한 모습이다. 길상암을 시작으로 보덕암, 만폭동, 표훈사, 삼불암 등을 둘러봤다. 어머니도 아들도 비로소 절경이 눈에 들어왔다. 어머니는 아들이 보고 싶어서, 아들은 오로지 화두 참구 일념에 금강산 비경이 눈에 들어오지 않았던 것이다. 어머니와 아들은 내친김에 신계사, 옥류동, 법기암, 구룡폭포, 상팔담, 만물상 등 외금강까지 두루 둘러봤다. 그렇게 일주일이 흘렀다. 한쪽 눈으로 담은 경치였지만 어머니에게는 금강산이 곧 극락이었다.

"아들 등에 업히기도 하고 손과 팔을 잡혀 이끌리기도 하면서 보낸 일주일이 꿈인지 생시인지 분간이 서질 않았어. 그렇게 기쁠 수가 없었지. 하도 좋아서 극락이 따로 없다는 생각까지 했다네."

훗날 성철도 그때를 회고했다.

"나도 어머니 덕에 금강산 구경 잘했네. 나 혼자 있으면 공부만 했지, 금강산 구경은 꿈에도 못했을 거야."

어머니는 그렇게 아들과 즐거운 시간을 보내면서도 집에 있는 며느리를 생각하면 목이 메었다. 며느리의 편지를 아들에게 보여야 했지만 좀체 엄두가 나지 않았다. 기회만 엿보다 끝내 금강산을 떠나왔다. 묵곡리에 돌아오자 며느리에 대한 미안함이 전신을 휘감았다. 멀리 집이 보이자 걸음을 옮길 수 없었다. 어머니는 길모퉁이에서 눈물을 쏟았다. 오래도록, 펑펑.

그날이 다가오고

1940년 2월, 일제 총독부가 조선인의 성과 이름을 일본식으로 바꾸라 했다. 이른바 창씨개명이다. 겉으로는 권장한다고 했지만 실상은 강요였고 협박이었다. 우리 민족에게 성은 목숨처럼 귀한 것이었다. 조상이 물려주었으니 하늘이 내린 것이었다. 따라서 성을 바꾸라는 것은 피를 속이는, 하늘이 무너지는 일이었다. 그럼에도 식민지 백성들은 성과 이름을 고쳐야 했다. 창씨개명을 하지 않는 사람은 입학과 취직도 할 수 없고, 관청에도 출입할 수 없게 만들었다. 이광수는 자신의 성을 갈고, 다시 창씨개명을 독려하는 글을 썼다. 하지만 이에 항거하여 목숨을 끊는 민초들도 있었다. 또 '견자웅손犬子熊孫'으로 개명하겠다는 사람도 나타났다. 핏줄도 모르니 '개자식이 된 단군의 자손'이라는 뜻이었다.

당시 승려들은 어땠을까. 친일승이 포진한 종단의 지도자들은 총독부의 방침에 순응했다. 상담소를 설치하여 승려들의 창씨개명을 도왔다. 31본사 주지들도 앞장서서 동참했다. 주지대표이며 월정사 주지인 이종욱은 히로다 쇼이쿠(廣田鍾郁), 해인사 주지 변설호는 완전 왜색풍인 호시시다 에이지(星下榮次)로 바꾸었다. 불교학계 인사들도 예외는 아니었다. 권상로는 안토 소로우(安東相老), 김동화는 가네가와 도까(金河東華), 조명기는 이와 아키모토(以和明基)로 살았다. 물론 창씨개명을 했다고 해서 모두 친일파일 수는 없다. 살아남기 위한 방편이었으니 어찌 나라도 갖지 못한 백성을 꾸짖을 수 있겠는가. 본의는 아니었겠지만 오대산을 지킨 선승 방한암도 창씨개명을 했다. 야마가와 쥬겐(山川重遠)이었다. 그래도 만해, 운허, 효봉 같은 산중의 어른들과 불교학자 백성욱, 김법린 등은 창씨개명을 거부했다.

창씨개명이란 광풍이 조선을 휩쓸고 있을 때 항일의 선봉이요 선승의 귀감이었던 거목이 떠나갔다. 바로 손상좌 성철을 그토록 미더워했던 용성이었다. 용성은 계정혜 삼학을 저버린 불교계를 질타하며 불교계 혁신을, 나태한 승려들을 꾸짖으며 선농일치를 주창했다. 경남 함양과 간도에 대규모 농장을 조성하여 불교가 삶과 유리된 게 아님을 증명해보였다. '상구보리 하화중생'을 통해 기복에 젖어있는 불교를 개혁하고자 했다. 《화엄경》《능엄경》《범망경》 등을 우리말로 번역, 역경불사로 불교대중화를 도모했다.

독립이 조선 선풍을 일으키는 첩경이라 믿었기에 독립운동에도 뛰어들었다. 밀려드는 외세에 맞서 싸운 고단한 삶이었다. 그토록 독립을 원했지만 해방의 그날을 보지 못하고 1940년 4월 1일 아침 열반에 들었다. 세수 77세, 법랍 61세였다. 스님의 장례식은 "널리 알리지 말고 조용히 하라"는 유언대로 간소하게 치렀다. 용성은 '세간 오계'를 남겼는데 첫째가 목숨을 바쳐 나라에 충성하고, 다섯째는 목숨을 바쳐 전쟁에는 지혜롭게 이기라는 것이었다. 나라 잃은 아픔과 설움이 얼마나 사무쳤으면 선승이 이런 유훈을 남겼겠는가.

성철은 금강산 마하연 선방에 있었다. 할아버지스님 용성의 다비식에 참석하지 못했다. 아마 열반 소식도 후에 전해 들었을 것이다.

용성이 떠난 그즈음 성철에게는 예사롭지 않은 일들이 일어나고 있었다. 누구의 도움도 없이 홀로 익힌 참선 수행이 익어가고 있었다. 성철은 철저하게 경전이 시키는 대로 수행했다. 참선을 할 때는 아랫니와 윗니를 마주 닿게 하여 입을 지그시 다물었다. 혀는 입천장을 자연스럽게 누르고서 결가부좌했다. 그것은 부처님께서 가르치신 방법이었다. 또 밤의 초분初分에는 경행經行과 좌선을 하고, 밤의 중분中分에는 우측 옆구리를 땅에 대어 사자와 같이 눕고, 밤의 후분後分에는 다시 경행과 좌선으로 마음을 청정케하라는 《중부경전》의 가르침을 따랐다. 가만히 앉아있으면 마음이 가라앉거나 어지러워졌다. 그러면 일어나 돌아다니며 화두를 붙들었다. 그러다보면 어느 순간 호흡조차 사라지고 모든 두려움이 사라졌다.

성철은 마하연을 나와 다시 은해사 운부암에 들었다. 성철의 목숨을 건 수행이 계속되고 있었다.

철석같이 단단한 마음으로 세세생생 무루선 닦아
크고 큰 지혜와 덕, 커다란 용맹심으로

만 겹 장애 만 겹 미혹 모두 녹아지이다.
여자의 몸은 그림자도 닿지 않으며
중생의 고기는 그 어디에 입을 대리오
깨끗한 시주물이라도 화살인 듯 피하고
부귀와 영화는 원수 보듯 하여서
굳게 닫힌 쇠관문을 단번에 뚫고 비로정상에 훌쩍 뛰어올라
보리의 대도량 청정하게 장엄하고 미래겁이 다하도록
언제나 자재하여지이다.

성철 〈발원문〉

사해四海의 부귀는 풀잎 끝의 이슬방울이요, 만승의 천자는 진흙 위의 똥덩이라는 이런 생각, 이런 안목을 가진 사람이라야 꿈결 같은 세상 영화를 벗어나 영원불멸한 행복의 길로 들어갈 수 있을 것이다. (…) 떨어진 헌 누더기로 거품 같은 이 몸을 가리고 심산 토굴에서 감자나 심어 먹고사는, 최저의 생활로 최대의 노력을 해야 한다. 오직 대도를 성취하기 위해서 자나 깨나 죽을힘을 다해서 공부해야 한다.

성철 〈한물건(一物)〉

결심한 대로 죽을힘을 다해 공부했다. 성철은 훗날 자신이 경험한 '3분단三分段 수행'을 강조했다. 그것은 고불고조古佛古

祖가 낸 길을 성철이 다시 걸으면서 체득한 것이었다. 처음 동정일여動靜一如에 들고 다음엔 오매일여寤寐一如인 몽중일여夢中一如와 숙면일여熟眠一如의 경지에 이른 후 거기서 더 정진하여 참다운 깨달음을 얻는 것이라 일렀다. 성철은 깨달음에 이르는 가장 확실하고 빠른 길은 참선이며 화두를 붙든 선승에게 동정, 몽중, 숙면일여는 반드시 거쳐가야 할 관문임을 설파했다. 물론 대혜 스님처럼 뛰어난 근기의 소유자는 몽중일여에서 곧바로 구경각究竟覺을 성취할 수도 있었다.

성철은 유발한 채 지리산 대원사에서 정진하여 동정일여에 든 바 있다. '움직이거나 조용히 있을 때나 한결같다'는 동정일여는 의식이 깨어있는 모든 일상생활에서 화두 공부가 이어지고 있는 상태를 말한다. 걷거나 앉아있을 때에도, 말을 하거나 하지 않을 때에도, 세수하거나 밥을 먹거나 누워있을 때에도 변함없이 공부가 되어야 한다.

깨어있는 일상의 동정일여에서 더 깊이 들어가면 자나 깨나 한결같은 오매일여의 경지에 이른다. 오매일여는 꿈꿀 때에도 한결같은 몽중일여와 잠이 깊이 들어도 화두가 떠나지 않는 숙면일여가 있다. 몽중일여는 꿈속에서도 낮과 똑같이 화두가 들리는 경지이며 세속의 업장인 꿈은 없어지고 꿈속이 생시나 다름없이 공부가 한결같다. 더 나아가 잠이 깊이 들었어도 공부가 한결같으면 숙면일여에 이른 것이다.

성철은 계속 무자 화두를 들었다. 어느 때는 삼세 모든 부처가 숲속에서 공부했으니 《장부경전》이 이른 대로 조용한 곳을 찾아가 화두를 들었다. 그랬더니 오히려 마음이 흩어지고 신경이 날카로워졌다. 성철은 이를 고적병孤寂病이라 했다. 깊은 산중에서 혼자 토굴을 파고 앉아있어도 마음이 쉬지 못하면 시끄러운 장터에 다름 아니었다.

선승에게 가장 무섭다는 상기병에 걸리기도 했다. 공부에 조바심을 내면 열이 머리로 올라왔다. 갑자기 가슴이 답답하고 머리가 터질 듯이 아파왔다. 입술이 트고 갈라지며 전신에 힘이 빠져 일어설 수도 없었다. 그 고통은 당해보지 않으면 아무도 몰랐다. 성철은 이내 숨을 발바닥(足心)으로 끌어내리는 요령을 터득했다. 나중에는 화두를 완전히 놓지 않고도 생각을 모아 폭포에서 물이 떨어지는 것처럼 온몸의 기운을 아래로 내렸다. 그렇게 상기병을 다스렸다. 성철은 후학들에게 상기가 나면 '기해단전氣海丹田 요각족심腰脚足心'으로 치료하라 일렀다. 그러면서 화두 참구의 올바른 방법을 구체적으로 얘기하고 있다. 모두 자신이 경험한 것이었다.

화두를 참구하다 보면, 화두를 아주 조급하게 밀면 좀 되는 것 같고 허술하게 밀면 안 되는 것 같고 하는 느낌이 들 때가 있습니다. 성질 급한 사람은 마음이 조급해지고, 이러다 보면 나중에는 공부가 문제가 아니라 머리가 아픈 병도 생겨서 아무것도 안 되고 맙니다. 거문고 줄을 너무 조이면 팽팽해서 제 소리가 안 나는 법이고, 또 너무 풀면 느슨해서 소리가 안 나는 법입니다. 그러니 너무 급하게도 하지 말고 너무 느리게도 하지 말고 자연스럽게 '조주가 어째서 개에게는 불성이 없다(無)고 했는가?' 하고 생각을 해야 합니다.

화두 참구는 생각하고 의심하는 것이지 외우는 게 아닙니다. 너무 급하게도 생각하지 말고 너무 느리게도 생각하지 말고 자연스럽게 의심해야 합니다. 자연스럽게 하는 것이 좀 어렵긴 하지만 자꾸 해보면 요령이 생깁니다. 화두는 외우는 것이 아니고 어째서 없다(無)고 했는지 그 이유를 알아야 한다는 것을 명심해야 합니다.

성철은 말이 줄어들었다. 눈빛은 형형했고, 특히 좌복 위에서 새벽을 맞았다. 다른 선승들은 홀로 깨어있는 성철이 무섭게 느껴졌다. 그날이 다가오고 있었다.

오도

성철은 팔공산 동화사 금당선원에 들었다. 동화사는 493년 신라 소지왕 때 창건하여 유가사瑜伽寺라 했고 832년 흥덕왕 때 심지대사가 중창했다. 중창불사 당시 현장에 오동나무 꽃이 피어 있어 동화사桐華寺라 고쳐 불렀다고 한다. 신라 말에는 영조선사, 고려 때는 보조국사 지눌, 홍진국사 선현이 중창했다고 전한다. 금당선원은 동화사의 동쪽 별당이다. 개원 이래 운수납자의 발길이 끊이지 않았고, 걸출한 선승들을 배출한 참선궁행의 명소였다.

성철은 금당선원에서 겨울을 맞았다. 사람 몸 얻기란 사막에서 풀잎 얻는 것처럼 어렵고, 설사 사람의 몸을 얻었다 하더라도 죄업이 지중해서 불법 만나기란 더욱 어려웠다. 깨치기 전에 죽으면 다시 사람으로 태어나 불법 만난다고 누가 장담할 수 있을 것인가. 성철은 이를 알기에 공부를 게을리 할 수 없었다.

성철은 금강산 마하연에서부터 예사롭지 않은 경계에 이르렀음이 분명해 보인다. 그토록 차갑게 대하던 어머니를 만나 함께 금강산 구경을 했던 것은 아무리 대중공사의 결과에 따랐다지만 성철의 성정으로 보아 납득하기 어렵다. 그것은 성철에게 일대 변화가 온 것을 의미한다. 어머니를 만났어도 인연에 끄달림을 받지 않는, '청상과부가 외동아들이 벼락을 맞아 죽어도 눈썹 하나 까닥하지 않는' 경지에 다다름이었다.

성철은 참선 수행의 깊이는 수좌의 잠을 뒤져보면 알 수 있다고 했다. 잠 속의 화두가 성성하면 견성에 가까워졌다는 것이다. 성철은 자신이 성취했던 오매일여의 경지를 밝히고 올바른 화두 참선법을 이렇게 일러줬다.

우리가 아무리 부처님이나 달마대사 이상으로 큰 법을 성취한 것 같은 생각이 들더라도 깊은 잠에 들어서 여전히 캄캄하면, 이는 망식忘識의 움직임이지 실제로 깨달은 것은 아니라는 말씀입니다. 공부를 하는 도중에 자기가 아무리 공부를 많이 한 것 같지만 잠이 꽉 들어서 공부가 안 될 때는 공부가 아닌 줄 알고 공부됐다는 생각을 아예 버려야 하는데 이것이 어렵습니다. 보통 공부해 가다 이상한 경계가 좀 나면, 이것은 견성이 아닌가, 성불이 아닌가, 또는 내 공부가 좀 깊이 들어간 것이 아닌가 하는 착각을 많이 일으키게 됩니다. 그렇지만 그 공부의 기준이 어디에 있느냐 하면 잠이 꽉 들어서도 공부가 되는가 하는 것입니다. 잠이 들어서도 공부가 되지 않으면 아직 공부가 안 된 줄 알아야 합니다. 그렇지 못하면 도적놈을 잘못 알아 자식으로 삼는 것과 같아서 손해만 있을 뿐 이익은 없습니다.

실제로 성철은 견성 인가를 받으러 오는 승려들을 점검할 때는 그들의 '잠 속'을 검사했다. '한 소식' 했다는 스님들은 거의가 화두를 공부하다 정定에 빠져 있었다. 정에 빠지면 고요하고 편안한 상태만 탐닉하여 그로부터 헤어 나오지 못했다. 마음의 작용까지 멈춰버리는 일종의 병이었다. 곧잘 정에 빠진 승려들이 성철에게 자신의 경계를 얘기하며 견성 여부를 물어왔다. 아만이 하늘을 찔렀다. 그때마다 성철이 정색을 하고 되물었다.

"그렇다면 꿈에도 그 경계가 있는가, 없는가?"

그러면 거의 대답을 못하고 눈만 껌벅거리거나 고개를 떨궜다.

"에라 도둑놈의 자식아! 꿈에도 없는 것이 무슨 공부라고 내 앞에 나타났느냐."

그때마다 성철의 불호령이 떨어졌다. 수좌들의 '한 소식' 점검은 이렇듯 '잠 속의 화두' 검사였다. 그것은 잠이 꽉 든 상태에서도 화두가 살아있는, 숙면일여의 경계를 성철이 성취했음이었다. 화두를 잠 속으로 끌어들이는 요령을 터득한 것이 아니라, 화두 참구가 무르익어 잠 속으로 흘러들어간 것이었다. 성철은 '허공이 깨어진다 해도 나의 원은 꿈쩍도 않는다'는 발원 맹세를 실천했음이었다.

이 무렵 홀로 무자 화두를 든 성철에게 자꾸 이상한 경계가 나타났다. 혹시 견성이 아닌가 생각하면 이내 마음이 산란해졌다. 어느 날 성철은 꿈속에서도 화두가 성성했다. 그러나 자신이 없었다. 누군가에게 자신의 경계를 얘기할 스승도 없었으니, 한편으로는 환희심이 나고 또 한편으로는 공포심이 밀려들었을 것이다. 그럴수록 오로지 경經에 의지하여 묻고 또 물었다. 하루하루가 벽이며 또 낭떠러지였다. 불처럼 뜨거웠고 얼음처럼 차가웠다. 그러자 다른 수좌들에게 성철은 괴각乖角쟁이로 비쳤다. 도무지 성철의 행동거지를 이해할 수 없었다. 이와 관련 일타 스님이 증언한 당시의 의미 있는 일화가 전해진다.

그해 초겨울 어느 날 동화사 요사채에 불이 났다. 대중들이 고함을 지르며 이리저리 뛰어다녔다. 불길이 다 잡혀갈 무렵에 대중들은 상식 밖의 장면을 목격했다. 그 난리 통에도 선방에서 꿈쩍하지 않던 성철이 부삽과 부집게를 들고 나타난 것이다. 화마에 허물어진 요사채가 아직도 연기를 뿜고 있었다. 성철은 잔불더미를 뒤적거렸다. 불씨가 남아있는 숯덩이를 골라 담아 풍로에 부어놓고 약탕기를 올렸다. 그리고 태연하게 약을 달였다. 이를 지켜보고 있던 절집 사람들은 기가 막혀 할 말을 잃었다.

"아무리 선승이래도 그렇지, 어떻게 저런 짓을…."

그러나 이를 다르게 보는 대중도 있었다.

"얼마나 참선에 몰두했으면 저럴 것인가."

"성철 수좌가 분명 일을 낼 것이다."

성철은 마침내 견성을 이뤘다. 이름대로 자성을 깨쳐 확철대오했다. 억겁의 어둠을 사르는 촛불을 밝혔다. 자기 마음 이외에 불법이 없고, 자기 마음 이외에 부처가 없다는 부사의해탈경계不思議解脫境界를 성취했다. 1940년 29세의 겨울, 출가하여 무자 화두를 들고 수행한 지 4년 만이었다. 성철은 오도송悟道頌을 읊었다.

황하수 곤륜산 정상으로 거꾸로 흐르니
해와 달은 빛을 잃고 땅은 꺼지는도다
문득 한번 웃고 머리를 돌려 서니
청산은 예대로 흰 구름 속에 섰네
黃河西流崑崙頂 日月無光大地沈
遽然一笑回首立 青山依舊白雲中

훗날 이 오도송이 하도 좋아서 도반 향곡은 춤을 덩실덩실 췄다고 한다. 성철은 깨달음의 경지에 관해 법문을 했다. 깨달음의 전과 후를 이렇게 설명했다.

깨어나기 전에는 꿈을 바로 깬 사람이 아니고 동시에 자유로운 사람이 아닙니다. 중생의 자유라고 하는 것은 꿈속에서의 자유이고, 깨친 사람의 자유라고 하는 것은 꿈을 깬 뒤의 자유입니다. 그러니 꿈속에서의 자유와 꿈을 깬 뒤의 자유가 어떻게 같을 수가 있겠습니까? '마음을 깨친다'는 것은 무심을 증득하는 것입니다. 무심을 증득하면 거기에서 대지혜광명이 생기고 대자유가 생기는 것입니다. 그때서야 비로소 꿈을 깬 사람, 마음의 눈을 뜬 사람이 되어 대자유의 자재로운 활동을 하게 됩니다.

그런데 성철의 행장을 추적하다 보면 1940년 동안거를 했던 사찰이 은해사 운부암인지 아니면 동화사 금당선원인지 분명치 않다. 성철 스님의 친필 이력에는 '운부암에서 안거'로 쓰였지만 오도한 곳은 '29세 금당에서'로 되어 있다. 그래서 제자들과 후생들은 금당선원에서 동안거 중에 오도한 것으로 믿고 있다. 하지만 금당선원에서 행동이 가지런하지 않다는 이유로 성철의 방부가 거절됐다는 얘기가 있다. 해탈을 앞둔 고비에서 마지막 순간의 몸부림으로 이해할 수도 있을 것이다. 최후의 관문을 돌파하려는 오도 직전의 일거수일투족을 다른 승려들이 불편하게 여겼을 가능성도 있다.

이와 관련 운부암 선원장 불산 스님은 이런 얘기를 전한다. 하루는 운부암에 곱게 늙어 보이는 노인이 찾아왔단다. 노인은 부처님께 절하거나 스님에게 합장 인사하는 자세가 단정했다. 한눈에도 절밥을 먹은 사람이었다. 알고 보니 그 옛날 운부암 선방에서 성철과 함께 정진했던 선승이었다. 그가 왜 환속을 했는지는 몰라도, 그때를 회상하며 당시를 몹시 그리워했단다. 아마도 젊은 날 구도의 열정이 열매를 맺지 못하고 환속하여 세파에 시달리다 막상 세상을 뜬다고 생각하니 회한 같은 것이 밀려왔을 것이다. 그런데 노인은 뜻밖의 얘기를 꺼냈다.

"성철 스님은 당시 운부암에서 오도송을 읊어대곤 했었지요."

성철은 분명 '금당에서' 깨쳤다는데 같이 정진했던 선객은 운부암이라고 했다. 이런저런 정황을 이리저리 맞춰보면 성철은 금당선원에서 오도를 했지만 이내 쫓겨나와 운부암에 머물렀을 가능성도 있다. 이미 깨친 성철이었기에 모든 것이 달라보였을 것이고, 이를 선객들은 운부암에서 깨친 것으로 착각했을 수도 있다는 얘기다.

혈맥 상승의 여로

성철은 누구에게도 오도의 순간을 얘기하지 않았다. 경허는 사미승이 전하는 "소가 되어도 콧구멍 없는 소가 돼야지"라는 소리를 듣고, 용성은 《경덕전등록》의 '달은 만궁彎弓과 같은데 비는 적고 바람은 많다'는 구절을 읽고 대오했다. 만공은 통도사 백운암에서 새벽 종소리를 듣고, 한암은 스승 경허로부터 《금강경》 사구게四句偈를 듣고, 경봉은 촛불이 출렁이는 것을 보고 견성했다. 그러나 성철의 견성에 대한 인연은 알려진 것이 없다. 다만 법문과 강설, 또 회고담을 통해 동정, 몽중, 숙면일여의 단계를 거치며 미세망상만이 남아있는 마지막 마계魔界인 제8아뢰야식마저 멸진시켰음을 알 수 있다. 그리고 오매일여의 경지에 이른 후에도 다시 사중득활死中得活의 경계에 이르러 비로소 견성했음을 확인할 수 있다.

생각이나 분별로 과거나 미래를 인식하지만, 한 생각도 일어나지 않는 무심경지에 들어가면 과거·현재·미래가 다 끊어져 버린다. 이를 '과거와 미래가 끊어졌다(前後際斷)'고 한다. 그리되면 밖으로는 모든 인연을 쉬고 안으로는 마음이 허덕이지 않는다. 그러나 이런 무심경지가 도道에 든 것이 아니었으니 여기서 다시 깨쳐야 한다. 이 경계를 선종에서는 '죽은 자리에서 다시 살아난다(死中得活)'고 한다. 성철은 이 경계를 이렇게 설명했다.

일념불생 전후제단이 되어 대무심지에 이르렀다고 해도 거기서 살아나지 못하면 이 사람은 크게 죽은 사람(大死底人)입니다. 크게 죽은 사람은 구경각을 성취하지 못했으며 도道를 이루지 못했으며 견성하지 못한 사람입니다. 이만한 경계에 도달하려고 해도 참으로 많은 노력이 필요하고 또 어려운 것은 사실이나, 죽어서 살아나지 못한다면 이것은 도가 아니고 견성이 아니라고 고불고조가 한결같이 말씀하고 계십니다.

오매일여 경지를 증득했어도 한 차례 더 공부해서 크게 죽은 뒤 다시 소생하라는 가르침이다. 성철은 훗날 도반인 향곡에게 사중득활의 경계에 이르렀는지를 물은 바 있다. 아마 향곡이 오매일여의 경지에 들어 대무심지에 이르렀지만 죽은 자리에서 다시 살아났는지 알고 싶었을 것이다. 향곡은 34세인 1944년에 깨달음을 얻어 운봉으로부터 전법게를 받아 이미 경허 스님의 적손이 되어 있었다. 그럼에도 1947년 문경 봉암사에서 정진하던 중에 성철이 향곡에게 물었다.

"죽은 사람을 완전히 죽여야 바야흐로 산 사람을 볼 것이요(殺盡死人 方見活人), 죽은 사람을 완전히 살려야 바야흐로 죽은 사람을 볼 것이다(活盡死人 方見死人)'고 한 말씀이 있는데 그 뜻이 무엇인지 알겠는가?"

향곡이 이 말을 듣고 몰록 무심삼매에 들었다. 삼칠일(21일) 동안 침식을 잊고 정진하다가 활연대오하여 오도송을 읊었다. 그렇게 도반까지 분심을 일으켜 대오에 이르도록 한 성철이건만 정작 자신의 견성에 대해서는 어떤 말도 남기지 않았다.

"당신 이야기는 하지 않으셨다. 사담조차 없으셨다." (불필)

"성철 스님을 모시던 당시엔 무섭고 어려워 감히 말을 꺼내지 못했다." (원택)

그런데 그런 이유를 맏상좌 천제 스님은 나름 이렇게 설명했다.

"《금강경》에도 기록되어 있다. 깨친 것을 인식하면 사상(아상, 인상, 중생상, 수자상)에 갇혀 있는 것이다. 우리의 고정관념 속에서 깨달음이란 것은 신비로움을 연상하는데, 그것조차 초탈한 것이 깨달음의 경지라 할 수 있다. 그렇다면 묻는 것 자체가 의미 없는 것 아닌가."

《금강경》은 시종 상相을 여의라고 이른다. 성철은 아상을 주관, 인상을 객관, 중생상을 공간, 수자상을 시간 개념으로 파악했다. 주관은 '나'라는 모습에서, 객관은 나를 떠난 상대방에게서, 공간은 나와 남의 어울림에서, 시간은 내 목숨이 영원할 것이라는 집착에서 생겨났다고 보았다. 이처럼 독창적으로 사상四相을 해석하고, 상을 버려서 견성한 선승이 어찌 깨침의 인연 따위를 붙들고 있겠느냐는 말이다. 제자 천제의 설명은 엄숙하다. 추호도 그런 인연 따위를 들어 성철의 견성을 의심하지 말라는 얘기다. 물론 성철의 견성을 의심하는 사람은 없다. 그저 천제가 지적한 신비를 좇는 속인의 입장에서 아쉬울 따름이다. 분명한 것은 아무도 묻지 못했(않았)고, 성철은 말하지 않았다.

성철은 깨친 후 순천 송광사를 찾아갔다. 선방인 삼일암三日庵에서 하안거를 나기 위해서였다. 그곳에는 당대 선지식 효봉 스님이 주석하고 있었다. 성철은 큰스님을 찾아가 자신의 깨달음을 점검하고 싶었을 것이다. 인가받고 싶었을 것이다. 송광사는 16명의 국사國師를 배출한 명찰이었다. 일찍이 고려시대 보조국사 지눌이 정혜결사운동을 펼쳐 불법을 다시 일으킨 승보사찰 僧寶寺刹이었다. 그래서 선승이 정진하는 선방이 법당보다 위에 있다. 삼일암은 송광사 16국사 중 제9대 조사인 담당국사가 이곳의 물을 마시고 3일 만에 깨쳐서 그리 부른다고 알려져 있다.

효봉은 1925년 38세에 금강산 신계사 보운암에서 석두 스님을 은사로 출가했다. 신계사 미륵암 선원에서 석 달 동안 앉아만 있어 절구통수좌라는 별명과 함께 '정진제일'이라는 별호를 얻었다. 1930년 법기암 뒤에 토굴을 짓고 '깨닫기 전에는 나오지 않겠다' 맹세했고, 1년 6개월이 지난 어느 여름날 홀연 깨쳐서 토굴을 박차고 나왔다. 훗날 통합종단의 초대 종정을 지냈다. 학눌學訥이라는 법명은 보조국사 지눌의 덕화를 본받겠다는 뜻으로 지었다고 한다.

성철은 《한국불교의 법맥》에서 깨달음에 대한 스승의 인가, 사자상승師資相承에 대한 중요성을 설파했다.

승가에는 두 종류의 스승이 있다. 하나는 삭발을 허락하고 계를 주는 스승(得度師)이고, 또 하나는 마음을 깨우쳐 법을 이어받게 해주는 스승(嗣法師)이다. 만약 수계한 스승에게서 마음을 깨우쳐 법을 전해 받게 되면 법을 전해 받은 스승을 겸하게 되지만, 다른 스승으로부터 마음을 깨우쳐 법을 받게 되면 법을 전해 받은 스승을 따로 전하게 된다. 법을 이은 스승의 계통을 일러 법계·법맥, 혹은 종통·종맥이라고 한다. (…) 이를 일컬어 혈맥을 서로 이어받음(血脈相承)이라고 한다. 이는 마치 아버지의 피가 아들에게 전하여짐과 같이 스승과 제자(師資)가 주고받아서 부처님의 법을 서로 이어서 스승으로부터 제자에게 법맥을 전하여주기 때문이다. 그러므로 혈맥을 서로 이어받은 법맥 즉 종통은 제삼자가 변경시켜 바꾸지 못한다.

성철은 깨쳤으니 법맥을 이어받고 싶었을 것이다. 그러나 송광사에서 효봉과 어떤 인연을 맺었는지는 알 수 없다. 대신 보조국사 지눌에 대해서는 많은 것을 습득했다고 알려져 있다. 사실 송광사는 보조국사 지눌의 사찰이었다. 정혜결사를 통해 고려불교를 일으킨 지혜와 법음이 스며있었다. 당시에는 보조국사가 걸쳤던 장삼과 가사까지 보관하고 있었다. 700년이 지났지만 지눌의 자취가 선명했고, 보조국사의 법향이 그윽했다. 성철은 지눌이 남긴 글들을 독파했다. 그러던 어느 날 《수심결 修心訣》을 읽다가 한 구절에 눈길이 멈췄다.

예로부터 모든 성인이
먼저 깨치고 뒤에 닦지 않음이 없으니
닦음을 인연으로 깨친다.
從上諸聖 莫不先悟後修 因修乃證

하지만 혜능 스님은 《육조단경》에서 이렇게 일렀다.

자기 성품을 스스로 깨쳐서
단박에 깨치고 단박에 닦으니
또한 점차가 없느니라.
自性自悟 頓悟頓修 亦無漸次

지눌과 성철은 경을 통해 홀로 공부했다. 둘은 육조혜능을 최고의 스승으로 모셨다. 그런데 지눌은 '먼저 깨치고 뒤에 닦음(先悟後修)'을 주창했다. 성철은 자신과 지눌의 깨침을 살펴보았다. 지눌은 창평 청원사에 머물 때 《육조단경》을 읽고 처음으로, 예천 보문사에서 《화엄경》과 《화엄신론》을 읽고 두 번째로, 다시 지리산에서 《대혜어록》을 읽고 세 번째로 깨달음을 얻었다고 했다. 이는 자신의 깨침과는 달랐다. 똑같이 《육조단경》 《화엄경》 《대혜어록》을 보았지만 고려시대의 지눌은 돈오돈수頓悟頓修가 아닌 돈오점수頓悟漸修를 주창하고 있었다. 당시에는 지눌이 조계종 종조의 지위를 얻기 전이었기에 성철은 '깨달음에 대한 이견'만을 품고 있었을 것이다. 하지만 훗날 조계종이 지눌을 종조로 모심으로써 종지宗旨마저 흔들렸다. 이를 보고는 참을 수 없었다. 성철은 《돈황본 육조단경》을 펴내며 책머리에 이렇게 적었다.

제2장/서있음이 벽이고 흐름이 불이었다

조계육조曹溪六祖 이후 선은 천하를 풍미하여 당·송·원·명 시대에 불교가 꽃을 피우게 한 핵심적 역할을 하였다. 그러나 오랜 세월이 흐름에 따라 종지가 많이 변하여 육조의 정통사상을 찾아보기 힘들게 되었다. 대저 육조의 종지는 육조가 항상 주창한 "오직 돈법만을 전한다(唯傳頓法)"고 하는 것으로, 점문漸門은 일체 용납치 않는 것이다. 그러나 중간에 교가敎家의 점수사상이 혼입되어 선문이 교가화됨으로써, 순수선은 없는 실정이다.

이렇듯 성철은 지눌을 정면으로 비판했다. 이로써 한국불교에 돈점논쟁이 불붙었으니, 송광사 삼일암의 정진은 훗날의 사자후를 챙김이었다.

홀로 가는 길

성철은 송광사에서 하안거를 마치고 예산 덕숭산의 정혜사로 옮겨갔다. 그곳에는 능인선원이 있었고, 당대 선지식인 만공 스님이 주석하고 있었다. 성철은 효봉에 이어 만공을 찾아 나선 것이다.

덕숭산은 고찰 수덕사가 있어 수덕산이라고도 불린다. 가야산, 오대산, 용봉산과 마주보고 있다. 덕숭산, 가야산, 용봉산 일대에는 헤아릴 수 없을 만큼 많은 절터가 남아있다. 언제 어떻게 쇠락했는지는 알 수 없지만, 절을 짓고 부처를 모신 백제인에게는 불국토였다. 정혜사는 559년 백제 법왕 때 수덕사와 함께 지명 스님이 창건했다. 중창 및 중수의 사적은 전해지지 않는다. 만공이 1930년 중수한 이후 비로소 참선 도량으로 사격이 높아졌다. 만공 문하에는 항상 100여 명의 스님이 있었다고 하니, 그 중 상당수가 이곳에서 참선수행을 했을 것이다.

만공은 경허 스님과 천장암天藏庵에서 법연을 맺고 14세에 출가했다. 화두 '만법귀일萬法歸一 일귀하처一歸何處'를 붙들었지만 앞이 깜깜하고 공부에 진척이 없자 천장암을 나와 제방에서 수행정진했다. 오도 후에는 경허로부터 전법게를 받았고 수월, 혜월과 함께 '경허의 세 달(月)'이라 불렸다. 숱한 중창불사를 통해 덕숭산을 불교 성지로 다시 일으켜 세웠다. 스승 경허처럼 여러 무애행이 전해오지만 일제와 친일승을 향해 천둥처럼 내려친 사자후는 지금도 불교사에 그 자국이 선명하다.

1937년 3월 조선총독부 회의실에서 조선불교 31본산 주지회의가 열렸다. 8도 도지사도 참석했고 미나미 총독이 직접 주재했다. 회의는 조선불교진흥책 마련을 내세웠지만 실은 주지들의 협조를 얻어 조선과 일본불교의 병합을 획책하는 자리였다. 미나미 총독이 초대 총독 데라우치의 사찰령 선포를 찬양하며 주지들의 호응을 유도했다.

사찰령이란 1910년 일제가 조선 불교계를 장악하려는 의도로 입안되었다. 사찰을 병합·이전·폐지하려면 총독부의 허가를 받도록 했고, 또한 시행규칙을 두어 전국의 사찰을 30본사 체제(후에 화엄사가 추가되어 31본사)로 개편했다. 본사 주지는 총독의 허가를, 말사 주지는 도지사의 인가를 받아야 했다. 이로써 불교계의 재산권과 인사권을 총독부가 장악했다. 사찰령은 불교계를 얽어매는 올무였고, 사찰령 아래 불교는 꽁꽁 묶여 있었다. 그럼으로 사찰령 폐지는 비구승들의 염원이었고, 청년불교단체를 중심으로 폐지운동이 끊임없이 전개되었다.

미나미 총독이 속 보이는 은근한 인사말로 분위기를 띠웠다. 그러자 주지 몇이서 조선불교의 현실에서는 사찰령 선포가 마땅했다며 맞장구를 쳤다. 참석자들이 고개를 끄덕거렸다. 그때 마곡사 주지 만공이 벌떡 일어나 총독과 주지들을 노려보며 외쳤다.

"청정이 본연하거늘 어찌하여 산하대지가 나왔는가."

모두가 놀라 만공을 바라봤다.

"이 자리에 데라우치 초대총독이 한 짓을 칭찬하는 사람들이 있으나 다들 제정신 차리고 내 말을 잘 들어야 할 것이오. 부처님이 이르시기를 청정 비구 하나를 파계시켜도 무간지옥에 떨어진다고 하셨거늘, 조선 승려 7,000명을 파계시킨 데라우치 전임 총독이 과연 지금 어디 있는지 아시오? 무간아비지옥에서 한량없는 고통을 받고 있소이다. 어찌 그걸 모르시는가?"

미나미 총독를 비롯한 참석자들의 얼굴이 일그러졌다. 누구는 그만하라고 고함을 질렀다. 만공의 호통은 멈추지 않았다.

"조선 청정비구교단을 어찌 취처육식을 일삼는 일본불교와 병합하려 하는가. 진정 조선불교를 진흥시키려면 조선총독부가 간섭해서는 안 될 것이다."

일제의 야욕과 그 앞에 허무하게 무너진 조선불교를 향해 내려친 장군죽비였다. 또한 총독에게 주지직 허가를 받은 자신의 비루함을 깨무는 '할'이었다. 가슴을 돌아 나온 비명 같은 것이었다. 만공의 대성일갈은 멀리 퍼져나갔다. 도반 한용운이 숙소로 찾아와 "천하의 만공"이라며 손을 잡았다. 하지만 그것은 불교사의 슬픈 삽화였다. 불교계 현실을 개탄하고 있던 비구들에게는 한줄기 소나기였지만, 한 번의 소나기로 변할 것은 없었다.

주지회의에서 '데라우치를 지옥으로 보낸' 얼마 후 만공은 마곡사 주지 자리를 내놓고 정혜사에 머물고 있었다. 그리고 1941년 가을, 특별한 선승을 맞았다. 바로 30세 성철이다. 71세 노승 만공은 청담, 용운과 함께 선원에 앉아있었다. 그때 밖에서 인기척이 났다. 용운이 문구멍으로 내다봤다.

"괴각쟁이다, 괴각쟁이가 온다."

청담은 그가 누군지 궁금했다. 이윽고 성철이 문을 열고 들어섰다. 청담은 문득 성철이 커 보였다. 그가 왜 괴각쟁이인지 알고 싶었다. 만공에게 인사를 드리는 성철의 몸가짐이 듬직했다. 그렇게 처음 만났다. 그날 밤 많은 얘기를 나눴다. 주로 청담이 묻고 성철이 답했다. 아침이 되자 서로 도반이 되어 있었다. 두 선승의 인연은 이후 엄청난 파장을 불러왔다. 한국불교에 아침을 불러왔다.

청담은 성철보다 열 살이나 많았다. 그러나 불문에 무슨 나이가 필요할 것인가. 괴팍하고 별난 괴각쟁이끼리 뜻이 맞았다. 첫 만남에서 서로 의기를 섞었다. 훗날 '말 트는 사이'가 듣기 거북했던 청담의 제자들이 볼멘소리를 했다. 그러면 청담이 제자들을 책했다.

"성철 스님은 한국불교의 보물이다. 이를 내가 아니면 누가 알아보겠느냐. 내가 나이는 열 살이 많지만 불교에 대해서는 성철 스님이 나보다 열 배나 더 잘 안다."

간혹 청담이 성철의 얼굴을 빤히 쳐다보며 말했다.

"우리는 전생에 부부였던 모양이다."

성철도 화답했다.

"우리 사이는 물을 부어도 새지 않는다."

성철은 정혜사 능인선원에서 동안거를 했다. 그해 겨울 성철은 거침없이, 또 끊임없이 물었다.

"큰스님께서는 견성성불했습니까?"

"견성했지. 여기 정혜사에서 확실히 했지."

만공은 처음 온양 봉곡사에서 깨달음을 얻었고, 두 번째는 양산 영축산 통도사 백운암에서, 다시 자신이 중창한 덕숭산 정혜사에서 견성했다고 한다.

'도대체 견성의 기준이 무엇이란 말인가? 어떤 경계를 깨달음으로 여기는 것인가?'

성철은 그러나 그 경계를 묻지 않았다. 고불고조에 묻고 치열한 수행으로 스스로 답을 찾아온 성철은 만공의 벼락같은 법거량을 내심 기다렸을 것이다. 하지만 이내 그런 기대를 내려놓았다. 성불했으면 다름이 같음이었으니, 다시 홀로 가야했다.

그해 겨울 만공은 성철이 큰 그릇임을 알아보고 많은 얘기를 들려줬다. 성철이 물으면 만공은 무엇이든 친절하게 답했다. 성철은 만공에게 들었던 얘기를 '큰 그릇'에 담아두고 자주 법어에 인용했다. 그중에서도 성불하려면 가난해야 한다며 이런 얘기를 들려줬다.

"만공 스님이 처음 정혜사에 와서 살 때는 집도 없고, 먹을 것도 없었지. 움막도 얄궂게 해놓고 형편없었다 하더구먼. 신심 있는 대중들이 모여서 탁발해서 살았대. 봄이 되면 보리 동냥을 해서, 그 보리를 절구에 넣고 쿵쿵 찧어서 밥을 해먹었어. 그것도 모자라 시꺼먼 보리누룽지를 서로 먹으려고 했대. 그래도 그렇게 배고프게 살 때는 한 철 지나고 나면 '나도 깨달았다, 내 말 한마디 들어보라'며 깨달음을 토로하는 사람이 나왔단 말이야. 그런데 그 뒤에 신도가 생기고 절도 좋게 짓고, 양식도 꽁보리밥 신세를 면하고 좀 넉넉해지니까 공부 제대로 했다는 사람이 하나도 안 나오더라 이 말이야."

만공은 '절 짓는 스님'이라고 할 정도로 불사에 매달렸다. 그러나 정작 그 좋은 집에 사는 승려들은 오히려 수행을 게을리했다. 번들거리는 절과 배부름이 마군인 셈이었다. 훗날 성철은 무엇보다 '가난'을 먼저 배우라고 설파했으니 이는 만공이 먼저 체득한 것이었다.

성철은 또 정혜사에서 상서로운 광경을 목격했다. 이듬해 정월, 스님들이 대웅전에서 촛불을 밝히고 24시간 철야 기도를 드리고 있었다. 조를 짜서 꼬박 사흘 동안 이어서 정진하는 모습은 감동적이었다. 성철은 정혜사에서 한 철을 나며 경전에서는 보지 못한 많은 것을 보았다.

만공의 스승 섬김은 성철도 부러웠던 모양이다. 어쩌면 우문愚問이었는데도 성철은 제자들에게 그때의 문답을 자주 얘기했다고 한다.

"스님께서는 경허 스님을 얼마나 존경하셨습니까?"

"먼 길 가다가 식량이 떨어져 먹을 것이 없으면 내가 우리 스님에게 잡혀먹혀야 하지 않겠나?"

아버지가 울다

1941년 통합종단인 조선불교조계종이 탄생했다. 사찰령에 의거한 31본사체제에 불만이 컸던 조선 불교계는 중앙의 총본사 설립을 갈망하고 있었다. 하지만 조계종의 탄생은 불교계의 기도에 대한 응답이 아니었다. 총본사의 출현은 불교계의 여망과는 달리 총독부의 치밀한 계산에서 나온 술책의 산물이었다.

일제 총독부는 그동안 불교계를 31개 본사로 나누어 관리했다. 뭉쳐있으면 힘이 생기고, 힘이 생기면 통제하기 힘들기 때문이었다. 그러다 중일전쟁이 터지자 중앙집권적 통일기관 설립을 적극 모색했다. 군수물자와 인적 자원을 동원하기 위해서는 통일된 전쟁 지원 체제와 신속한 명령 전달 체계가 필요했기 때문이다. 31본사주지회의를 통해 총본사 설립을 적극 추진했다. 여기에는 총본사가 생기더라도 총독부가 조선 불교계를 장악할 수 있다는 자신감이 깔려 있음이 분명하다. 그동안 불교계를 31개 본사로 쪼개서 충성 경쟁을 시켜보니 참으로 가관이었다. 무슨 일이든 알아서 기었다. 조선불교는 한없이 허약했다.

31개 본사들이 건설비를 분담하여 총본사 건물을 짓고 사찰 이름을 태고사太古寺로 정했다. 이는 조선불교의 법통을 고려 말 선승 태고 보우국사에서 찾음이었다. 정읍에 있는 보천교普天教 십일전十一殿을 옮겨와 그 안에 부처를 모셨다. 바로 지금 종로구 견지동에 있는 조계사 대웅전이다. 보천교는 차천자車天子라 불린 차경석이 이끈 신흥종교였고 한때 신도가 600만 명에 이르렀다고 한다. 십일전은 보천교의 본당이었다. 경복궁 근정전보다 컸다고 전해진다. 몰락한 다른 종교의 본당을 조선불교의 법당으로 삼았으니 새삼 성주괴공이라 할만하다.

불교계는 다시 총본사설립위원회를 조직하고 1940년 11월 31본사 주지들이 모여 조선불교선교양종으로 사용하던 종명을 조선불교조계종으로 바꾸었다. 1941년 6월 태고사에서 열린 31본사 주지회의에서는 조선불교조계종 종정 겸 총본사 태고사 주지를 뽑았으니 바로 방한암이었다. 태고사 종무총장에는 월정사 주지 이종욱이 선출되었다. 히로다 쇼이쿠라는 이름으로 변신한 이종욱 종무총장은 지금의 총무원장처럼 종권을 장악했다. 종정은 그저 상징적인 존재였다. 이로써 총본사가 전국의 본사와 말사를 통괄 감독하도록 했다. 어용단체이자 친일종단의 출범으로 총독부는 종래의 31본사체제보다 더 효율적으로 불교계를 장악할 수 있게 됐다.

총본사인 태고사가 출범한 직후 총독부는 중일전쟁 발발일(7월 7일)에 모든 사찰과 포교소에서 기념법회를 봉행하라고 독려했다. 조계종은 종정의 이름으로 교시를 발표하여 전쟁에 동참하라 독려했다. '조선의 모든 승려와 교도들은 황군을 신뢰하고 일본에 결사보국의 정신으로 충성을 다하라'는 내용이었다.

중앙에서는 이렇듯 수상한 소용돌이가 임제 선맥을 삼키고 있었지만, 저 멀리 산중에서는 선승들의 결기가 시퍼렇게 살아있었다. 그들의 정진이 새 날을 부르고 있었다. 영원한 변방이란 없는 것, 깨달음이 어찌 산하와 사람을 가려 깃들 것인가. 그해 덕숭산 정혜사에 불교의 미래가 깃들어 있었다. 거대한 변혁은 소리 없이, 그리고 아주 하찮은 것처럼 찾아오는 법이다.

성철은 동화사 금당선원에서 깨친 후부터 장좌불와를 하고 있었다. 정혜사에서도 눕지 않고 허리를 바닥에 붙이지 않았다. 장좌불와 수행은 망념이 없는 성성적적한 선정禪定삼매 경지에 들어야 가능했다. 의도적으로 밀려드는 잠을 쫓으려 해서는 며칠도 버티기 힘들며, 더 무리했다가는 병에 걸리기 십상이다. 선정 삼매에 들면 앉아있음의 의식도 사라지고 시공의 속박에서 벗어날 수 있다. 눈만 뜨면 만 가지 생각에 끄달리는, 번뇌망상에 쌓여있는 사람들은 감히 흉내도 낼 수 없다. 그래서 수많은 수좌들이 원을 세웠다가 얼마 버티지 못하고 '절망의 자리'에 눕곤 했다.

성철의 장좌불와를 인증하는 일화가 있다. 성철이 여러 선방을 돌며 정진할 때 도봉산 망월사에서도 하룻밤을 묵었다. 그때 망월사에는 만해 스님의 상좌 춘성 스님이 주석하고 있었다. 마침 춘성도 성철이 장좌불와를 하고 있다는 소문을 들었다. 춘성은 문득 호기심이 일어 성철의 경계를 알고 싶었다. 물론 당시 춘성의 내공도 만만찮았다.

춘성은 만해의 제자였다. 만해는 불교계뿐만 아니라 겨레의 존경을 받고 있지만, 정작 절집 상좌는 세 명(용담龍潭, 동파東坡, 춘성春城)에 불과하다. 그중 행적을 알 수 있는 제자는 춘성뿐이다. 춘성은 무애도인으로 널리 알려져 있다. 그가 남긴 일화는 지금도 살아서 회자되고 있다. 호탕한 법문으로 세상을 흔들었고, 한편으로는 열심히 정진하여 화엄법사로도 이름을 떨쳤다.

춘성은 만해의 옥바라지를 위해 머물던 망월사에서 혹독한 참선 수행을 했다. 스승의 옥중 고초와 다름이 없었다. 춘성이 있어서 망월사 선방은 선승들의 유명한 수행처가 되었다. 춘성은 구름처럼 모여든 수좌들을 치열하게 가르쳤다. 수좌들에게 춘성은 '욕쟁이 스님'이었다. 기분이 좋아도 "씨부럴"이었다. 춘성은 욕설에 관한 숱한 이야기를 남겼다. 수좌들은 '도봉산 호랑이'로 불리는 춘성의 욕지거리를 들으며 안거를 했다.

춘성은 성철보다 나이가 21세나 많았다. 춘성은 성철이 장좌불와를 제대로 하고 있는지 지켜보기로 했다. 이윽고 도봉산이 산 그림자를 거두고 별빛이 섞인 어둠이 내렸다. 춘성은 발소리를 죽여 성철이 머무는 방에 슬며시 다가갔다. 그리고 방문에 침을 발라 구멍을 내고 안을 들여다봤다. 성철은 초저녁부터 가부좌를 하고 있었다.

밤이 깊어갔다. 몇 번을 들여다봐도 성철은 그대로 앉아있었다. 지켜보는 춘성이 오히려 지쳐갔다. 한기와 수마가 함께 몰려와 춘성을 괴롭혔다. 성철은 새벽이 오고 예불 시간이 되어서야 비로소 가부좌를 풀었다. 이를 지켜보던 춘성도 꼬박 날을 샜다. 그날 성철의 장좌불와 모습은 도봉산 바위처럼 단단했다. 춘성은 그 광경을 대선 스님에게 이렇게 얘기했다.

"철수좌는 대단하네. 밤새 꼼짝 않고 앉아있더구만. 그러고도 잠을 자는지는 모르겠네만 하룻밤을 꼿꼿이 앉아 있었네. 철수좌의 장좌불와는 사실이었네."

이에 자극을 받아 춘성도 장좌불와 수행을 시작했다고 한다. 그 후로 얼마나 지속했는지는 알 수 없다. 하지만 장좌불와 정진을 시작한 지 며칠 되지 않아 모든 이빨이 흔들거렸다는 얘기는 전해진다.

성철이 깨달음을 얻고 다른 경계에서 세상을 새로 보고 있었지만 묵곡리 생가는 달라진 게 없었다. 집 옆 대숲은 한가롭게 울고 밤나무 밭에서는 밤이 열렸다. 하지만 일본이 일으킨 전쟁이 오래 지속되자 묵곡리까지 수탈의 손길이 뻗쳐왔다. 그러나 꼿꼿했던 유학자 이상언은 그들의 요구를 일축했다.

"워낙 강인한 성품이셨던 할아버지는 일제 때 관리들이 전쟁에 필요하다며 놋그릇 등을 모조리 거두어 갈 때에도 우리 집은 숟가락 하나 건들지 못하게 했다. 할아버지가 떡하니 버티고 서 계시면 그 기세에 눌려 어쩌지 못했다."

불필 스님의 할아버지 이상언에 대한 회고이다. 이상언은 창씨개명도 거부했다고 한다. 부와 명성이 있었기에 일제 관리들의 압력을 대담하게 뿌리쳤을 것이다. 그렇게 당당한 이상언도 아들 성철만 떠올리면 기가 죽었다. 중이 된 부잣집 아들 얘기는 마을에서 사라지기는커녕 새롭게 가지를 쳤다. 논밭에 나가면 마을 사람들이, 향교에 나가면 유학자들이 이상언을 피했다. 1941년 동짓달 초하루는 이상언의 환갑날이었다. 성철은 정혜사 선방에서 동안거를 하고 있었다. 부잣집 환갑잔치에 묵곡리 일대가 떠들썩했다. 이웃과 친지, 벗들이 모여 하루 종일 먹고 마셨다. 장남이 없는 잔치였기에 더 많이 차리고, 더 크게 웃으려 했다. 풍악 소리가 경호강까지 울려 퍼졌다.

해 질 무렵 기념사진을 찍기 위해 가족들이 모였다. 그때까지 꼿꼿이 술잔을 들었던 아버지 이상언은 끝내 눈물을 보였다. 그러자 식구들도 울고, 하객들도 눈물을 찍어냈다. 끝내 잔치마당이 울음바다가 되어버렸다. 결국 가족사진은 찍을 수 없었다. 잔칫상을 앞에 두고 이상언 부부가 굳은 표정으로 찍은 사진 한 장이 남아, 그날을 증언하고 있을 뿐이다. 그날 아버지는 누구의 절도 받지 않았다. 이날 이상언의 환갑잔치를 지리산 천왕봉이 내려다보고 있었다.

회갑잔치날 아버지 이상언은 장남이 없다며 가족사진도 찍지 않았다. 다만 부부가 찍은 사진 한 장만 남아 전해진다. 유심히 살펴보면 어머니가 한쪽 눈을 잃었음을 알 수 있다.

제3장

그대 달을 보았는가

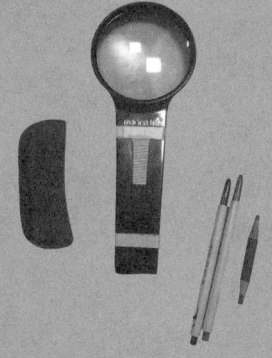

간월암의 달

성철은 정혜사에서 동안거를 마치고 내포 지역 산사를 둘러봤다. 가야산, 상왕산, 연암산을 두루 찾아갔다. 특히 자신이 출가한 가야산이 충청도에도 있다는 것이 신기했다. 가야산(678m)은 서산시 해미·운산면, 예산군 덕산·봉산면, 홍성군 갈산면, 당진군 면천면에 걸쳐있었다. 그리고 이곳 가야산이야말로 일찍이 100개가 넘는 절을 품고 있었다는 사실이 놀라웠다. 신라에 남산이 있었다면 백제에는 가야산이 있었던 것이다. 실로 부처님 땅이었다.

  성철은 천장암도 찾아갔다. 연암산에 있는 천장암은 이름대로 '하늘이 감춘 암자'였다. 바로 근세불교 중흥조 경허선사가 숨어서 공부한 곳이다. 천장암 대웅전 옆에는 경허가 정진했던 한 평짜리 방이 붙어있었다. 동학사에서 '소가 되어도 콧구멍 없는 소가 돼야지'라는 한마디를 전해 듣고 홀연 깨친 후 천장암에 들었다. 이 작은 골방에서 경허는 1년 넘게 누더기 옷을 입고 씻지도 눕지도 않았다. 모기가 물고 빈대와 이가 온몸에 들끓어도 자세를 흩뜨리지 않았다. 때로는 구렁이가 들어와 어깨를 타고 올라갔다. 경허는 마침내 〈태평가〉라는 깨침의 노래를 불렀다.

문득 '콧구멍 없는 소'라는 말을 듣고
온 우주가 내 집임을 깨달았네
유월 연암산 아랫길에
일 없는 들사람이 태평가를 부르네
忽聞人語無鼻孔 頓覺三千是吾家
六月燕岩山下路 野人無事太平歌

경허는 비로소 '깨달은 소(惺牛)'가 되었다. 동학사에서는 '콧구멍 없는 소(牛無鼻孔處)'를 찾았고, 천장암에서는 그 소가 바로 자신임을 선언했다. 콧구멍이 없어 고삐를 채울 수 없으니 소는 끌려 다닐 일이 없었다. 영원한 자유를 얻은 것이다. 그 자유는 세상으로 옮겨갔고, 이 한 평의 공간에서 조선 선불교가 다시 태어났다. 성철은 선불교가 발원한 천장암의 골방에서 경허의 깨침을 더듬었다. 이 작은 공간에서 경허는 삼천대천세계를 봤을 것이다.

경허가 수월, 혜월, 만공이 법기임을 알아보고 그들을 불문으로 들어서게 한 곳도 천장암이었다. 세 제자 모두 경허로부터 인가를 받았다. 천장암 오른쪽 능선에는 제비바위가 있다. 경허가 이곳에서 자주 좌선을 했고 제자들에게 법문을 주기도 했다. 제자들에게 어둔 밤을 밝힐 빛을 나눠준 셈이었다. 그것은 경허가 제비바위에서 세 달(月)을 날려 보냄이었다. 그러자 수월은 북녘에서 상현달로, 혜월은 남녘에서 하현달로, 만공은 중천에서 보름달로 떠올랐다.

제비바위에서 눈을 들어 멀리 보면 서해 바다가 보였다. 내포 일대 산사의 기도와 법문 그리고 간절한 서원은 바다로 흘러들었을 것이다. 그 바다 위에도 절집이 있었으니 바로 '달을 본다(看月)'는 이름의 간월암看月庵이었다. 천수만 북쪽에 붙어 있는 간월도, 그 앞에 조그만 섬 하나가 있다. 섬 전체가 절이었다.

성철은 간월암으로 수행처를 옮겨가기로 했다. 보름달인 만공이 간월암에서의 정진을 적극 권면했다. 지금은 밀물 때 섬이었다가 썰물 때는 뭍이 되지만 당시엔 긴 뱃길을 헤쳐가야 닿을 수 있었다. 바다 위에 떠 있는 암자는 달이 뜨면 달빛을 따라 바다로 나아갔다. 달빛이 떨어진 바다가 곧 도량이었다.

간월암은 원래 피안사彼岸寺였다. 백제시대부터 그리 불렸다고 한다. 피안사는 사바세계 번뇌의 속박에서 벗어난 열반의 땅이기도 하고, 저 언덕에 이르기 위해 고해苦海를 건너는 배이기도 하다. 낮에는 간월도에 붙어있는 새끼 섬이지만, 밤이면 선승들의 깨달음을 싣고 피안으로 나아가는 어미 섬이었다.

간월암은 또 물 위에 떠 있는 연꽃과 비슷하다 해서 연화대蓮花臺로 불렸다. 간월암 일대가 아미타불의 서방정토인 연화장蓮華藏세계를 떠올리게 했기 때문일 것이다. 둥실 떠있는 간월암을 보면 바다는 아미타불이 계시는 구품연지九品蓮池에 다름 아니었다. 그렇다면 간월암은 이 연지에 곱게 피어난 한 송이 연꽃일 것이다.

피안사, 연화대로 불리던 섬이 간월암으로 이름을 바꾼 것은 무학대사(1327~1405)로부터 비롯되었다. 고려 말 이곳에서 정진하던 중 달을 보고 문득 깨쳐 간월암이라 지었다. 이후 사람들은 간월암에 내리는 달빛을 특별하게 바라봤다. 작가 최인호는 간월암 달빛 풍경을 이렇게 그리고 있다.

해는 이미 바다 밑으로 떨어진 지 오래이고, 하늘 위에 붉게 각혈하여 물들인 핏빛 노을도 어둠의 반점으로 점점 먹혀 들어가 어두워져 가고 있었다. 어둠이 짙어져 갈수록 달빛이 상대적으로 위세를 떨치기 시작하였으며 밤하늘은 맑아 구름 한 점 없는 별밭이었다. 거의 보름달에 가까운 달은 밤이 깊어갈수록 힘껏 눌러 찍었으나 한쪽 부분이 힘이 고르게 가해지지 않아 불완전하게 찍힌 목도장 자국처럼 밤하늘 위에 새겨져 있었다. 만월 때가 되면 자연 밀물의 기세도 절정에 이르는 것일까. 한껏 차올랐던 파도는 입맛 다시는 소리를 내면서 조금씩 조금씩 빠져나가고 있었다.

최인호 《길 없는 길》

무학대사가 왕사로 있었기에 한양에서 간월암으로 내려 보낸 후광이 대단했겠지만 그 빛은 오래가지 못했다. 조선시대에 간월암은 속절없이 무너졌다. 어느 때 어떤 연유로 폐사지가 되었는지는 알 수 없다. 조선왕조의 억불정책 앞에 스러졌을 것이다. 고승들의 안광이 빛났던 자리에는 명당을 차지하려는 인간의 욕심이 들어찼다. 무너진 절에, 아니 절을 무너뜨리고 무덤들이 들어섰다. 그 무덤 위로 달빛이 내렸다.

지하에 있는 유택을 옮기고, 다시 지상에 부처의 집을 일으켜 세운 것은 만공이었다. 만공은 덕숭산을 나와 수십 리를 걷고, 30리 뱃길을 헤쳐 간월암에 들었다. 만공은 '절 짓는 스님' 명성대로 간월암을 다시 지었다. 중창불사는 1941년에 매듭지어졌다. 그러니까 성철이 들어가기 1년 전에 회향했던 것이다.

만공 스님은 성철 스님에게 간월암에서의 정진을 적극 권면했다. 1942년 봄, 간월암에 든 성철 스님은 작은 암자를 세상으로 알고 1년 동안 정진했다.

만공은 간월암을 자주 찾았다. 한번은 상좌 혜암과 사미승을 데리고 배에 올랐다. 배가 움직이자 멀리 보이는 산도 움직였다. 만공이 사미승에게 물었다.

"산이 가느냐, 아님 배가 가느냐?"

"산도 가지 않고 배도 가지 않습니다."

"그럼 무엇이 가느냐?"

사미승은 말이 없었다. 이때 제자 혜암이 나섰다.

"제가 답해도 되겠습니까?"

만공이 이번에는 혜암에게 똑같이 물었다.

"그래, 산이 가느냐, 아님 배가 가느냐?"

스승이 묻자 혜암이 말없이 손수건을 들어 보였다. 만공이 보름달처럼 환한 표정으로 제자를 봤다.

"자네 살림이 언제부터 그러했는가?"

"이리 된 지 오래되었습니다."

만공은 고개를 끄덕였다. 얼핏 육조혜능의 법문 '비풍비번非風非幡'을 떠올리게 한다. 오조홍인으로부터 의발을 전수받고도 숨어 지내야했던 혜능이 돌아오는 길에 법회에 참석했다. 그때 바람이 불어와 찰간刹竿에 매달린 깃발이 펄럭였다. 이를 보고 한쪽은 바람이 움직인다 하고 다른 한쪽에서는 깃발이 움직인다고 했다. 이때 혜능이 듣고 있다가 말했다.

"움직이는 것은 바람도 아니고, 깃발도 아닙니다. 그것을 보는 그대들의 마음이 움직이고 있을 뿐입니다."

만공은 바람과 깃발(風幡) 대신 산과 배(山舟)로 제자의 경계를 탐색하고자 했다. 한데 혜암은 손수건을 들어 그간의 공부를 보여주었다. '손수건을 들고 있음'이 무엇을 의미하는지는 알 수 없다. 다만 혜암은 때가 벗겨진, 그래서 맑아진 자신의 마음을 내보였을 것이다. 그것을 만공만이 알아챘을 것이다.

만공의 뱃길을 따라서 성철은 1942년 봄 간월암에 들었다. 그것은 자신을 크게 가두는 일이었다. 작은 암자를 세상으로 알고 1년 동안 정진했다. 경허가 천장암에 숨어든 것처럼 외딴 섬에 자신을 부렸다. 가장 낮은 곳에서 가장 외딴 사람이 되고자 했다. 따지고 보면 가장 낮고 낮은 곳이 바다였다. 자신을 낮추고 낮춰 종래는 낮춘다는 생각 자체도 들지 않을 때 비로소 바다가 되는 것이었다. 성철은 만공이 정진했던 토굴에서 장좌불와 수행을 했다. 그 안에서 가장 쓸모없는 사람이 되고자 했다.

공부인은 세상에서 아무 쓸 곳이 없는 대낙오자가 되지 않으면 안 된다. 오직 영원을 위하여 모든 것을 다 희생해버리고, 세상을 아주 등진 사람이 되어야 한다. 누구에게나 버림받은 사람, 어느 곳에서나 멸시당하는 사람, 살아나가는 길이란 공부 길밖에 없는 사람이 되어야 한다.

훗날 후학들에게 이른 것처럼 성철은 자신을 낮추고 스스로를 낙오자로 만들었다. 달이 지면 해가 뜨고, 해가 지면 달이 떴으니 그 빛에 아만을 사르고 살랐다. 바다를 보다가 바다가 되고, 달빛을 보다가 달빛이 되고, 성철은 마침내 손가락 너머의 달을 보았을 것이다.

간월암의 달은 부처도 보았던 달이었다. 달마의 달, 혜능의 달, 무학의 달, 경허의 달이었다. 그러나 다시 간월암에는 부처, 달마, 혜능, 무학, 경허의 달은 사라지고 오직 성철의 달이 떠올랐다.

문상과 문안 사이

성철과 청담은 1943년 봄에 만나 함께 정진하자고 약속했다. 성철은 약속대로 간월암을 나와 도반 청담이 머물고 있는 법주사 복천암福泉庵에 들었다. 법주사 큰절에서 오른쪽 샛길로 근 10리쯤 떨어진 곳에 있다. 복천암은 720년 신라 성덕왕 때 창건된 천년 고찰이다. 옛날부터 절 옆 큰 바위에서 나오는 약수가 효험이 뛰어났다고 한다. 물만 마셔도 병이 나았으니 복福이 깃든 샘(泉)이었다. 또 이곳에 절을 지어 부처님 말씀으로 영혼을 씻었으니 이 역시 복천이었다. 예부터 이곳에서 사람들은 몸과 마음을 헹궜을 것이다. 고려 공민왕은 수시로 머물렀고, 극락전에 '無量壽무량수'라는 친필 편액을 내렸다. 조선시대에도 세종, 세조, 문종 등 여러 왕이 이 작은 절을 챙겼다. 특히 세조는 병든 몸으로 복천암을 찾았다.

세조는 조카인 단종을 폐위하고 형제와 수많은 인재들을 죽였다. 권력을 잡기 위해 유교의 근간인 충효사상에 피를 뿌렸다. 임금을 죽여 대역죄를 범했고, 왕으로 13년을 살기 위해 인륜과 천륜을 어겼다. 이로써 왕조의 정통성이 짓밟혔다. 역적을 임금으로 섬겨야했던 백성들은 참담할 뿐이었다.

세조는 말년에 악성 피부병을 얻었다. 백성들은 업보가 달라붙은 천형이라며 한양을 향해 손가락질을 했다. 종기에서 나오는 피고름은 왕이 죽인 사람들의 피라 믿었다. 세조는 마지막으로 엎드릴 곳을 찾았다. 궁궐을 나와 복천암을 찾아갔다. 그곳에는 복천이 있었고, 또 아끼던 신미대사(1403~1480)가 있었기 때문이다. 신미대사는 한글 창제에 깊숙이 관여했다고 알려져 있다.

세조가 험하고 거친 길을 헤쳐 멀고 먼 복천암을 찾아가자 숱한 일화가 생겨났다. 속리산 정이품송 얘기도 그중 하나다. 세조가 법주사를 향해 가는데 유독 가지가 처진 소나무가 서 있었다. 소나무 아래를 막 지날 때였다. 아무래도 가마가 가지에 걸릴 것만 같았다. 왕이 "연輦이 걸린다"고 말했다. 그러자 소나무는 제 가지를 위로 들어 가마가 지나가도록 했다. 소나무가 기특해서 세조가 정이품의 벼슬을 하사했다는 것이다.

성철 스님은 도반 청담 스님과의 약속을 지키기 위해 간월암을 나와 1943년 봄 법주사 복천암에 들었다.

속리산은 소백산맥 가운데에 있고, 복천암은 속리산의 배꼽(俗離山臍中)에 위치해있다. 그것은 '가운데의 가운데'에 자리하고 있음이다. 복천암은 금강산 마하연, 지리산 칠불암과 함께 당시에는 손에 꼽는 수도처였다. 경허, 동산이 정진했고 1934년에는 전강田岡이 조실을 맡아 선승을 지도했다. 성철은 월현, 경봉, 금포, 현칙, 영천 스님 등과 정진했다고 전해진다.

성철은 속리산 봉우리들이 아직 잔설을 이고 있을 때 복천암에 들어섰다. 도반 청담이 달려 나와 봄꽃처럼 웃었다. 그 옆에 청담을 따라 속리산에 들어온 도우道雨(1922~2005)가 있었다. 도우는 성철을 복천암에서 처음 봤다. 그 이후로는 대승사, 봉암사, 천제굴까지 성철을 따라가 시봉했다.

성철은 복천암에서 생식을 했다. 도우의 증언이다.

"성철 스님은 복천암에 오시자마자 생식을 하셨는데 염분 있는 것은 일체 안 드시기로 하여 부식은 없고 쌀 2홉에 들깨 약간 넣고 맷돌에 갈아서 그것을 물 한 대접에 나눠 잡수셨다. 무나 감자가 생기면 한쪽씩 들깨에 찍어서 먹으니 맛이라고는 없었다."

도우는 경북 문경에서 태어나 13세에 임제응 스님을 은사로 득도했다. 1942년 직지사 천불선원 안거를 시작으로 서울 선학원, 문경 대승사 쌍련선원, 문경 봉암사, 창원 성주사, 합천 해인사 등 여러 선원에서 안거했다. 특히 1947년 봉암사 결사 때는 선학원에서 열린 전국비구승대표자회의에 참석했고, 1954년 봉암사 주지 때는 불교정화운동에 동참했다. 부석사와 고운사 주지를 지냈고, 1980년 이후 서울 삼각산 도선사에 주석했다. 도우가 성철과 인연을 맺은 것은 어쩌면 '가난' 때문이었다.

절마다 먹을 것이 없었다. 일제의 수탈이 심해져 강산의 생명붙이들은 배가 고팠다. 선승도 먹어야 도를 닦았다. 수행승 도우는 도토리를 주워 도토리밥을 해먹었다. 그렇게 날마다 도토리를 찾아 산을 뒤지다 옻이 올랐다. 온몸이 부어올랐지만 약도 구할 수 없었다. 탁발에 나선 도우가 발걸음을 멈춘 곳은 서울 선학원이었고, 그곳에 마침 청담이 있었다. 도우는 마땅히 갈 데가 없어 속리산으로 떠나는 청담을 따라나섰다. 그리고 복천암에서 성철을 만난 것이다. 성철의 첫 인상을 도우는 이렇게 기억하고 있었다.

"눈동자에서 밝은 빛이 나고 아는 것도 많으시고 참 명랑하셨습니다."

이때 도우 나이 스물두 살이었으니 청담과는 스무 살, 성철과는 열 살 차이가 났다. 도우는 평생 성철을 높이 받들었다.

"큰스님은 법에 있어서는 고불고조와 비교해도 손색이 없습니다. 제 생각으로는 태고 스님이나 나옹 스님 이후 성철 스님만한 도인이 없다고 믿습니다. 법문 하나를 봐도 완전히 불조에 계합한 말씀만 하셨습니다. 그러므로 법에 대해서는 누가 뭐라 하던 근래의 명안종사로서는 성철 스님만한 도인이 없다고 믿습니다."

복천암도 양식이 턱없이 모자랐다. 절에서 내놓는 밥과 찬은 보잘 것이 없었다. 선방에서 소쩍새 울음을 듣고 있으면 배가 더 고팠다. 그럼에도 원주를 맡은 노장이 술을 좋아했다. 큰절에서 양식을 타오면 몰래 복천의 물로 술을 빚었다. 저녁 무렵 복천암에는 노을처럼 술 냄새가 퍼졌다. 배고프면 냄새에 더 민감했다. 술 냄새만으로도 선방 대중들이 취할 정도였다. 청담이 참다못해 큰절 법주사로 내려가 담판을 지었다. 복천암 원주는 걸망을 져야만 했다.

청담 일행이 선방을 접수하고 얼마 지나지 않아서였다. 정확히 부처님오신날에 복천암에 큰일이 났다. 사실상 선방 살림을 끌어가고 있던 청담이 왜경에 잡혀간 것이다. 왜경은 3·1독립 만세운동에 가담했던 청담을 요시찰 인물로 줄곧 감시하고 있었다. 그들은 청담에게 누구와 독립운동을 모의했으며 누구를 숨겨주었는지 캐물었다. 일제의 광기는 깊은 산속까지 스며들었다.

청담이 없는 복천암은 살림이 엉망이었다. 당장에 공양주도 없었다. 이때 조실스님이 나서서 공양주를 자처했다.

"모인 스님들 면면을 보니 든든합니다. 이번에는 내가 공양을 맡을 테니 여러분은 공부나 하십시오."

큰 어른이 공양주를 하겠다고 나서자 모두 민망했다. 남의 절에 와서 도리가 아니라는, 그럴 수 없다는 표정을 지었다. 성철이 나섰다.

"조실스님의 신심을 들어드립시다. 그래야 어른의 밥 얻어먹는 우리도 더 열심히 공부할 것 아닙니까. 그래도 미안하니 제가 먼저 공양주 노릇을 하겠습니다. 그런 후 조실스님께 부탁드려 보지요."

그러자 너나없이 공양주를 자처했다. 그래서 결국 돌아가며 보름씩 공양을 책임지기로 했다. 성철은 공양주를 맡아본 적이 없음에도, 또 자신은 생식만을 하고 있음에도 공양주 역할을 잘해냈다고 한다. 도우는 성철이 곡식 한 톨도 흘리지 않을 정도로 완벽하게 소임을 해낸 것으로 기억하고 있었다. 성철은 그때를 떠올리며 이렇게 말했다.

"복천암 한 철을 조실스님이 해준 공양을 얻어먹고 잘 살았지."

배가 고파도, 없이 살아도 서로의 공부를 위해 자신을 낮췄던 선방 일화들이 이곳저곳에서 꽃처럼 피어났다. 진정 서로를 아껴주고 남을 위해 나를 비웠던 산사의 아름다운 풍경이었다.

청담은 상주경찰서에 끌려가 조사를 받았다. 왜경은 누구와 독립운동을 모의하고 누구를 숨겨주었는지 불라고 했다. 청담이 답을 할 리 없었다. 왜경은 모진 고문을 가했다. 하루하루가 지옥이었다. 청담은 더 이상 버틸 힘이 없었다. 죽음이 어른거렸다. 그렇게 두 달이 지나서야 청담을 병자들을 수용하는 피병사避病舍로 옮기고 복천암에 연락을 주었다. 젊은 도우가 달려가 죽어가는 청담을 지켰고, 속가에서 부인이 찾아가 수발을 들었다. 청담은 조금씩 차도를 보였다. 그리고 7개월 만에 풀려나 상주포교당으로 옮겨졌다.

그러던 어느 날 성철이 찾아왔다. 빼앗긴 산하에 다시 가을이 깃들 때였다. 그 날의 만남과 당시의 대화를 작가 윤청광은 이렇게 그리고 있다.

"속리산 복천암에 있던 성철, 순호(청담) 스님께 문안드리오."

"내 귀에는 마치 문상드리러 왔다는 소리로 들리는구먼 그래, 허허허."

제3장/그대 달을 보았는가

"열반에 드셨으면 문상이 될 것이요, 아직 살아계시면 문안이 될 것입니다."

순호 스님과 성철 스님은 방문을 사이에 두고 농을 건넸다. 순호 스님이 방문을 열어주었다.

"어서 들어오시오."

"허허 이거 부처님의 설산고행도를 스님이 몸소 보여주고 계십니다. 그려."

"부처님의 설산고행상을 친견했거든 마땅히 삼천배는 올려야 할 것이오."

"원 참 스님두, 그토록 고행정진을 마치고도 아직도 욕심이 그리 많단 말씀이시오."

윤청광 고승열전 《청담 큰스님》

복천암의 한글

"신미대사가 당시에 범어에 능통했고, 한글 창제에 관여했다고 말씀하셨다. 범어를 모태로 해서 생긴 소리글이 바로 한글이라고 하셨다. 그래서 큰스님은 범어를 익혀 능엄신주를 비롯한 선문에서의 진언과 다라니를 직접 음역하여 원음에 가깝게 독송하도록 하셨다. 범어를 모태로 하여 만든 한글로 음역하는 것이 가장 원음에 가깝다고 하시며, 이중 삼중 한문으로 간접 음역한 것을 그대로 입에 올리면 되겠느냐고 하셨다. 반야바라밀다주 '아제아제 바라아제 바라승아제 모지 사바하'는 '가테가테 파라가테 파라삼가테 보디 스바하'로 소리 내야 옳다고 하셨다. 노장이 60년 전에 정리해서 지적한 부분이다. 놀랍지 않은가."

만상좌 천제의 증언이다. 성철은 복천암에 머물 때 한글에 대해서 새롭게 눈을 떴다. 또 한글 창제의 숨은 주역으로 알려진 신미대사와 범어에 대해서 깊이 들여다보았다. 도대체 신미대사는 누구이며 왜 그가 한글 창제에 관여했다고 하는가.

《복천사지福泉寺誌》는 《세종실록》《세조어제 원문》《영산 김씨 세보》《복천보장》《상원사 중수 권선문》, 또 신미가 지은 문헌을 통해 '신미대사가 한글 창제의 주역'이라 주장하고 있다. 그 맨 앞에 평생 신미대사 행적을 추적해온 복천사 회주 월성 스님이 있다.

신미대사는 본명이 수성守省이고 본관은 영산永山이다. 조선시대 문장가 김수온의 친형이다. 10세 때 사서삼경을 독파했고, 출가 후에는 대장경에 심취했던 이른바 학승이었다. 한문 경전이 마음에 차지 않아 범어와 티베트어를 공부하여 40세 즈음에는 막힘이 없었다고 한다.

범어梵語는 고대 인도어이다. 신미는 한자로 번역된 경전을 보다가 범어 원전이 보고 싶었을 것이다. 한자는 범어를 옮기기에는 한계를 지니고 있었다. 한자가 뜻글자였기에 소리를 제대로 표기할 수 없음은 당연했다. 만일 신미가 새 글자를 만들고자 했다면 부처님 말씀을 백성들이 쉽게 전해들을 수 있게 하고, 또 범어를 가장 원음에 가깝게 옮기고 싶었기 때문일 것이다. 당시에는 우리 고유의 말은 한자의 음을 빌려 표기하는 이

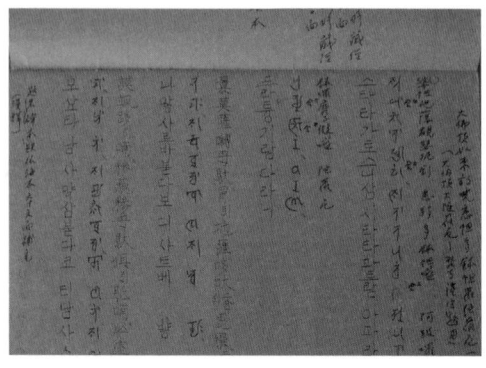

성철 스님은
복천암에서
범어와 한글을
새롭게 바라봤다.
사진은 성철 스님이
능엄주를 직접
한문·범어·한글로
풀어쓴 것.

두 吏讀를 사용하여 옮겨 적는 형편이었다.

대제학 정인지는 《훈민정음 해례본》 서문에서 '그 연원과 정밀한 뜻이 묘연해서 신 등은 능력을 발휘할 수 없었다'고 밝힌 것은 당시 집현전 학자들의 역할이 별로 없었다고 해석할 수 있다. 정인지는 또 이렇게 기록하고 있다.

'전하께서 정음 스물여덟 자를 창제하시고, 간략하게 보기와 뜻을 들어 보이시면서 이름하여 훈민정음이라 하셨다. 꼴을 본뜨되 글자가 옛날의 전자와 비슷하다(我殿下創制正音二十八字 略揭例義以示之 名曰訓民正音 象形而字倣古篆).'

훈민정음이 본뜬 글자라는 것이다. 여기서 '본뜬 글자가 옛날의 전자(古篆)'라 함에는 여러 기원설이 있다. 범자 및 티베트어 기원설, 몽골 파스파문자 기원설, 고대문자 기원설, 태극사

상기원설 등이 그것이다. 그중 범자에서 따왔다는 설은 가장 오래도록 끊임없이 제기되었다. 신미대사와 동시대 인물인 성현이 쓴 《용재총화》에도 '한글을 범자에 의지해 만들었다'는 구절이 나온다. 이수광도 《지봉유설》에서 '우리나라 언서諺書는 글자 모양이 전적으로 범자를 본떴다'고 했다. 황윤석 또한 《운학본원》에서 훈민정음의 연원은 대저 여기에 근본하였으되, 결국 범자의 범위 내에서 벗어나지 않는다'고 했다. 당시에 이미 한글은 집현전 학자들의 창의적인 작품이 아니라는 것을 글을 아는 사람은 거의 알고 있었다는 얘기다.

이렇게 볼 때 세종은 이미 새 글이 존재함을 확인하고 그것이 백성의 글, 즉 '훈민정음'이 될 수 있는지 여부를 확인했을 것이라는 추론이 가능하다. 또 일각에서는 세종이 집현전 학자들에게는 별로 기대를 하지 않고 안평과 수양대군, 그리고 신미를 주축으로 학조와 학열대사 등 승려들에게 따로 새 글을 연구하라 일렀다고 주장한다. 그리고 요즘 연구실 격인 창제 공간을 따로 마련해 주었으며 그곳은 바로 경기도에 있는 대자암, 현등사, 진관사, 흥천사, 예빈사, 회암사 등 사찰이라는 것이다.

그렇다면 신미의 업적은 왜 정사에는 나오지 않는 것일까. 이는 조선이 억불숭유의 시대임을 감안하면 곧바로 이해할 수 있다. 유교 사회에서 한글이 승려들의 작품이라 밝히면 결코 이를 반포할 수도, 유통시킬 수 없음은 분명해보인다. 오히려 공적을 감춰주는 것이 유생들로부터 신미를 보호하는 일이 될 수도 있었을 것이다.

한글이 창제되고 불과 몇 달 후에 최만리 등 집현전 유학자들이 한글 반포를 반대하는 상소를 올린다. 만일 그들이 주도적으로 만들었다면 반대할 리 없었을 것이라는 얘기다. 또 한글로 번역하는 국책 사업이 불교 경전이라는 것도 주목해 봐야 한다고 했다. 왜 가장 먼저 《석보상절》《능엄경언해》《월인천강지곡》 등을 지었을까. 유교 국가에서 쉬운 글을 만들었으면 당연히 《논어》《맹자》와 같은 유교 경전들을 번역해야지 왜 하필 배척 대상이었던 불경을 번역했겠느냐는 것이다.

또 세종은 인품과 학덕이 뛰어난 인재를 좋아했다. 이러한 문화군주의 성향에 신미는 딱 맞는 승려였다. 세종이 깊은 산속 작은 절인 복천암에 불상을 조성하고 원찰로 삼음은 신미의 공적과 법력이 우리 생각보다 훨씬 컸기 때문일 것이다. 또 '선교종도총섭禪敎宗都總攝 밀전정법密傳正法 비지쌍운悲智双運 우국이세祐國利世 원융무애圓融無礙 혜각존자慧覺尊者'라는 긴 법호를 아들 문종에게 내리라 유언한 것으로 봐서도 세종의 대사에 대한 경외감을 가늠해볼 수 있다. '나라를 위하고 백성을 이롭게 했다(祐國利世)'는 문구로 볼 때 신미가 범상치 않은 일을 했음은 확실하고, 비상한 시국이 아님에도 승려에게 이런 법호를 내림은 '나라 글을 만든' 큰 일이 아니면 상상도 할 수 없다는 것이다.

어쨌든 한글 창제에 신미대사가 관여한 것은 분명해보인다. 단지 그 역할이 무엇인지는 앞으로 규명해 나가야 할 것이다. 월성 스님은 신미가 한글 창제의 주역이라는 설을 세상 사람들이 좀처럼 진지하게 추적하지 않는다며 안타까워했다. 그러나 언젠가는 진실이 밝혀질 것이라고 했다. 스님은 우리가 쏟아낸 말과 글은 우주 어딘가에 저장되어 있을 것이라고 했다. 그렇게 설하는 노승의 모국어도 저 우주 어딘가에 저장될 것이다. 우리네 마음과 뜻을 실어 나른 모국어 한글에 대해 우리는 얼마나 경배했는가. 살펴볼수록 새삼 한글이 위대했다.

성철은 복천암에서 범어를 새롭게 발견한 것으로 보인다. 비록 한 철만을 보냈지만 이후 범어에 대해 지대한 관심을 보였다. 성철은 제자 천제가 범어에 능통하길 바랐다. 그래서 영어 공부를 시켰다. 당시에는 외국어를 깨치지 않으면 범어를 습득할 길이 없었다. 제자가 범어 원전을 제대로 판독하고, 또 진언이나 다라니를 원음으로 송誦하여 그 공덕이 흩어지거나 감소하지 않도록 이끌기를 바랐다. 천제는 스승의 뜻에 따라 범어를 익혔다. 또 범어 연구와 관련된 뒷바라지를 도맡아 했다. 성철은 한글이 가장 정확하게 범어를 옮길 수 있는 소리글임을 대견하게 생각했다. 천제는 성철이 범어를 원음으로 옮겨서 진언을 제대로 외우도록 가르친 것은 하나의 '사건'이라며 스승을 기렸다.

"범어는 문자의 어머니다. 아라비아 숫자도 범어에서 나왔다. 옛 글자이지만 결코 묵은 글자는 아니다. 이걸 노장께서 아신 것이다. 범어를 깨친 선견지명이 놀라울 따름이다."

훗날 성철은 조계종단 종정으로 있으면서 불교사에 처음으로 한글법어를 냈다. '산은 산이요, 물은 물이로다' '자기를 바로 봅시다' 같은 법어는 아직도 많은 이들의 가슴을 적시고 있다. 그것은 복천암의 정진과 또 한글의 이해와 무관하지 않을 것이다. 한자에 갇힌 부처님의 가르침을 한글로 풀어서 전함이니 이는 목마른 자를 '복천'으로 안내하는 것 아니겠는가.

눈이 퍼붓기 전에

성철은 청담을 상주포교당에 남겨두고 다시 선방을 찾아 나섰다. 물이 되어 또 구름이 되어 깃드는 곳이 곧 수행처였다. 청담도 따라나서고 싶었지만 쇠약해진 몸은 걷기에도 힘이 들었다. 성철은 도우와 더불어 문경 사불산 대승사를 찾아갔다. 그곳 쌍련선원雙蓮禪院에서 겨울을 나려고 했다. 1943년 늦가을, 대승사로 가는 산길은 험했다. 대승사에서 방부를 들이려하자 원주스님이 좀처럼 답을 주지 않았다. 한참 지나서야 속내를 내비쳤다.

"먹을 게 없소이다. 먹어야 참선도 할 수 있는 것 아니오. 겨울나기가 막막한 실정이요. 눈이 퍼붓기 전에 다른 곳을 알아

보시오."

 겨울을 나려면 입을 줄여야 했다. 도우는 성철의 안색을 살폈다. 아무리 깊은 절이라도 어찌 성철을 모를 것인가. 그럼에도 깨달은 선승이 밥 한 술 얻어먹기 어려웠다. 성철은 말없이 산을 내려갔다. 도우가 뒤를 밟았다. 가을 산길은 더없이 쓸쓸했다. 아무리 생각해도 성철은 이렇게 홀대받아서는 안 될 선승이었다. 도우는 자신이 무슨 잘못을 저지른 것만 같았다. 산길은 오를 때보다 더 멀게 느껴졌다.

 성철과 도우는 눈이 퍼붓기 전에 경북 구미 도리사桃李寺 태조선원太祖禪院을 찾아갔다. 태조선원에는 종수, 장수 스님이 있었다. 그들은 성철을 따뜻하게 맞았다. 겨우 굶지 않고 겨울을 날 수 있었다.

구미 도리사
태조선원 전경.
지금 선방은 템플스테이
공간으로 활용되고 있다.

도리사는 신라 최초의 가람으로 알려져 있다. 중국에서 불도를 닦고 귀국한 고구려의 아도화상이 신라로 건너와 온갖 박해에도 불구하고 숨어서 포교를 하며 세운 신라불교의 발상지이다. 신라는 외래 문물에 배타적이어서 불교도 적극 배척했다. 따라서 불도들에 대한 박해가 심했다. 아도는 지금의 선산 지방에 들어와서 모례의 집에 숨어들었다. 낮에는 일을 하고 밤에는 사람들을 모아 불법을 전했다. 그러던 아도가 수행처를 찾아다니는데 어느 곳에 이르니 겨울임에도 복숭아(桃)꽃과 오얏(李) 꽃이 피어 있었다. 그곳에 절을 지으니 곧 도리사였다. 이른바 신라불교 초전법륜지인 셈이다.

1977년 경내 석종형 사리탑에서 진신사리와 금동육각사리함을 발견했다. 그러자 도리사는 진신사리를 모신 적멸보궁을 조성했다. 아마 성철이 정진하고 있을 당시에는 옛 탑에 진신사리가 모셔져 있는 줄 몰랐을 것이다.

도리사도 지독한 식량난에 직면했다. 그야말로 겨우 입에 풀칠만 해야 했다. 생식을 하는 성철은 그래도 견딜만했지만 스물세 살 도우는 배가 고팠다. 겨울밤은 길기만 했다. 도우는 봄이 오기만을 기다렸다. 환한 볕이라도 실컷 마셨으면 좋겠다는 생각을 했다. 그런데 봄이 오기도 전에 문제가 생겼다.

1944년 새해, 설이 지나고 막 동안거를 해제했을 때였다. 주지가 돌연 도리사 선방 문을 닫겠다고 했다. 선객들에게 나가라는 통보였다. 선객들은 선뜻 나서지 못했다. 봄은 아직 멀리 있었고, 엄동에 선객을 받아들일 곳은 없었다. 주지는 성철에게만은 계속 남아 있어도 좋다는 뜻을 도우에게 전했다. 주지는 선방 정진이 한 치 흐트러짐이 없는 성철을 겨울 내내 지켜봤다. 왠지 내쳐서는 안 된다는 생각을 했을 것이다.

도우는 떠나야 했다. 까짓 젊은 몸뚱이 눈밭에 굴려도 살아가겠지만 홀로 남을 성철이 걱정되었다. 성철이 곁에 있으면 근심과 두려움이 사라졌다. 깊은 곳에서 나온 한마디는 지난날을 감싸기도 하고 또 내일 가야할 길을 밝혀주기도 했다. 나이와는 상관없이 기품이 느껴졌다. 성철과 함께 수행하면 언젠가는 부처가 될 것 같았다. 성철이 등잔불 밑에서 뚫어진 양말을 꿰매는 모습을 보면 외경심과 신심이 밀려들었다.

'내가 없으면 성철 스님 심중을 누가 헤아려 모실 것인가.'

도우는 걸망을 지고 도리사를 떠나갔다. 북쪽으로 올라가 신의주 건너편에 있는 단동으로 갔다. 그곳에서 속가의 형을 만나고 묘향산에 들었다. 묘향산 축성전에서 부전을 보면서 봄 여름을 났다. 축성전은 보현사에 딸린 암자로 상원암 뒤편에 있었다. 도우는 도리사에 머물고 있는 성철에게 편지를 보냈다. 그러자 성철로부터 답장이 왔다. 도우는 당시를 이렇게 회고한다.

만주와 묘향산에 있을 때 성철 스님에게 편지를 하니 열심히 정진하라고 연락을 하더라고요. 그런데 성철 스님의 편지에 도리사에 혼자 있기가 불편하다고 하면서 대승사에 가고 싶다는 거예요. 그래서 내가 부전副殿 보아 번 돈 10원을 보내드렸지요.

〈고경古鏡〉 1997년 여름호

성철에게는 머물 절도, 따르는 신도도 없었다. 또 시자 한 사람도 없었다. 그런 형편을 잘 알고 있는 도우는 향을 사르고 불당을 청소해서 얻은 돈 10원을 보낸 것이다. 당시 쌀 한 말에 3, 4원이었으니 쌀 서너 말 값이었다.

이렇듯 선승들은 굶주리며 정진했다. 깊은 암자에 들어 대처승이 장악하고 있는 큰절에서 근근이 빌어먹고 있었다. 하지만 제도권의 종권을 휘어잡은 친일승들은 큰절을 접수하고 '통 크게' 살고 있었다. 바로 도우가 묘향산 작은 암자 축성전에서 부처님을 씻기고 불당을 청소하고 있을 때 묘향산 큰절 보현사의 주지 김법룡은 말사 주지들을 선동하여 돈을 모으고 있었다. 그리고 1944년 4월 무려 8만 원을 군용기 헌납금으로 일본군에게 바쳤다. 친일승들은 일본이라면 무조건 엎드렸다.

중일전쟁을 일으킨 일본은 다시 하와이 진주만을 기습 폭격했다. 대륙의 전쟁은 바다(태평양)의 전쟁으로 번져갔다. 전황은 점점 나빠졌다. 일본은 인력과 물자가 부족하자 조선 전체를 쥐어짰다. 종교계에 비행기 헌납을 강요했다. 불교나 기독교 모두 친일파들이 득세하고 있었다. 조선불교조계종 종무원은 재빨리 호응했다. 이종욱 종무총장 주도로 전국 사찰마다에 분담금을 배정하고, 승려와 신도들로부터 헌금을 거뒀다. 그렇게 모은 돈으로 군용기 한 대를 헌납했다. 비행기는 '조선불교호'로 명명했다.

'조선불교호'가 하늘을 날았다. 그러자 통도사 주지 박원창은 독자적으로 모금하여 비행기 1대를 헌납하니 '통도사호'였다. 이에 질세라 묘향산 보현사 주지 김법룡이 나서서 '보현사호'를 바쳤던 것이다. 자극을 받은 조계종 총본산은 2차 모금을 하여 또 한 대를 헌납했다. 경남지역 사찰들도 다시 헌금을 모아 비행기 한 대를 바쳤다. 이로써 불교계는 태평양전쟁에 군용기 5대를 헌납했다. 조선불교호, 통도사호, 보현사호가 얼마나 용맹스럽게 싸웠는지는 알 수 없다. 또 얼마나 오랫동안 격추되지 않고 친일승들의 바람대로 황은皇恩에 보답했는지도 알 수 없다.

일본은 전쟁 물자가 달리고 특히 금속류가 부족하자 조선 강토에서 쇠붙이를 수탈해갔다. 조계종 총본산 친일승들은 재빨리 1942년 3월 태고사(현 조계사)에서 '국방자재헌납결의안'을 의결했다. 사찰의 쇠붙이들을 전쟁 물자로 징발했다. 범종과 불구들이 용광로에 들어갔다. 이 강산에 아침을 열고 저녁을 불러오며, 번뇌를 없애고 지혜를 길러주던 종들이 끌려나왔다. 전국 사찰에서 실려와 한데 모여진 종들은 서로의 몸을 치며 울었다. 그 맑고 우렁찬 소리로 지옥 중생까지 제도한다는 범종이 '지옥의 무기'로 둔갑했다. 경성 일대에서만 태고사, 안양암, 봉은사, 수종사, 사자암 등의 범종이 최후를 맞았다. 저들은 법당에 모신 철불상까지 끌어내 실어갔다.

'대동아전쟁 때 일본은 군수용 철물이 부족하여 당시 해인사의 유기鍮器, 대소종大小鐘, 다기, 향로, 철불상 등 무려 1,900여 점을 트럭 3대에 만재滿載하여 가져갔다.'《가야산 해인사지》

불교계 최대 문장가로 알려진 권상로는 일본 구미에 딱 맞는 글을 지어 바쳤다. 그것들은 마설魔說이었다. 임혜봉 스님이 밝혀낸 '불상의 장행壯行'을 보면 권상로는 불상 헌납을 이렇게 찬하고 있다.

이 얼마나 감격하며 얼마나 황송하며 얼마나 장쾌하냐. 전승戰勝을 위하여 교주의 성상聖像까지 내어바친다는 것은 불교가 아니면 없을 것이요 일본이 아니면 없을 것이다. 체적體積이 분촌分寸에 불과하다 할지라도 불상까지 출동하셨으니 듣기에 얼마나 감격하며, 중량이 치수에 불과하다 할지라도 불상까지 헌납이라니 보기에 얼마나 황송하며, 국가를 위하여서는 불상까지 응소應召하다니 참으로 비할 데 없이 장쾌한 바이다.

〈신불교〉 제48집

아무리 나라를 빼앗겼더라도 이 땅의 백성이 이 정도의 문장에 감응할 리는 없다. 당시의 지적 수준이 이 정도는 아닐 것이다. 그것은 권상로와 그의 무리들이 얼이 빠져있음의 반증일 것이다. 참담한 일들은 연이어 일어났다.

사명당의 사당이 있는 밀양 표충사에서도 범종을 포함하여 각종 불구류를 내놓았다. 지독한 친일승인 표충사 주지는 표충서원 향사제기享祀祭器까지 바쳤다. 밀양사 표충서원이 어떤 곳인가. 임진왜란의 대장부 서산·사명·영규대사의 충렬을 기리는 사당이 아니던가. 원래는 떨어져 있었지만 1839년 헌종 때 잊지 말고 거룩하게 기리자며 경내로 옮겨 짓고, 그래서 절 이름도 표충사라 하지 않았는가.

대사들의 영혼을 우러르고 추모하던 신성한 그릇이 녹아서 무엇이 되었을까. 향사제기들이 무기로 변했으니, 그래서 왜적을 물리친 만고의 충혼이 전장에 나갔으니, 일본의 패망은 이미 정해진 것 아닌가.

쌍련선원의 두 연꽃

청담이 성철에게 편지를 보냈다. 발신지가 상주가 아닌 문경이었다. 상주포교당에 묶여있던 거주 제한이 풀려 대승사로 옮겼으니 함께 정진하자는 내용이었다. 1944년 가을, 성철은 도리사를 떠나 문경 대승사로 옮겨갔다. 대승사 선원에는 청담 외에도 자운, 홍경, 종수, 정영, 우봉, 도우 등이 모여 있었다. 결기가 시퍼런 젊은 수좌들이 동안거를 준비하고 있었다. 자운과는 근 5년 만에 다시 만났다. 역시 사람이었다. 지난 가을 그토록 썰렁했던, 방부조차 들일 수 없었던 대승사 쌍련선원은 확연히 달랐다. 절 살림이 크게 나아질 리가 없었지만 눈빛 형형한 선객들이 몰려들자 경내가 꽉 찬 듯했다. 묘한 긴장감이 감돌았다.

사불산 대승사에는 '천강사불天降四佛 지용쌍련地聳雙蓮'이란 창건설화가 전해진다. 하늘에서 네 부처님이 내려오고, 땅에서는 연꽃이 짝을 지어 솟았다는 것이다. 즉 587년 진평왕 때 네 면에 불상이 새겨진 바위가 산 정상에 내려앉았다. 이에 사불산이란 이름이 붙었고, 이 소문을 듣고 왕이 와서 보고 예배드린 후 대승사를 창건했다. 왕은 다시 《묘법연화경》을 외는 비구를 청하여 주지로 삼았다. 주지는 사면불을 받들어 살피며 향불이 끊이지 않도록 했다. 주지가 입적하자 무덤에서 쌍련雙蓮이 피어났다고 한다. 그러므로 쌍련선원은 창건설화에서 비롯됐음을 알 수 있다. 1944년의 동안거에는 쌍련선원 이름처럼 두 개의 연꽃이 특별했으니 바로 성철과 청담이었다. 둘은 미래의 한국불교를 생각했다. 함께 종단 개혁의 청사진을 마련했다. 해인사에 강원, 선원, 율원을 갖춘 총림을 세우고자 했다. 갓 출가한 청담의 딸 묘엄이 이를 생생하게 지켜봤다.

"두 분이 해인사에 가서 총림을 하면 어떻게 할 것이냐 하는 문제를 놓고 영산도를 그리는 것을 보았어요. 지금 이 말법시대에 부처님 당시처럼 짚신 신고 무명옷 입으며 최대한 검소한 생활을 하도록 노력할 것, 그렇게 함으로써 속에서 풍기는 것을 남한테 보여줄 수 있는, 말 없는 가운데 풍길 수 있는 이런 중노릇을 하자는 등의 이야기를 밤새도록 쌍련선원에 앉아서 하셨어요."

성철과 청담. 한국불교의 거목인 두 선지식은
대승사에서 불교개혁의 청사진을 마련했다.
부처님 법대로 살아보자는 원을 세웠다.

이로써 성철과 청담은 대승사에서 이미 총림 구상을 했고, 모든 개혁의 지향점은 '부처님 당시처럼'으로 정했다는 사실을 알 수 있다. 훗날 봉암사에서의 수행 전설은 대승사에서 준비된 것이었다. 또 성철과 청담은 총림을 해인사에 세우겠다고 못박고 있다. 수많은 절 중에 해인사를 꼽은 것도 특기할 만하다. 해인사가 팔만대장경을 품은 법보사찰이기도 하지만 개인적인 인연도 작용했을 것이다. 성철은 해인사를 언젠가는 돌아가야 할 법향法鄕으로 여겼던 것이다. 묘엄의 구술을 모은 《회색 고무신》을 보면 구체적인 역할 분담까지 했던 것으로 보인다.

"조실에는 효봉 스님을 모시고, 선방은 성철 스님이 맡고, 운허 스님과 춘원 이광수 선생에게는 경經을 맡기고, 율원은 자운 스님이 맡고…"

청담이 빠져있는 것이 특이하다. 아마 총림이 세워지면 전체적인 살림을 도맡아하는 '전천후' 역할이 주어졌음직하다. 강원의 경을 이광수에게 맡기겠다는 것도 이채롭다. 하지만 춘원의 행적을 살피면 일견 이해가 된다. 우선 대강백 운허 스님이 춘원의 육촌 동생이었다. 운허와는 어릴 적부터 함께 공부하며 우애가 돈독했다. 춘원이 잇단 친일 행각을 벌이고 그로 인한 업보에 시달릴 때 그를 《법화경》의 세계로 인도했다. 춘원은 《원효대사》《이차돈의 사》 같은 불교 소설을 썼다. 춘원은 아침에 일어나면 먼저 참선을 하고 불경을 읽었다고 한다. 성철과 청담이 총림을 구상하던 1944년에는 가족을 서울에 남겨두고 홀로 남양주 사릉思陵에 초막을 짓고 살았다. 당시 근처 봉선사에는 운허가 주지로 있었다. 그런저런 인연으로 총림의 강원을 맡길 후보에 오른 것 같다는 추정을 해본다.

성철은 부처님처럼 살기 위해 우선 왜색 승복부터 벗어버리자고 했다. 당시 승려들은 검은색 승복에 붉은 비단 가사를 걸쳤다. 일본식이었다. 성철은 청색, 황색, 검은색, 흰색, 붉은색의 정색正色을 파괴한 괴색壞色 가사를 입자는 의견을 냈다. 생명을 죽여서 만든 비단옷을 추방하자고 제의했다. 그러면서 가사를 비구 스스로 만들어 입자고 독려했다. 묘엄의 귀한 증언이다.

"누런 광목 40통을 사서 양잿물에 적셨다가 뙤약볕이 내리쬐는 법당 앞에 널어서 말려가지고 물을 들였습니다. 그런데 성철 스님께서 비구니가 비구 옷을 해주면 안 된다고 하셨어요. 율장을 딱 펴놓고 '봐라, 여기 부처님이 비구니가 비구를 시봉하는 거는 육친관계가 있는 사람 아니면 해주지 마라 했지 않느냐. 그러니까 비구 옷에 손대지 마라'고 하셨습니다."

그래서 비구들이 직접 만들었다. 원주와 몇몇 비구가 밤새 작업을 했다. 처음에는 노란색, 다음에는 빨간색, 끝으로 파란색 물을 들였다. 몇 번씩 물을 들이고 손으로 주물러서 가마솥에 식초랑 소금을 넣고 삶았다. 그러나 가사 만드는 일은 그리 쉬운 일이 아니었다. 비구니에게 손을 내밀 수밖에 없었다.

"하다하다 안 되니까 한 스님이 새벽 두시쯤 일꾼을 시켜 지게를 지고 윤필암으로 오셨어요. 그러고는 '성철 스님이 알면 난리가 나니까 몰래 살짝 해서 가져오라'고 했습니다. 그래서 우리가 손질을 해서 그 이튿날 밤에 몰래 갖다드렸지요. 그랬는데! 그게 들통이 나고 말았지요."

'그랬는데'에 '!'를 붙였다. 큰일이 난 것이다. 성철은 영산회상을 하자 해놓고 이 무슨 허물이냐, 가사가 좀 깔끔하지 않아도 그게 무슨 대수냐, 비구끼리 한번 해보자고 했으면 해야 하지 않느냐며 나무랐다. 그리고는 아예 짐을 싸서 산문을 나가버렸다. 절집이 술렁이고 도반 청담은 속히 성철의 뒤를 밟으라 명했다. 며칠 후에서야 가사불사의 책임을 맡았던 청안이 성철을 모시고 돌아왔다. 이런 곡절 끝에 괴색 가사가 탄생했다. 원색을 부쉈으니 치장하여 뽐내겠다는 욕망을 짓이긴 것이었다. 한 점 사치도 몸에 붙이지 말라는 부처님의 가르침이 담겨있었다. 바로 부처의 옷이었다. 대승사에서 가사불사 회향 법회가 열렸다. 자운이 법문을 했다. 성철과 청담은 묵언기도 중이었다.

"금빛 날개를 펄럭이며 용을 잡아먹는 금시조金翅鳥란 새가 있다. 용들은 다 잡아먹혀 씨가 마를 정도에 이르자 부처님께 살려 달라 애원했다. 부처님이 이를 가엾게 여겨 가사의 실오라기 하나를 뽑아서 지니게 하니 금시조가 감히 용을 잡아먹지 못했다. 그리할진대 가사를 통째로 입고 있는 승려들은 무엇이 두려울 것인가. 그러니 보아라. 가사를 지어 올리는 공덕은 얼마나 큰 것인가."

출가 후 묘엄이 들은 첫 법문이었다. 묘엄이 보기에 대중 앞의 자운은 그날 많이 떨었다고 한다. 이렇게 선승들은 떨면서 청정불교의 전통을 하나씩 찾아냈다. 그것은 고불고조와 교감하는 엄중한 일이었다.

성철은 대승사에서부터 왜색을 물리치고 부처님대로 살아보자는 구상을 실행에 옮기고 있었다. 그리고 비구들에게 누구의 도움도 없이 살아가는 청빈한 수행자의 삶을 살자고 했다. 마침내 성철이 불교개혁에 대한 의지를 드러낸 것이다.

일제는 전황이 불리하자 조선인 징병제를 실시했다. 조선인을 자신들의 전장에 세운 것이다. 그것도 모자라 조선인 학생들까지 학도병으로 전선에 보냈다. 1944년 2월에는 전면 징용제를 강행했고, 8월에는 여성정신대 근무령을 공포했다. 만 12세 이상 40세 미만의 배우자 없는 여성을 전선으로 보냈다. 전장의 조선 청년은 총알받이나 대포밥이 되었고, 징용으로 끌려간 이들은 전쟁의 도구가 되었으며, 정신대원으로 끌려간 부녀자들은 일본군 노리개가 돼야 했다. 이듬해 동안거가 끝난 직후 외딴 산사 대승사에도 징집통지서가 날아들었다. 징집 대상은 바로 도우였다. 그렇다고 일본이 벌인 전장으로 끌려갈 수는 없었다. 다시 떠나야 했다. 성철은 대승사 사적비가 있는 곳까지 나와 떠나는 도우를 지켜봤다.

"같이 살 수 있을 것이야. 몸조심하시게."

하지만 무슨 일이 일어날지 알 수가 없었다. 절을 올리는 도우의 눈에 눈물이 고였다. 도우는 수십 년이 지난 후에도 그때를 기억하고 있었다.

"잘 모면하여 해방이 되거든 같이 살자고 하시는데, 앞일을 모르니 눈물이 핑 돌더군요. 지금도 스님과 작별하면서 눈물 흘리며 걸망지고 나오던 일이 생생합니다."

해방, 그러고 보니 총림을 구성하고 '부처님 당시처럼' 산다는 것은 해방을 전제로 한 것이었다. 그렇다면 성철과 청담은 해방이 임박했음을 알고 있었을까. 아마 그랬을 것이다.

비구니 묘엄

1945년 늦봄, 14세 소녀가 대승사 산문을 넘어왔다. 청담의 둘째 딸 인순이었다. 인순은 '인간 사냥'을 피해 산속으로 숨어들었다. 일제는 조선 부녀자들을 색출해서 일본군위안부로 끌고 갔다. 조선이라는 이름만 남았지 남아있는 것은 없었다. 둘러봐도 불러봐도 누구 하나 나서지 않았다. 슬픈 산하에서는 소름만이 돋아났다.

집에서, 들에서, 골목에서 조선 부녀자들이 끌려갔다. 일제는 초등학생까지 꾀거나 위협하여 일본 또는 남태평양 지역으로 보냈다. 짓밟힌 딸들은 먼 나라에서 울부짖었다. 전쟁의 광기가 스며든 이 땅은 지옥이었다. 초등학교를 갓 졸업한 인순이 그 지옥의 땅을 막 벗어나 산에 오른 것이다.

44세 청담은 출가한 지 벌써 19년이 넘었는데 14세 딸이 찾아 왔다. 그렇다면 중이 아기를 낳았음이었다. 청담은 파계를 했다. 그 사연은 이렇다.

강원도 오대산 적멸보궁에서 참선수행을 하고 있을 때였다. 청담은 고향 진주의 재가불자들이 보낸 초청장을 받았다. 연화사에서 법회를 해달라는 내용이었다. 청담은 망설이다 초청에 응했다. 그해 부처님오신날, 고향에 내려가 연화사 낙성법회에서 법문을 했다. 그리고 그곳에서 속가의 어머니를 만났다. 늙은 어머니는 장삼자락을 붙들고 놓아주지 않았다. 종손이 아들을 낳지 않고 출가했기 때문이었다. 청담은 그 순간을 이렇게 고백하고 있다.

특히 나로서 잊을 수 없는 것은 그 법회가 끝난 뒤에 나를 찾아와 내 장삼자락을 잡고 눈물을 흘리시는 어머님의 모습이었다. (…) 비록 인연을 끊었다고 할지라도 옛집에 하루쯤 쉬어 가는 것이 도리가 아니겠느냐고 하는 어머니의 말에 나는 설복당했고, 그리하여 어머님의 뒤를 따라 그 옛집을 찾아갔고 거기서 하룻밤을 자게 되었다. 그리고 어머님의 간곡한 부탁을 받아들여야 했다. "네가 중이 된 것도 좋지만 집안의 혈통만은 이어야 되지 않느냐." 이혼한 뒤에도 집에 남아 어머니를 봉양

하는 아내와 그들이 처해있는 험한 생활이 나로서는 도저히 거절할 수 없는 강압이 되었다. 나는 '무간지옥에 떨어지는 한이 있더라도 그들의 요구를 거절할 수 없다'는 비장한 각오를 하고 아내의 방으로 들어갔다.

《청담대종사전서1 : 마음》

그렇게 하룻밤 파계로 둘째 딸이 태어났고, 그 딸이 불쑥 나타난 것이다. 인순이는 청담에게 어머니가 쓴 편지를 내밀었다. 편지에는 딸을 산사로 보낼 수밖에 없는 전후 사정이 담겨있었고, 기왕에 절을 찾아갔으니 인순이를 설득하여 출가시켜 달라고 쓰여 있었다.

청담은 성철에게 편지를 보여주었다. 두 사람은 출가에는 전혀 관심이 없는 소녀의 마음을 돌려보기로 했다. 그날 밤 성철과 청담은 인순이가 머무는 원주 방을 찾았다. 깜박이는 호롱불 아래서 성철이 얘기를 꺼냈다. 청담은 눈을 지그시 감고 미동도 하지 않았다. 청담은 떠오르는 많은 생각들을 다시 지우고 있었을 것이다. 어머니의 간청으로 하룻밤 파계를 한 후 얼마나 많은 참회 수행을 했던가. 그런데도 아직 마음이 저리는데 그 인연이 자신을 따라왔으니 무슨 말을 할 것인가.

성철은 처음 부처님 일대기를 얘기해줬다. 탄생, 출가, 고행, 깨달음, 열반까지 차례로 이어갔다. 하지만 소녀에게는 성인의

현대 한국불교
비구니사에
큰 획을 그은 묘엄 스님.
성철 스님으로부터
사미니계를 받은
유일한 비구니였다.

삶이 관심 밖에 있을 뿐이었다. 다른 재미있는 얘기를 들려줘야 했다. 성철과 청담은 날마다 저녁공양을 마치면 인순을 찾아갔다. 성철은 지구상에 존재했던 위인, 장군, 왕들의 삶을 풀어놓았다. 동서고금을 넘나드는 이야기는 흥미로웠고, 인순의 마음을 뺏기에 충분했다. 인순은 성철의 넓고도 넓은 지식에 깊은 인상을 받았다. 스님들은 목탁 치며 염불이나 외는 줄 알았더니 그게 아니었다. 책을 보지 않고 얘기하는데도 선생님들보다 훨씬 아는 게 많았다. 성철은 매번 이야기 말미를 불교 교리로 돌렸다. 처음엔 은근히, 나중엔 노골적으로 출가를 권유했다. 그렇게 열흘이 지나가고 인순이 문득 물었다.

"스님, 스님이 알고 있는 것 모두 제게 가르쳐주실 수 있습니까?"

"그럼, 네가 중이 되면 다 가르쳐주지."

"그럼 중이 되겠습니다."

그렇게 인순은 성철의 '지식'에 끌려 승려가 되기로 했다. 인순은 대승사 근처 비구니 절인 윤필암에서 월혜 스님을 은사로 삭발했다. 행자 생활도 하지 않고 승복을 입었으니 청담을 아버지로 둔 덕분이며 엄연한 '산중 특혜'였다. 하기야 망가진 승단에 수계식에 대한 체계적인 규정이 있을 리가 없었다. 원로 비구들이 계를 주면 그만이었다. 청담은 도반 성철이 인순에게 사미니계를 주었으면 좋겠다고 했다. 성철은 상좌도 들이지 않고 있었다. 그럼에도 기꺼이 나섰다.

"나는 법상에 오르지 않는 사람인데 순호(청담) 스님 딸이니까 처음이자 마지막으로 사미니계를 설해주지."

성철은 자신의 말대로 그 후 평생 한 번도 사미니계를 설한 적이 없다. 단오절인 음력 5월 5일, 윤필암이 제법 부산했다. 인순이 사미니계를 받는 날이었다. 산 너머 큰절에서 비구들이 넘어왔다. 속가의 어머니도 전날 도착해있었다. 윤필암 큰 방에 법상을 차렸다. 다른 수계자는 없었다. 오로지 인순만을 위한 법상이었다. 계사戒師 성철이 법상에 올랐다. 그리고 물었다.

"첫째는, 이 명命과 목숨이 다하도록 일생 동안 산목숨을 죽이지 말 것이니 이를 능히 지키겠느냐?"

"능지能持."

인순이 대답했다. 사실 능지가 무슨 뜻인지도 몰랐다. 윤필암 비구니가 시킨 대로 대답할 뿐이었다.

"두 번째, 이 명과 목숨이 다하도록 일생 동안 도둑질을 말 것이니, 이를 능히 지키겠느냐?"

"능지."

인순은 음행과 거짓말을 하지 않고 술을 마시지 않겠다고 했다. 또 꽃다발로 몸을 장식하거나 향을 바르지 않으며, 노래하고 춤추지 않겠다고 했다. 높고 큰 자리에 앉지 않고, 때 아닌 때에 밥 먹지 않고, 금은보화를 지니지 않겠다고 서약했다.

십계를 설한 후 성철이 묘엄妙嚴이라는 법명을 내렸다. 현대 한국불교 비구니계의 거목이 탄생하는 순간이었다. 험한 시국이 여승 하나를 탄생시킨 셈이다. 이후 묘엄은 아버지와 스승의 바람대로 비구니들의 스승이 되었다. 묘엄은 대강백 경봉·운허에게 교학을 배우는 등 큰스님들의 가르침을 두루 받으며 고된 수행에도 흐트러짐이 없었다. 최초의 비구니 강사로 동학사·운문사 등에서 비구니강원을 이끌었고, 봉녕사 주지와 승가대학장을 지냈다. 파계로 낳은 딸이 큰스님이 되었으니 이를 두고 누군가는 '청담이 남긴 사리'라고 했다. 그렇다면 청담의 하룻밤 파계는 오래 전에 예정된 것이었을까. 또 불제자를 낳았으니 파계의 업은 어찌 되는 것인가.

수계식을 마치자 어머니가 묘엄에게 큰절을 올렸다. 그것은 속세의 모녀 관계를 끊음이었다. 딸이 속가를 벗어나 비구니 승가에 들어감이었다. 한 어머니의 딸이 아니라 이제 부처님의 제자였다. 어머니의 바람대로 승려가 되었지만 세속의 인연을 어찌 두부 자르듯 끊을 수 있을 것인가. 묘엄도, 어머니도, 다른 비구니들도 눈시울을 붉혔다. 아버지 청담과 스승 성철은 뒷짐을 지고 먼 산을 보고 있었다. 청산은 그저 무심했다.

어머니는 다시 진주 속가로 돌아가야 했다. 절을 나서는 어머니를 성철이 불러 세웠다.

"다시는 묘엄을 찾지 마시오. 묘엄이 보살을 보면 마음이 어떻겠습니까."

"잘 알겠습니다."

어머니는 산길을 내려갔다. 묘엄을 산속에 남겨두고 숲길로 사라지는 어머니의 모습이 실로 작아보였다. 그 뒷모습을 지켜보며 성철은 문득 산청 묵곡리에 두고 온 아내와 두 딸이 생각났다. 어림 헤아려보니 큰딸 도경은 묘엄보다 한 살 어린 13세였다. 사실 도경은 그 나이에 중이 되고 싶어 했다. 그런 뜻을 담아 아버지 성철에게 편지를 보냈다.

언니가 (초등학교) 6학년 때 경허 스님의 〈참선곡〉을 보고는 문경 대승사에 계시던 아버지 큰스님께 '출가하러 가겠다'는 편지를 보냈다고 한다. 그때 언니가 불교나 출가, 아버지에 대해 어떤 생각을 품고 있었는지는 모르겠지만 절에 가서 입을 것이라며 바지를 만들던 기억은 난다.

불필 《영원에서 영원으로》

편지는 성철보다 원주를 맡고 있던 청하 스님 손에 먼저 들어갔다. 성철은 안거 중이었고, 선승의 성정을 잘 아는 청하는 속가의 편지를 전하지 않고 대신 자신이 답을 보냈다.

'큰 중이 되려면 공부를 해야 하니 학업을 마치고 오너라.'

청하는 나중에 그 사실을 성철에 알렸다. 어찌됐든 도반의 딸에게는 계까지 설했으면서 정작 자신의 딸은 출가를 막은 셈이다. 성철은 그것이 자꾸 짚였다. 그리고…. 이듬해 큰딸 도경이 죽었다.

말없이 말하는 제3의 도반

성철 스님은 대한민국의 대표 선사며 우리 시대의 부처로 추앙받는 국민선사다. 피나는 좌선과 아울러 우리 역사상 가장 다양한 책을 많이 읽은 선지식이라 해도 과언이 아니다. 달마대사나 조주 스님도 팔만장경이나 조사어록은 읽었다. 그러나 세계문학전집을 읽지는 않았다. 국민선사 성철 스님은 세계문학전집을 읽었다. 임제 스님도 팔만장경과 조사어록은 읽었다. 그러나 영목대졸의 선어록이나 우정백수의 불교전서나 나카무라의 불교론은 읽지 못했다. 그러나 성철 스님은 그것을 다 읽은 선사다. 그뿐만 아니라 성철 스님은 노장학과 공맹학은 물론이며 캐논보고서도 읽었고 심령과학서나 연령소급 최면술에 관한 학술지도 읽었다. 온갖 물리학 서적들과 아인슈타인의 상대성이론과 칼 구스타브 융이나 프로이트의 심리학도 다 읽었다. 또한 소크라테스와 아리스토텔레스와 플라톤과 칸트, 니체까지 다 읽었다. 그래서 진정한 국민선사가 되었다.

무비 스님 《당신은 부처님》

대승사에서 성철은 제3의 도반을 얻었다. 바로 불서였다. 당시 대승사 주지 김낙순은 인척인 김병룡 거사로부터 한 가지 제의를 받았다. 불서를 어딘가에 기증하고 싶다는 것이었다. 김병룡은 충주의 부호였고, 선대 어른들이 불서를 좋아해서 많은 희귀본을 소장하고 있었다. 김낙순은 최범술에게, 최범술은 청담에게 연락을 했다. 청담은 곧바로 도반인 성철에게 이 사실을 알렸다. 독서광 성철이 마다할 리 없었다.

"앞으로 총림을 만들려면 장경이 꼭 필요하네."

그런데 김병룡은 정작 스님들에게는 불서를 주지 않겠다고 했다. 왜색에 물든 당시 승가를 믿을 수 없는 집단으로 여겼기 때문이었다. 그런 점이 오히려 성철을 자극했는지도 모른다. 청담과 서울로 올라가 김병룡을 만났다. 예상대로 그는 만만치 않은 인물이었다. 교리에 밝았고 특히 유식론唯識論에 해박했다.

"두 시간 정도 법담을 나눴다고 한다. 교종은 삼아승기겁三阿僧祇劫, 즉 무한한 시간이 걸려 불지에 이른다고 한다. 하지만 선종은 일초직입여래지一超直入如來地라 하여 돈오돈수를 얘기한다. 이는 시간의 절대성을 인정하지 않아야 가능하다. 시간을 절대적으로 보면 일초직입이 이뤄질 수 없다. '기신론'도 설명할 수 없다. 큰스님께서 선종의 입장에서 유식학을 풀었더니 박수를 치며 항복했다고 했다."(천제)

"군대를 막 제대하고 1970년 아니면 71년에 해인사 백련암에 들렀다. 당시 장경각에는 희귀 불서들이 많았다. 성철 스님은 중국에도 없는 것들이라며 유식론 논쟁에서 이겨 얻은 것이라고 했다."(윤구병)

성철이 김병룡을 어떤 문답으로 설복시켰는지는 정확히 알 수 없다. 하지만 제자 천제와 한국대학생불교연합회(대불련) 회원이었던 윤구병에게 들려준 일화를 살펴보면 유식론 설파가 김병룡의 마음을 움직이게 했던 것 같다. 성철은 수행 체험을 바탕으로 구경각에 이르는 단계를 유식론으로 설명했음직하다. 의식이 지혜로 바뀌는 전식득지轉識得智의 과정과 제8식 아뢰야식阿賴耶識의 미세망념까지 사라진 구경각의 경지를 선종의 돈오돈수로 풀었음직하다. 김병룡은 이렇게 물었을 것이다.

"스님, 유식론에서는 중생의 마음을 전5식, 제6식 의식意識, 제7식 말나식末那識, 제8식 아뢰야식으로 구분하고 있다 들었습니다. 제6식은 우리 의식을 말하고, 제7식 말나식은 아직 자아에 집착하는 단계이며 이후 다시 마음을 닦아 제8식 아뢰야식에 이른다고 합니다. 유식론에서 볼 때 깨침은 어떤 경지에 들어야 합니까?"

성철은 이렇게 답했을 것이다.

"수행을 하다보면 화두가 꿈속에서도 성성한 경지에 이릅니다. 이를 몽중일여라 합니다. 그때는 제6식이 사물을 있는 그대로 관찰하는 지혜인 묘관찰지妙觀察智로 바뀝니다. 다시 깊은 잠 속에서도 화두가 여여하면 제7식이 완전히 없어진 멸진정滅盡定 단계에 이릅니다. 이때는 제8식 아뢰야식의 미세망념만 남게 됩니다. 그래도 아직 견성을 이룬 것이 아니지요. 오매일여의 상태라 자아(我)라는 분별은 사라졌지만 미세망념이 남아 있다 이겁니다. 이 미세망념까지 없애야 비로소 구경각에 이르러 시공을 초월한 대원경지大圓鏡智에 이릅니다. 제6식 의식과 제7식 말나식은 점차 수행해서 벗어날 수 있지만 제8식 아뢰야식은 깨치는 그 순간 단박에 대원경지로 바뀐다 이 말입니다. 육조가 말한 돈오돈수를 이렇게 유식론으로 설명할 수 있겠습니다."

김병룡은 그날 감복했다. 깨치지 않고는 이렇듯 명쾌하게 수행의 단계를 설명할 수 없었다. 산중에 떠도는 선승 성철의 명성이 결코 헛된 것이 아니었다. 입만 살아있는 승려들을 접하고 속으로 경멸했던 김병룡은 성철의 형형한 눈빛 속으로 빨려들어갔다.

"스님, 제가 지닌 모든 것을 드리겠습니다."

김병룡은 성철을 서울 세검정으로 '모시고' 갔다. 그는 자신의 밭에 창고를 지어 불서를 보관하고 있었다. 불서를 본 성철의 얼굴이 환해졌다. 남경 금릉각경처金陵刻經處에서 찍은 경서를 비롯하여 선종 사서 등 당시에는 구하기 힘든 책들이었다. 김병룡은 목록을 건네며 한마디를 보탰다.

"서책은 물론이요 이 밭도 드리겠습니다. 부디 유용하게 써주십시오."

"아닙니다. 책으로 족합니다. 땅을 소유하고 있으면 마음만 뺏길 뿐입니다."

김병룡에게서 얻은 책은 트럭 한 대 분량이었다. 성철은 이 불서들을 아꼈다. 거처를 옮길 때마다 책부터 챙겼다. 해인사 백련암에 있을 때는 아예 장경각을 지어 보관했다. 그리고 혼자서만 드나들었다.

성철은 수좌들에게 책을 멀리 하라면서도 자신은 누구보다 책을 많이 읽었고 또 책을 아꼈다. 성철은 그 이유를 명료하게 설명하는 글을 남겼다.

부처님이나 조사들은 항상 '글자를 의지해서 해석하면 삼세 부처님들의 원수이다(依文解 三世佛怨)'라고 말씀하셨습니다. 그렇기 때문에 누구든지 피상적인 글자에 구애받지 말고 법문의 뜻을 바로 알아야 합니다. 그렇다고 글자는 볼 것도 없이 뜻만 알아야 하느냐 하면 그런 것은 아닙니다. 우리 선가에서는 '경을 떠나서 해석하면 곧 마설과 같다(離經說卽同魔說)'고 말합니다. 그러면 우리가 어떻게 해석해야만 부처님의 뜻을 바로 알 수 있느냐 하는 것도 참 곤란한 일입니다. 문자에 집착하면 삼세부처님의 원수가 되고 문자를 떠날 것 같으면 마설이라고 했으니 앉지도 서지도 못하는 이런 지경에 이르게 되지 않았습니까?

마설이 되어서도 안 될 것이고 삼세부처님의 원수가 되어도 안 될 것이니 여기서는 이것이 모두 양변입니다. 마설도 버리고 부처님 원수도 버릴 것 같으면 중도정견이 나옵니다. 분명히 문자에 의지해서 설명하는데 문자를 떠나고 문자를 떠나서 설명하는데 분명히 문자에 의지해 있어서, 아무리 문자에 의지해서 설명하지만 조금도 문자에 구애되지 않고 아무리 문자를 떠나서 설명한다고 해도 문자에 벗어나지 않습니다.

성철은 《백일법문》에서 언어문자로 이뤄진 언설과 이론인 팔만대장경을 깨달음에 이르기 위한 일종의 노정기路程記에 비유했다. 언어문자로 된 안내문이 없으면 부처님의 훌륭한 법을 알 수가 없으니 그 자체로 귀중한 것이었다. 하지만 노정기 자체가 깨달음일 수는 없다. 부처님은 언어문자를 달을 가리키는 손가락에 비유했다.

그래서 문자에만 의지하면 달은 보지 못하고 손가락만 쳐다보고 마는 격이다. 손가락으로 달을 가리키면 그 손가락 끝을 따라 허공에 있는 달을 봐야 마땅한데도 달은 쳐다보지 않고 손가락 끝만 쳐다보며 달이 어디에 있냐고 묻는 꼴이다. 또 언어문자는 처방전에 불과했다. 처방전에 의거해서 약을 지어 먹어야 병이 낫지 처방전만 열심히 쳐다봐서는 병이 낫지 않는 것이다.

즉 언어문자는 노정기며 손가락이고 처방전이었다. 모두 깨우침을 위한 가이드 역할을 하는 '방편가설'이었다. 깨달으면 팔만대장경도 고름 묻은 휴지에 불과했다. 마음을 일으킨 이는 뜻을 얻고 말을 잊으며, 이치를 깨닫고는 교리를 버린다. 흡사 고기를 얻고 통발을, 토끼를 잡고는 그물을 버리는 것과 같다. 하지만 역으로 통발과 그물이 없으면 고기와 토끼는 어떻게 잡을 것인가. 성철이 후학들에게 통발과 그물을 남겼음이니 이는 실로 귀했다.

성철은 책을 스승 대하듯, 또는 아기 돌보듯 했다. 절 살림에는 도통 무심했지만 책만은 철저히 관리했다. 어디에서 살든 봄가을에는 바람을 쐬어주었다. 그때는 꼼짝 않고 곁에서 책을 지켰다. 대지를 녹이는 봄기운이, 삽상한 가을바람이 책 속으로 스며들 때까지 기다렸다.

참 무섭대요. 책을 얼마나 귀하게 다루시는지는 책 한 권 드는 걸 보면 알 수 있지요. 손이 달달달 떨려요. 참 뭐라고 말을 할 수 없습니다. 책을 보실 때도 아주 정성스럽게 한 장 한 장 책장을 넘기지 되는대로 넘기는 것은 꿈에라도 없습니다. 그런데 책은 안 빌려줘요. 혜적이라는 내 사제가 있었는데, 머리가 좋다고 소문이 자자했어요. 한번은 내가《증도가》한 권을 빌려줬더니 그 이튿날 가져오더군요. 그래서 '더 보지 왜 가져왔냐'고 하니 '다 외웠습니다.' 하더군요. 그래 외워보라 하니까 줄줄 외워요.《법화경》한 권도 다 외워요. 머리만 좋을 뿐 아니라 인물도 잘나서 천동이라고 이름을 붙였습니다. 인간세상 사람이 아니라 하늘사람이라 말을 들었어요. 내가 안정사 토굴에 살 때, 일본 말로 된 한산시를 빌리러 왔더군요. 큰스님께서 어떻게 그 사람을 귀엽게 보고 빌려주시더군요. 그런데 혜적이가 책을 구부려서 손에 들고 다니니까, 큰스님께서 마치 잠자리 잡듯 뒤로 가서 탁 뺏더니 '너 이 자식, 책 볼 자격 없다'고 어찌나 혼을 내셨는지 모릅니다. 그 모습을 보면서 저렇게 책을 귀중히 여기시는 분이라서 바다와 같이 많은 것을 아는 어른이 되었구나 하고 생각을 하게 되었습니다.

혜암 스님 인터뷰 〈고경〉 1996년 여름호

성철은 책이 절 밖으로 나가지 못하게 했다. 책 읽고 싶은 사

백련암 장경각에 보관된 성철 스님이 아꼈던 서책들.

람은 산속으로 들어오라 했다. 책 볼 동안은 재워주고 먹여주겠지만 '산외山外 대출'은 해줄 수 없다는 것이었다. 철학자 윤구병과의 일화도 그래서 생겨났으니 자못 유쾌하다. 성철이 대불련 회원 중에서 '중이 됐으면' 하는 인물로 윤구병을 찍었던 모양이다. 윤구병만을 서고인 장경각으로 데려가 서책들을 보여주었다. 한국전쟁 같은 난리를 겪으면서도 땅에 묻고 산속에 숨기며 지켜왔다는 이야기도 곁들였다. 선승의 책 자랑이었다. 홀로 쇳대를 지니고 장경각을 드나드는 성철을 향해 윤구병은 쓴소리를 올렸다.

"스님, 좁은 소견입니다만 그렇게 소중한 책일수록 공개해야 하지 않나요? 그래서 수행과 연구에 도움이 되게 해야지요. 그렇게 고집을 부리시면 길은 둘 중 하나밖에 없겠습니다."

성철이 의아스럽게 바라보자 대차게, 또 태연하게 얘기했다.

"스님께서 마음보를 고쳐서 책을 내놓으시거나 아님 스님께서 일찍 돌아가시거나 해야 할 것 같네요."

그 말에 성철이 크게 웃었다. 그 웃음은 따뜻했다. 윤구병은 성철이 책을 보여주며 '함께 읽지 않겠느냐'고 넌지시 묻고 있는 듯했다고 당시를 회상했다.

성철이 '깨치면 고름 닦은 휴지에 불과한 불서'를 이렇듯 아낀 이유는 뒤에 올 이들을 위한 것이었다. 불서들은 임자가 따로 없었다. 보는 사람이 주인이었다. 성철은 책마다 '法界之寶 법계지보'라는 도장을 찍었다. 내 것도 네 것도 아닌 법계의 보배라 표시한 것이다. 후학들에게 만고의 진리가 담겼으니 이를 보고 진리를 찾으라 했음이었다.

지금도 해인사 백련암의 보물들은 주인을 기다리고 있다. 하지만 사람들은 성철이 남긴 전설만을 찾으려 하지 책을 읽으려 하지 않는다. 성철이 정성스레 넘기던 책장이 후학들에 의해 닳아서 없어져야 하지 않은가.

철수좌가 온다

1945년 8월 15일, 마침내 해방을 맞았다. 갑자기 찾아온 광복에 일본인 못지않게 조선인들도 갈피를 잡지 못했다. 사회 각 부문에서 어정쩡한 동거를 했다. 불교계도 마찬가지였다. 일본이 무조건 항복한 이틀 후 조선불교조계종 이종욱 종무총장과 모든 간부들이 사퇴했다.

8월 20일 김법린, 최범술, 유엽 등이 조계종 총본사 태고사에서 종무총장 이종욱으로부터 종단운영권을 넘겨받았다. 이어서 9월 22일에 전국승려대회가 열렸다. 사찰령, 조선불교총본산태고사법, 31본말사법을 폐지하고 교헌을 새로 제정했다. 서울에는 중앙총무원을 두고, 지방은 13개 교구로 나누고, 각

교구마다 교무원을 두어 지역 사찰을 관장토록 했다. 승려들은 모범총림 창설에 대해서도 논의했다.

새 교헌에 따라 교정敎正(지금의 종정)은 박한영, 중앙총무원장에 김법린, 총무부장에 최범술 등을 선출했다. 김법린과 최범술은 성철과 인연이 깊었다. 중앙교무회 고문으로는 송만공, 송만암, 설석우, 백경하, 김구하, 장석상, 김상월, 강도봉 등을 위촉했다. 만공 스님은 덕숭산 전월사에서 해방 소식을 듣고 무궁화 꽃송이에 먹을 묻혀 '世界一花세계일화'를 썼다고 한다.

"세상 모든 것이 한 송이 꽃이다. 장래 조선이 세계일화의 중심이 될 것이다."

세상이 바뀌었다지만 친일승들은 해방공간에서도 건재했다. 이종욱은 3년간 승권 정지 처분만을 받았다. 친일의 큰 머리였지만 그에게 내린 징계는 깃털처럼 가벼웠다. 그저 시늉만 냈을 뿐이었다. 권상로 또한 새로 설치된 해동역경원의 역경부장을 맡았다. 큰 종권은 놓았지만 친일승들은 그동안 구축했던 인적 보호망을 통해 다시 살아났다.

그러다보니 일본 조동종 승려들과 조선 친일승들은 곳곳에서 눈물로 헤어졌다. 경성포교당에서 벌어진 '작별 의식'은 해방공간 불교계의 상징적인 장면이다. 일제강점기 조동종이 조선에 설립한 사찰이나 포교소는 171개에 이른다. 그 가운데 가장 대표적인 사찰이 경성포교당인 조계사였다.

물론 지금의 조계사와는 전혀 다른 절이다. 경성포교당은 현재의 동국대학교 만해광장 자리에 있었다. 전쟁에 패하자 조동종 승려들은 절을 넘기고 일본으로 돌아가야 했다. 절과 부처를 옮겨갈 수는 없었다. 경성포교당도 인수인계 파트너를 물색하다가 친일승 홍태욱을 점찍었다. 이내 인수인계 작업에 들어갔다. 이 작업의 대표로 참여했던 경성제국대학 사토 다이순 교수는 〈조동종 경성 별원(경성포교당) 이양 보고서〉에서 이렇게 밝히고 있다.

홍태욱 일파는 11월 20일경 차례로 입산하여 일선(日鮮, 일본과 조선) 승려가 한솥밥을 먹으며 조석 예불을 같이하고 25일에는 인계 법요를 엄수하여 (…) 일동이 회식을 하고 난 후에 조선인 신자의 요청으로 권상로 선생이 두 시간 동안 법문을 하는 등 실로 의미 있고 인정이 있는 인계 법요를 한 것은 아마도 곳곳에서 진행되고 있는 일선 불교의 위임 인계 이행에서 유일무이한 훌륭한 일이 아닐까 상상이 된다. 게다가 별도로 기재한 현물 인도 목록으로도 위의 인계 내용을 알 수 있듯이 물건 하나도 숨기지 않고 티끌 하나도 가져가지 않고 동전 한 닢도 받지 않고 참으로 평상시의 조계사 그대로 조선불교에 위임했다. 이로써 불상과 불구는 변함없이 단상 위에서 조선불교의 예배를 받아 법륜이 항시 굴러가는 것을 보게 되었는데 이는 실로 환희의 절정이다. 일동은 25일과 28일 저녁 두 차례의 송별회를 하고 출발 당일에는 준비해 준 고가의 약밥 도시락을 받아 별원에서 용산역까지 1리 반의 도보 환송을 받았으며 쌍방이 모두 감격의 눈물로 이별하였다.

이치노헤 쇼코 《조선 침략 참회기-일본 조동종은 조선에서 무엇을 했나》

해방이 되고 몇 개월이 지났는데도 여전히 일본 조동종 포교소에서는 조선과 일본 승려들이 함께 예불을 드리고 있다. 또 친일승 권상로도 여전히 법문을 설하고 있다. 그가 해방된 이 땅에서 어떤 법문을 했는지 궁금하다. 아마 조선과 일본이 같은 부처님을 모시고 있으니 떨어져 있어도 떨어짐이 아니요, 언젠가는 다시 만날 것이라고 했을 것이다. 사토 다이순은 일본 포교당의 일본 부처가 전쟁이 끝나고 조선에 인계되어 다시 조선인의 절을 받을 것이니 이를 환희의 절정이라 표현했다. 부처님 말씀을 비틀고 승풍을 훼손하고도 참회는 없었다. 조동종 승려들과 친일승들은 이렇듯 보란 듯이 '떳떳하게' 헤어졌다. 저들은 다시 만날 것을 진정 믿었을 것이다.

성철이 머물던 대승사에도 광복 소식이 올라왔다. 해방이 됐다고 부처님 법이, 또 수좌들 수행이 달라질 수는 없었다. 하지만 청정 승가의 복원을 발원했던 선승들은 서로를 찾았다. 멀리 있어도 법향은 전해졌다.

성철은 그해 겨울 대승사 산내 암자인 묘적암妙寂庵에 들어 동안거를 지냈다. 묘적암의 창건 연대는 알려지지 않았으나 신라 말 부설거사가 창건했다고 전해진다. 나옹선사(1320~1376)가 이곳에 출가한 이후 불교 성지로, 수행처로 이름이 높았다.

묘적암은 비록 작았지만 고요함이 깊었다. 그 속에서 성철은 조선불교의 미래를 그렸다. 북풍한설이 몰아치는 작은 방에서 임제의 '할'과 덕산의 '방망이'가 만들어지고 있었다.

성철은 깨달음을 얻은 후 큰스님을 찾아다녔다. 나름 인가를 받으려 했을 것이다. 성철은 산을 허무는 천둥 같은 법거량을 기대했을 것이다. 그러나 조계산의 효봉도, 덕숭산의 만공도 성철과 법거량을 하지 않았다. 단지 성철이 큰 법기法器라는 것만은 알아주었다.

성철은 도반에 대한 칭찬은 많이 했지만 상대적으로 불교계 스승이라 일컫는 큰스님들에 대한 상찬은 드문 편이다. 그렇다고 큰스님들을 무시한 것은 아니다. 성철은 말을 아꼈다. 아마도 그 속에는 사자상승師資相承을 하지 못한 서운함이 들어있었을 것이다. 성철에게 삭발을 해주고 계를 준 스승은 분명 있지만, 마음을 깨우쳐주고 법을 준 스승은 따로 없었다. 성철은 진정 사법사嗣法師를 모시고 싶었을 것이다. 그리하여 법을 잇고 그 등불을 다시 전해주고(嗣法傳燈) 싶었을 것이다. 하지만

유달리 눈이 큰
젊은 날의 성철 스님.
송광사에서 성철 스님을
처음 만난 일타 스님은
"찬란하게 빛나는 눈빛에서
지혜가 샘솟는 것 같았다"고
당시를 회상했다.

성철은 그런 스승을 찾지 못한 것으로 보여진다. 그런 배경에는 당대 큰스님들의 경계가 성철의 기대에 못 미쳤을 가능성이 있다.

성철이 밝힌 대로 '불법 전승은 마음으로써 마음에 전하는 이심전심이 생명'이며, 따라서 사자상승은 법을 전해주고 전해 받는 당사자 사이에서만 결정되는 일이니 제3자는 알 수 없었다. 그렇다면 성철의 깨침은 무엇으로 증명해야 하는가. 성철의 득도와 인가 여부를 연구해온 서명원은 나름 이런 분석을 내놓았다.

석가세존의 성도成道와 마찬가지로 성철 스님이 확철대오한 경지에 대한 평가는 그분이 인가를 받았는지 혹은 받지 않았는지를 떠나서 후대에 맡겨져 있다.

서명원 《가야산 호랑이의 체취를 맡았다》

성철은 깨친 이후 괴각의 행보를 보였다. 그 당당함이 절대 순종의 절집 풍토로 보아 사뭇 방자해 보였을 것이다. 그렇다면 성철은 깨쳤다고 해서 버릇없는 법기였는가. 그렇지 않았다. 성철은 이런 법어를 남겼다.

견성한 사람은 구경의 무심을 철저히 증득한 자이다. 설사 하늘과 땅이 뒤집히는 큰일이 벌어진다 해도 그런 사람에겐 아무 일이 없다. 그래서 보통 사람이 볼 때는 마치 멍텅구리 같고 둔한 바보 같아 보이기도 한다. 그러나 일에 닥쳐 법문을 한다든지 법거량을 할라치면 그 임기응변의 기봉이 번갯불처럼 빠르고 회오리바람처럼 매섭다. 암두 스님은 덕산 스님의 상수제자인데 자기 스승인 덕산을 두고 종종 구업이나 일삼는 자라고 폄하하곤 했다. 그렇다고 암두 스님이 덕산 스님보다 나아서 그런 소리 한 것이 아니다. 늘 자성을 잃어버리지 말라는 뜻이다. 이것이 법거량이다. 제자가 스승과 엇비슷하면 이는 스승의 반에도 미치지 못한 것이라 했다. 그 덕과 지혜가 스승을 능가

해야 비로소 은혜를 갚는 것이라 했으니 덕산 스님도 그와 같다 하겠다. 또한 임제 스님도 대오한 후에 감히 황벽 스님의 뺨을 때리고 어린아이 다루듯 하였으니 이 또한 같은 예라 하겠다. 스승의 무릎 아래에서 병든 양처럼 예, 예, 거리며 그저 눈치나 살피는 이는 올바른 자식이 아니다. 그렇다고 아무것도 모르면서 스승에게 함부로 덤비라는 말이 아니다. 바른 안목과 법에 있어선 스승에게조차 양보하지 말라는 소리다. 임제 스님이 대우 스님에게 주먹질하고 황벽 스님에게 달려들어 뺨을 친 것도 그 분들이 선 자리를 바로 알고 번개와 회오리 같은 임기응변의 기봉을 쓴 것이다. 그렇지 않고 겉모양만 흉내 낸다면 그건 어른에게 함부로 행동하는 어린아이의 치기와 불손에 지나지 않는다.

성철《선문정로》

성철은 간월도 간월암에서 정진한 후 뭍에 나와서는 더 이상 큰스님을 찾아다니지 않았다. 도반들과 수행에 전념했다. 성철의 말을 듣거나 함께 수행한 운수납자들은 그야말로 구름과 물이 되어 선승 성철의 면모를 세상에 퍼뜨렸다. 성철은 차츰 수좌들의 표상이 되어갔다.

"우리 같은 걸망쟁이에게는 혹하고 반할 수 있는 그런 어른입니다." (일각)

성철은 대승사 묘적암을 나와 송광사로 향했다. 1946년 여름, 삼일암에서 하안거를 나기 위해서였다. 그때 송광사에는 18세의 일타(1929~1999)가 와 있었다. 일타는 14세에 양산 통도사로 출가했다. 일타에겐 일가친척 41명이 출가한 불연佛緣이 있었다. 그도 일찍이 집을 나와 정진한 끝에 26세에 손가락 네 개를 태우는 연지 공양을 했다. 또 태백산 도솔암에서 6년 동안 장좌불와, 동구불출의 수행으로 깨달음을 얻었다.

일타는 대선지식 아래서 공부해보겠다는 일념으로 열흘 동안 걸어서 송광사에 들었다. 송광사에는 전국에서 여름 결제를 지내려 많은 수좌들이 몰려왔다. 다른 듯 닮은 걸망이 선방에 올망졸망 모여 있었다. 일타도 자신의 걸망을 그 속에 내려놓았다. 나이가 제일 어렸던 일타에게는 첫 안거였다. 당시 송광사 조실은 효봉 스님이었다.

결제를 기다리던 어느 날 공양을 마친 스님들이 쑥덕거렸다. 일타가 귀를 세우니 '철수좌가 온다'는 것이었다. 일타가 물었다.

"철수좌가 누구십니까?"

그러자 답 삼아 스님들끼리 성철에 대해 얘기했다.

"만물박사여서 세상천지 모르는 것이 없다지? 글이 우리나라 제일이래."

"말도 말어. 팔만대장경을 거꾸로 외우는 스님이야."

성철의 이름은 이미 물을 건너고 재를 넘어 전국 사찰에 퍼져

있었다. 성철은 당시에도 장좌불와 수행을 계속하고 있었다. 일타는 철수좌가 누구인지 보고 싶었다. 마침내 성철이 나타났다.

일타는 성철이 효봉을 만나는 장면을 목격했다. 성철이 큰방 앞에서 객이 왔음을 알리자 지객스님이 객실로 안내했다. 방 안에는 효봉과 입승을 보는 노장 영월이 앉아 있고 대중들은 서 있었다. 견성했다는 젊은 수좌의 모습이 늠름했다. 성철이 성큼성큼 들어와 절을 하고는 이내 책상 다리를 하고 앉았다. 당연히 무릎을 꿇을 것으로 여겼던 대중들은 내심 놀랐다. 이어서 성철이 하안거를 나고 싶다며 방부를 알렸다. 그러자 영월이 입을 뗐다. 낮지만 단호한 어조였다.

"듣자하니 생식을 한다던데 그런 분은 여기서 대중과 함께 살 수가 없습니다."

말을 돌려 퇴짜를 놓은 것이었다. 이에 성철이 답했다.

"잘 알겠습니다. 그럼 며칠만 쉬어가겠습니다."

일타는 그 광경이 뇌리에서 떠나지 않았다. 그 순간을 이렇게 기억하고 있었다.

"찬란하게 빛나는 눈빛에서는 지혜가 샘솟는 것 같고 헌칠한 이마에 훨씬 커 보이는 키가 대중을 압도하고도 남았습니다."

송광사에서 방부를 거절한 이유가 생식 때문만은 아니었을 것이다. 35세 선승이 뿜는 빛이 너무도 강렬했기 때문이었을 것이다. 일타는 당시의 분위기를 이렇게 전한다.

"지금 생각하면 꼭 생식이라기보다는 이 분이 워낙 아는 것이 많고 바른 소리를 잘하는 쉽게 말하면 '괴각'이다보니, 대중 속에서 평범하게 얌전하게 있는 것이 아니라 틀리다 싶으면 바른 소리를 해버리니 좀 곤란하다 싶어 거절을 하지 않았나 싶습니다."

그때 이미 성철은 '할 말은 하는' 선승이었다. 성철은 선방에 들지 못하고 노전에 머물렀다. 훗날 성철은 지눌을 비판했고, 그로 인해 촉발된 돈점논쟁에서 지눌의 사찰인 송광사가 대대적인 공격을 당했으니 이때의 '성철에 대한 냉대'가 무슨 암시였는지도 모른다.

일타는 생식하는 성철에게 끼니마다 상추를 씻어 가져갔다. 왠지 말뚝신심이 일었다. 하루는 경치 좋은 수석대로 산보를 나서는 성철을 따라나섰다. 성철이 일타를 보고 말했다.

"왜 따라오는가?"

"따라갑니까? 그냥 가지요."

성철이 너털웃음을 터뜨렸다. 그리고 18세 어린 중을 한참 바라봤다. 이런저런 얘기를 나누며 나란히 걷다가 문득 성철이 말했다.

"중노릇은 사람노릇이 아니다. 중노릇하고 사람노릇하고는 다르지. 사람노릇하면 옳은 중노릇은 못한다."

그 말은 막 불가에 들어온 일타의 가슴에 깊이 새겨졌다. 일타는 '중노릇'을 훗날 이렇게 적고 있다.

중은 중노릇만 해야지 세속에서 말하는 '사람노릇'을 하려고 하면 올바른 불교 공부가 되지 않습니다. 도를 닦는 이가 공부가 안 된다는 것은 스스로 사람노릇을 하려고 하는 마음이 있기 때문입니다. (…) 중이 중노릇만 하면 문제될 것은 아무것도 없습니다. 중이 자꾸 사람노릇을 하려 하는 것이 탈인 것입니다. 사람 대접 받으려 하고, 사람들과 왕래하며 다니고, 절 살림 살고 하는 모든 것이 사람노릇이지 중노릇은 아닙니다.

일타 《발심수행장》

성철은 일타의 일생을 흔들어버렸다. 일타는 성철을 따라 어디든 가고 싶었다. 떠나가는 성철에게 물었다.

"혼자 가십니까?"

"혼자 가는 길이 중의 길이지."

성철은 그렇게 떠나갔다. 무소의 뿔처럼 혼자서 가는 외로운 길이었다. 일타의 눈에 비친 뒷모습은 당당했다. 송광사 화엄전 뒷길로 성철은 사라져갔다. 일타는 차마 발길을 돌리지 못하고 그 자리에 서 있었다.

큰딸 도경이 죽다

세간에 성철은 딸 하나만을 둔 것으로 알려졌지만 사실은 두 딸이 있었다. 성철의 큰딸 도경은 예쁘고 똑똑했다. 집안 어른들은 도경을 끔찍이 아꼈고 어디를 가든 데리고 다녔다. 식구들은 아버지 성철이 없었기에 더 애틋한 정을 쏟았을 것이다. 동생 수경(불필 스님)은 언니를 이렇게 기억하고 있다.

"언니는 할아버지의 훤한 인물을 닮아 이마도 반듯하고, 콧날도 오똑하고, 눈도 크고 아름다웠다. 키도 늘씬하게 커서 모두들 미인이라고 했고, 성격도 좋아 집안 식구들, 특히 할아버지 할머니의 총애를 받았다."

도경은 동생이 밖에서 놀다가 돌아오면 옷차림부터 살폈다.

동생은 활달해서 사내아이들과 놀다가 곧잘 옷고름을 떨어뜨렸고 도경은 말없이 그걸 달아주었다. 또 어른들 말씀에 순종하는 착한 맏이였다. 그러던 도경이 경허 스님의 〈참선곡〉을 읽었다. 추측컨대 아버지를 그리다 아버지가 빠져든 불교에 관심을 가졌음직하다. 당시 열심히 절에 다니던 할머니의 영향을 받아서 아버지의 출가를 이해하고 종국에는 동경하게 되었는지도 모른다. 〈참선곡〉은 이렇게 시작된다.

홀연히 생각하니 도시 몽중夢中이로다
천만고千萬苦 영웅호걸 북망산北邙山 무덤이요
부귀문장富貴文章 쓸데없다
황천객을 면할소냐
오호라 이내 몸이 풀끝에 이슬이요 바람 속에 등불이라

초등학교 졸업을 앞둔 도경이 〈참선곡〉을 가슴에 담고 있었다는 것은 자연 성철의 유년시절을 떠올리게 만든다. 어린 나이지만 아버지처럼 '영원한 삶'을 찾으려 했을 것이다. 성철이 훗날 딸(불필 스님)에게 준 법문 노트의 머리말을 보면 마치 참선곡의 변형처럼 느껴진다.

초로인생草露人生, 풀잎의 이슬 같은 인생! 들판의 저 화초는 겨울에 죽었다가 봄이 오면 다시 꽃이 피건마는, 오직 이 인간은 한 번 죽으면 아주 가서 몇 천 년의 세월이 바뀌어도 다시 돌아오는 이 없으니, 우주는 인생의 분묘라 함은 이를 두고 이름이라. 참으로 영원한 비극이 아닐 수 없는 것이다.

도경은 절에 가서 입을 것이라며 손수 바지를 지었다고 한다. 그리고 아버지가 정진 중인 대승사에 편지를 보냈지만 앞서 이미 살핀 것처럼 성철의 손에는 닿지 못했다. 도경은 '큰 중이 되려면 공부를 해야 하니 학업을 마치고 오라'는 노스님의 답장을 받고 실망했지만 또 한편으로는 출가를 꿈꾸며 열심히 공부했을 것이다. 도경은 집안 어른들의 바람대로 반듯하게 자랐다. 그리고 진주여중 입학시험에 합격했다. 집안뿐만 아니라 묵곡리 일대에서도 처음 있는 경사였다.

1946년 추석이었다. 열네 살 도경이 밖으로 놀러나갔다가 돌아와 갑자기 아프다며 자리에 누웠다. 그리고 다시 일어나지 못했다. 동생 불필의 얘기를 옮겨본다.

(언니는) 자기 손바닥을 한 번 쳐다본 후 엄마를 향해 이렇게 말하는 것이었다. "엄마, 나를 믿는 모양이지? 나를 믿지 마." 언니는 사흘 후 거짓말처럼 저 세상으로 가고 말았다. 예쁜 중학교 교복을 맞춰 놓고 한 번도 입어보지 못한 채 언니가

그렇게 가버리자, 할아버지 할머니의 슬픔은 물론이고 어머니의 비통함이 이루 말할 수 없었다. 누구 하나 입을 열어 말하는 사람이 없을 만큼 집안은 정적에 잠겨 있었다.

집 앞 강가에서 화장을 했다. 어른들은 수경에게 언니의 마지막 모습을 보지 못하게 했다. 도경은 숲 속 큰 소나무 밑에 한 줌의 재로 묻혔다. 정말이지 믿기지 않는 일이 일어난 것이다. 할아버지 이상언은 비탄에 빠졌다. 딸이 죽었건만 그림자도 비추지 않는 성철은 정녕 자신의 아들이 아니었다. 도경은 죽은 지 7일째 되던 날 어머니 꿈에 나타나 교복이 입고 싶다고 했다. 어머니는 그 교복을 도경이 묻힌 소나무 아래서 태웠다.

사십구재를 지낸 날 밤에는 고모의 꿈에 나타나 이렇게 말했다고 한다.

"나를 스님으로 만들어주었으면 죽지 않았을 텐데…. 나는 이제 천상으로 갑니다."

그리고 불이 난 것처럼 환한 숲 속으로 사라졌다고 한다.

그 무렵 성철은 하안거를 마치고 파계사 성전암에 머물고 있었다. 대승사가 선방 문을 닫았고, 그곳에 있던 선객들은 다시 구도처를 찾아 흩어졌다. 성철은 석암 스님과 함께 파계사 산문을 넘었다. 홍경, 자운, 종수, 청담, 도우는 희양산 봉암사로 거처를 옮겼다. 봉암사 주지 최성업이 선방을 열겠다고 했기 때문이었다.

이듬해 1946년, 하안거를 마친 선승들에게 반가운 소식이 날아들었다. 해인사에 가야총림을 세운다는 것이었다. 종단을 접수한 소위 개혁승들은 삼보사찰(통도사, 해인사, 송광사)을 총림으로 만들자고 주창했고, 그중 해인사를 가장 먼저 총림 시범사찰로 지정했다. 총림이란 선원, 강원, 율원을 갖춰야 했다. 중국의 총림을 본떴으니 나무들이 모여 숲을 이루듯 각기 다른 소임의 승려들이 모여 부처님의 가르침을 따라 사는 곳이었다. 가야총림은 효봉 스님을 방장으로 추대했다. 효봉이 이를 수락하고 송광사를 떠나왔다. 정든 송광사를 바라보는 노장의 눈에 이슬이 맺혔다. 효봉은 그 아쉬움을 시에 담았다.

내가 송광사에 온 지 어느덧 10년
옛 어른들 품 안에서 편히 먹고 자랐네
한데 오늘 조계산을 떠나는 까닭은 무엇인가
인간과 천상의 큰 복밭을 갈기 위해서라네

효봉은 해인사를 복밭으로 갈겠다는 원을 세웠다. 그것은 결국 인재양성이었다. 사찰에서 술 냄새와 비린내를 없애려면 술 마시고 고기 먹는 승려들을 추방해야 했다. 해인사로 가는 길은 멀었다. 나흘 동안 걷고 또 걸으면서 효봉은 조선불교를 새롭게 일으킬 수좌들이 한자리에 모여 정진하는 광경을 그렸다. 생각만 해도 장엄했다.

선방을 찾아 이리저리 떠돌던 선승들이 가야산으로 향했다. 청담, 홍경, 종수가 봉암사를 나왔다. 봉암사에 있던 수좌들은 막 사다놓은 커다란 목간통을 걸어보지도 못하고 그냥 짊어지고 내려와야 했다. 성철도 소식을 듣고 성전암을 나섰다. 전국 각지에서 모여든 수좌들이 50명도 넘었다. 이리저리 쫓겨 다니며 눈칫밥을 먹던 선승들은 실컷 공부 한번 해보자며 해인사에 모였다. 하지만 총림을 세우겠다는 뜻만 높았을 뿐 현실은 무엇 하나 준비된 것이 없었다. 총림 운영을 어떻게 할 것인지 의견만 분분했다. 종단 측에서는 최범술, 해인사 측에서는 주지 환경, 그리고 수좌들을 대표해서는 청담과 성철이 만나서 머리를 맞댔다. 사실 가장 중요한 문제는 총림의 재정 문제였다.

종단에서는 총림 예산을 따로 마련해주지 못했다. 대신 해인사의 논밭을 대처승들과 총림이 반반씩 나눠 갖도록 했다. 그런데 정작 소출이 많은 멀쩡한 논밭은 대처승들이 차지하고, 재 밑의 천봉답이나 산간벽지의 척박한 밭은 총림에 주었다. 해방공간에서도 대처승의 입김은 여전했다. 입은 많은데 양식이 부족했다. 한창 수행 정진해야 할 수좌들이 바랑을 짊어지고 동냥질을 해야 했다. 마음껏 공부만 해보겠다는 수좌들의 원이 자고나면 조금씩 부서졌다.

성철과 청담이 구상한 총림 속의 계戒살림도 그리 여의치 않았다. 여러 색깔의 대중이 어떤 규약이나 약조 없이 모여 살다 보니 중구난방이었다. 가야총림은 성철과 청담의 '대승사 구상'과는 너무도 다른 모습이었다. 종단과 총림이, 해인사와 선승들이, 비구와 대처승이, 또 비구와 비구가 다퉜다. 적폐積弊들이 적나라하게 드러나고 있었다. 비록 명분으로 가렸지만 그 속의 욕심이 훤히 보였다. 성철은 낙담했다. 어정쩡하게 서산으로 넘어가는 하루 해가 아깝기만 했다. 도우에게 말했다.

"내가 보기에 이곳은 어렵겠네. 우린 공부나 하러 가세."

성철은 청담에게도 함께 떠나자고 했다. 하지만 청담은 그래도 종단에서 하는 총림이니 한 철은 있어야겠다며 해인사에 남았다. 불교개혁의 서원은 간절했지만 아직 시절인연이 닿지 않았음이었다. '최초의 총림'은 실패할 수밖에 없었던 한계를 지니고 있었다. 이런 어려움 속에서도 효봉은 6·25전쟁이 터지기 전까지 5년동안 인재불사에 매진했다. 그리고 많은 인재를 길러냈다.

도우와 함께 해인사를 빠져나온 성철은 양산 통도사 내원암에 들었다. 청정승가 복원을 서원했던 성철은 그곳에서 도반들을 찾았다. 성철은 부처의 가르침을 제대로 설파하고, 그 가르침대로 살고 싶었다. 조선시대 500년 동안은 반유반승半儒半

僧, 반승반속半僧半俗의 풍조를 당연시했다. 일제시대에는 온 갖 잡동사니가 유입되어 정체성마저 잃어버렸다. 이제 선종의 맥을 잇고 선풍을 다시 일으켜야 했다. 성철은 봉암사를 바라 봤다.

가야총림을 세운다는
소식을 접한 성철 스님은 해인사로 향했다.
그러나 이내 적폐들이 적나라하게 드러났고,
낙담한 성철 스님은 해인사를 빠져나왔다.
사진은 해인사 전경.

제4장 / 결사 봉암사

特徵

배고프면 먹고 곤하면 잔다

성철은 깨친 후에도 정진을 멈추지 않았다. 장좌불와를 계속하며 흐트러짐이 없었다. 송광사, 수덕사, 간월암, 법주사, 도리사, 대승사, 통도사 등 제방에서 안거를 했다. 1940년 오도송을 외친 이후 7년 동안 안거를 거르지 않았다. 이를 오후보임 悟後保任이라 말하는 이들도 있다. 그렇다면 돈오돈수, 즉 완전히 깨달으면 더 이상 닦을 필요가 없는 대해탈경계에 도달했으면서도 왜 성철은 수행을 계속한 것인가. 선종에서는 견성하면 모든 것을 원만히 증득한다고 했는데 다시 무슨 수행이 필요한가. 깨쳤다지만 혹시 아직까지 무언가 남아있어 닦고 배우는 것이 아닌가. 번뇌가 멸진해도 습기習氣가 남아있어 그것을 없애는, 즉 돈오한 뒤에 다시 점수漸修를 하는 돈오점수가 아닌가. 그렇다면 성철 역시 점수를 했단 말인가. 그렇지 않다. 점수론의 지눌과 돈수론의 성철은 결국 오후보임에서 확연한 입장 차이를 드러냈다.

돈오와 점수의 두 문은 모든 성인이 밟아온 길이다. 과거의 모든 성인도 먼저 깨닫고 뒤에 닦아나갔으니, 그 닦음에 의해 증득하지 않음이 없었다.

지눌 《수심결》

고불고조의 말씀을 살펴보면 무심을 철저히 증득한 것을 견성이라 하고, 일체 망념이 일어나지 않아 할 일이 없는 대무심지를 보임이라 하였다.

성철 《선문정로》

결국 성철이 주장하는, 또 깨닫고 난 후 체득한 것으로 보이는 보임이란 자유자재한 대무심삼매大無心三昧를 일컫는 것이다. 깨달은 뒤에 망상을 하나하나 끊는 것이 보임이 아니라는 말이다. '일체 망념이 일어나지 않아 할 일이 없는 대무심지'를 《증도가》에 나오는 '배움이 끊어진 하릴없는 한가한 도인(絶學無爲 閑道人)'의 경지로 바꾸어도 무방할 것이다. 이렇듯 깨친

성철 스님은 깨친 뒤에도
안거를 거르지 않았다.
7년 동안 제방에서
무량불사를 준비했다.

한가한 도인은 '망상도 없애지 않고 참됨도 구하지 않는다(不除妄想不求眞)'고 했다. 성철은 이를 풀이하면서 '망상이 일어나도 그대로가 참됨이니, 망상을 내놓고 달리 참됨을 구할 필요가 없다고 해석하면 큰일'이라고 선을 그었다. 한가한 도인은 망상이나 참됨도 완전히 끊어졌기에 그것들이 들어설 곳이 없는 경계를 지칭한 것이다.

도인의 '한가함'이란 우리가 세속에서 누리는 '풀어진 시간' 속의 느긋함이 아니다. 도인은 탐욕과 분노, 어리석음의 끄달림에서 벗어난 대자유 속에 있음이다. 망상과 참됨이라는 양변을 떠난 중도의 시간 속에 놓여 있음이다. 따라서 견성했을 때의 대무심경계에서 온갖 일상사를 자유자재로 영위하는 것이 오후보임이라는 말이다. 그러니 술 마시고 여자를 품는 행위를 달관의 기행 또는 무애자재의 만행으로 여길 수는 없다. 깨달은 도인에게 그런 망상은 일어날 수 없기 때문이다. 만일 그런 기행과 만행을 하는 자가 있다면 증오證悟가 아닌 단지 해오解悟를 얻은 사람일 것이다.

《심경心經》에서도 도道는 나지도 사라지지도 않으며, 더럽지도 깨끗하지도 않으며, 늘지도 줄지도 않는다고 했다. 깨달은 후 더 수련했다고 해서 그 경지가 깊어지거나, 또 방일한다고 해서 깨침이 부서진다면 그것은 도의 본체가 아닐 것이다. 그래서 한 번 깨친 도는 늘 일상 속에 있음이다.

성철은 법어집 《돈오입도요문론 강설》의 부록인 〈제방문인참문어록諸方門人參問語錄〉에서 이런 우화를 들려주고 있다.

원율사源律師라는 이가 와서 물었다.
"화상께서도 도를 닦으실 때 공력을 들이십니까?"
"그렇다 공력을 들인다."
"어떻게 공력을 들이십니까?"
"배고프면 밥을 먹고, 피곤하면 잠을 잔다."
"다른 사람들도 모두 스님과 같이 공력을 들인다 하겠습니까?"
"같지 못하다."
"왜 다릅니까?"

"그들은 밥을 먹을 때에 밥을 먹지 않고 백 천 가지 분별을 따지며, 잠을 잘 때에는 잠을 자지 않고 백 천 가지 계교를 일으킨다. 그것이 다른 까닭이다."

율사는 입을 다물었다.

무심지를 체득한 도인은 시절인연의 형편에 따라 자유자재하다. 같은 차를 마시고 같은 밥을 먹어도 범부는 온갖 망상 속에 차를 마시고 밥을 먹지만 도인은 일체 망념을 떨치고 차를 마시며 밥을 먹는다. 그래서 도인은 차와 밥맛을 제대로 안다. 범부나 깨친 이나 겉보기에는 평범하다. 도인도 때론 아이처럼 화를 내고 사소한 일에도 기뻐한다. 하지만 그 마음은 완전히 다르다. 빛을 감추고 속세의 티끌과 함께 함이니(和光同塵) 진흙에 빠져 물을 묻혀도(拖泥帶水), 온몸을 털로 덮고 머리에 뿔을 이고 있어도(被毛戴角) 흔들림이 없다.

"스님께서는 보임에 대해서 병이 다 나아서 병이 없는 그 깨끗한 자리를 보호하는 것이 보임이지, 병 있는 몸을 다시 고친다는 것은 보임이 아니라고 말씀하셨습니다." (혜암)

그렇다면 오후보임 속의 '수행'이란 무엇인가. 성철은 깨달은 후의 수행이란 일반인들이 생각하는 유위행有爲行이 아니라고 말한다.

말을 하자니 '수행한다' '짓는다'고 표현했지만 도무지 하는 바가 없고 짓는 바가 없다. 닦을 것이 있고 할 일이 남아있어서 '수행한다' '짓는다'고 한 것이 아니다.

성철《선문정로》

그렇다면 오후보임은 어떤 경지이며 깨달은 이들은 무엇을 해야 하는가.

"깨달음 후의 수행이란 원증한 후의 일상생활로서 겨울이면 핫옷 입고 여름이면 삼베옷을 입으며 배고프면 밥을 먹고 때맞춰 예불을 드리는 것이다. 일상사 그대로가 무량불사無量佛事이다."
"돈오견성하면 불지佛地이므로 오후점수悟後漸修는 필요없고 불행佛行을 수행한다 함이니, 이것이 무심을 원증圓證 후의 무사행無事行이다."

성철《선문정로》

오후보임은 바로 무량불사이며 불행佛行이다. 즉 상구보리 하화중생의 실천이다. 깨달음 이후의 일상이 특별한 것은 아니다. 단지 마음이 특별한 것이니, 이는 마음속에 세상이 맑게 비침이었다. 깨달았으면 불법을 전해야 했다. 부처님이 세상을 구원하러 오신 것이 아니라 이 세상이 구원되어 있음을 가르쳐주려고 오셨음을 알았으니 '가르쳐야' 했다. 어떻게 가르칠 것인가. 그 방법은 무궁무진할 것이다. 그러나 그것은 무척 어려운 길이기도 하다.

깨달은 자들은 부처가 세상에 온 일대사 인연에 대한 응답을 해야 한다. 그것이 바로 자비행이다. 달마가 동쪽으로 온 까닭도 중생제도의 자비행이 아니던가. 이미 깨달은 보리달마가 숭산 소림사에서 면벽하고 9년 동안 좌선을 한 것은 완전히 깨달음을 얻지 못해 다시 수행하고 있었음이 아니었다. 아직도 남아있는 습기를 제거하는 시간이 아니라 불법을 전수해줄 사람을 찾는 기다림의 시간이었다. 혜가에게 법을 전함으로써 비로소 선종의 초조가 된 것이다.

육조혜능도 오조홍인대사로부터 법통을 계승하는 가사를 받고 몰래 남쪽으로 도망쳐야 했다. '무식한' 혜능에게 법통이 넘어가자 수백 명의 학인들이 가사와 발우를 빼앗으려 쫓아왔다. 목숨이 실 끝에 매달린 듯 위태로웠다. 혜능은 신분을 속이고 산속에 숨어 사냥꾼과 더불어 16년을 보냈다. 그리고 마침내 불법을 전파할 기회를 얻고 사자후를 토했다. 혜능도 날마다 살생을 하고 육식을 하는 무리 속에서 내일을 기다렸다.

천태종에 혜사慧思선사가 있었다. 그는 깨친 후 외딴 산봉우리에 머물며 산을 내려가지 않았다. 사람들이 물었다.

"도를 깨닫고도 왜 하산해서 중생을 제도하지 않으십니까?"

세상의 의심과 비난에도 그는 꼼짝하지 않았다. 그리고 산속에서 제자 한 명을 키웠다. 그가 바로 천태종을 일으킨 지자智者대사였다. 지자는 동방의 작은 석가로 불렸다. 혜사는 세상 밖에 나오지 않았지만 이 제자 한 사람으로 족했다. 자신보다 더 출중한 제자를 길렀으니 그것이 하화중생을 성취한 것이었다. 임제 스님의 '할'과 덕산 스님의 '방'도 결국 깨달음 이후의 불행佛行이었다. 그 고함과 몽둥이가 불법을 깨웠으니 깨달음을 실천한 것이었다.

성철이 7년 동안 제방에서 머물고 있었음은 어떤 기간을 정해놓고 보임을 한 것으로는 보이지 않는다. 다만 시절인연이 그를 일으켜 세웠을 것이다. 성철이 봉암사로 간 까닭은 불법을 바로 세우고 부처님 제자를 양성하여 지혜와 자비를 전파하려 했음일 것이다. 그것은 당시의 시절인연을 살펴 자신의 할 일을 찾았음을 의미한다.

해방공간에서도 승려, 사찰, 종단 모두가 오염되어 어느 한 곳도 성한 데가 없었다. 이 땅의 불교는 몇 군데 손질하고 고쳐서 다시 세울 수 없었다. 부처님을 팔아먹는 모든 것들을 부수고 몰아내야 했다. 다시 시작해야 했다. 성철은 도반들과 그 시작을 책임지기로 했다. 7년 동안 웅크리고 있던 성철이 마침내 서른여섯에 일어섰다.

부처님 법대로 살아보자

1947년 가을이었다. 성철, 우봉, 보문, 자운이 문경 희양산 품으로 들어가고 있었다. 우봉 50세, 보문 42세, 자운은 성철보다 한 살 많은 37세였다. 네 선승은 그간의 '더부살이'를 끝냈다. 우리끼리 반듯하게 살아보자고 뜻을 모았다. 우봉은 사찰 운영의 책임을 지겠다 했고, 보문은 향후 10년 동안 장경수호藏經守護에 진력하겠다고 했다. 그 약속이 철석같았다. 청담은 해인사 총림의 중책을 맡고 있어 합류하지 못했다. 걷고 또 걷다보니 멀리 희양산의 흰 바위가 보였다. 그 위세가 당당해서 흡사 단풍 든 산이 거대한 바위를 떠받치고 있는 것처럼 보였다. 네 사람은 계곡을 따라 물소리를 붙잡고 산을 올랐다.

봉암사는 퇴락하여 금방 스러질 것 같았지만 다행히 왜색에 물들지 않았다. 아니 왜색에 물들지 않았기에 누구도 눈길을 주지 않았다고 해야 옳을 것이다. 일제강점기에는 대처승들이 살고 있었다. 대처승 주지는 이웃 주민들에게 못된 짓을 많이 해서 해방 후 마을 사람들에게 맞아 죽었다고 전해진다. 그 후로 대처승들이 모두 떠나버려 속세의 질펀한 노랫가락이 흘러들지 않았다.

봉암사 결사는 이렇듯 넷이서 시작했다. 세수로 따지면 중년의 사내들이었다. 그들은 세속과 거꾸로 살기 위해 산을 오르고 있었다. 승단은 지난 수백 년 동안 온갖 것들을 삼켜 그 모습이 기괴했고 다가가면 악취가 진동했다. 하지만 정작 그 속에 있는 사람들은 그걸 알지 못했다. 불교는 한없이 작아졌지만 승려들은 부처를 팔아 배를 채웠다. 해방이 되어서도 이 땅의 불교는 남의 복이나 빌어주며 세속에 물들어 있었다. 이 때 홀연 선승 몇이서 선방을 박차고 나온 것이다.

거대한 어둠이 짓누르고 있는 승단에 네 명이 받쳐 든 촛불로 무엇을 밝히겠는가. 상식으로는 어림없는 일이었다. 하지만 불가의 원력은 상식이 아니었다. 작은 것이 작은 것은 아니었다. 몇이서 마음을 모아 태산을 허문 적이 있었다. 바로 고려시대 보조국사 지눌의 정혜결사와 원묘국사 요세의 천태종 백련결사가 그것이다. 특히 정혜결사는 거대한 죽비가 되어 타락한 불교를 깨웠다. 고려 무인시대는 칼이 모든 것을 베어버렸다. 정권이 바뀌면 권력에 기댔던 승려들이 죽임을 당했다. 시체가 산을 이루고 하늘에서 까마귀 울음이 쏟아졌다. 불교 내부에서는 선종과 교종으로 나뉘어 치열하게 싸우고 있었다. 이때 지눌이 일어섰다. 그리고 불법으로 저들을 찔렀다.

"땅에서 쓰러진 자, 땅을 짚고 일어서라."

공명共鳴이 무서웠다. 세상과 타협했던 승려들은 질린 얼굴로 서로를 바라봤다. 고려불교는 그렇게 변방 깊은 산속에서 다시 일어섰다.

그런 지눌의 정혜결사도 시작은 초라했다. 서너 명의 도반이 수행공동체를 결성하고, 함께 선정과 지혜를 닦았다. 팔공산 거조사 작은 암자에서 수행에 전념했다. 이 작은 모임이 결국 부패한 고려불교를 뒤집는 거대한 바람을 일으켰다.

봉암사 결사 또한 하루를 살아도 부처님 가르침대로 살아보자는 데서 출발했다. 아무리 작더라도 청정한 법과 계율이 있는 공간에서 살아보고 싶었다. 그것은 부패한 조선불교를 쳐부수러 가는 것이었다. 그러기 위해서는 나부터 부숴야 했다. 지닌 무기라고는 오로지 부처님 말씀 하나였다. 부처님의 길, 그것은 오래되었지만 새로운 길이었다. 변함없는 진리의 길이었다. 모두 부처님이 남긴 마지막 말을 새겨야 했다.

봉암사를 품고 있는 희양산. 봉암사 결사 소식이 퍼져나가자 수좌들은 안광을 뿜으며 희양산 속으로 들어왔다.

내가 죽은 후에는 내가 너희들에게 설한 법과 계율을 스승으로 삼으라.

부처님이 설한 법은 명확하고 군더더기가 없다. 다만 사람들이 이를 비틀거나 외면할 뿐이었다. 중은 세상과 거꾸로 살아가야 했다. 세상은 내가 중심이 되어 돌아가지만 불교는 나를 버리고 남을 위해 살아가는 것이었다. 봉암사 결사는 기복을 버리고 수행으로 옮겨가자는 것이었다.

성철은 봉암사에 들자마자 서울 세검정 창고에 보관중인 장경을 봉암사로 옮겨 왔다. 바로 김병룡 거사가 기증한 불서였다. 트럭에 실려온 불서는 대중들이 산 아래까지 내려가 이고 져서 경내로 옮겼다. 성철은 불서들을 극락전에 모셔놓고 흐뭇하게 바라봤다. 농부들이 겨울을 앞두고 곳간에 쌓아둔 나락 가마니를 보듯했다. 불서들은 어쩌면 봉암사 결사의 유일한 재산이었다. 수행에 필요한 또 다른 양식이었다.

이런 광경을 희양산 흰 바위가 내려다보고 있었다. 희양산은 백두대간의 단전 부위에 위치한 998미터의 거대한 바위산이다. 희양(햇볕曦 볕陽)이란 이름만큼이나 특이하다. '갑옷을 입은 기사가 앞으로 내달리는 형상'(지증대사)이며 '봉황이 머리를 들고 하늘로 막 오르려는 기세인 봉황등천鳳凰登天의 형국'(최치원)이다.

봉암사는 희양산 남쪽 너른 터에 자리하고 있다. 서쪽에서 동쪽으로 흐르는 30리 계곡을 끼고 있어 천하 길지로 꼽힌다. 바위산은 봉황을 닮았고, 계곡은 용처럼 흘러 봉암용곡鳳巖龍谷이라 불렀다. 879년 신라 헌강왕 때 지증대사가 창건했다. 창건에 얽힌 이야기가 대사의 비문에 적혀있다. 대사가 지세를 살피고 "이 땅을 얻게 된 것이 어찌 하늘이 준 것이 아니겠는가. 스님들의 거처가 되지 못하면 도적의 소굴이 될 것이다"라며 절을 지었다. 이후 선풍을 크게 떨쳤고 신라 후기 구산선문 중 하나인 희양산파의 종찰이 되었다. 고려 태조 때 정진대사가 중창했고 당시 봉암사에는 3,000여 명이 머물렀다고 한다. 지증, 정진대사를 기리는 탑비가 남아있다.

태고 보우국사를 비롯한 많은 고승들이 이곳에서 정진했다.

조선 초에는 배불론排佛論에 맞서 현정론顯正論을 설파했던 함허득통 스님이 말년을 보냈다. '동방의 출가승은 도를 물을 때 반드시 봉암사를 찾았다'고 전해진다. 문신 김정(1670~1737)의 기행문을 보면 조선 후기까지 봉암사는 사세가 당당했음을 알 수 있다.

암자와 큰 사찰이 웅장하고 크게 지어졌으며, 불상이 1천 구軀요, 스님들이 1만을 헤아리니 외산의 유점사인가?
임노직 〈희양산 봉암사 기행기록〉

그러다 1907년 극락전과 백련암만 남고 모두 불타버렸고, 1915년 윤세욱 주지가 요사와 영각 등을 신축했다. 이후에 봉암사를 찾은 학자 조남룡(1863~1930)은 이런 글을 남겼다.

예전에는 사찰의 모습이 웅장하였으나 병신년(1896) 난리를 겪으면서부터는 모두 잿더미 속으로 들어가버리고 예로부터 전해오는 절로는 다만 이층각뿐이었다.
임노직 〈희양산 봉암사 기행기록〉

해방 이후 봉암사는 특별한 선승들이 모여서 반듯하게 살았다. 조계종단은 1982년 봉암사를 특별수도원으로 지정했다. 봉암사 결사를 기리고 그 정신을 이어받겠다는 선언이었다. 지금은 전국에서 산문을 닫고 수행에만 정진하는 단 하나의 사찰이다.

봉암사 결사 소식은 바람을 타고, 구름을 타고 멀리 번져나갔다. 해가 바뀌자 해인사 가야총림에 참여했던 청담과 도반 향곡이 올라왔다. 이어서 월산, 홍경, 응산 등이 합류했다. 그리고 참된 수행에 목이 말랐던 젊은 수좌들이 전국에서 모여들었다. 도우, 혜암, 성수, 보경, 보안 등이 안광을 뿜으며 희양산속으로 들어왔다. 열서너 살 먹은 의현도 산문을 넘어와 두리번거렸다. 법전은 해인사로 가려다 봉암사에 들렀다. 잠시 머물다 떠나려 했지만 성철과 봉암사 생활에 그만 마음을 뺏겨 주저앉았다.

"절은 초라하고 쇠락해 있었으나 그 안에서 정진하고 있는 수좌들이 뿜어내는 열기는 산세만큼이나 힘이 있었다."

비구니들도 결사에 참여했다. 당시 비구니들은 공식적인 불교의식에 참여할 수 없을 정도로 지위가 낮았다. 대부분 작은 암자에서 밭농사를 짓거나 탁발을 해서 살아가고 있었다. 자연 비구니들은 비구승 눈밖에 있었다. 그런데 성철과 청담, 자운은 비구니들도 제대로 공부해야 한다며 결사에 참여시켰다. 실로 대단한 발상이었다. 그 밝은 눈이 비구니계에 새 바람을 몰고 왔다. 처음에는 청담의 딸 묘엄과 묘찬, 묘명, 지원, 재영이 참여했다. 이들은 봉암사 근처 백련암에 기거하며 낮에는 봉암사로 내려와 대중들과 함께 생활했다.

"부처님 법대로 살아보자."

결사는 치열했고 봉암사는 늘 깨어있었다. 일즉다一即多 다즉일多即一, 하나가 전부였고 전부가 하나였다. 하나가 모두를 움직이게 했다. 희양산 흰 바위는 개혁을 알리는, 햇볕으로 희게 타오르는, 거대한 횃불이었다.

비불非佛을 태우다

봉암사 첫 공사는 법당 정리였다. '불교' 아닌 것들은 모두 없애 버렸다.

  우리 한국불교는 가만히 보면 간판은 불교 간판을 붙여 놓고 있지만, 순수한 불교가 아닙니다. 칠성단도 있고, 산신각도 있고, 온갖 잡신들이 소복이 들어앉아 있습니다. 법당에 잡신들이 들어앉을 수는 없는 것이니 법당 정리부터 먼저 하자, 그리하여 부처님과 부처님 제자 이외에는 전부 다 정리했습니다. 칠성탱화, 산신탱화, 신장탱화 할 것 없이 전부 싹싹 밀어내 버리고 부처님과 부처님 제자만 모셨습니다.   성철 〈방장 대중법어〉

다음은 불공과 재齋의식을 바로잡았다. 개인적인 불공과 재는 신도가 직접 성심껏 기도하고 염불하도록 하고 스님이 중간에 끼어들지 말도록 했다. 당시 절에서는 칠성기도가 성했다. 신도가 소원을 빌면 스님이 목탁을 치며 축원해주었다. 성철이 일렀다.

"꼭 부처님께 정성 드리고 싶으면 개인 스스로가 알아서 물자를 갖다놓고 절하도록 하게 합시다. 우리 같은 중이 중간에서 삯꾼 노릇은 하지 말자는 겁니다."

시주한 사람에게 고맙다는 인사도 하지 못하게 했다. 성철은 영가천도(넋을 인도하는 의식)도 바로 잡아야 한다고 말했다.

"부처님 말씀에 누가 죽어 사십구재를 지내게 되면 경전을 읽어주라 했지 북 두드리고 바라춤 추라고는 안 했습니다."

절에서 이른바 푸닥거리를 추방했다. 마침 봉암사에서 사십구재를 지내고 있는 사람이 있었다. 3재쯤 지낼 무렵인데 갑자기 목탁마저 쳐주지 않는다고 하자 참으로 딱하다는 표정을 지었다.

"그러면 안 할랍니다. 어디 절이 이곳뿐입니까? 그런데 재도 지내지 않으면 스님들은 뭘 먹고 삽니까?"

성철 또한 그 신도를 보며 딱한 표정을 지었다.

"산에 가면 솔잎이 널렸고, 개울에 물 출출 흘러내리니 우리 걱정은 마시오."

가사, 장삼도 비단으로 만든 것은 훌훌 벗어던졌다. 면 옷만 걸치도록 했다. 색깔 또한 붉은색은 버리고 이미 대승사에서 만들어봤던 괴색으로 통일했다. 가사는 분소의糞掃衣라 하여 부처님과 제자들이 버려진 옷이나 수의를 기워서 만든 것이었다. 그러니 '색'이 살아있을 수 없었다. 옷에서 원색을 추방했다.

장삼도 새로 만들었다. 성철은 송광사에 머물 때 삼일암에 소장되어 있던 보조국사의 장삼을 유심히 살펴봤다. 그 장삼은 검박하면서도 기품이 서려 있었다. 양공良工(바느질 소임)인 자운이 송광사에 가서 보고 그 모양대로 만들었다. 그 후 송광사에 보관 중이던 보조국사의 장삼은 6·25전쟁 때 불타버렸다. 만일 성철이 눈에 담아 오지 않았다면 지금 스님들의 보조장삼, 고승장삼은 존재하지 않았을 것이다.

바리때(밥그릇)도 쇠나 질그릇만 지니도록 했다. 부처님이 와철瓦鐵로 하라 했으니 나무나 다른 재료로 만든 것은 모두 폐기했다.

비단 승복과 나무 바리때를 부수고 잘라서 마당에 쌓아놓고 성철이 직접 성냥을 그어 불태워버렸다. 그 속에는 성철이 지니고 있던 은행나무 바리때도 있었다. 스승인 동산 스님이 내려준 것이었다. 발우를 주는 것은 법통을 이으라는 무언의 바람 아니었던가. 이 소문을 멀리서 들은 동산이 노기를 섞어 말했다.

"싫으면 다시 돌려줄 것이지. 그 귀한 것을, 어른이 준 것을 깨어버렸다고!"

그러나 결사를 하는데 이것저것을 따질 수 없었다. 스승의 서운함을 모르는 바 아니지만 결기가 시퍼런 공동생활에 예외를 둘 수는 없었다.

또 봉암사 식구들은 육환장六環杖을 들고 다니도록 했다. 육환장은 머리에 두 개의 걸이가 붙어 있고 한쪽 걸이마다 조그만 고리가 세 개씩 붙어 있었다. 그러니 양 걸이마다 세 개씩 모두 여섯 개의 고리가 달려 있는 나무 지팡이다. 육환장을 들고 다녀야하는 이유를 성철은 이렇게 설명했다.

육환장 양 걸이는 진속이제眞俗二諦를 표현한 것이고, 여섯 개의 고리란 육바라밀을 표현한 것입니다. 그리고 중심의 나무 지팡이는 중도를 표현한 것입니다. 그러므로 육환장은 그저 나무지팡이가 아니라 중도 위에 서 있는, 이제가 원융하고 육도가 원만구족한 불교 진리 전체를 표현하고 있는 것입니다. 또한 인기척을 내어 짐승들이 미리 달아나도록 합니다. 그래서 부처님 당시부터 스님들이 이 육환장을 짚고 다녔습니다.

삿갓도 새로 만들어 썼다. 그러자 곧바로 항변이 들어왔다. 삿갓은 조선시대 천민들이나 썼고 승려들을 천민 취급하여 쓰고 다니게 한 것인데 왜 굳이 고집하느냐는 것이었다. 다시 성철이 나섰다.

"중국의 법문에 삿갓 이야기가 빈번하게 나오고, 청규淸規에도 삿갓을 쓰도록 하고 있는데 무엇이 문제인가."

가사 장삼은 절 안에서도 반드시 입도록 했고, 산문을 나설 때에는 육환장을 짚고 삿갓을 쓰도록 했다. 당시에 이런 차림이 다른 승려들에게는 별나게 비쳤을 것이다. 비구니 묘엄은 뭇사람들의 시선이 별났다고 말한다.

"여름에 육환장 짚고, 삿갓 쓰고, 삼베 장삼 입고, 걸망지고 비를 줄줄 맞고 가면 모두 큰스님 오신다고 비아냥거렸습니다."

식생활도 바꾸었다. 아침에는 꼭 죽을 먹고 저녁은 약석藥石이라 해서 조금만 먹었다. 인도의 율장에는 '오후 불식'이라 했지만 중국불교에서는 약 삼아 조금만 먹었다. 참선하는 데 기운을 차릴 정도만 약처럼 먹었던 것이다.

봉암사 살림은 여전히 가난했다. 특히 불공과 재를 지내주지 않으니 신도들 발길이 끊기고 시주 또한 끊겼다. 먹고사는 방편을 없애버렸으니 결국 탁발에 나서야 했다. 탁발은 돌을 던지면 돌을 맞고 욕을 하면 욕을 먹어야 했다. 한데 봉암사 스님들이 나타나면 마을 사람들이 발우가 넘치게 밥과 곡식을 내놓았다. 돌아오는 길엔 탁발 자루가 가득 찼다. 봉암사에는 과거 대처승들과는 완전히 다른 무리의 선승들이 살고 있었고, 그들의 청정한 살림살이가 신도들이나 혹은 나무꾼들의 입을 통해 산 아래로 내려가 전해졌기 때문이었다.

탁발은 하심下心을 심기에는 무엇보다 탁월한 수행이었다. 원래 비구란 '걸식乞食하는 자'라는 뜻이었다. 탁발을 나가면 아만은 버려야 한다. 사람들은 모두 자신은 '귀한 몸'이라 생각한다. 사실 사람은 세상의 누구보다 자신을 숭배한다. 하지만 목숨을 발우에 담아야 했기에 그런 아만은 붙어있을 수 없었다. 또 탁발은 중생에게도 남에게 베푸는 마음을 심어주었다.

두세 명씩 짝을 지어 산문을 나섰다. 탁발을 나가면 며칠씩 길 위에 있었다. 산 아래 마을에서부터 멀리는 괴산, 수안보까지 걸어갔다. 집 안에 들어가 염불을 해주면 곡식을 걸망에 부어주었다. 모두가 가난했던 시절이었지만 스님들을 박대하지 않았다. 잠자리 역시 탁발해야 했다. 아무데서나 되는 대로 자야했다. 자운과 법전은 함께 탁발을 나갔다. 따로 하루 종일 돌아다니다 해질녘이면 다시 만났다.

주로 공동묘지 앞에서 만났는데 시주 받은 돈은 잘 세어서 바랑에 넣어두고 쌀은 한데 모아놓은 뒤 얻어온 떡과 과일을 먹고는 나란히 앉아 이를 잡곤 했다. 내의 속에 하얗게 서캐까지 깔아놓으며 종횡무진 하는 이를 잡지 않으면 스멀스멀 온몸이 가려워 밤에 잠을 자기 어려웠다. 사랑방에서 여러 사람들과 함께 자면서 옮아온 이였다.

법전 자서전 《누구 없는가》

공동묘지에 앉아 노을빛에 이를 잡는 탁발승. 상상만 해도 평화롭다. 탁발승의 맑은 기운이 무덤 속으로 흘러들어 죽은 자의 밤도 평화스러웠을 것이다. 법전은 그 순간을 이렇게 기억했다.

"발우 하나 들고 밥을 얻으러 다니면 천하가 내 집인 것 같았다. 걱정할 것 하나 없이 마음이 편했다."

묘엄도 봉암사에 들어오기 전 탁발을 나갔다. 동짓달 찬바람이 가슴을 파고들었다. 함창이라는 마을에서 서른 집을 넘게 돌고나니 걸망이 무거웠다. 탁발을 마치고 묘희와 함께 점촌을 향해 걸었다. 다리를 건너는데 바로 그 밑에서 걸인들이 오들오들 떨고 있었다. 묘엄과 묘희는 그들에게 탁발한 쌀을 모두 퍼주었다. 또 한참을 걷다보니 이번에도 작은 다리 밑에서 한 여인이 어린 아들과 함께 떨고 있었다. 두 비구니는 여인에게 내복을 벗어주었다. 한겨울 찬바람에 온몸이 떨려왔지만 기분은 날아갈 듯 상쾌했다.

다음날 묘엄은 봉암사에 올라가 아버지 청담에게 탁발 후의 보시를 자랑 삼아 얘기했다. 청담은 잠자코 듣다가 이렇게 일렀다.

"기쁜 마음이 있으면 그건 진정한 보시가 아닌기라. 기쁘지도 않고, 내가 보시했다는 생각도 없이 무심으로 하는 보시라야 진정한 보시인기라. 줘도 줬다는 생각 없이 하는 보시, 그걸 무주상보시라고 하는 긴데, 앞으로는 내가 누굴 도와줬다, 내가 오늘 좋은 일했다, 그런 생각도 없이 해야 하는 기다."(묘엄 구술《회색 고무신》)

공주규약 오래된 새길

봉암사 식구들은 하루 일하지 않으면 하루 먹지 않는다는 백장 스님의 '일일부작一日不作 일일불식一日不食'을 실천했다. 중국 옛 총림의 청규 정신을 받들었다. 당나라 백장은 아흔이 넘어서도 손에서 호미를 놓지 않았다. 한번은 제자들이 건강을 염려하여 호미를 감춰버렸다. 그러자 백장은 방에서 나오지 않았다. 제자들이 문밖에서 그 연유를 물었다.

"내가 아무런 덕도 없는데 어찌 남에게 수고를 끼칠 것인가. 하루 일하지 않으면 하루 먹지 않을 뿐이다."

봉암사 대중은 무엇이든 자기 손으로 해야 했다. 이는 지키기 어려웠다. 밥 짓고 나무해오고 또 밭도 직접 매야 했다. 삯꾼, 일꾼은 들이지 않았다. 공양주도, 부목도 내보냈다. 아침 공양 전에는 반드시 마당을 쓸었고 오후에는 1시간 30분 정도 밭을 매는 울력을 한 후에 다시 산에 올라 나무를 해와야 했다. 이런 일도 있었다.

성철이 밖에 나갔다 돌아와 보니 유독 밭이 환했다. 풀 하나 보이지 않아서 밭고랑에 개미가 보일 정도였다. 누가 봐도 스님네 솜씨는 아니었고 삯꾼을 산 것이 분명했다. 성철이 원주를 불렀다.

"우리 원주스님이 보살이야. 대중들과 밭을 매느라 참 욕봤네. 그동안에 어떻게 저 많은 밭을 다 맸는지 모르겠네."

삯꾼 산 것이 들통 난 원주가 이리저리 변명을 했다. 성철이 버럭 소리를 질렀다.

"이 도둑놈아. 누가 삯꾼 사서 밭 매라고 했냐. 왜 맘대로 봉암사 규율을 깨뜨리는 거야. 당장 나가라, 이 도둑놈아."

원주는 새벽에 달아나버렸다.

또 대중은 하루에 나무를 석 짐씩 하도록 했다. 각각의 지게가 있어야 했으니 지게가 스무 개도 넘었다. 나무 울력은 결코 쉽지 않았다. 몇이서 도망을 가버렸다. 자운은 은근히 걱정이 되었다.

"이러다가 대중이 다 없어지면 어찌 살라고 그러나. 나무 두 짐씩만 하도록 하시게."

"그건 안 될 말이지. 사람 하나 도망가면 한 짐씩 올려야지."
"그러면 다 도망갈 거야."
"그러면 자운하고 나하고 둘이만 남겠네."
"에잇, 나도 갈 참이야."

심성이 무던한 자운이 염려할 정도로 봉암사 생활은 고단했다.

성철은 '부처님 법대로 살기' 위해 공주규약共住規約을 만들었다. 직접 붓을 들어 써내려간 행동 규칙은 분명하고도 엄했다. 공주규약은 함께 살기 위한 당시만의 규약이 아니었다. 조계종단의 계율과 규범 등이 여기서 비롯됐으니 지금도 시퍼렇게 살아있다. 공주규약은 오래된 법이고 새 길이었다.

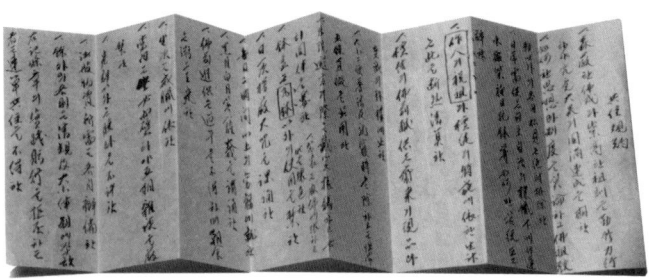

성철은 '부처님 법대로 살기' 위해
공주규약을 만들었다.
직접 붓을 들어 써내려간
행동 규칙은 분명하고도 엄했다.
공주규약은 단순히 함께 살기 위한
규약이 아니었다.

- 엄중한 부처님의 계율과 숭고한 조사들의 가르침을 온 힘을 다하여 수행하여 우리가 바라는 궁극의 목적을 빨리 이룰 것을 기약한다.
- 어떠한 사상과 제도를 막론하고 부처님과 조사의 가르침 이외의 개인적인 의견은 절대 배척한다.
- 일상에 필요한 물품은 스스로 해결한다는 목표 아래 물 긷고 나무하고 밭일하고 탁발하는 등 어떠한 힘든 일도 마다하지 않는다.
- 소작인의 세금과 신도의 특별한 보시에 의존하는 생활은 완전히 청산한다.
- 신도가 불전에 공양하는 일은 재를 지낼 때의 현물과 지성으로 드리는 예배에 그친다.
- 용변 볼 때와 잠잘 때를 제외하고는 늘 장삼과 가사를 입는다.
- 사찰을 벗어날 때는 삿갓을 쓰고 죽장을 짚으며 반드시 함께 다닌다.
- 가사는 마나 면으로 한정하고 이것을 괴색壞色한다.
- 발우는 와발우瓦鉢盂 이외의 사용을 금한다.
- 날마다 한 번 능엄대주를 독송한다.
- 날마다 두 시간 이상의 노동을 한다.
- 초하루와 보름에 보살대계를 읽고 외운다.
- 공양은 정오가 넘으면 할 수 없으며 아침은 죽으로 한다.

- 앉는 순서는 법랍에 따른다.
- 방사 안에서는 늘 면벽좌선하고 서로 잡담은 절대 금한다.
- 정해진 시각 이외에 누워 자는 일은 허용되지 않는다.
- 필요한 모든 물건은 스스로 해결한다.
- 그 밖의 규칙은 선원의 청규와 대소승의 계율 체계에 따른다.
- 이상과 같은 일의 실천궁행을 거부하는 사람과는 함께 살 수 없다.

성철은 승려와 신도 사이의 관계도 새롭게 설정했다. 당시만 해도 승려들은 신도들에게 반말을 들어야 했다. 억불숭유의 잔재였다. 승려들을 높여야했다. 그것은 부처님을 높이는 첩경이었다.

스님은 부처님 법을 전하는 신도의 스승이니 스님에게 세 번의 절을 하도록 했다. 이는 성철의 권유로 율장을 공부했던 자운의 공력이기도 했다. 당시 한국불교는 계율이 희미해지고 진정한 율사가 없었다. 불교의 뼈가 없는 셈이었다. 성철은 자운의 근기를 믿었다. 어느 날 자운에게 말했다.

"자운, 지금 우리에게 가장 필요한 것이 무엇인가?"

"그야 계율을 세우는 일이지."

"그럼 그 계율을 세워주는 일을 맡아주지 않겠는가?"

자운은 성철의 성정을 잘 알고 있었다. 성철은 허튼소리를 하지 않았다. 자운은 결국 도반의 간절한 눈길을 외면하지 못했다.

"내 비록 근기가 약하지만 열심히 해보겠네. 도와주시게."

이후 자운은 밤낮없이 경전을 끼고 살았다. 계율을 발굴하고 정리하여 이를 꿰어 놓았다. 자운의 공부는 산을 이뤘다. 하루는 자운이 봉암사를 찾아온 신도들에게 《범망경》을 설했다.

"무릇 승려는 국왕이든 부자이든 아무리 권세 당당한 자라도 결코 그 앞에서 절을 해서는 안 됩니다."

그러자 이를 듣고 있던 성철이 나섰다.

"《범망경》의 가르침을 따릅시다. 앞으로는 누구든 스님에게 삼배를 올리도록 합시다. 이것은 우리가 높임을 받겠다는 것이 아닙니다. 부처님을 높이자는 것입니다."

자신을 스스로 높임은 세속의 영화를 끊고 엉뚱한 짓은 하지 말자고 스스로에게 족쇄를 채우는 것이기도 했다. 직위를 높이는 것이 아니었다. 직분을 높이는 것이었다. 이후 신도들은 스님을 보면 삼배를 해야 했다. 이는 작은 일이 아니었다. 조선 500년 동안 승려는 신도가 찾아오면 달려가 배례했으니, 천한 무리임을 자처했던 것이다. 그날 신도들은 모두 스님들에게 세 번의 절을 올렸다.

어느 날 깨끗하게 차려입은 노부인이 경내에 들어섰다. 마침 성철이 마당에 서있는 걸 보고 그 자리에서 큰절을 올렸다. 비가 와서 진창인데도 아랑곳하지 않고 세 번이나 절을 했다. 이 광경을 목격한 향곡은 자기 눈을 의심했다. 결사에 뒤늦게 합류한 향곡에게는 신기하고도 놀라운 장면이었다. 노부인은 훗날 노동부 장관이 된 전진한錢鎭漢의 어머니였다. 향곡은 그날 일을 두고두고 얘기했다.

봉암사에서도 보살계菩薩戒 수계식을 열었다. 재가불자들이 지켜야하는 계율을 정리해서 가르쳤다. 자운 스님이 《범망경》 속에서 찾아낸 것들이었다. 봉암사에서 제대로 된 보살계를 한다는 소문이 나자 서울, 부산, 대구, 진주, 마산에서 신도들이 몰려왔다. 깊은 산속에 수백 명이 모였다. 당시 큰 사찰에서는 보살계첩을 주면서 천 원씩을 받았다. 꽤 큰돈이었다. 성철이 이를 나무랐다.

"우리나라에 불사는 많은데 흔히 불사, 불사하지만 불사하는 것 하나도 못 봤어. 전부 장사지. 장삿속이다 이거여. 우리는 불사 한번 제대로 해봅시다. 장사는 하지 말고."

성철은 계첩을 새로 만들도록 했다. 보살계를 받으면 천 원을 받는 대신 천화불千化佛이라 해서 천 번 절을 하게 했다. 즉 밤새 천 번 절을 해야 보살계를 받을 수 있었다. 누구도 예외가 없었다. 한번은 칠십 줄의 노인이 절을 하지 않았다. 한눈에 봐도 뻗정다리였다. 노인이 성철에게 사정했다.

"스님, 저는 다리가 이래서요."

또 팔십 줄의 노인이 말했다.

"스님 저는 아파서 일주일 동안 미음만 먹다가 왔습니다. 여기 보십시오, 미음 단지."

성철은 그래도 봐주지 않았다.

"절 못하면 보살계 안 받으면 될 것 아니오. 당장 나가시오."

그러면 뻗정다리 노인도, 미음만 먹던 노인도 열심히 절을 했다. 천배를 채웠다. 훗날 '삼천배'는 봉암사에서 이미 시작되고 있었다.

시
간 사
의 리

봉암사에서는 열심히 일하고 또 열심히 공부해야 했다. 그것은 결코 쉽지 않았다. 봉암사 생활을 이기지 못하고 결망을 싸는 스님도 많았다. 성철에게 '적당히'란 없었다.

  20여 명의 수좌가 한 방에 앉아 벽을 마주하고 선정에 들면 태고의 정적이 감돌았다. 발우공양을 할 때도 밖에서 보면 무엇을 하고 있는지 모를 정도로 엄숙하고 법다웠다. 좌선을 하다가 행여 졸기라도 하면 성철 노장이 고함을 지르고 주장자로 내리쳐서 감히 졸 생각을 하지 못했다.

법전 자서전 《누구 없는가》

성철의 '고함'과 '몽둥이질'은 봉암사에서 비롯됐다. 성철은 선방 문을 조용히 연 적이 없었다. 와락 열어 제치고 들어와 방 안을 오가며 고함을 지르거나 주장자를 내리쳤다. 졸거나 자세가 흐트러진 사람에게는 어김없이 벼락이 떨어졌다.

"밥값 내놓거라. 이놈들아!"

성철은 틈만 나면 '밥값 내놓으라'고 다그쳤다. 대중은 그 말을 들을 때마다 정신이 번쩍 들었다. 어떤 때는 수좌의 멱살을 틀어쥐고 계곡으로 끌고 가서는 물에 처박아버렸다.

안거 결제나 해제 때에는 법문이 있었다. 그날은 거대한 공포덩어리가 봉암사를 짓눌렀다. 산사가 긴장감에 터질듯했다.

"땡땡땡 땡땡땡"

운집종이 울리면 대중이 빠짐없이 큰방에 모였다. 법문은 주로 성철이나 향곡이 했다. 두 사람은 법문을 하다가 느닷없이 아무에게나 달려들어 멱살을 틀어쥐었다.

"한마디 일러라!"

누가 됐든 답을 못하고 허둥댔다. 그러면 어김없이 몽둥이로 두들겼다. 봉암사 큰방 안에 있던 대중은 순식간에 허물어졌다. 혼비백산 그 자체였다. 더러는 공포심을 이기지 못하고 큰방을 뛰쳐나갔다.

하안거 결제일이었다. 그날도 분위기가 심상치 않았다. 향곡이 법문을 하다가 갑자기 주장자를 집어 들어 우지끈 분질러

반 토막을 내더니 밖으로 던졌다. 비가 주룩주룩 내리고 있었다. 향곡이 대중 앞으로 달려들었다. 겁에 질린 비구니 묘엄은 얼른 큰방을 뛰쳐나갔다.

 신발 신을 여유가 없어서 양손에 신발 한 짝씩을 들고 맨발로 뛰었다. 억수로 쏟아지는 비를 맞은 채 정신없이 달아나다보니 어느새 보리밭까지 와 있었다. 묘엄은 그래도 안심이 안 되어 보리밭으로 들어가 엎드려 숨었다.

묘엄 구술《회색 고무신》

 고함과 몽둥이가 난비했지만 봉암사 수좌들은 이를 고마워했다. 자신이 부족함을 뉘라서 일깨우겠는가. 다만 큰스님의 몽둥이질에도 선뜻 분심憤心이 생기지 않는 자신의 미욱함이 서러울 뿐이었다. 선지식들이 살아있는 봉암사에는 많은 일화들이 만들어졌다. 특히 나이가 같은 성철과 향곡이 그 중심에 있었다.

향곡은 성철의 권유로 봉암사 결사에 동참했다. 성철이 향곡에게 편지를 보냈다.
 '봉암사에서 함께 공부하자. 만일 오지 않으면 쫓아가서 정진하고 있는 토굴에 불을 지르겠다.'

향곡은 곧바로 부산 월내 묘관음사妙觀音寺를 나와 곧바로 희양산에 올랐다. 어느 날 성철은 도반 향곡에게 의미 있는 물음을 던졌다.

"죽은 사람을 완전히 죽여야 바야흐로 산 사람을 볼 것이요, 죽은 사람을 완전히 살려야 바야흐로 죽은 사람을 볼 것이다는 말씀이 있는데 그 뜻이 무엇인지 알겠는가?"

그것은 일체 망념을 떠난 경지에 이르렀느냐는 물음이었다. 조금이라도 망념이 남아있으면 마음에 실상이 제대로 비치지 않으니, 곧 한번 크게 죽었다 다시 살아나야 분명하고 바르게 볼 수 있다는 것이었다. 오매일여가 되었다 해도 그것은 가사假死이니 거기서 한 번 더 죽어야 진정한 죽음이자 진정한 삶이라는 것이다. 즉 대사각활大死却活을 통해 진정한 자유를 누려 보았느냐는 물음이었다.

향곡은 성철의 질문에 꼼짝하지 못했다. 자신을 점검해봐야 했다. 그날부터 대분발심이 일어나 정진에 들어갔다. 며칠 동안 바위 위에 앉아있기도 했고, 쩌렁쩌렁 산천이 울리도록 고함을 지르기도 했다. 향곡은 삼칠일(21일) 동안의 용맹정진 끝에 활연대오했다. 향곡은 오도송을 지었다.

홀연히 두 손을 보니 전체가 살아났네
삼세의 불조들은 눈 속의 꽃이요

천경만론千經萬論이 모두가 무슨 물건이었던고
이로부터 불조들이 모두 몸을 잃었도다
봉암사의 한 번 웃음 천고의 기쁨이요
희양산 굽이굽이 만겁토록 한가롭네
내년에도 또 있겠지 둥글고도 밝은 달
금풍이 부는 곳에 학의 울음 새롭구나

 향곡은 정진하던 산내 암자에서 내려왔다. 그리고 맨 먼저 자신을 진리에 이르게 한 '탁마의 도반' 성철을 찾아갔다.
 "이제 성철이가 아는 불법은 아무것도 아니다. 내가 바른 법을 알았다."
 이때부터 성철과 법法싸움을 벌였다. 봉암사 대중은 당시에 일어났던 일화들을 깊이 기억하고 있다. 그것은 보통 사람들은 도저히 그 속내를 알 수 없는 법거량이었다. 이제 봉암사 결사의 주역들이 점차 사라져 이들이 남긴 문헌들을 통해 당시의 일들을 더듬어 볼 수밖에 없다.

 보살계가 열리는 날이었다. 비가 사납게 쏟아졌다. 그럼에도 많은 신도가 일찍 봉암사를 찾아왔다. 며칠 동안 비가 내려 거센 계곡 물소리가 경내를 휘저었다. 그때 향곡이 비를 맞아가며 홀로 거닐었다. 그러다 뭔가 생각이 났다는 듯 바삐 걸어 성철의 거처로 뛰어들었다. 성철은 객승을 맞아 얘기를 나누고 있었다. 향곡은 다짜고짜 성철의 멱살을 틀어쥐고 밖으로 나왔다.

향곡과 성철이 비를 흠뻑 맞아가며 맨발에 어깨동무를 하고 마당을 왔다 갔다 했다. 참으로 기이한 광경이었다. 향곡은 성철에게 문수라 부르고, 성철은 향곡에게 보현이라 불렀다. 서로 문수야, 보현아를 부르며 빗속을 오가자 대중은 처마 밑에 우르르 모여 이를 구경하고 있었다. 갑자기 성철이 소리쳤다.

"구덩이를 파라, 한 구덩이에 죽자."

이번에는 성철이 향곡의 멱살을 틀어쥐고 대문 쪽으로 끌고 갔다. 대문을 발로 차서 열고는 향곡을 패대기쳤다. 향곡은 졸지에 대문 밖으로 고꾸라졌다. 성철은 대문을 닫고 빗장을 걸어버렸다. 흡사 몸집이 큰 곰 두 마리가 씩씩거리는 것 같았다. 대중은 숨을 죽이고 계곡의 물소리만 악을 썼다. 인자한 부처님을 뵈러 왔는데 희한한 일을 보고 있었다. 호기심 가득했던 신도들의 얼굴이 점차 하얗게 변했다. 더러는 몸을 떨거나 비명을 질렀다.

판자 대문의 벌어진 틈으로 향곡이 왔다 갔다 하는 모습이 보였다. 향곡이 대문을 흔들었다. 대문은 열리지 않고 철컥거리는 소리만 들려왔다. 갑자기 성철이 대중을 향해 소리쳤다.

"저 대문 좀 열어줘라."

그러나 누구 하나 감히 나서지 못했다. 향곡은 계속 대문을 흔들었다.

"철컥철컥 철컥철컥"

대문에서 나는 소리가 날카로웠다. 빗속에서도 대중의 귀에 선명하게 파고들었다. 한순간도 빼놓지 않고 이를 지켜본 묘엄에게는 그 광경이 평생 지워지지 않았다. 훗날 그날의 목격담을 이렇게 전했다.

그때였다. 성철 스님이 갑자기 헌식돌로 쓰이는 커다란 돌을 들고 대문 앞으로 가더니 소리 안 나게 빗장을 살짝 들어둔 채 그 앞에서 두 손으로 돌을 들고 지키고 서 있었다.

향곡 스님이 또다시 잠긴 줄로만 알고 힘껏 대문을 밀치니 왈칵 대문이 열렸다. 그 순간 성철 스님은 들고 있던 그 큰 돌을 향곡 스님의 배를 향해 던지니, 그 큰 돌이 향곡 스님의 배에 맞고 그대로 발등에 떨어졌다. 참으로 창졸지간에 일어난 일이었다.

대중들은 모두 악! 소리를 낼 뻔했다. 그런데 참으로 기이하게도 향곡 스님은 아무렇지도 않다는 듯 성큼성큼 들어와 성철 스님과 어깨동무를 하더니 한바탕 크게 웃는 것이 아닌가!

"하하하하…."

성철 스님과 향곡 스님의 호쾌한 웃음소리가 봉암사 가득히 쩌렁쩌렁 울리고 있었다.

'참으로 문수보살 후신인 모양이다. 참으로 보현보살의 후신인 모양이다.'

봉암사 대중들은 넋을 잃고 두 큰스님의 기이한 모습을 바라보고 있었다. 어느새 비도 그치고, 찬란한 햇살이 쏟아지고 있었다.

묘엄 구술《회색고무신》

이제는 전설로 남아있는 봉암사 결사의 명장면이다. 그 시간은 흘러가 우주 속에 흩어졌지만 성철과 향곡이 있던 봉암사의 시간은 따로 흘렀을 것이다. 거창했던 도반의 법거량은 '시간의 사리'가 아니겠는가. 그것은 치열하게 수행한 선승들이 누리는 자유였다. 봉암사에서 묵언정진을 주로 했던 청담은 제자들에게 이렇게 당부했다.

"이는 법거량이니 오해하면 안 된다."

불멸의 결사정신

봉암사는 희양산 흰 바위만큼이나 높이 솟았다. 봉암사에서 일어난 일은 금방 퍼져나갔다. 선승들이 전국에서 찾아왔다. 부처님을 어떻게 섬겨야 하는지, 절 살림은 어떻게 꾸려가야 하는지, 선방에서는 어떻게 수행해야 하는지 알고 싶고 보고 싶었다. 봉암사 스님들의 일거수일투족은 그대로 본보기였고 기준이었다. 객들은 그들의 수행정진에 자신을 빗대보기도 했다.

신도들과 일반 사람들의 시선도 달라졌다. 지게 지고 줄지어 나무하러 가는 스님들의 행렬마저 반듯하게 보였다. 누더기를 걸쳤지만 얼굴에 구김이 없었다. 오히려 어떤 자긍심 같은 것이 서려있었다. 마을 아낙들의 입에서 전에 없던 말이 튀어나왔다.

"아이구 저 스님은 인물도 훤하네. 사위 삼았으면 좋겠네."
(봉암사 수좌 적명 스님이 성수 스님에게서 들은 얘기)

"스님들이 전부 누더기 차림이고 얼굴은 멀건 게 참으로 멋있게 보이더라구. 이전의 대처승들하고는 딴판으로 보이더구만. (…) 깨끗한 스님들을 보니, 은근히 나도 출가하고픈 생각이 들었지." (혜명)

종단에서도 봉암사 결사를 비상하게 바라봤다. 청담의 제자 정천이 봉암사에 오게 된 과정을 더듬어보면 이를 짐작할 수 있다. 정천은 가야총림에 머물며 봉암사로 떠난 스승 청담을 기다리고 있었다. 그러나 스승은 오지 않았다. 대신 봉암사 결사 소식만 들려왔다. 정천 또한 봉암사에서 반듯하게 살고 싶었다. 이를 눈치 챈 효봉 스님이 물었다.

"너도 가고 싶으냐?"

"예, 스님."

효봉은 봉암사 결사를 기특하게 바라보고 있었다. 길 안내를 해줄 비구니를 붙여 정천을 봉암사로 보냈다. 효봉은 친히 일주문까지 나와서 정천과 작별했다.

"중노릇 잘하거라."

이는 상징적인 장면이다. 가야총림이 있었지만 부처님 법대로 살아보겠다는 봉암사 결사를 효봉이 더 인정한 것이었다. 아직도 대처승들이 장악하고 있는 큰절은 봉암사 결사를 따라갈 수 없었다. 모두가 존경했던 효봉이 정천의 의중을 떠보고 길잡이 비구니를 딸려서 봉암사로 보냈음은 가야총림이 총림의 기능을 잃었음을 공표한 셈이었다. 새로운 문을 열겠다며 송광사를 떠나온 효봉도 어찌 할 수 없었다. 그저 참담할 뿐이었다. (김광식 《아! 청담》 참조)

봉암사에 끊겼던 신도들이 찾아들고, 사방에서 대중공양이 들어왔다. 경經만을 읽어주는 데도 재를 지내 달라며 줄을 섰다. 성철은 당시를 이렇게 회고했다.

(봉암사에) 사는 사람들이 스님 같고 귀신을 맡기면 천도가 될 것 같은 생각이 들었던 모양입니다. 하나씩 둘씩 재 해달라고 들어와요. 우리 법대로 《금강경》이나 《심경》을 읽어주는데, 그만 재가 어떻게나 많이 드는지, 왜 그런가 들어보니, 무슨 탈이 나가지고 무당을 데려다 굿을 한다, 별짓을 다해도 천도가 안 되는데, 봉암사에만 재를 넣으면 그만이다, 이것입니다.

성철 〈방장 법어〉

성철 이름 또한 높아졌다. 하루는 부산 지역 신도들이 찾아와 법문을 해달라고 졸랐다. 향곡을 따르는 무리였다. 성철이 난색을 보이자 향곡까지 나서서 청했다. 거절할 수 없었다. 성철은 진정한 불공에 대해서 설했다.

불공은 절집이 아닌 세상 속에서 행해져야 하며 부처님이 얘기한 불공은 결국 중생을 이롭게 하는 것이라 일렀다. 승려란 부처님 법을 배워 불공을 가르쳐 주는 사람이고, 절은 불공을 가르쳐주는 곳이어야 했다. 일체중생이 다 불공 대상이었으니 불공의 대상은 오히려 절 밖에 있었다. 부처님도 '나에게 돈 갖다 놓고 명과 복을 빌려하지 말고, 참으로 나를 믿고 따른다면 내 가르침을 실천하라'고 이르셨다. 배가 고파 길가에서 죽어가는 강아지에게 식은 밥 한 덩이를 주는 것이 부처님께 만반진수를 차려놓고 수천만 번 절하는 것보다 훨씬 공이 크다고 분명히 말씀하셨다. 성철이 말했다.

불공이란 남을 도와주는 것이지 절에서 명도 주고 복도 준다고 목탁 두드리는 것이 아닙니다. 절이란 불공 가르치는 곳이지 불공드리는 곳이 아니란 얘기지요. 불공은 절 밖에 나가 남을 돕는 것입니다.

성철은 확실히 달랐다. 복 받으려면 부처님 앞에 재물을 바쳐야 한다고 생각했던 신도들은 충격을 받았다. 그리고 이내 감동했다. 성철은 인간의 참모습이 부처와 다름없음을, 만물은 일체가 장엄하고 숭고하다는 것을 일깨웠다. 자신이 존귀한지 모르고 스님의 축원으로 복을 받으려는 행위가 얼마나 허망한 것인지 알렸다. 법문을 듣는 사람들은 가슴이 뜨거워졌다. 이 날 법문은 입에서 입으로 전해졌다.

신도들은 옷깃을 여몄지만 정작 절집에서는 아우성이 일었다. 부산, 경남 지역 사찰의 승려들이 들고 일어났다. 성철의 법문이 결국 절에 돈 갖다 주지 말라는 것 아니냐고 흥분했다.

"우리 중들은 모두 굶어 죽으라는 소리냐. 승려와 신도를 갈라놓는 것이 결사이고 혁신이란 말인가."

파문은 서울까지 번졌다. 총무원에서도 경위를 따져 물었다. 그러나 성철은 미동도 하지 않았다. 산이 떠나갈 듯 일갈했다.

"부처님 말씀 전하다 설사 맞아죽는다고 한들 무엇이 원통할까. 그건 영광일 뿐이지. 천하의 어떤 사람이 무슨 소리를 해도 나는 부처님 말씀 그대로를 전할 뿐 딴소리는 할 수 없다."

승려는 결국 부처님 말씀을 중간에서 소개할 뿐이니, 신도들이 부처를 봐야지 부처가 아닌 승려들만 보게 해서는 안 될 일이었다. 훗날 성철은 참된 불공에 대해 설했다. 내용은 봉암사 법문과 조금도 다르지 않았다.

어떤 도적놈이 나의 가사장삼을 빌려 입고 승려 탈을 쓰고 부처님을 팔아 자꾸 죄만 짓는가(云何賊人 假我衣服 裨販如來 造種種業). 누구든지 머리를 깎고 부처님 의복인 가사장삼을 빌려 입고 승려 탈을 쓰고 부처님을 팔아서 먹고사는 사람을 부처님께서는 모두 도적놈이라고 하셨습니다. 다시 말하면, 승려가 되어 가사장삼 입고 도를 닦아 도를 깨우쳐 중생을 제도하지는 않고, 부처님을 팔아 자기의 생활도구로 먹고 사는 사람은 부처님 제자도 아니요, 승려도 아니요, 전체가 다 도적놈이라고 《능엄경》에서 말씀하고 계십니다.

성철 〈방장 법어〉

대중을 무섭게 다그친 만큼 성철은 자신에게 엄격했다. 결사 중에도 생식을 계속했다. 쌀 두 홉을 물에 담갔다가 간을 하지 않고 씹어 먹었다. 일체 찬도 없었다. 성철은 이때도 장좌불와를 계속했다. 누구도 이불 위의 성철은 본 적이 없었다. 수좌들은 성철의 장좌불와가 얼마나 됐는지 손가락을 꼽아가며 헤아렸다. 6년이다, 아니 8년이다, 아마 10년은 됐다며 서로 우겼다. 그러나 누구도 이를 성철에게 묻지 못했다. 성철은 봉암사에서도 상좌를 들이지 않았다.

봉암사 대중은 누구도 새벽예불에 빠질 수 없었다. 예불 때에는 이산혜연선사 발원문을 읽었고 백팔배 참회를 했으며 능엄주를 독송했다. 또 자장율사의 게송을 외웠다. 신라 시대 자장은 나라에서 벼슬을 맡으라고 여러 번 불렀으나 나가지 않았다. 왕이 칙명을 내려 "나오지 않으면 목을 베겠다"고 했다. 자장은 선덕여왕에게 시를 지어 자신의 결의를 전했다.

"차라리 부처님 계율을 지키며 하루를 살다 죽을지언정, 계율을 어기며 백 년 동안 살기를 원치 않는다(吾寧一日持戒而死 不願百年破戒而死)."

대중이 자장의 시를 합송하면 당시의 결기가 살아난 듯 봉암사 경내가 비장했다.

초하루와 보름에는 포살을 했다. 그동안 승려들은 자신들이 지은 죄를 고하지 않았다. 더러는 불교가 참회의 종교임을 알고 있었지만 범계犯戒를 어떻게 씻어야 할지 몰랐다. 봉암사의 포살은 청정비구의 길로 나아가는 귀중한 의례였다. 자운이 계를 설하고 모두가 천배씩 절을 했다. 그렇게 한없이 낮아지고 맑아진 후에 도반 앞에서 죄를 고했다.

"기억나는 것은 금강산에서 온 비구니 스님이 참회를 할 때인데 연지, 즉 손가락을 태우고 참회할 때에 청담 스님이 그 방법을 일러주고, 목탁을 치면서 진두지휘하던 장면이 선하지."
《아! 청담》 혜명 스님 인터뷰

청정한 법의 구름이 도량을 덮고 있었다. 봉암사 결사는 현대불교가 나아갈 길을 제시했다. '부처님 법대로' 살아봤기에 현 조계종의 기틀이 잡힌 것이다. 지금도 그 치열함을 후학들이 기리고 따르니 불멸의 족적임이 분명하다. 성철은 하루에 한 장씩 찢는 일력에 봉암사 결사의 소회를 이렇게 적었다.

고불고조의 유칙遺勅을 완전하게 실행한다함은 너무도 외람된 말이기는 하였지만 교단의 현황은 불조 교법이 전연 민멸泯滅되었으니 다소간이나마 복구시켜 보자는 것이 주안점이었다. 그리고 교법 복구의 원칙하에 나의 수시 제안이 있을 것인 바, 그 제안에 오점이 발견되지 않는 한 대중은 무조건 추종할 것을 새삼 다짐하고 실천에 옮기게 되었다.

성철의 제안이란 바로 '공주규약'이었다. 봉암사 대중은 이를 실천하여 성철의 표현대로 '그 노고는 이루 말할 수 없었으나 대중 전체의 과감한 노력으로 그 성과는 일취월장하였다.' 그리고 마침내 불교사에 큰 획을 그었다. 이로써 한국불교는 봉암사 결사 이전과 이후로 나뉘었다.

봉암사 결사에 참여했던 사람 중에서 4종정(청담, 성철, 혜암, 법전)과 7총무원장(청담, 월산, 자운, 성수, 의현, 법전, 지관)이 나왔다. 봉암사 참여 대중을 다시 헤아려본다.

● 비구 – 성철 청담 자운 우봉 보문 향곡 종수 혜암 월산 응산 홍경 도우 청안 일도 성수 법전 보경 보안 영신 정천 만성 지관 혜안 보일 혜명 혜정 혜연 혜조 의현

- 비구니 - 묘엄 지원 재영 묘찬 응민 오선 혜민 지용 혜일 원명 지현 혜해 수진 묘각 묘명

봉암사를 나오다

전쟁의 먹구름이 몰려오고 있었다. 전쟁이 터질 것이라는 소문들이 산문을 넘어왔다. 문경 봉암사는 빨치산들이 오가는 길목에 있었다. 실제로 산사람들이 봉암사 인근에 자주 출몰했다. 이에 군경의 출동도 잦아졌다. 빨치산은 기어이 봉암사에도 들이닥쳐 식량을 약탈해갔다. 어느 날은 깎아놓은 곶감을 몽땅 가져가버렸다. 봉암사 일대는 감나무가 많아서 곶감은 겨울 양식의 하나였다. 맑은 도량이 갑자기 혼탁해졌다. 고요했던 산사에 고함 소리가 난무했다.

한번은 군인 칠팔십 명이 올라와 절에서 잤다. 자신들을 빨치산 토벌대라고 했다. 빨치산을 수색하러 가야하니 절에서 밥을 해달라고 했다. 난처해진 청담이 성철에게 어쩌면 좋으냐고 물었다. 성철은 단호하게 그럴 수 없다며 토벌대장을 불렀다.

"당신들이 군율軍律이 안 서면 싸움할 수 없는 것처럼 우리 절에도 법이 있소. 우리가 여기 들어온 뒤로 여태 한 번도 아침밥을 해먹은 적이 없소. 당신네들 때문에 우리가 여태까지 죽 끓여 먹던 법을 깨야 되겠소?"

"그야 안 되지요."

성철의 설득에 군인들이 마을로 내려갔다. 봉암사에 빨치산이 자주 출몰하다보니 군인도 경찰도 봉암사 승려들을 의심하였다. 봉암사는 빨치산에게도 경찰에게도 불온한 곳이 되어갔다.

1949년 봄, 사월 초파일을 막 넘기고 봉암사 백련암의 비구니들이 나물을 뜯으러 나갔다. 고사리를 꺾고 다래순도 땄다. 나물에 정신이 팔렸던 묘엄이 문득 둘러보니 도반들이 보이지 않았다. 깊은 산속에 홀로 있었다. 그때 갑자기 코앞에서 괴물이 나타났다. 묘엄은 소스라치게 놀랐다. 겨우 정신을 가다듬고 보니 괴물은 아니었다. 사람이었다. 황토가 범벅인 두루마기를 입고 얼굴에는 숯검정을 칠한 사내였다. 사내는 북에서 내려왔다며 자신을 따라오라 했다. 묘엄이 가지 않겠다고 버티자 총을 꺼내 위협했다.

그때 나물을 캐던 묘찬이 이 광경을 보고 달려왔다. 묘찬은 초등학교 교사로 근무하다 출가했고 묘엄보다는 여섯 살 위였다. 묘찬은 묘엄 대신 자신을 데려가라고 소리쳤다. 사내가 난감했던지 휘파람을 불었다. 그러자 사내 둘이 나타났다. 모두 황토 묻은 두루마기를 입고 있었다. 세 사내가 두 비구니를 끌고 가려 했다. 묘찬이 한 사내의 등짝을 내리치며 소리쳤다.

"차라리 우리를 죽이시오."

"정말 죽어도 못 가겠다는 거야!"

"그렇소. 우리는 불도를 지키면서 단 하루를 살다 죽을지언정 부처님 법을 어기며 백년 살기를 원치 않소."

아침저녁으로 외우던 자장율사의 시가 곧 용기고 힘이었다. 그러자 사내들 태도가 확 바뀌었다.

"이렇게 철저한 분들이 여승을 하고 있는 줄은 몰랐습니다."

사내 하나가 총을 거두며 말했다.

"미안합니다. 사실 저는 산 아래 가은지서 지서장입니다."

사내들은 모두 빨치산이 아닌 경찰이었다. 경찰이 승려의 사상을 시험해보려 변장을 하고 속을 떠본 것이었다. 기가 막혔다. 비열하고 더러웠다. 묘찬이 달려가 지서장의 뺨을 후려쳤다. 지서장은 잠자코 있었다. 만일 순순히 따라나섰다면 어찌할 뻔했던가. 저들에게 사람 목숨은 별 것이 아니었다. 내 편이냐 네 편이냐만 따졌다.

다리에 힘이 빠진 두 비구니는 비틀거리며 봉암사로 내려왔다. 그리고 청담과 성철 앞에서 소리 내어 울었다. 분하고 서러웠다. 봉암사에 대중공사가 벌어졌다. 아무래도 비구니들이 위험하니 거처를 옮기자고 의견을 모았다.

결국 비구니들은 걸망을 챙겨야 했다. 백련암을 나와 봉암사 계곡 한 편에 서있는 마애불을 찾아갔다. 고려 시대부터 봉암사의 성쇠를 지켜본 돌부처께 하직 인사를 했다. 다시 큰절로 내려와 법당에 엎드렸다. 비구니들은 몇 번씩 봉암사를 돌아보며 희양산을 내려갔다. 성철과 청담을 비롯한 대중이 그들의 뒷모습을 지켜봤다.

총구는 봉암사 결사까지 겨누고 있었다. 경찰이 조사할 것이 있다며 봉암사 대표를 경찰서로 나오라 했다. 성철은 삿갓을 쓰고 육환장을 짚으며 경찰서로 들어섰다. '봉암사식 나들이' 차림이었다. 하지만 경찰들이 보기에 성철의 차림새는 한마디로 가관이었다. 경찰들이 호통을 쳤다.

"당신이 누군데 어디 함부로 창을 들고 들어오는거야!"

성철은 제대로 해명도 못하고 돌아서야 했다. 절에 돌아와서는 묵언수행 중인 청담에게 화풀이를 했다.

"절이 위험한데 묵언만하고 있을 거야!"

그 날로 청담은 묵언을 그만 두고 사태 수습에 나섰다. 봉암사 아랫마을 출신으로 이 광경을 지켜본 혜명 스님은 당시 일을 이렇게 전했다.

그때 청담 스님은 철스님을 보시고는 혼자 말씀하시기를 "철스님이 도인인데 이런 일 하나 수습하지 못한다"고 한탄을 하였어. 내가 보기에 철스님은 문자를 갖고 하는 것은 도가 텄지만, 사회활동이나 사람과 대면하는 것에는 능하지 못했거든.

김광식 《아! 청담》

성철이 가만히 보니 시절이 온통 수상했다. 스님들도 하나둘 흩어졌다. 성철은 경찰과 빨치산 양쪽 모두에 의심을 받고 있었다. 봉암사의 실질적인 대표로 인식되어 '손 볼 대상'이었다. 당시 편을 가르는 사회 분위기로는 양쪽에서 모두 미움을 받을 수밖에 없었다. 성철은 더 이상 봉암사에 머물 수 없다고 판단했다. 성철은 당시 상황을 이렇게 설명했다.

"가을이 되고 보니, 뭣인가 아무래도 심상치 않아요. 딴 사람은 있어도 괜찮지만 나는 거기 있으면 안 되겠다 말입니다. 그래서 추석 지나고 난 뒤에 대중공사를 했습니다. '나는 떠나야 하니까 그리 알고, 순호(청담) 스님한테 전부 맡기니 입승스님 시키는 대로 하시오.' 그렇게 말한 뒤 봉암사를 나왔습니다."

성철이 먼저 떠난다고 하니 청담의 심기가 편치 않았던 듯하다. 두 사람의 작별을 지켜본 정천은 이렇게 증언하고 있다.

"철스님이 장경과 책을 싸서 봉암사를 떠나가며 청담 스님에게 잘 있으라 인사를 하니 청담 스님은 철스님에게 '안 죽으면, 만나겠지'라고 퉁명스럽게 응대했지."

성철이 전쟁이 터질 것을 예견했는지는 알 수 없다. 훗날 봉암사 주변 사람들은 "뭣인가 좀 알았을 것"이라고 말했다. 정작 성철 자신은 "소발에 쥐잡기로 그리 된 것"이라 얘기했다. 하지만 소장하고 있던 책까지 모두 옮긴 것은 뭔가 심상치 않은 기운을 느꼈기 때문일 것이다.

"가만히 보니 시절이 잘못 돌아간단 말입니다. 나무를 베어다가 켜서는, 책이 좀 있었는데 나무로 궤짝을 짜 가지고 책을 모두 괘 속에 넣었습니다. 그래 놓고 향곡 스님을 시켜서 트럭을 하나 가져오라 해서는 책을 밤중에 실어다가 향곡 스님 토굴인 월래月來에 가져다 놓았습니다. 6·25사변이 일어나기 바로 일 년 전입니다."

불서를 실은 트럭이 어둠을 헤치며 희양산을 내려갔다. 어쩌면 결사의 상징물이 봉암사를 떠나가는 것이었다. 불서를 먼저 보내고 서너 달이 지나 성철은 부산 월내 묘관음사로 거처를 옮겼다.

성철이 산문을 나선 지 얼마 되지 않아 한밤중에 빨치산들이 몰려왔다. 어림 20명이 넘어 보였다. 대중을 모두 큰방으로 모이게 했다. 경찰에 자신들의 동태를 신고했다는 이유로 원주인 보경을 묶어서 꿇어 앉혔다. 끌고 가 죽이겠다고 위협했다. 죽이면 그냥 죽어야 했다. 빨치산들은 일체유심조, 유물론, 유심 같은 말을 뱉으며 나름 불교에 대해 얘기했다. 허망한 종교라며 승려들을 폄하하고 공산주의 이론을 들먹였다. 함께 먹고 함께 쓰는 공산주의야 말로 평등하다는 것이었다.

이때 청담이 나섰다. 빨치산을 상대로 그들의 설익은 논리를 물리쳐야 했다. 그러나 총을 든 그들을 설복시키기는 것은 쉽지 않았다. 그들의 감정을 상하지 않도록 좋은 말로, 쉬운 말로 다독여야 했다. 한 사람을 설득시키면 다른 사람이 나섰다. 청담은 빨치산 서너 명을 상대로 불교의 다양한 소재를 들어 그들의 편견을 녹였다. 불교가 그들의 사상보다 더 평등하다는 것을 예를 들어 설명했다. 그 장면을 지켜 본 혜명 스님이 훗날 이렇게 증언했다.

스님은 경을 보고 지견을 얻었고, 참선도 하였으니 말이 청산유수거든. 그런데 빨치산들은 자꾸 말이 막히거든. 그 빨치산 대장은 나하고는 동네 불알친구거든. 이름이 장붓들이라고. 키만 크고, 학교도 못 다닌 녀석인데. 그래 나는 더욱 말도 못하고 숨을 죽이며 그 장면을 보았지.

김광식 《아! 청담》

마침내 산사람들이 고개를 끄덕였다. 밤 10시경에 시작한 대화는 새벽 두세 시경에 끝이 났다. 산사람들은 총구를 거뒀다. 보경을 풀어주고 자신들이 나간 후 3시간 후에 신고하라며 사라졌다.

희양산 봉암사계곡
한쪽에 서있는 마애불.
봉암사 결사를 외호하며
그 시작과 끝을 지켜봤을
것이다.

제5장 / 벽방산 새벽이 찢어졌다

象徵

바다에 물은 아버지

 봉암사를 나온 성철은 향곡과 함께 묘관음사에서 겨울을 맞았다. 묘관음사는 부산 기장군의 월내라는 작은 어촌에서 멀지 않은 곳에 있다. 바다가 가까웠다. 운봉(1889~1946) 스님이 토굴을 짓고 정진하던 곳에 1941년 절을 세웠다고 전해진다. 운봉은 경허의 세 달 중 하나인 하현달 혜월의 법을 받았다. 그리고 향곡에게 법을 전했다.

 향곡은 1943년 스승을 묘관음사로 모셔와 지극히 받들었다. 운봉에게 미질微疾이 있자 향곡이 물었다.

 "이제 어디로 돌아가시렵니까?"

 스승이 주저 없이 답했다.

"이웃 마을 시주네 집에 물소가 되리라."

"그러면 소라 불러야 합니까, 스님이라 불러야 합니까?"

"풀을 먹고 싶으면 풀을 먹고, 물을 먹고 싶으면 물을 마시리라."

운봉은 1946년 4월 열반에 들었다. 성철이 이곳에 들기 3년 전 일이다. 묘관음사는 향곡이 머물며 선풍을 일으켜 단시일에 수행의 명소가 되었다.

성철은 '바다가 보이는' 묘관음사가 마음에 들었다. 성철은 깊은 산속만큼 바닷가를 좋아했다. 가야총림이 마음에 들지 않자 도우를 시켜 바닷가 수행처를 알아보라고 이른 적도 있었다. 경내에서 바다를 바라보며 날마다 '묘관음사'라는 배를 타고 바다로 나갔을 것이다.

당시 체구가 당당한 성철과 향곡이 함께 거닐면 경내가 꽉 찰 정도였다고 한다. 두 선승을 바라보는 대중은 보는 것 자체로 마음이 그득했다. 묘관음사 경내에 성철과 향곡의 수행 일화를 기리는 탁마정琢磨井이 있다. 도반의 목덜미를 잡아 우물에 처박고서 서로를 경책하며 경계를 점검했던 현장이다.

성철은 묘관음사에서 신실한 제자 비구니 인홍 스님을 얻었다. 인홍은 8년 동안 머물던 오대산을 나와 묘관음사에 머물고 있었다. 인홍은 1941년 오대산 지장암으로 출가했다. 한암 스님으로부터 사미니계를 받고, 동산 스님을 계사로 비구니계를

묘관음사
탁마정(琢磨井).
성철, 향곡 스님은
이곳에서 서로의
목덜미를 잡아
우물 속으로
머리를 처박으며
도반의 공부를
점검했다.

수지했다. 인홍은 철저하게 계율을 지키며 수행의 전범을 보여준 한암을 존경했다. 특히 한암이 설하는 《금강경》에 몸을 떨며 감동했다.

　인홍은 금강경 법문을 듣고 나서 이렇게 자신의 심경을 노래했다. 세간에 영화롭고 욕되는 일들 알고 보니 거품이요 몽환夢幻이로다. 오늘날 법문 듣고 모두 잊으니 천지가 내 것이요 광명뿐일세.

인홍 일대기 《길 찾아 길 떠나다》

　인홍은 그러나 한암과 오대산을 떠나와야 했다. 바로 전쟁이 터질 것이라는 소문 때문이었다. 1949년 봄, 오대산을 내려와 부산으로 향했다. 묘관음사에 걸망을 내려놓았다. 인홍은 이곳에서 성철을 만났다. 인홍 세수 42세, 성철은 38세였다. 성철을 본 인홍의 첫인상은 강렬했다.

"성철 스님은 삼십대 말의 젊은 선객이었으나 이미 도를 이루어, 쏘아보는 눈빛만으로도 가슴을 서늘하게 하는 도인이었다. 똑바로 바라볼 수 없을 정도로 눈에서 황금빛을 발했고 상대방을 무언으로 압도하고 있었다."

인홍은 묘관음사 선방에 들어 도반인 장일, 성우, 묘찬 등과 면벽수행을 했다. 그러던 어느 날이었다. 향곡이 인홍에게 공부의 경계를 물었다. 인홍이 답하자 향곡이 고개를 끄덕였다. 그런데 이를 지켜보고 있던 성철이 갑자기 일어서더니 인홍의 먹살을 틀어쥐었다.

"다시 말해보시오."

그러자 인홍은 아무 말도 하지 못했다. 은산철벽銀山鐵壁이 가로막아 어찌할 수가 없었다. 성철이 다그쳤다.

"하루 중 아무리 바쁠 때라도 화두가 끊어지질 않고 꿈속에 밝고 밝아 항상 한결 같아도 잠이 깊이 들었을 때 문득 화두가 막연하면 소용없는 법, 다생겁으로 내려오는 생사고를 어떻게 하겠는가?"

성철은 이후 인홍에게 공부하는 방법을 일러주었다. 동정일여, 몽중일여, 숙면일여의 경계를 설명하고 이 세 관문을 뚫어 화두를 깨치라 일렀다. 체험에서 우러나온 법문은 인홍의 가슴에 그대로 박혔다. 봉암사 결사에 참여하지 않았던 인홍에게는 삼분단三分段 법문이 새롭고 신비로웠다. 뜨거운 것이 올라왔다. 인홍은 비로소 자신을 돌아볼 수 있었다. 자신의 공부는 실로 보잘 것이 없었다.

"성철 스님의 가르침을 받아 기필코 도를 이루리라."

선승은 크게 의심(大疑團)한 후에는 크게 용맹하고 크게 마음을 내야했다. 인홍은 이때 대용맹大勇猛, 대분심大賁心이 일어났다. 이후 성철처럼 등을 바닥에 대지 않고 생활했다. 잠이 밀려들면 일어나 행선을 했다. 한밤 묘관음사 경내를 걷고 있으면 파도소리가 들려왔다. 깨달음에 목마른 비구니에게 바다가 보내는 묘음妙音이었다.

겨울날이었다. 인홍은 화두를 들고 경내 연못가를 걷고 있었다. 그때 갑자기 성철이 나타나 인홍에게 공부의 경계를 물었다. 인홍은 대답을 하지 못했다. 성철은 얼어있는 연못으로 인홍을 밀쳐버렸다. 훗날 그때 그 순간을 인홍은 이렇게 회상했다.

"겨우 연못에서 빠져나왔지만 이미 옷은 물에 푹 젖어 얼음이 쩍쩍 달라붙었지. 바닷바람이 오죽 차야지. 그러나 나는 방으로 들어갈 수가 없었어. 그대로 서서 정진하며 옷을 다 말렸지. 그때 내 정신이 돌아왔어. '조금 아는 것은 아는 것도 아니구나. 그것조차 버릴 것이구나' 하는 생각이 들었어. 평생 살아오면서 그때 발심했던 마음을 철두철미 잊지 않고 살았어."

성철과 인홍은 이렇게 스승과 제자가 되었다. 인홍은 네 살 아래인 성철을 일평생 스승으로 섬겼다. 성철이 어디에 있든 찾아가 꿇어앉았다. 성철사상을 전하는 비구니로 일생을 살았다.

1950년 1월, 묘관음사에 딸이 찾아왔다. 열세 살 수경(불필 스님)은 서울에서 초등학교(6학년)에 다니고 있었다. 큰 손녀 도경이 진주여중 입학을 앞두고 갑자기 죽자 할아버지 이상언은 "진주는 인연이 아니다"며 수경을 서울로 보냈다. 마침 서울에서 대학을 다니던 막내 삼촌이 아버지를 한번 만나러 가자고 찾아왔다. 사실 수경은 아버지가 스님인 것이 못마땅했다. 산속에 사는 아버지를 미워했다.

태어나서 한 번도 '아버지'라는 이름을 불러보지 못했던 큰스님에 대한 나의 이미지는 '거지일까?' 하는 것이었다. '세상을 등지고 가족을 버린 채 산속에서 무엇을 하는 사람인가?' 그렇게 생각하며 조금씩 미워하는 마음이 쌓이지 않았나 싶다.

불필 《영원에서 영원으로》

그러니 아버지를 만나러 가는 일이 썩 내키지 않았다. 하지만 아버지에 대한 그리움이 전혀 없는 것도 아니었다. 아버지는 어떤 모습일까 하는 호기심과 다소의 설렘도 있었다. 삼촌은 수경에게 말했다.

"형님을 만나 한판 해야지. 기필코 불교를 때려 부수고 올 거야."

막내는 집안의 유풍儒風을 어지럽히고 식구들을 팽개친 큰형에 대해 반감이 없지 않았다. 해질녘 묘관음사 입구에 도착했다. 수경은 절이라는 곳에 처음 발을 들여놓았다. 산기슭을 오르다보니 투박한 외모의 스님이 불쑥 나타났다. 보기에 무서웠다. 향곡이었다. 성철의 딸이라는 것을 알고는 향곡이 기특한 눈길로 쳐다봤다.

"철수좌가 '오늘 이상한 사람이 온다' 하고는 어디론가 사라졌어. 내가 잡아올 테니 잠깐 기다려라."

이윽고 성철이 향곡과 함께 나타났다. 깁고 기운 누더기를 걸치고 있었다. 키가 크고 눈이 부리부리했다. 수경은 마음속으로 '저 분이구나' 생각했다. 태어나서 처음 보는 아버지였다. 그 순간 성철이 소리 질렀다.

"가라, 가!"

그리고 안으로 들어가버렸다. 그렇잖아도 마뜩찮았던 수경은 대번에 마음이 상했다. 돌아서며 삼촌 팔을 끌었다.

"집에 빨리 가자, 삼촌."

그러자 향곡이 도반의 딸을 달랬다. 방으로 데려가 음식과 과자를 내놓았다. 그리고 하룻밤을 재웠다. 다음 날이 되어도 아버지 성철은 나타나지 않았다. 수경은 아버지를 향한 작은 그리움마저 지워버렸다. 다음 날 아침 일어나 절 아래를 내려다봤다. 어제 저녁 무렵에는 저물어 보이지 않았던 바다가 펼쳐져 있었다. 산골에서, 그리고 서울에서 자란 수경이 처음 보는 바다였다. 수경은 처음 본 아버지를 처음 본 바다에 묻었다.

아버지를 그리워했던 마음도, 미워했던 마음도, 묘관음사에서 있었던 일도 바다에 모두 흘려보내고 서울로 돌아왔다.

불필《영원에서 영원으로》

큰형을 만나고 온 막내 삼촌은 별말이 없었다. 수경이 표정을 살피니 불교를 때려 부수겠다는 호기는 오간 데 없었다. 돌아오는 차 안에서 막내삼촌이 나직이 말했다.

"나도 출가해버릴까."

천제굴

6·25전쟁이 터졌다. 동족끼리 죽고 죽이는 야만의 시간은 누가 풀었는가. 작은 동쪽나라가 피에 젖었다. '으뜸 가르침'이라는 종교도 흐르는 피를 멈추게 할 수 없었다. 불어오는 바람에는 광기가 스며있었다. 이 땅의 사람들은 내용도 모르는 이념을 물고 죽어갔다. 깊은 산속 절집도 총을 든 사람들이 접수했다. 절이 불타고 스님들이 쫓겨났다.

전쟁이 터지기 석 달 전 봉암사에 남아있던 청담, 법전, 정천, 지관이 희양산을 내려왔다. 이로써 봉암사 결사가 끝났다. 청담이 묘관음사에 머물던 성철을 고성 문수암文殊庵으로 불러들였다. 문수암은 688년 신라 신문왕 때 의상대사가 창건했다고 전해진다. 주변 산세가 수려하고 기암에 둘러싸여 일찍이 해동의 명승지로 알려졌다. 남해 금산 보리암, 청도 운문사 사리암과 더불어 영남의 3대 기도처로 꼽힌다. 바다를 내려다보면 남해 한려수도의 섬들이 크고 작은 점으로 떠 있다. 바다가 배경인 거대한 수묵화는 볼 때마다 달랐다. 섬들은 때로는 짙게 때로는 옅게 풀어졌다. 문수도량 문수암에서 성철은 전쟁 발발 소식을 들었다.

전쟁은 갈수록 치열해졌다. 남쪽 지방에도 인공기가 휘날렸다. 피아를 구분할 수 없는 전투기들이 굉음을 내며 하늘을 갈랐다. 절마다 '죽음'이 들어왔다. 삶과 죽음 사이에서 승려들은 기도하고 염불했다.

"비행기가 진주 폭격하고 하는 것, 고성 문수에서 다 보았습니다." (성철)

멀리 진주 시내에서 화염이 솟구쳤다. 밤에는 하늘마저 시뻘겋게 물들었다. 하지만 문수암의 문수보살은 그 어떤 지혜도 내려주시지 않았다. 그저 말없이 사람들만 굽어보고 계셨다.

이듬해 성철은 고성 문수암을 떠나왔다. 사람들이 너무 많이 문수암으로 올라왔기 때문이었다. 성철과 청담의 명성을 듣고 신도와 승려들이 찾아와 법문을 청했다. 봉암사에서처럼 살기 어려웠다. 결국 이듬해 성철은 약수로 유명한 통영 안정사安靜寺 은봉암隱鳳庵으로 옮겨갔다.

은봉암은 634년 선덕여왕 때 징파화상이 창건한 고찰이다. 벽방산(벽발산으로도 불림) 은봉암은 안정사에서 가파른 산길을 타고 올라가야 나타났다. 경내에서 바라보면 바다가 훤히 보였다. 눈이 솔바람을 맞는 것처럼 시원했다. 성철은 묘관음사, 문수암에 이어 다시 바다가 보이는 절에 머물렀다. 은봉암은 대처승의 절이었다. 성철을 따르는 신도는 하나도 없었다. 또 곁에 행자 한 명도 없었다.

"이때 문일조라는 분이 고봉 스님의 추천을 받아 은봉암으로 큰스님을 찾아왔어요. '공부를 하려고 합니다' 하니 '그러면 저 계단 끄트머리에 똑바로 서봐라'는 말씀을 하시고는 방으로 들어가 버리셨답니다. 마치 혜가 스님이 눈 속에서 법을 구했듯, 꼬박 24시간을 서있고 나서야 스님과 함께 생활을 하게 되었죠." (도우)

성철이 은봉암에 있다고 알려지자 찾아오는 승려들이 많았다. 대처승 식구보다 성철에 딸린 승려들이 더 많다보니 더부살이가 편치 않았다. 토굴이라도 지어 따로 살림을 차려야 했다. 일조가 큰절로 내려가 안정사 주지에게 토굴 하나 짓게 해달라고 사정했다.

큰절에서 은봉암으로 올라가는 산자락에 토굴을 지었다. 도우와 일조가 흙을 이겼다. 처음으로 '성철의 절'이 모습을 드러냈다. 초가삼간이었다. 주위에는 돌담을 둘러치고는 천제굴

提窟이라 이름 붙였다.

천제는 산스크리트어 '이칸티카icchantika'를 음사한 일천제一闡提를 줄인 말이다. 일천제는 영구히 깨달음을 얻을 수 없는 무리를 일컫는다. 부모를 죽이거나 부처와 나한을 죽여서 그 죄업으로 무간지옥에 떨어질 자들이다. 이와 관련 중국 남북조 시대에 살았던 도생(369~434) 스님의 고사가 전해진다. 도생은 뛰어난 법사였다. 《열반경》에 능통한 도생은 일천제 부류도 성불할 수 있다고 주장했다. 그러자 전국의 법사들이 이를 인정하지 않고 도생을 죽이려했다. 하지만 도생이 어리고 문장이 뛰어남을 감안하여 강남으로 추방했다. 당시는 불법이 장강長江 이북에만 퍼져있었다. 도생은 강남에 띠집을 짓고 살면서 '일체중생一切衆生 실유불성悉有佛性', 즉 세상의 어떤 사람이라도 불성이 있고 성불할 수 있다고 주장했다. 그러나 아무도 믿지 않았다. 도생은 돌과 나무들을 대상으로 설했다. 그리고 물었다.

"나는 일천제라도 최후에 성불할 수 있음을 믿는데 너희는 어찌 생각하느냐?"

그러자 앞에 서 있던 바위들이 고개를 끄덕였다. 이것이 바로 '도생의 설법에 바위가 끄덕인다(生公說法 頑石點頭)'는 고사이다.

천제굴이란 '부처가 될 수 없는 이의 굴'이었으니 매우 역설적이었다. 하지만 그 누구라도, 어떤 경우라도 성불할 수 있다는 긍정의 가르침이 들어있다. 또한 그 속에는 득도한 사람만이 누릴 수 있는 자유가 깃들어 있었다. 천제굴에 청담, 자운, 운허, 서옹, 향곡, 혜암 등이 수시로 찾아왔다.

 처음에는 일조, 지호, 도우, 법전 등이 성철과 함께 살다가 다들 떠나고 법전만이 성철 곁을 지켰다. 법전은 천제굴 주변에 밭을 일구었다. 공양을 지어 바치고 청소하며 빨래했다. 정성을 다해 스승을 모셨다. 성철은 생식을 고집하여 몸이 쇠약했다. 제자는 스승을 위해 항상 약을 달여 드렸는데 그 농도가 일정해서 맛이 한결같았다. 법전이 고안해낸 '저울추 약탕기'는 지금도 회자되고 있다.

 여러 가지 일을 한꺼번에 하다보면 시간을 제때 맞추지 못해 약의 양이 들쭉날쭉했다. 그때 한 가지 방법을 고안해냈다. 숯불을 화로에 담아 재로 잘 덮어 화기를 조절하고, 약단지를 공중에 매달고 나뭇가지를 비스듬히 하여 저울대처럼 만들어 추를 달았다. 약이 불에 졸아 추 무게와 같아지면 수평이 되도록 만든 것이다. 약이 달여져 원하는 양이 되면 평행이 되는 것을 멀리서도 볼 수 있어 다른 일을 하면서도 안심하고 약을 달일 수 있었다.

법전 《누구 없는가》

제5장/벽방산 새벽이 찢어졌다

천제굴에서도 '봉암사 공주규약'을 잊지 않고 실천했다. 비록 두 사람만 있었지만 철저하게 지켰다. 수행에 전념하며 능엄주를 외우고 예불대참회를 계속했다. 스승과 제자 둘이서 올리는 예불이었지만 언제나 지극하고 장엄했다. 살을 에는 새벽 추위에도, 더운 여름날 저녁에도 정성을 다해 모든 생명붙이에 평화가 깃들기를 서원했다.

법전은 하루 종일 분주했다. 엉덩이 붙일 새가 없었다. 이런 법전을 부러워하는 사람이 있었다. 가끔 천제굴에 들렀던 인홍이었다. 비구니 인홍은 곁에서 성철을 모시고 싶었다.

저녁예불을 하면서 스승과 제자 두 사람이 백팔배를 하고 있는 모습은 조촐하지만 장엄했다. 함께 살면서도 그들은 말이 없었다. 제자는 오로지 스승을 시봉하고 살림을 하면서 참선 공부만 할 뿐이었고, 스승은 스승대로 일상에서 부처님 법대로 하루 스물네 시간 사는 것을 보여줄 뿐이었다.

인홍 일대기 《길 찾아 길 떠나다》

제자는 부엌 바닥에 밥상 대신 깔개를 깔았다. 어둠이 내리면 남폿불 아래서 스승과 제자는 묵묵히 공양을 했다. 어둠 속에서 천제굴은 평화로웠다. 두 사람에게는 안식이 깃들었다. 몸이 부서질 듯 곤했어도 법전은 스승과 함께 있음이 행복했다.

어느 날 생식을 하는 스승에게 법전이 감히 간했다.

"스님 이제 그만 생식을 멈추시지요."

그러자 성철이 의아하게 쳐다봤다. 이놈이 무슨 수작이냐고 눈으로 묻고 있었다.

"스님, 제가 힘들어서 그렇습니다. 스님의 생식을 준비하려면 손이 너무 가서 다른 일을 할 수 없습니다. 이제 저와 함께 화식火食을 하시지요."

생식 공양을 준비하려면 번거롭기도 했지만 법전은 스승의 건강이 무척 염려되었다. 매사에 정성을 다해 시봉을 해도 스승의 몸은 나아지지 않았다. 토굴 생활에 공양까지 시원치 않으니 스승의 야윈 몸이 자신의 잘못처럼 느껴졌다. 법전은 불호령이 떨어질 것을 알면서도 여쭈었다.

성철의 생식을 만류한 것은 법전뿐만이 아니었다. 도반 향곡도 봉암사 결사 때 몇 번이나 생식을 멈추라 말했다. 생식으로 성철은 앞니가 벌어지고 손톱이 얇아져 휘어졌다.

"너 이러다 죽는다. 정 생식을 하려거든 참깨를 섞어 먹어라."

그러나 성철은 한마디로 물리쳤다.

"참깨가 그리 몸에 좋으면 너나 처먹어라."

향곡은 성철의 고집을 꺾지 못했다. 그런 성철이 제자의 간곡한 청에는 흔들렸다. 차마 뿌리치지 못했다.

"좋아, 내일부터 화식을 하지."

출가 이후 16년 동안 고집했던 생식을 포기했다. 법전은 기뻤다. 새삼 벌어진 스승의 앞니가 눈에 들어왔다. 법전은 성철을 시봉하는 모든 것이 그대로 수행이라 여겼다.

"진정한 스승은 생활 전체가 그대로 법문이다. 스물네 살에 봉암사에서 노장을 첫 대면한 이후, 나를 이끌어주실 스승이라는 믿음을 가진 이후 그것에 대해 한 번도 의심해본 적이 없었다. 허물조차 법인가 했다."(법전)

내가 너를 보고 있다

도인으로 소문이 나자 전국에서 스님과 신도들이 천제굴을 찾아왔다. 어느 날 여섯 보살이 토굴을 찾아왔다. 안정사에서 하룻밤을 묵고 천제굴로 올라왔다. 혜춘도 그중 하나였다. 혜춘은 4남매를 둔 세칭 '높은 집 마나님'이었다. 성철이 돌아가며 이것저것을 물었다. 맨 마지막에 혜춘을 보며 말했다.

"왜 불교를 믿으려 하는가?"

"성불하려고 믿습니다."

답을 듣고 성철이 무심히 말했다.

"송장을 타고 바다를 건너가려고 하는구나."

그러자 혜춘은 의문이 들었다. 바다를 배가 아닌 송장을 타고 가려한다는 비유가 무엇인지 알고 싶었다. 다음 날 함께 온 보살들이 떠났지만 혼자 남아 성철에게 답을 달라 졸랐다. 그래도 눈길 한번 주지 않았다. 그러자 혜춘은 밥을 굶으며 마냥 앉아있었다.

"송장을 타고 바다를 건너는 그 뜻을 알기 전에는 집에 가지 않겠습니다."

혜춘은 질겼다. 성철이 마지못해 달랬다.

"우리더러 송장을 치우라고 할 작정이냐. 밥이나 먹고 내려가라."

"굶어 죽어도 먹지 않고, 또 내려가지 않을 것입니다."

혜춘은 '단식 시위'를 벌였다. 결국 성철이 혜춘을 불렀다. 혜춘이 큰절을 올리고 앞에 앉았다.

"인간이 희구하는 게 무엇인가."

"행복 아니겠습니까."

"인간이 향유할 수 있는 행복은 유한이냐, 무한이냐."

"무한한 행복을 바라지만, 죽으니까 유한한 것 아닙니까."

"그럼 무한한 행복이 있다고 하면 공부를 해보겠느냐."

"믿어지면, 한번 해보겠습니다."

성철은 우선 절 만배를 하라 일렀다. 만배를 끝내니 이만배를 하라했다. 이만배를 끝내니 다시 삼만배를 하라했다. 그리고 다시 사만배를 시켰다. 그렇게 합쳐서 십만배를 마치자 미리 써

둔 법문을 내밀었다.

1. 생사윤회의 근본인 부모, 형제, 부부, 자녀 간의 애정을 영단永斷해서 돌아보지 말고 생사윤회의 근본을 끊을 것.
2. 선악 시비 어디에도 절대 관여치 말고 수행만 할 것.
3. 하루 20시간 이상 용맹정진 할 것.
4. 남녀노유 하인何人을 막론하고 부처님 같이 공경할 것.
5. 여하한 일이든 내가 옳다는 아심我心을 내지 말고 생사의 전쟁을 끊을 것.

법문을 보는 순간 혜춘은 형용할 수 없는 희열을 느꼈다. 이 세상에 필요한 것은 공부밖에 없다는 생각이 들었다. 차고 있던 고급 시계를 성철에게 드렸다. 그때까지는 성철을 제대로 알지 못할 때이니 혜춘이 그럴 만도 했다. 자신이 지닌 귀한 것을 바치고 싶었을 것이다. 성철이 그걸 받아서 던져버렸다. 그리고 흡사 오물덩어리를 만진 듯 손을 털었다.

"그때 저는 다이아몬드 1캐럿하고 같은 가격의 시계를 가지고 있었는데, '그래 이것 다 필요 없다'는 생각이 들어 큰스님께 드렸습니다. 그렇게 드리니까 큰스님은 고만 손으로 탁 치더니 멀리 던져버리셨어요." (혜춘)

성철은 혜춘을 인홍이 있는 성주사로 보냈다. 그러면서 사람을 시켜 단단히 일렀다.

"사람을 하나 보내니 도량으로는 들이되 선방에는 들이지 마시게."

인홍은 성철이 일러준 대로 혜춘을 내쳤다. 법당에도 선방에도 들어갈 수 없었다. 하지만 혜춘도 보통이 넘었다. 유발한 채 법당 추녀 밑에 거적을 깔고 앉아 화두를 들었다. 대중은 그런 혜춘을 모른척했다. 부유한 집에서 자랐고, 시아버지가 도지사였지만 혜춘은 대중의 발밑에 엎드렸다.

부엌에 앉아 꽁보리밥에 소금에 절인 김치 조각 하나 놓고 밥을 먹었다. 몸집이 좋고 다식多食을 했던 혜춘 스님은 채공 소임자에게 부탁하곤 했다. "이 거지에게 밥을 좀 더 주시오." 그러나 성주사 후원의 책임자는 결코 그녀에게 밥을 더 주는 일은 없었다. 인홍 스님도 아는 척하지 않았다. 그렇게 혹독하게 두어 달을 보내고 나자 성철 스님은 혜춘의 출가를 허락했고, 비로소 해인사 약수암에서 창호 스님을 은사로 삭발했던 것이다.

인홍 일대기 《길 찾아 길 떠나다》

1951년 여름, 경남 창원 성주사에 비구니 스님이 모여들었다. 오대산 월정사, 사불산 대승사 등에서 정진하던 스님들이 전쟁을 피해 삼삼오오 산문을 넘어왔다. 이들은 모여서 치열하게 정진했다. 이른바 '성주사 결사'였다. 봉암사 결사를 이어받아 그때 마련한 '공주규약'을 실천했다. 잠자리에 들기 전에는 장삼을 벗지 않았고, 백장청규 사상을 실천했다. 나무하고 밭농사를 지으면서도 눕지 않고 정진했다. 비구에게 봉암사 결사가 있었다면 비구니에게는 성주사 결사가 있었다. 그 중심에 인홍이 있었고, 그 뒤에는 성철이 있었다.

성주사 결사에 참여한 대중은 안거가 끝나면 천제굴에 가서 성철의 법문을 들었다. 성철은 해제 때에는 천제굴 출입을 허락했다. 해제 전날이면 성주사 대중은 물론이요 신도들도 천제굴로 몰려갔다. 그 맨 앞에 역시 인홍이 있었다. 천제굴에 도착하면 간단히 요기를 하고 곧바로 참선에 들었다. 그렇게 밤새 정

통영 벽방산 중턱에
자리했던 천제굴.
이제는 터만 남았지만
치열한 구도의 이야기는
지금까지 생생하게
전해지고 있다.

진을 하고 나서야 아침에 성철의 법문을 들을 수 있었다.

그날도 새벽예불을 마치고 법당에서 성철을 기다렸다. 비좁은 법당은 대중으로 꽉 찼다. 새벽의 법당 안은 숨소리조차 들리지 않았다. 이윽고 성철이 들어왔다. 주장자를 들어 법상을 내리쳤다.

"쿵!"

새벽이 찢어졌다. 성철은 시퍼런 눈길로 대중을 바라봤다. 성철의 안광에 새벽 공기가 금이 갔다. 누구도 눈을 마주치지 못했다. 성철의 눈길이 서서히 법전과 혜춘을 향했다.

"한마디 일러보라!"

지금까지 공부한 경지를 말해보라는 것이었다. 대중은 묵묵부답이었다. 다시 법당 안은 깊은 정적이 흘렀다. 정적은 예리했다.

"모두 마당으로 나가라."

대중을 경책하기에는 법당이 좁았다. 모두 마당으로 나와 앉았다. 성철의 눈길이 다시 법전과 혜춘을 향했다. 성철이 주장자를 들더니 제자 법전을 향해 내리쳤다. 제자는 스승의 매를 피하지 않았다. 미동도 하지 않았다. 어깨와 등짝으로 주장자는 매섭게 떨어졌다. 법전 대신 대중이 신음을 토했다.

'스승과 제자란 저런 것이구나.'

'깨달음을 향한 정진은 멀고도 숭고하구나.'

성철의 주장자는 혜춘에게로 옮겨갔다. 혜춘 역시 매를 피하지 않았다. 손에서 피가 흘렀다. 그래도 성철은 매질을 멈추지 않았다.

"자식까지 두고 온 사람이 그렇게 정진해서야 되겠는가."

성철이 법전과 혜춘을 택해 매질함은 결국 공부의 싹수가 있음이었다. 상근기를 지녔으면서도 스스로가 그걸 모르고 있으니 그 사실을 깨쳐줌이었다. 일찍이 이렇듯 가혹한 경책은 선종사에서도 흔치 않았다. 성철은 몽둥이로 말하고 있었다.

'내가 너를 보고 있다.'

법석法席이 거둬진 후에도 혜춘은 그대로 앉아있었다. 손등의 피를 닦아주며 인홍이 혜춘을 일으켜 세웠다. 인홍은 새삼 묘관음사에서 성철이 자신을 연못 속에 빠뜨렸을 때를 기억했다. 그때의 분심을 어찌 잊을 수 있단 말인가. 인홍은 또 다른 감동이 밀려왔다. 성철이 진정 고마웠다.

"후학들에게 내리쳤던 주장자는 분한 마음을 내서 공부하라는 무언의 가르침이요, 후학에 대한 무한한 관심과 격려였다. 하화중생에의 뜨거운 원력이기도 했다. 출가 수행자가 목숨을 내놓고 공부하지 않는 것에 대한 안타까움이었다."(인홍 일대기 《길 찾아 길 떠나다》)

혜춘에 대한 경책은 거기서 끝나지 않았다. 성주사에 머물 때였다. 성철을 보고 혜춘이 반가운 마음에 문밖에서 인사를 드렸다. 그러자 성철이 벌건 화로를 던졌다. 불은 피했지만 온몸에 재를 뒤집어썼다.

"분한 생각에 잠이 안 왔습니다. 그 후, 눈 시퍼렇게 뜨고 공부를 했는데요, 자꾸 고맙다는 생각이 났습니다. (…) 분해서 분심이 나서 진짜 눈 뜨고 잠 안 자고 그런 게 아니었습니다. 그냥 스님 고맙단 생각이 샘솟아서 용기가 더 났지요."(혜춘)

전쟁으로 산하가 핏빛으로 물들었지만 천제굴에서는 선승들이 내일을 준비하고 있었다. 이 땅에 살기殺氣가 가득했지만 천제굴에는 바다에서 맑은 바람이 올라왔다. 혜춘은 성철의 바람대로 바른 길을 걸었다. 자운 스님을 계사로 비구니계를 수지했고, 윤필암과 석남사 등에서 36안거를 성만했다. 해인사에 보현암을 세워 비구니 선원을 개설했다. 후학을 길러내며 비구니계의 거목으로 우뚝 섰으니 진정 영원한 행복을 찾음이었다.

전쟁을 씻기다

성철은 1952년 창원 성주사에서 동안거를 했다. 부처님 법대로 살자는 봉암사 결사를 이어받은 성주사 대중이 성철을 모셔왔다. 성주사는 불모산佛母山에 있다. 불모는 금관가야 김수로왕의 부인 허황옥을 지칭한다고 한다. 인도에서 '불교'를 싣고 온 왕비가 아들 7명을 입산시켜 승려로 만들었다 해서 그리 이름 붙였다는 것이다. 일곱 아들은 모두 성불했다고 한다. 불모산에 비구니들이 원을 세우고 결사를 했음은 허 왕비의 발원이 천년 넘어 다시 꽃을 피웠음이었다.

성철은 내심 이곳에 총림을 세우고 싶어 했다. 하지만 성주사에서도 대처승과의 갈등이 있었다. 대처승들은 잊을 만하면

성철 스님은 성주사에 총림을 세울 생각도 했다. 이곳에서 참다운 시주가 무엇인지를 가르쳤다. 사진은 성주사 경내.

불쑥 불모산에 나타났다. 이런저런 이유를 대며 절을 내놓으라 윽박질렀다. 그때마다 인홍이 나서서 대처승들을 물리쳤다. 비구니의 일갈은 어느 장부보다 힘이 있었다.

"승가의 근간은 청정이요, 그것을 지키는 것은 바로 계율 아닙니까? 청정을 무너뜨리고 계율을 어긴 그대들은 부처님 제자로서 부끄럽지 않습니까? 머리 깎고 독신으로 사는 수도자는 처자를 데리고 살림하지 않는 것이 전통인데 왜승들을 본받아 사찰 안에서 대처생활을 하고 있으면서도 부끄러움을 모른 채 수도에 전념하는 청정 도량에 와서 절을 내놓으라니, 부처님 법 어디에 그런 일이 있답니까?"

인홍 일대기 《길 찾아 길 떠나다》

절 뺏기 싸움은 어쩌면 전쟁보다 지독했다. 온갖 욕심이 엉켜있었다. 성철은 성주사에 총림을 열겠다는 원을 접어야 했다. 성철은 40여 명의 비구니들이 모여 정법수호의 회상을 여는 모습을 지켜봤다. 그 중심에 인홍이 있었기에 성철이 성주사를 특별하게 바라봤을 것이다.

성철이 성주사에 도착해서 부처님을 뵈러 법당 앞에 이르렀을 때였다. 문득 눈을 들어 보니 현판에 시주자 이름이 크게 쓰여 있었다.

'법당 중창 시주 윤○○'

법당을 중수한 그는 마산에서 한약방을 경영하는 재력가였다. 성철은 그 사람이 언제 오느냐고 물었다. 큰스님이 관심을 보이자 시주자가 곧바로 달려왔다. 성철이 에둘러 말했다.

"소문에 당신이 신심이 깊다고 모두들 칭찬하더이다. 나도 법당 위를 보니 그 표가 얹어 있어서 당신이 신심 있는 것을 알게 됐습니다."

시주자는 큰스님의 칭찬을 듣고 기뻐했다. 성철이 말을 이었다.

"그런데 간판 위치가 잘못된 것 같아요. 간판이란 남들이 많이 봐야하는데 이 산중에 붙여 놔봐야 몇 사람이나 와서 보겠소. 그러니 저걸 떼어내 마산역 광장에다 갖다 세우면 어떨까 합니다. 내일이라도 당장 옮겨봅시다."

시주자의 안색이 금세 바뀌었다.

"스님, 정말 부끄럽습니다."

"부끄러운 줄 알겠소? 설마 저 간판을 얻으려 시주를 한 것은 아니지요?"

"스님 잘못했습니다. 몰라서 그랬습니다."

"몰라서 그랬다고? 그러면 고치면 되지. 이왕 잘못된 것을 어찌하겠소."

시주자는 제 손으로 현판을 떼어 내어 아궁이에 넣었다. 법당임을 알리는 현판이 불쏘시개가 되었다. 잠시 밥 한술 짓는 정도의 불길을 내다가 이내 사그라들었다. 성철은 남들 모르게 남을 돕는 게 진짜 불공이라 말했다. 자신의 공덕을 알리는 순간 그것이 날아가버림을 왜 모르느냐고 탄식했다.

"아까운 돈으로 남 도와주고, 몸으로 남 도와주고는 왜 입으로 공덕을 부수어 버리는가."

성철은 이듬해 봄 다시 천제굴로 돌아왔다. 그리고 그해 여름, 1953년 7월 27일 이 땅에서 총성이 멎었다. 휴전이 이뤄진 것이다. 전쟁으로 수많은 절과 불교문화재가 불에 탔다. 많은 승려들이 죽거나 다쳤다. 남과 북은 절 안에서도 싸웠다. 북에서 내려온 승려들은 태고사(지금의 조계사)를 접수하고 남조선불교연맹을 조직했다. 그들은 공산주의와 북한을 찬양하는 노래를 보급하는 등 선전활동을 했다. 태고사는 전쟁 보급품을 생산하는 군수공장으로 둔갑했다. 다시 국군이 밀고 올라오자

태고사는 부상병 수용소가 되었다. 시가전이 치열하게 벌어진 탓에 대웅전을 비롯한 전각들은 부상자들로 넘쳐났다.

한암 스님이 전쟁 중에 입적했다. 1951년 3월 자신이 주석하고 있던 상원사를 구한 후 75년 동안 걸치고 있던 육신을 벗었다. 죽음 앞에서 선사의 면모를 잃지 않았던 한암의 이야기는 만고의 귀감이었고, 지금은 오대산의 전설이 되었다. 오대산에 들어온 국군은 인민군과 빨치산의 은신처를 없애겠다며 닥치는 대로 전각에 불을 질렀다. 군인들은 월정사를 태우고 다시 상원사로 몰려갔다. 상원사 대중은 피난을 가고 노승이 홀로 법당에 앉아있었다. 교정에 추대되었지만 평생 상원사를 떠나지 않은 한암이었다. 불을 지르겠다며 비켜 달라고 하자 노승은 잠깐 기다려 달라 했다. 한암은 가사와 장삼을 수하고 다시 법당에 들어가 불상 앞에 정좌했다. 그리고 군인들에게 자신도 법당과 함께 태워 달라 말했다.

"부처님 제자로 법당을 지키는 것이 도리이니 어서 나를 태우시오."

몸 어디에도 두려움이나 노여움은 붙어 있지 않았다. 낯빛이 평온했다. 국군 장교는 노승의 의연하고 기품이 서린 언동에 꼼짝 할 수 없었다. 결국 법당의 문짝만을 뜯어내 절 마당에서 태웠다. 연기를 피워 법당을 태우는 시늉만 내고 떠나갔다. 그 후 얼마 지나지 않아 한암은 좌탈입망했다. 만공, 수월

등과 함께 선풍을 진작시킨 한암은 27년 동안 오대산문을 나서지 않았다. 이름이 누리를 덮어 권력이 그의 이름을 가져다 팔았지만 산문 밖을 나오지 않았다. 그리고 선사의 최후는 향기로웠다.

성철은 천제굴에서 전쟁의 상흔을 씻겨주었다. 슬픔과 아픔을 품어주었다. 많은 사람들이 안정사에서 왼편으로 난 산길을 올라왔다. 그리고 토굴에 들어 성철에게 자신의 상처를 꺼내보였다. 성철은 모든 악업은 과거로부터 지은 것이라며 먼저 참회부터 하라고 일렀다. 불공의 참의미와 지혜로운 삶을 일러주었다.

성철은 천제굴을 찾는 이들에게 삼천배를 시켰다. 이때부터 성철을 만나려면 부처님께 삼천배를 올려야 했다. 한국불교사에 '삼천배'란 용어가 탄생한 것이다. 승려란 결국 부처님을 대행할 수 있는 사람이지 부처는 아니었다. 그래서 성철은 삼천배를 시키며 이렇게 말했다.

"나를 찾지 말고 부처님을 찾으시오. 나는 해줄 게 없습니다."

1953년 초가을, 전쟁통에 아버지를 잃은 15세 소년이 천도재를 올리기 위해 천제굴을 찾아왔다. 소년의 아버지는 오랫동안 맹장염을 앓았지만 전쟁 중이라 제대로 치료 한번 받지 못하고 세상을 떴다. 당시에 성철은 악신惡神도 천도시키는, 귀신 쫓는 도인스님으로 알려져 있었다. 소년은 고모와 함께 천제굴에 올랐다. 고모는 이미 마산에서 성철의 가르침을 받으러 천제굴을 오르내렸던 불자였다. 15세 소년이 아버지 천도재를 지내러 왔으니 성철은 이를 기특하게 여겼을 것이다.

성철의 천도의식은 독특했다. 무속의 굿이나 유가의 제례를 흉내 낸 천도재에 익숙한 사람들은 의아하게 생각했다. 성철은 경전만을 독송했기 때문이었다. 성철은 봉암사 결사 때처럼 신도들이 직접 장만한 음식을 불전에 바치라고 일렀다. 가졌건 못 가졌건, 지위가 높건 낮건 직접 밥을 지어 올리게 했다. 그런 성철의 모습이 소년에게는 당당하고 고고하게 보였다.

성철은 소년에게 밥을 지어 올리게 하고 삼천배를 하도록 했다. 그리고 위로의 설법을 했다. 인생의 무상함과 죽음의 의미를 들려주었다. 소년은 감격했다. 충만한 기운에 휩싸였다. 육신의 아버지를 보내고 마음의 아버지를 맞는 순간이었다. 그에게 새로운 삶이 시작되었다. 그가 바로 성철이 천제굴에서 얻은 첫 번째 제자 천제이다.

처음에 《초발심자경문》을 읽게 했다. 하루 한 쪽씩을 외워야 했다. 소년이 더듬거리면 회초리로 종아리를 때렸다. 다음에는 《채근담》과 《한산시》를 외우게 했다. 사서삼경으로 한문 실력을 기른 다음에야 비로소 불교 교리를 익히게 했다. 소년은 위장이 좋지 않았다. 전란 중에 제대로 먹지 못했기 때문이었다.

성철은 소년에게 위장약을 지어주었다. 그리고 적게 먹으라 일렀다.

1953년 겨울은 몹시 춥고 허기졌다. 성철을 시봉하던 처사마저 집에 문제가 생겼다며 가버렸다. 결국 성철은 소년과 둘이서 겨울을 나야 했다. 성철은 밥을 짓고 소년은 국을 끓였다. 그해 겨울은 굶다시피 했다. 간혹 부산 신도 몇이서 매서운 겨울추위를 뚫고 올라와 양식을 내려놓았다.

천제는 성철 곁을 떠나지 않았다. 그럼에도 성철은 상좌로 들이지 않았다. 천제는 조계종단사에 전무후무한 '10년 행자'였다. 어느 날 성철이 말했다.

"너도 이제 스승을 찾아라. 나는 평생 상좌를 두지 않기로 했다. 운허 스님한테 가거라."

그러나 천제는 이를 거절했다. 처음으로 성철의 말을 거역하였다.

"10년 행자로 살았는데 20년은 못 살겠냐고 했지. 가르침을 받으러 왔지 중 되기 위해 온 것이 아니라고 어깃장을 놓았어요. 그때 (상좌를 안 들이겠다는) 그 룰을 깨지 않았으면 뒤의 상좌들은 아마 없었을 거야." (천제)

천제는 이후 어머니와 동생 다섯을 불가로 불러들였다. 육남매가 스님이 되었다.

네 놈이 도인은 도인이구나

천제굴에 딸 수경이 찾아왔다. 묘관음사에서 처음 본 이후 5년 만이었다. 이번에는 성철이 불러들였다. 전쟁이 나자 수경은 서울서 진주로 내려와 진주사범 병설중학교를 다녔다. 그리고 1953년 봄, 진주사범학교에 입학했다. 수경은 진주 숙모 집에서 학교에 다녔다. 이듬해 늦봄 어느 날 스님이 수경을 찾아왔다. 성철이 보낸 법전이었다. 스님은 아버지 성철과는 달리 유독 키가 작았다.

"큰스님께서 다녀가라셨다. 방학이 되면 천제굴에 한번 오도록 해라."

수경은 그러나 내키지 않았다. 수경은 친구를 따라서 교회에 다니고 있었다. 방학을 맞아 산청 묵곡리로 돌아오자 할머니가 기다렸다는 듯 아버지 성철을 보러 가자고 했다. 할머니와 아버지가 말을 맞춘 것 같았다.

할머니 강상봉은 이미 자운 스님으로부터 보살계를 받아 불명이 초연화超然華였다. 성철이 머무는 곳에 철마다 찾아가 이것저것을 살피고 다시 속가로 돌아왔다. 세속에서도 계를 지키며 고기를 입에 대지 않았다. 수경은 할머니의 청에 딴청을 피우다가 할 수 없이 따라나섰다. 수경은 할머니, 고모와 함께 집을 나섰다. 고모는 수경보다 겨우 네 살이 많았다. 1954년 여름이었다.

할머니는 아들에게 줄 음식과 과일을 잔뜩 싸서 머리에 이었다. 한데 길을 잘못 들어 산길을 헤매다 날이 저물었다. 이리저리 찾아봤지만 천제굴은 나타나지 않았다. 벽방산은 통영 인근에서 가장 높고 골이 깊었다. 이내 산길을 오르내리다 지쳐버린 세 사람은 산속 아무 데나 몸을 부렸다. 여름이라 한뎃잠을 잘만했다. 아침에 눈을 떠보니 천제굴이 지척이었다. 바로 옆에 두고도 찾지 못했던 것이다. 수경이 보기에 초가삼간 천제굴은 절이 아니었다. 저런 집에 어떻게 사람이 살 수 있을까 하는 생각이 들었다.

누추한 초가에서 누추한 차림의 성철이 나왔다. 천제굴 앞마당에서 아버지와 딸이 서로를 쳐다봤다. 성철이 이고 간 과일과 음식을 보더니 표정 하나 바꾸지 않고 말했다.

"그것들 저 산 아래에 사는 어려운 사람들에게 나눠주고 오거라."

수경은 고모와 함께 음식과 과일 보따리를 들고 다시 산을 내려가야 했다. 할머니는 아들의 성정을 알면서도 무엇이든 속가에서 이고 왔다.

성철은 천제굴 좁은 방에서 딸과 마주 앉았다. 딸은 아버지에 대한 미움을 떨쳐내지 못하고 있었다.

"그래 너는 무엇을 위해 사느냐?"

"행복을 위해 삽니다."

수경은 턱을 들고 아버지의 눈길을 피하지 않았다. 얼굴에 불만이 묻어있었다.

"그래, 행복에는 영원한 행복과 일시적인 행복이 있다. 그러면 너는 어떤 행복을 위해 살려고 하느냐."

순간 수경은 아버지에게서 뿜어져 나오는 안광을 보았다. 그리고 영원한 행복이란 말에 감전된 듯 꼼짝을 할 수 없었다. 물음은 단순한데 영혼을 흔들었다. 그 순간을 수경은 이렇게 회고했다.

영원한 행복과 일시적 행복이 있다 하실 때, 나는 벌써 나의 생을 결정내버리고 말았다. 스님들을 싫어하면서도 내면의 세계는 불연佛緣에 닿아 있었던 것이다.

불필《영원에서 영원으로》

수경은 정신을 가다듬었다.

"어떤 것이 영원하고 어떤 것이 영원한 행복입니까?"

"행복은 인격에 있지 물질에 있는 게 아니다. 자기가 절대적 존재이며 무한한 능력을 가지고 있으니 그것을 닦아서 참으로 완전한 인격을 완성하는 것이다. 그것이 부처님의 가르침이다. 그러니 부처님처럼 도를 깨친 사람은 영원한 행복을 누리는 대자유인이고, 이 세상의 오욕락을 누리고 사는 것은 일시적 행복을 누릴 뿐이지."

"부처님처럼 도를 깨치는 공부는 어떻게 합니까?"

"화두를 들고 참선을 하면 도를 깨칠 수 있다."

딸의 마음이 움직였다. 성철은 이를 간파하고 곧바로 '삼서근(麻三斤)'이란 화두를 내렸다.

"옛날 중국에 동산이라는 큰스님이 있었지. 한 수좌가 스님에게 '어떤 것이 부처입니까?' 하고 물었지. 그러자 큰스님께서 '삼서근이니라' 하고 대답했다. 어째서 삼서근이라 했는지 오늘부터 자나 깨나 생각해보거라. 마음을 닦는 것이 불교이다. '어째서 부처를 물었는데 삼서근이라고 했는가' 하고 의심을 해보거라."

화두에 대해서 설명하던 성철이 수경에게 물었다.

"어두운 밤에 흰 눈을 보라. 이게 무슨 말이겠느냐?"

그것은 출가를 결심한 수경에게 던진 성철의 첫 질문이었다. 그리고 그 이후 수경의 생은 그 답을 찾는 여정이었다. 영원으로 가는 길이었으니 험하고도 아득했다.

"이제 학교는 그만 두고 참선공부만 하겠습니다."

성철은 무엇이든 끝을 맺지 못하면 성공하지 못한다며 학교를 마저 마치라고 일렀다. 졸업까지는 세 학기를 남기고 있었다. 어머니와 여동생도 이를 조용히 지켜보고 있었다. 듣고 있던 동생이 말했다.

"스님, 저도 출가하겠습니다."

그러자 성철은 고개를 크게 저었다.

"너는 몸이 약해서 안 된다."

여동생은 낙담한 기색이 역력했다. 수경은 천제굴 앞에서 눈을 들었다. 눈앞에 통영 앞바다가 펼쳐져 있었다. 묘관음사에 갔을 때도 바다가 보였다. 그때는 바다에 아버지를 묻었다. 하지만 이번에는 달랐다. 아버지가 준 '삼서근'이란 화두가 물결 위에 둥둥 떠있었다. 이상하게 가슴이 뛰었다. 돌아오는 길에 수경의 고모는 줄곧 풀이 죽어있었다. 막내고모는 수경이 보더라도 인물은 좋았지만 몸이 약했다.

"도인도 차별을 하나봐. 자기 딸은 출가를 권유하고 나는 하지 말라고 말리니."

막내 고모는 그 후 '출가出家 아닌 출가出嫁'를 했다. 훗날 성철의 생가에 겁외사를 세울 때도 남편과 함께 힘을 보탰다.

묵곡리로 돌아온 수경은 모든 게 달라졌다. 할아버지 이상언이 금방 눈치를 챘다. 큰손녀는 죽고, 둘째 손녀까지 출가할 기미를 보이자 묵곡리 속가는 다시 깊은 침묵 속에 빠져들었다. 마침내 아들을 찾아 나섰다.

"지가 올리는 없고 내가 가서 봐야지."

1936년 출가했으니 거의 20년 만에 아들을 찾아 나섰다. 속이 무너져 내려도 참고 참았던 아버지는 이제 '유림의 갓'을 벗어던지고 아들을 보러 길을 나섰다. 무심한 아들이고 야속한 아들이었지만 혈육을 어쩔 것인가. 묵곡리로 날아든 아들에 대한 명성은 산처럼 거대했다. 이미 자신이 감당할 만한 인물이 아니었다. 법력이 크고 높아 악신惡神도 그 앞에서 머리를 조아린다고 했다.

'그래도 그렇지, 지 놈이 뭔데 온 집안 식구들을 석가釋家로 끌어들인단 말인가.'

안정사에서 천제굴을 물으니 한 보살이 왼쪽 길을 가리켰다. 가을이었지만 산길을 오르자니 땀이 맺혔다. 버젓한 큰절을 두고 아들은 흙집에서 살고 있었다. 천제굴은 묵곡리 속가의 행랑채보다 볼품이 없었다.

'도가 무엇이길래 저런 곳에 기거한단 말인가.'

아들 성철이 나왔다. 부자가 마주 보았다. 아버지는 유가儒家에서 사람의 길을 찾고, 아들은 불가佛家에서 영원한 삶을 찾고 있었다. 아버지는 흰 두루마기를 입었고 아들은 잿빛 누더기를 걸치고 있었다. 아버지는 유발을 하고, 아들은 삭발을 했다. 아버지는 아들을 만나면 꼭 퍼부어야 할 말들을 준비해갔다. 아들을 보자마자 외쳤다.

"석가모니가 내 원수다!"

그런데 그 뒷말이 나오지 않았다. 아버지는 그만 아들의 모습을 보고는 더는 따져들지 못했다. 아들은 대장부로서 부족함이 없었다. 비록 누더기를 걸쳤지만 늠름했고 눈에서는 빛이 났다. 야윈 얼굴임에도 범접하기 어려운 기운이 서려 있었다.

'허명은 아니구나. 네 놈이 도인은 도인이구나.'

글을 읽고 인간의 도리를 논했던 아버지가 어찌 사람 됨됨이 하나 몰라보겠는가. 아버지는 말을 삼켰다. 이내 돌아서서 하늘만 쳐다 볼 뿐이었다. 성철은 그런 아버지를 묵묵히 지켜봤다. 세속의 인연이었지만 부자지간은 얼마나 엄중한가.

아버지의 얼어붙었던 마음이 녹아내렸다. 아버지는 발길을 돌렸다. 뒤따르던 아들이 조용히 말했다.

"앞으로 오래오래 사셔야 합니다."

산길을 내려가는 아버지의 모습에서 쓸쓸함이 묻어났다. 공맹사상으로 인간의 도리를 설파하던 유림의 기개는 뒷모습에 남아있지 않았다. 아버지는 좁은 산길에서 문득 작아졌다. 묵곡리로 돌아온 아버지가 말했다. 혼잣말처럼 들렸다.

"내 아들이지만 이제 어찌 할 수가 없구나."

아버지 이상언은 경호강에 쳐놓은 그물을 손수 거두었다. 아들이 출가하자 눈 부릅뜨고 이 악물며 산 것을 잡아들이라 소리쳤었다. '살생함으로 아들을 뺏어간 석가모니에게 복수를 하겠다'고 쳐놓았던 그물이었다. 부인 강상봉이 이를 한쪽 눈으로 지켜봤다.

증오의 소용돌이

1954년 5월 21일 대통령 이승만은 매우 특별한 유시諭示를 발표했다.

"대처승은 사찰에서 물러가라."

유시란 관청에서 백성에게 내리는 가르침이다. 당시 대통령 유시는 곧 힘을 수반한 법이었다. 이승만은 대처식육을 허용하는 일본불교는 우리의 전통불교와는 융합될 수 없고, 그런 까닭에 결혼한 대처승들은 친일승려들이니 절에서 축출함이 마땅하다는 것이었다. 이 대통령의 유시로 불교계는 정화운동이 벌어졌다. 하지만 말만 정화였지 불교계는 거대한 소용돌이 속으로 빠져 들었다.

사실 대통령의 유시가 있기 오래전부터 왜색 불교를 추방하고 우리 고유의 청정 승풍을 회복하자는 움직임이 있어왔다. 백양사에서 결성된 고불총림은 내부 혁신을 통해 참된 불법을 전파하고자 했다. 비구승을 정법중, 대처승을 호법중이라 하고 대처승은 제자를 두지 못하게 하여 결국 도태시키도록 만들었다. 성철이 주도한 봉암사 결사도 왜색 불교에 빠져 허우적거리는 불교를 '부처님 법대로 살아서' 일으켜보자는 것이었다. 그런데 어느 날 갑자기 대통령이 나서서 불교계 정화를 천명한 것이다.

그렇다면 대통령 이승만은 왜 불교를 찍어서 유시를 발표했을까. 거기에는 여러 설이 있다. 우선 대통령이 어느 사찰에 들렀는데 대처승 부인이 빨래를 널고 있는 모습을 보고 충격을 받아 대처승을 몰아내야겠다고 결심했다는 설이다. 가장 많이 유포되어 있다. 또 동산 스님 등 불교계의 건의에서 비롯됐다는 설도 있다. 누구는 정치적 이유를 들이대기도 한다. 발췌개헌을 통해 폭력으로 집권을 연장한 이승만 정권이 국민의 관심을 돌리기 위해 불교를 제물로 삼았다는 것이다.

대통령이 특정 종교를 향해 정화를 '명령'한 것은 매우 부적절했다. 더욱이 이승만은 감리교 신자였다. 그럼에도 거리낌 없이 대처승 추방을 표명한 것은 나름 국민들의 공감을 이끌어낼 자신이 있었기 때문일 것이다. 불교를 향해 무려 8차례의 유시를 내린 것도 여론의 지지 없이는 할 수 없는 일이었다. 어찌 됐든 대처승들은 최대의 위기를 맞았다.

'저항할 것인가, 순응할 것인가.'

전국의 명찰을 모두 장악하고 있던 대처승들은 모든 더듬이를 동원하여 위기의 실체를 탐색했다. 가장 궁금한 것은 대통령의 의중이었다. 이내 대통령 뜻이 완고하다는 것을 확인하고 굴복하기로 했다. 그동안 권력에 기대 본 승려들은 권력의 속성을 잘 알았다. 곧바로 중앙교무회를 열어 종헌을 개정했다. 9월에는 중앙종회를 열어 종권을 내려놓고, 비구승에게 사찰을 내주기로 결의했다.

비구승들은 이승만의 유시를 앞세워 정화(대처승 입장에서는 법난)운동을 전개했다. 교단정화추진위원회를 구성하고 8월에 전국비구승 대표자회의를 소집했다. 이어서 비구승대회를 열어 '대처승은 승적에서 제거할 것, 대처승은 호법중으로 할 것'을 결의했다. 그러나 대처승들은 분종을 천명하면서도 호법중은 될 수 없다고 맞섰다. 그것은 대처승더러 행정 등이나 맡아보며 수행승의 뒷바라지를 하라는 것이었다. 비록 처를 거느렸다고 해도 나름 부처님을 섬기며 수행했다고 생각하는 대처승들은 비승非僧 취급에 분노했다. 자신들의 삶을 송두리째 부정하는 비구 측 주장을 받아들여 스스로를 묻을 수는 없었을 것이다.

대처승들의 반격이 가시화되자 동산, 청담, 월하 스님 등 불교지도자들이 다시 경무대를 찾아가 이승만에게 도움을 요청했다. 이승만은 11월 4일 "왜식 종교관을 버리라"는 더 강력하고 더 세밀한 유시를 발표했다.

대통령의 유시를 믿고 비구승들은 물리적인 충돌도 서슴지 않았다. 시정의 폭력배와 거리의 깡패들까지 동원했다. 권력의 비호 아래 정화란 이름으로 폭력을 끌어들인 것이다.

태고사를 차지하려는 비구와 대처 간의 물리적 충돌로 불교의 위상은 수직으로 추락했다. 비구승들이 진입하여 사찰 현판을 '曹溪寺조계사'로 바꿔 달면 다시 대처승이 몰려와 현판을 '太古寺태고사'로 달았다. 결국 비구와 대처승들은 곳곳에서 유혈충돌을 빚었다. 폭력배들이 법당에 난입했다. 경내에 유

태고사를 차지하려는 비구와 대처 간의 물리적 충돌로 불교의 위상은 수직으로 추락했다. 비구승들이 진입하여 현판을 '曹溪寺'로 바꿔 달면 다시 대처승이 몰려와 '太古寺'로 달았다.

혈이 낭자했다. 유혈 충돌 후 양측은 법정 다툼에 들어갔다. 종교가 사법부의 판결에 의지해야 했다. 신도들은 한숨을 쉬고, 일반인들이 혀를 찼다.

사찰마다 부처님을 속인 업장이 산처럼 쌓였는데도 불교계는 참회 대신 주먹을 움켜쥐었다. 절만 뺏으려 들었다. 어디 부처님 법에 '폭력'이 있었는가. 쫓겨난 대처승들의 저주가 일주문에 수북한데 어찌 경내가 평화로운 것인가. 내 탓은 않고 남 탓만 하는 승단에 어찌 자비가 스며들 것인가.

천제굴에도 정화운동 소식이 올라왔다. 성철은 정화운동의 본질은 불교개혁인 만큼 절 재산을 모두 사회에 내주고 승려는 걸식하며 수행에 전념하자고 주장했다. 수행 정화를 해야지 힘을 동원한 세몰이식 사찰 점거는 더 큰 부작용을 몰고 올 것이라며 이를 경계했다. 성철의 판단은 옳았다. 이때 동원된 '급조된 승려' 문제는 이후 두고두고 한국불교의 발목을 잡았다. 또 더 좋은 밥그릇을 챙기려는 '사찰 쟁탈전'은 종단을 수렁에 빠뜨렸다. 수행 정화를 통해 고승들을 많이 배출했다면 그 그림자만 보고도 경배했을 것이다. 그렇게 되었다면 관권에 휘둘리며 권력에 짓밟히지는 않았을 것이다.

이때 비구승들은 성철과 청담을 주목하고 있었다. 성철은 천제굴에서, 청담은 고성 문수암에서 정진하고 있었다. 두 스님이 일어서면 승단에 새바람을 일으킬 것이라 기대했다. 효봉, 동산 등 노장들이 산을 내려오라 전갈을 보내고 젊은 수좌들은 성철과 청담을 찾아갔다. 성철은 비구승들의 청을 일축해버렸다.

"정화란 싸움이 아니다. 우리가 먼저 맑아져서 종단을 맑게 해야 한다."

하지만 청담은 젊은 수좌들의 간청을 뿌리치지 못했다. 한국 불교가 자신을 원한다면 몸을 던져 세속의 늪에 빠진 도량을 건져내리라 결심했다. 그러면서 청담은 맨 먼저 성철을 떠올렸다. 성철과 힘을 합친다면 못할 게 없을 듯싶었다. 서울로 올라가기 전에 천제굴을 찾아갔다.

"지금의 정화 불사는 봉암사 결사에서 싹을 틔운 것 아닌가. 이제 우리가 결사를 완성시켜야 하지 않겠는가."

"정화란 안으로 정진력을 키워 내실을 기하면서 이뤄져야지, 자기편을 늘려 사찰을 뺏는 싸움이 되면 '묵은 도둑 쫓아내고 새 도둑 만드는 꼴'이 아닌가. 우리에게 진정 필요한 것은 부처님 법대로 살고 중답게 정진하는 것이라 믿네. 지금은 우리에게 봉암사 결사가 새롭게 필요한 시점이라 생각하네."

"미래를 내다보면 성철 말이 맞네만 당장 비구승이 정진할 도량이 필요하고, 또 그것을 얻기 위해 누군가는 나서야 하지 않겠나."

"그래도 부처님 말씀을 붙드는 것이 먼저 아니겠나."

"결국 나 혼자 가라는 말이구먼."

청담은 그렇게 혼자서 올라갔다. 그리고 정화불사의 한복판에 서 있게 되었다. 그래도 가끔 사람을 보내 성철을 끌어내리려 했다. 어느 날 끝내 성철은 청담에게 시 한 수를 보냈다.

세 칸짜리 띠집에 본래부터 머무르고 있으니
한 길 신비로운 광명이 만고에 한가롭구나
시빗거리를 나한테 가져와서 왈가왈부 하지마라
뜬 세상에 천착하는 것은 나와는 상관없는 일이로다

연못에 물이 흐려 고기가 떠났다면 물을 맑게 해야지 다른 연못을 찾을 일이 아니었다. 고기(수좌)는 물(법)이 맑으면 저절로 연못(승단)으로 돌아오게 되어 있었다. 하지만 밖을 장악하기보다는 안을 먼저 다스리자는 성철의 주장은 결국 받아들여지지 않았다. 성철은 대중을 교화한다고 떠들다가 결국 대중에 동화될 것이라는 것을 알고 있었다. 허약한 한국불교의 현실을 냉정하게 들여다 본 것이다. 이후 한국불교는 얼마나 많은 곡절을 겪어야 했는가. 모두 안이 허약했기 때문이었다.

평화와 자유는 결코 반목과 질시로 얻어질 수 없습니다. 대립은 투쟁을 낳고 투쟁은 멸망을 낳습니다. 미움은 결코 미움으로 지워질 수 없습니다. 지극한 자비의 도리가 실현되어야 할 소이가 여기에 있습니다.

성철 〈법어〉

철학자 윤구병은 학창시절에 서돈각 교수와 해인사 백련암에 주석하고 있는 성철을 찾아갔다. 이야기 끝에 불교정화운동과 관련해서도 '말씀'을 얻고자 했다. 성철이 대뜸 일갈했다. 윤구병은 그날 성철의 노한 음성을 생생하게 기억하고 있다.

"똥개 두 마리가 똥 덩어리를 놓고 싸우고 있다."

제6장 / 속지 마라 중한테 나 같은

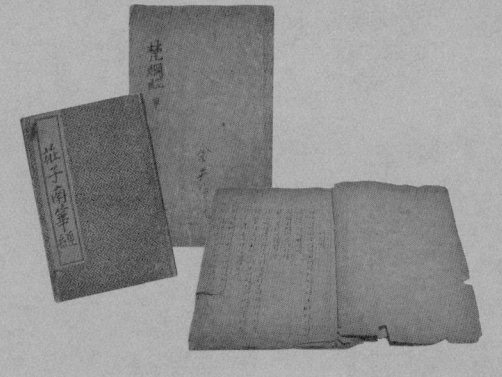

성전암 10년 동구불출

성철은 천제굴에서 가족과 화해를 했다. 딸에게는 출가를 권유했고, 딸은 영원한 행복을 찾아가겠다고 다짐했다. 또 아버지는 아들을 찾아갔고, 결국 아들을 대장부로 인정했다. 그것은 결과적으로 다시 속연을 끊음이었다. 통영은 산청 속가와도 가까웠다. 성철에게 가깝고 먼 것은 거리가 아니었다. 인연 있는 이들이 너무 많이 찾아왔다. 그들로부터 다시 떠나야 할 때가 된 것이다.

이미 성철이란 법명은 누리에 널리 퍼져 있었다. 조계종은 1955년 9월 성철을 해인사 주지에 임명했다. 종단의 일방적인 조치였다. 성철은 곧바로 사직원을 종정에게 보냈다. 결국 해인사 주지에 도반인 자운이 취임했다.

성철은 그러나 마땅히 갈 곳이 없었다. 마침 팔공산 파계사의 한송 스님으로부터 연락이 왔다. 파계사 산내 암자인 성전암을 다시 일으켜보라고 했다. 비록 쇠락한 암자지만 기세와 인연이 범상치 않다고 했다. 팔공산 자락에 위치한 파계사는 아홉 갈래로 흩어진 물길을 붙잡아 모은다는 뜻으로 파계사라 했다. 804년 신라 애장왕 때 심지 스님이 창건한 고찰로 그 이후 조선시대 개관 스님이, 다시 현응 스님이 새로 지었다. 현응은 숙종의 부탁으로 세자의 잉태를 기원하며 백일기도를 드렸는데 백일기도가 끝나는 날 숙빈 최씨가 현몽하고 세자를 낳았다고 한다. 바로 영조였다.

성전암은 창건 연대는 알 수 없지만 현응이 영조 탄생을 기원하며 백일기도를 드린 곳으로 알려졌다. 경북의 3대 참선도량 중 하나로 꼽는다. 성전암은 파계사에서 1킬로미터 남짓 산길을 올라야 나타난다. 한송은 성철과 금강산 마하연 선방에서 함께 정진했다. 선승으로서 성철의 면모를 누구보다 잘 알고 있었다. 한송은 파계사를 수행제일 도량으로 조성하겠다는 원을 세우고 불사를 하고 있었다. 성철이 자신이 구상하는 가람의 구심점이 되었으면 하는 바람이 있었을 것이다.

성철은 1955년 가을 통영 안정사 천제토굴을 빠져 나왔다. 오나가나 불서가 문제였다. 트럭에 실린 불서는 벽방산에서 팔공산으로 옮겨졌다. 성전암은 벼랑에 붙어 있어 흡사 제비집 모양이었다. 막상 도착해보니 경내에 변변한 건물 한 채 없었다. 그래도 산에는 단풍이 고왔다. 늦가을이었다. 뜰이 넓지 않아서 건물을 줄이고 마당을 넓히기로 했다. 쉽지 않은 공사였다. 법전이 팔을 걷어붙였다. 독성각은 법당으로 쓰고 나한전에 불서를 모셨다. 벼랑의 제비집(성전암)에 책이 들어가 가득 찼다.

성철은 암자 둘레에 철조망을 치라고 했다. 스스로 외부와 단절시켰다. 이른바 '10년 동구불출洞口不出'의 시작이었다. 그것은 또 한 번의 출가였다. 비구와 대처승의 절 뺏기 싸움이 한창일 때 성철은 더 깊은 곳에 숨어버렸다. 그것은 성철이 출가-제방 편력-오도-대중결사를 마치고 독거 수행에 들었음이었다. 전형적인 수행납자의 행로였다. 천제, 성일, 만수 세 행자가 성철을 시봉했다. 모두 10년 만에 제자가 된 이들이었다.

1956년 봄 성전암에 딸 수경이 찾아왔다. 수경은 친구 옥자와 함께 팔공산을 올라왔다. 둘 다 사범학교를 막 졸업한 갓 스무 살이었다. 수경은 파계사를 지나 성전암이 가까워지자 묵곡리 속가의 식구들이 떠올랐다. 할아버지, 할머니, 어머니, 삼촌, 고모… 성전암에 오르면 찾아가 볼 수 없는 얼굴들이었다.

교사 발령을 받았지만 수경은 학교가 아닌 산으로 들어갈

채비를 했다. 삼촌은 중이 되더라도 교편을 1년만 잡고 가라 했다. 또 어머니는 다시 대학에 들어가 더 공부하라 했다. 고집불통 수경의 마음을 돌려보려는 호소이자 애원이었다. 하지만 수경은 아버지 성철 스님의 얘기만을 머릿속에 넣고 살았다. 학교에 가지 않고 참선공부만 하며 살겠다는 수경에게 성철은 이렇게 말했다.

"아무리 작은 일이라도 매듭을 못 지으면 큰 일도 성공할 수 없다. 졸업을 하고 오거라."

이제 때가 된 것이다. 삼촌은 마지막으로 가족회의를 열어 설득해보기로 했다. 막상 가족들이 둘러앉았지만 누구도 입을 떼지 않았다. 서로의 얼굴만 보고 있는데 수경이 먼저 입을 열었다.

"저는 오늘 죽을지 내일 죽을지 모릅니다. 누구든 제 죽음을 대신해 줄 수 있다면 절에 가지 않겠습니다."

그 말로 끝이었다. 누가 수경을 대신하여 죽을 것인가. 할아버지 이상언의 눈에서 눈물이 흘러내렸다. 아들이 집 나갈 때도 울지 않던 이상언이 손녀가 출가한다니 눈물을 보인 것이다. 그 눈물 앞에 수경은 물론 가족들이 고개를 숙였다. 긴 침묵이 흘렀다. 이른 봄밤이 아팠다. 멀리서 새가 울었다. 그 울음이 정적 속을 파고들었다.

"할아버지, 걱정 마세요. 부처님은 6년 만에 도를 깨치셨지만 저는 열심히 공부해서 3년 만에 도를 깨치고 돌아오겠습니다."

그러나 누구도 그 말을 새겨듣지 않았다. 부처님이 도를 깨쳤지만 어디 속세로 돌아왔는가. 식구들은 다 알고 있었다.

다음 날 아침 수경은 할아버지에게 하직 인사를 드렸다. 할아버지 당부가 각별했다.

"절에 가면 버섯은 송이버섯 외에는 절대로 먹지 말거라. 산에는 독버섯이 많다. 그리고 이걸 가져가거라."

이상언은 한약 봉지를 내밀었다. 언제든지 중탕重湯을 해서 간편하게 먹을 수 있는 일종의 보약이었다. 약을 받으며 수경은 문득 할아버지 얼굴을 쳐다봤다. 유독 주름살이 눈에 띄었다.

'많이 늙으셨구나.'

더욱 기가 막힌 사람은 어머니 이덕명이었다. 일찍 남편이 집을 나가고, 큰딸은 죽고, 이제 남은 둘째 딸이 어미 가슴에 못을 박고 있었다. 시부모가 있어서 제대로 큰소리도 내지 못하고 서러움은 안으로만 삼켰다. 수경은 그렇게 집을 나왔다. 그리고 이후 다시는 할아버지 이상언을 보지 못했다.

가파른 돌계단을 올라 성전암 경내에 들어섰다. 아이들을 가르치는 교사의 신분을 박차고 다시 배움의 길에 들어섰다. 성전암에는 천제, 만수, 성일 세 행자가 있었다. 선방에는 법전, 혜암, 일타 등이 정진하고 있었다. 수경과 옥자는 성철에게 삼배를 올렸다.

성철 스님은 성전암 둘레에 철조망을 치라 했다.
'10년 동구불출'의 시작이었다. 또 한번의 출가였다.
사진은 지금 성전암 모습.

"참선공부를 하기 위해 집을 나왔습니다."

졸업을 하고 왔으니 공부하는 법을 가르쳐 달라는 것이었다. 성철은 아직 도시의 물이 빠지지 않은 수경과 옥자의 얼굴을 한참 바라보았다. 그리고 말했다.

"수행자는 가난부터 배우고 하심下心해야 한다. 저 마을로 내려가 탁발부터 해보거라."

둘은 마을로 내려가 제법 번듯한 집에 들어갔다.

"밥 좀 주세요."

도회지 신여성 둘이서 밥을 달라 하자 정작 놀란 것은 그 집 식구들이었다. 며느리가 상을 푸짐하게 차려 내놓았다. 아마 무슨 곡절이 있을 것이라며 밥을 먹는 두 처녀를 흘끔거렸다. 밥을 잘 얻어먹고 성전암에 올라와 성철에게 자초지종을 고했다. 성철은 혀를 찼다.

"아직 멀었구나."

수경과 옥자는 뭔가 배우고 싶었다. 하루빨리 화두를 들고 공부하고 싶었다. 수험 공부를 하듯, 영어 단어와 수학 공식을 외우듯 얼른 해치우고 싶었다. 하지만 영원한 길을 찾는 길은 멀고도 험했다. 성철은 두 사람의 마음을 꿰뚫고 있었다.

"급할수록 돌아가야 한다."

당시에는 그 말이 마음에 닿지 않았다. 먼 훗날에야 알아차렸다. 성전암에서 하룻밤을 보낸 두 사람은 팔공산을 내려와야 했다. 당시에는 비구니 사찰이 흔치 않았다. 해인사 말사인 청량사淸凉寺를 찾아가기로 했다. 성철은 직접 작성한 법문 노트를 내밀었다. 친필은 단정했다. 머리말부터 수경의 가슴을 덥혔다.

과연 그렇다. 생자필멸은 우주의 철칙이라. 대해거산大海巨山도 필경은 파멸하거든 하물며 그 사이에 끼어 사는 구구한 미물들이랴! 천하에 없는 부귀영화를 누리는 영웅호걸이라도 결국은 죽음을 못 면해서 소나무 밑에서 티끌이 되나니, 모든 부귀영화는 일장춘몽에 불과하지 않은가. 그러므로 '낙양성 십리 허에 높고 낮은 저 무덤에 영웅호걸이 몇몇이며 절세가인이 몇몇이냐'라고 노래함도 이 소식을 전하여 주는 것이다.

수경에게 법문 노트는 생명수 같은 것이었다. 왜 대자유인이 되어야 하며 어떻게 수행해야 하는지 알 수 있었다. 불교의 기초를 가르치고 신심을 키워주기 위해 한 자 한 자 적은 것들이었다. 수경과 옥자는 법문 노트 앞에 '백비百非'라 썼다. 감히 그 어떤 이름도 붙일 수 없이 귀한 것이라는 뜻이었다.

쓸모없어야 도를 이룬다

수경과 옥자는 매화산 자락에 있는 청량사로 들어갔다. 유발한 채 성철이 내린 화두를 들고 정진했다. 수행의 교과서는 성철의 법문 노트였다. 성철이 써 준 12두타행(12고행)을 그대로 실천하려 했다.

성하고 새것은 누가 주더라도 받지 않는다.
여벌 옷은 쌓아두지 않는다.
누구든지 청해서 주는 것은 받지 않고 오직 얻어서만 먹는다.
가난한 집이나 부잣집이나 가리지 않고 차례로 얻어먹는다.
한 번 앉아 먹고 두 번 먹지 않는다.

조금 얻더라도 그것으로 만족하고 더 구걸하지 않는다.

오후에는 과즙과 꿀물도 먹지 않는다.

산이나 들이나 인가와 먼 고적한 곳에서 살고 사람들과 섞이지 않는다.

항상 묘 터에서 사람의 뼈들을 보며 정진하여 무상을 깊이 느껴 발심을 돕는다.

집 안에서 살지 않고 항상 나무 밑에서 공부한다.

나무 밑도 반 집 안 같아서 오히려 애착이 생기는 고로 아무것도 덮이지 않는 곳에 산다.

타락은 게으른 곳에서 옴으로 항상 앉아서 눕지 않고 용맹정진한다.

12두타행을 다 행하지는 못하더라도 근본정신만은 절대로 잊어서는 안 되니 잊는다면 이는 수도인이 아니요 부처님 말씀과 같이 불문의 대적大賊이다. 의복은 항상 떨어진 것으로 몸 가릴 정도면 족하니 세상 사람과 같이 잘 먹고 잘 입으려면 출가할 필요가 어디 있는가? 의식은 영양 부족이 안 될 정도, 거처는 바람과 비를 가려 병나지 않을 정도로 취해야지 조금이라도 사치한 것은 절대로 못쓴다.

깊이 인과를 믿어 시주의 물건은 비상砒霜과 같이 생각해야 한다. 하루 먹은 밥 세 발우는 근본을 따지고 보면 시주의 피땀인지라 시주의 피 세 그릇을 먹고 사는 것이 아닌가. 그러므로 금생에 도를 깨치지 못하면 한 방울 물이라도 다 갚아야 되나니 어찌 무섭지 않으랴.

성철 〈법문 노트〉

의욕은 넘쳤지만 지혜가 깊지 못하고 요령이 부족했다. 몸에 이상이 왔다. 안거 해제 무렵에는 잇몸이 붓고 이가 솟았다. 조급함은 결국 병이었다. '급할수록 돌아가라'는 성철의 가르침이 선명하게 떠올랐다. 수경은 상기上氣병까지 났다. 가슴이 답답하고 머리가 터질 듯했다. 성철을 찾아가 상기병을 호소했다. 태어나 단 한 번도 면전에서 아버지라 불러보지 못했지만 그래도 급하면 찾는 게 아버지였다. 성철은 상기 내리는 법을 써서 주었다.

'기해단전氣海丹田 요각족심腰脚足心'

"좌복에 앉아 온몸의 기운을 높은 절벽의 폭포에서 물이 떨어지는 것처럼 하고, 족심에 생각을 두면 열이 내릴 것이다."

성철은 수경과 옥자에게 다음 수행처를 정해주었다. 바로 인홍 스님이 있는 태백산 홍제사였다. 둘은 홍제사에서 한 철을 보내고 대승사 윤필암을 거쳐 묘적암에서 하안거를 했다.

해제일에 성전암을 찾아온 수경과 옥자에게 성철은 각각 불필不必과 백졸百拙이라는 법명을 내렸다. 세상에 쓸모없는(不必) 사람이 돼야 도를 이룰 수 있고, 백 가지 즉 만사에 못난(百

拙) 사람이 돼야 성불할 수 있다는 뜻이었다. 이름을 받고 수경이 물었다.

"하필 왜 불필입니까?"

"하필何必을 알면 불필의 뜻을 안다."

그것은 도를 이루기 위해서는 '불필'이 필수라는 얘기였다. 바보처럼 공부만 해야 이룰 수 있는 것이니 쓸모없음이 필연이라는 것이었다.

1957년 가을 두 사람은 머리를 깎았다. 인홍 스님을 은사로, 자운 스님을 계사로 출가했다. 석남사 대웅전에서 사미니계를 받았다. 인홍이 막 석남사 주지를 맡아 중창 불사를 시작할 즈음이었다. 석남사는 가지산 동쪽 기슭에 있다. 구산선문 중 하나인 가지산문迦智山門을 개창한 도의국사가 824년에 창건했다.

가지산 석남사는 인홍이 다시 세운 비구니 사찰이었다. 인홍이 오기 전 석남사는 더없이 황량했다. 신라 고찰의 위세는 간데 없었다. 대웅전과 극락전, 요사채만 쓰러질 듯 서있었다. 터가 넓어서 더 을씨년스러웠다. 세속의 여인으로 있을 때는 약했지만 산사의 비구니들은 강했다. 퇴락한 석남사를 오직 비구니들이 힘을 모아 번듯하게 일으켜 세웠다. 주지 인홍은 직접 법당 지붕 위로 올라가 기와를 이었다. 성철을 만나 새롭게 법法눈을 뜬 인홍은 석남사를 성철사상을 실천하는 도량으로 조성했다. 인홍은 곧잘 이렇게 말했다.

백련암 장경각 앞에서
인홍, 묘엄, 불필 스님과
성철 스님.

제6장/나 같은 중한테 속지 마라

"나는 오로지 큰스님 법에 의지하고 그분의 지도 아래 비구니 위상을 세워보겠다는 원력으로 석남사를 이끌었다."

인홍은 어언 '가지산의 호랑이'라 불리었다. 성철은 비구니 중에 '될성부른 떡잎'들은 인홍에게 보냈다. 불필도 백졸도 그들 중 하나였다. 성철과 인홍은 떨어져 있어도 서로를 챙겼다. 이런 일이 있었다.

가지산 나무들이 잎을 떨구는 가을날이었다. 인홍은 갑자기 배가 끊어질 듯 아파왔다. 상좌들이 병원으로 옮겼으나 의사들은 병명조차 알 수 없다고 했다. 제자들은 스승을 큰 병원으로 옮겼다. 다시 정밀 검진을 받았고 결과는 충격적이었다.

"췌장이 곪아 터지기 직전입니다."

곧바로 수술 날짜를 잡았지만 모든 것은 절망적이었다. 인홍도 자신의 최후를 준비했다. 이를 지켜보고 있던 불필이 성철을 찾아가 위급한 상황을 알렸다. 성철은 한참 동안 생각을 가다듬더니 이내 방책을 얘기했다.

"너희 대장 아직 죽으면 안 된다. 살려내야 한다. 이렇게 하거라. 돌아가서 능엄주와 대참회로 삼칠일 기도를 해라. 스무하루 동안 목탁 소리와 염불 소리가 일분일초도 그쳐서는 안 된다. 향을 피워놓고 두 사람은 백팔대참회를 하고 두 사람은 능엄주를 외거라."

성철이 이른 대로 석남사 대중은 조를 짜서 기도를 시작했다. 16명을 네 팀으로 나눴다. 네 사람이 6시간 동안 기도하면 다른 팀이 이어받았다. 그렇게 24시간 내내 능엄주와 백팔참회가 끊기지 않았다.

인홍이 수술실에 들어갔다. 8시간이 걸리는 대수술이었다. 수술 후에도 깨어나지 못했다. 석남사 대중은 기도와 염불로 삿된 것들을 쫓아냈다. 마침내 인홍이 사흘 만에 깨어났다. 그리고 제자들을 보며 말했다.

"수술대에 누워있는데 문수보살님과 보현보살님, 그리고 관세음보살님과 대세지보살님이 나타나시어 내 배를 만져주셨다."

가피였다. 칼을 들었던 의사는 기적이라고 했다. 1,000명 중 한 명도 살아남기 힘든 수술이라고 했다. 기적의 현장을 지켜본 불필은 그 감회를 이렇게 전하고 있다.

"나는 지금도 그날의 혼연일체를 이루었던 아름다운 기도 회향을 잊지 못한다. 지극한 기도에 가피를 내리신 부처님, 기도 방법을 알려주시며 살려내라고 하신 큰스님, 큰 수술을 이겨내신 은사스님. 나는 살아오신 스님께 삼배를 올리던 그 순간을 잊지 않고 살아왔다."

인홍은 불필을 각별하게 살피며 수행정진을 독려했다. 불필은 통도사 금강계단에서 비구니계를 수지하고, 석남사 심검당에서 백일 동안 눕지 않는 장좌불와 수행을 했다. 해인사 국일암, 지리산 도솔암, 대원사, 오대산 지장암 등 제방에서 정진했다. 안거에 빠지는 법이 없었다. 성철과 인홍의 바람대로 불필은 수행에 모범을 보여 비구니계를 이끌었다.

성전암에서 성철의 일과는 단조로웠다. 아침에 공부하고 다시 밤에 공부했다. 이를 해와 달이 지켜봤다. 또 그 해와 달을 천제, 만수, 성일 세 행자가 성철과 함께 지켜봤다. 성철은 누구의 간섭도 없이, 또 누구를 간섭하지도 않으며 자신의 깨달음과 앎을 다시 성찰했다. 물리학, 열역학, 수학까지 깊이 파고들었다. 모두가 훗날의 불사를 대비하기 위해서였다. 제자 천제가 보기에도 스승의 공부는 대단했다.

"1950년대에 서구의 학술 자료를 구하기는 불가능에 가까웠지요. 성철 스님은 본인이 장서를 보거나 간혹 찾아오는 학자들과 얘기를 하다 새로운 주장을 담은 책이나 자료가 나왔다고 하면 꼭 구해 달라 당부했습니다. 한국 관련 정치기사를 삭제해서 구멍이 난 〈타임〉지를 보셨고, 당시 화보 월간지의 대표지였던 〈라이프〉도 구독하셨습니다. 그리고 불교 관련 서적이나 역사 관련 사료를 수집하는 일에 힘을 기울이셨습니다."(천제)

불교는 노인들이 붙들고 있는 '늙은 종교'가 아니었다. 지식이 넓어지고 과학이 발달할수록 '점점 더 새로워지는 종교'였다.

성철은 제자들에게도 공부를 많이 시켰다. '세속적인' 학문도 중요하게 여겼다. 그래서 제자 천제는 천재天才라는 별명을 얻었다. 산중에서 배운 영어 실력이 수준급이었기 때문이다. 천제는 일어, 범어, 한문에도 능했다.

"성철 스님은 불전을 원전으로 읽고 이해하기 위해서는 범어를 알아야 하고, 또 범어 공부를 위해서는 영어가 필수라고 하셨습니다."

천제와 함께 '10년 행자'인 만수도 별명이 '사전'이었다. 공부하라는 성철의 성화에 사전과 옥편을 줄줄 외웠기 때문이었다. 성철이 5개 국어에 능통한 언어의 천재라는 말이 전해지지만 이는 부풀려진 것이라고 한다. 성철은 한문과 일어에는 막힘이 없었지만 다른 언어는 다소 더듬거렸다고 한다.

우리가 세상을 가둔 것이야

"대구 파계사 성전암에 있을 때는 어떻게나 사람들이 많이 찾아오는지 산으로 피해 달아나기도 했지요. 그러면 산에까지 따라옵니다. 한 말씀이라도 해 달라 하거든요. '그럼 내 말 잘 들어. 중한테 속지 말어. 나 같은 스님네한테 속지 말란 말이야.' 이 한마디밖에 나는 할 말이 없어요."

사람들은 큰절 파계사를 지나 작은 성전암으로 몰려왔다. 성철은 누구도 만나주지 않았다. 철조망을 사이에 두고 신도와 시자가 '점잖은 대치'를 했다.
"스님 좀 뵈러 왔습니다."

10년간 동구불출했던
성전암에서의 성철 스님.
수많은 이들이 성전암을 찾았지만
문은 열리지 않았다.

"지금 정진 중이십니다."
"언제 뵐 수 있습니까?"
"오늘은 뵐 수 없습니다."
"스님 뵈러 먼 길을 왔는데 어찌 안 되겠습니까?"

천제, 만수, 성일은 고개를 숙일 뿐 답을 할 수 없었다. 신도 거의가 서울이나 부산, 마산 등 큰 도시에서 성철의 명성을 듣고 찾아왔기 때문이었다. 그들은 성철의 모습이라도 보려고 철조망 너머에서 서성거렸다.

성전암에는 신도들만 찾아오는 게 아니었다. 스님들도 계단 길을 올라와 가쁜 숨을 몰아쉬었다. 그래도 문은 열리지 않았다. 인홍 스님 또한 석남사 대중을 이끌고 성전암을 찾아왔다. 그 속에는 성철의 딸 불필도 있었다. 안거가 끝나는 전날이면 울산에서 버스를 타고 대구로 향했다. 대구에서 내려 걸어서 재를 넘었다. 무려 30리 길을 걸어 해가 진 뒤에야 성전암에 도착했다. 철조망에 구멍을 내고 들어가 모두 큰방에 숨죽이고 앉아 있었다.

'혹시 오늘은 큰스님이 말씀 하나 주실까.'

그러나 이내 "나가라"는 고함 소리가 들려왔다. 성전암이 무너질 듯했다. 성철이 주장자를 휘두르며 대중을 내쫓았다.

"내 말 잘 들어. 나한테 속지 말라 이거야."

인홍과 석남사 비구니들은 신발도 꿰지 못한 채 우르르 쫓겨났다. 겨울에는 성전암 주변이 온통 눈밭이었다. 언 발을 구르며 서 있으면 시자들이 소쿠리에 신발을 담아 내주었다. 제 신발을 찾아 신고 어두운 산길을 서로 손을 잡고 내려갔다. 더듬더듬 뒤뚱뒤뚱…. 더러는 눈길에 엉덩방아를 찧었다. 그들은 큰절 파계사에서 잠을 잤다.

법문은커녕 물 한 모금 얻어먹지 못하고 쫓겨났지만 인홍과 석남사 대중은 철마다 성전암을 찾아갔다. 산을 오르는 30리 길은 그들만의 순례길이었다. 석남사 비구니들은 성전암 찾아가기와 쫓겨나기를 멈추지 않았다. 석남사 안거는 성철에게 쫓겨나는 것으로 끝이 났다.

성철은 공부는 가르침을 받아서 되는 것이 아니라 스스로 정진해서 이뤄진다며 그들을 내쳤다. 분심을 일으켜 정진하라는 다그침이었다. 그것을 알면서도 비구니들은 성철에게 달려들었다. 사자 어미와 사자 새끼 같았다. 홀로 살아가라며 내치는 어미에게 달려드는 새끼들 같았다.

불필과 백졸도 출가한 이후에는 성전암에 발을 들여놓지 못하게 했다. 행자 시절에는 이것저것을 챙겨주었지만 삭발하자마자 성철의 태도가 돌변했다. 얼굴에서 찬바람이 일었다. 출가하고 얼마 지나지 않아 성전암을 찾아갔을 때였다. 성철은 다짜고짜 질문을 퍼부었다. 당황한 불필과 백졸은 무엇을 물었는지도 몰랐다. 쩔쩔매는 불필과 백졸에게 성철이 고함을 질렀다.

"저 가시나들 속가로 보내라. 절로 다시 가면 내가 그 절을 불사를 것이다."

혼이 나간 불필과 백졸이 도망쳤다. 그 뒤통수를 향해 다시 소리쳤다.

"너희들, 법문 노트 내놓고 가라!"

불필은 생명처럼 지니고 다녔던 법문 노트를 내놓아야 했다. 수행의 지침이 없어지자 그간 나름 수행했던 것들이 모두 빠져나간 듯 허전했다. 그렇다고 성철에게 다시 달라고 할 수는 없었다. 불필은 제자 천제에게 법문 노트를 찾아 달라 간청했다. 천제는 청을 뿌리칠 수 없어 법문 노트 전체를 베껴서 전해주었다.

성전암에서 쫓겨난 사람 몇몇은 분을 참지 못했다. 잠을 이루지 못하고 자신을 돌아보기도 했다.

'도인은 당신만 도인인가. 우리도 공부하면 도인이지.'

그렇게 분심을 일으키는 사람이 있었다. 성철이 무자비하게 내치면 시퍼렇게 눈을 뜨고 공부하는 사람이 나왔다.

큰스님이 그 먼 길을 걸어갔어도 밥 한 술 주지 않고 내쫓은 것은 누구도 의지하지 말고, 또 '왜 이렇게 쫓겨나야만 하는가' 하는 분한 마음을 내서 공부하라는 뜻이었다. 한마디로 '혼자 걸어가라'는 뜻이다. 그렇다. 공부는 홀로 걸어가는 것이다.

불필 《영원에서 영원으로》

스님과 행자들은 그렇게 두들겨 맞고 쫓겨나면서도 다시 성전암이 그리웠다. 이 땅에 큰스님 계심이 그저 든든했다. 고맙다는 생각이 들었다. 팔공산 쪽을 바라보며 눈물을 글썽거렸다.

경선 스님도 성전암에서 행자생활을 했다. 경선은 15세에 파계사로 출가했다. 승려를 동경했던 아버지가 자신의 원을 아들에게 심었다. 소년은 1963년 집을 나섰다. 5개월간 파계사에 머물다 성전암으로 올라갔다. 소년은 성철로부터 만연이란 법명을 받았다. 당시 성전암에는 천제, 만수, 성일 등이 있었다.

성전암의 행자생활은 힘들었다. 밥 짓고 빨래하고 청소하고 온갖 허드렛일을 다해야 했다. 만연은 성철을 바로 쳐다보지도 못했다. 모두 도인으로 받들어 모셨기 때문이었다. 석남사에 있는 인홍, 묘엄, 불필, 백졸 스님들이 법문을 들으러 왔다가 우르르 쫓겨나는 것을 목격했으니 그리 생각할 수밖에 없었다. 도사님이라 생각하니 무섭기까지 했다. 만연은 쉴 틈이 없었다. 나무도 하고 나물도 뜯어왔다. 그리고 참선을 해야 했다. 서 있어도 졸음이 쏟아졌다. 수없이 코피를 쏟았다.

만연은 절하는 것도 고역이었다. 성철은 대중이 잘하면 잘했다고, 못하면 못했다고 삼천배를 시켰다. 상과 벌이 삼천배였다. 그러다 보니 백팔배 정도는 절도 아니었다. 만연은 삼천배를 하고도 100배쯤 더했다. 혹시 잘 못 헤아려 덜 했을 수도 있고, 그럴라치면 방안에서도 도사인 성철 큰스님이 그걸 모를 리가 없을 거라고 생각했기 때문이었다.

음식물을 버리다 혼쭐이 난 일도 있었다. 성전암의 겨울은 혹독했다. 누군가 밥풀과 음식찌꺼기가 남아 있는 설거지물을 그냥 쏟아버렸고, 날이 추워 밥풀과 음식찌꺼기가 그대로 얼어버렸다. '도사'인 성철이 그걸 놓치지 않았다. 얼음 속의 밥풀과 음식찌꺼기를 보더니 주장자를 찾아 치켜들었다. 행자들은 수 채 구멍의 얼음을 망치로 깨서 솥에 넣고 끓였다. 그 물을 조리에 받쳐 나온 음식찌꺼기를 나눠 먹었다.

성전암과 김룡사에서 3년을 행자로 있던 만연은 중대한 결심을 하게 된다. 바로 도사 성철로부터 도망치는 것이었다. 10년을 채워야 고달프고 서러운 행자생활을 면할 수 있으니 앞으로 남은 7년이란 세월이 생각만 해도 끔찍했다. 만연은 밤에 도망쳤다. 그리고 부산 범어사에 들었다.

만연이 범어사 산문을 넘은 나름의 인연이 있었다. 1965년 3월 23일(경선 스님은 그 날짜를 정확하게 기억하고 있었다) 동산 스님이 열반했다. 그러자 동산이 성철의 스승이란 사실을 알게 됐다. 만연은 세상에서 최고의 도사에게도 스승이 계신다는 게 신기했다. 그래서 도망은 가지만 이왕이면 도인의 스승이 계셨다는 범어사로 가고 싶어졌다. 결국 성철과의 인연이 이어지고 있음이었다. 그때 만연은 걸망이 아닌 보자기를 메고 일주문을 넘었다고 한다. 그리고 범어사에서 다시 경선이란 법명을 받았다.

어느 날 고요한 성전암에 인기척이 났다. 제자 천제가 으레 내쫓으러 밖에 나가니 웬 부인이 홀로 두리번거리며 서 있었다.

"큰스님께서는 아무도 만나지 않습니다. 돌아가십시오."

하지만 부인은 꼭 성철을 만나봐야겠다며 제자리에 서 있었다. 어디 그런 사람이 한 둘인가. 천제는 대수롭지 않게 흘려듣고는 안으로 들어갔다. 해질녘이 되어 살펴보니 그 부인의 모습은 보이지 않았다. 성전암은 여느 때처럼 서서히 어둠을 빨아들였다. 사위가 조용했다. 그때 밖에서 우당탕 문 부서지는 소리가 들려왔다. 제자들이 놀라서 뛰쳐나갔다. 낮에 본 바로 그 부인이 잠긴 문을 밀치고 들어왔다. 부인이 성철이 있는 방문을 열어젖혔다. 부인의 얼굴을 보자마자 성철이 소리쳤다.

"빨리 쫓아내! 빨리 쫓아내라니까."

시자들이 부인을 붙잡았다. 부인은 끌려가면서도 성철을 노려봤다. 그리고 소리 질렀다.

"스님, 내가 할 말이 있어 왔소! 내 말 좀 들어주시오!"

성철은 그러나 쳐다보지 않았다. 부인은 바로 묵곡리에서 온 속가의 아내였다. 제자들은 누구인지도 모르고 부인을 파계사까지 끌고 내려갔다. 부인이 숨을 돌린 후 말했다.

"행자님들, 내 다시 올라가지 않을 테니 이제 올라가 보시오."

많은 사람들이 성전암을 찾아왔지만 이렇게 당차게 대든 경우는 없었다. 제자들은 뭔가 이상한 생각이 들었다. 하지만 감히 묻지 못했다. 성철 또한 아무 말이 없었다. 아내는 하나밖에 없는 딸을 데려가는 남편이 너무도 야속했다. 생각할수록 그럴 수는 없는 일이었다. 그래서 담판을 지으려 성전암을 찾았던 것이다. 찾아가봐야 소용없는 줄 알았지만 찾아갔고, 헛걸음이라도 해서 속을 가라앉히려 했을 것이다.

1958년 초가을 아버지 이상언이 세상을 떠났다. 장례는 9일장으로 치렀다. 성철은 부음을 듣고 묵곡리 속가에 제자 천제를 보냈다. 천제는 그때서야 그날 자신들이 쫓아낸 부인이 누구인지 알았다.

"문상을 하고 일어서려는데 소복을 입은 맏며느리가 어디서 많이 본 듯한 얼굴인 거예요. 한참 생각하다가 정신이 번쩍 들었어요. 얼마 전 억지로 쫓아낸 그 부인인 겁니다. 얼마나 무안하고 참담했는지 모릅니다."

아버지는 남에게 굽힘없이 당당하게 살았다. 그렇게 직설적으로 끌어온 삶을 77년 만에 내려놓았다. 유학자 이상언은 임종을 앞두고 소리쳤다.

"이놈들아, 나는 성철 스님에게로 간다."

사람들은 아버지 이상언이 자신을 데려가려는 저승사자에게 호통을 친 것이라 믿었다. 하지만 그것은 남은 사람들에게 남긴 말이었을 것이다. 결국 아버지도 불가에 들었음이었다.

아버지보다 한 해 먼저 어머니 강상봉이 세상을 떠났다. 1957년 봄이었다. 성철이 있는 곳이면 천 리 길도 마다 않고 찾아다녔던 강상봉은 비록 세속에 있었지만 반듯하게 살았다. 큰스님의 어머니로서 부족함이 없는지 늘 자신을 살폈다. 임종을 지키는 노스님에게 삭발을 부탁하고 어머니는 마지막 소원을 말했다.

"다음 생에는 출가하여 손녀(불필)의 상좌가 되고 싶다."

성철은 10년 동안 한 번도 밖으로 나오지 않았다. 세상을 향한 철조망을 쳤지만 그 작은 공간이 한 세상이었다. 성철이 제자 천제와 나눈 대화가 하나의 상징이다.
"철조망으로 둘러쳤으니 이제는 완전히 갇힌 것입니다."
"아니지, 자물쇠가 안쪽에 있으니 갇힌 곳은 반대쪽이야. 우리가 세상을 가둔 것이야."

세상을 버려서 얻은 참세상, 갇혀서 얻은 참자유, 그곳에는 세상보다 더 큰 법력과 희망이 만들어지고 있었다. 무량불사의 방편들이 만들어지고 있었다.

절집의 기왓장을 팔아서라도

성전암이 산자락 벼랑에 제비집처럼 간신히 붙어있었지만 그 안의 성철은 산보다 더 큰 존재였다. 법명이 누리를 덮었다. 그러자 성철을 시기하는 무리가 생겼다. 파계사 한송 스님 상좌가 성전암을 못마땅하게 올려다봤다. 파계사를 수행의 명찰로 만들고 싶었던 한송은 성철을 곁에 두려했고, 이를 알아차린 한송의 상좌는 성철을 극도로 경계했다. 성철이 파계사를 접수할까봐 전전긍긍했다.

"성전암에 금은보화가 감춰져 있다."

누가 퍼뜨렸는지 이런 소문이 돌았다. 성철이 군사정권에 협조하지 않자 파계사에 성철을 손보라고 압력을 행사했다는 말도 있었다. 확인되지 않은 설이었지만 성철의 제자들은 불안했다. 결국 성철은 산을 내려와야 했다.

그렇게 성전암을 떠나왔다. 헤아려보니 한 곳에서 10년이었다. 그 뒤를 천제와 만수, 만연(경선)이 뒤따랐다. 성철 일행은 갈 곳이 마땅찮았다. 부산으로 내려가 어느 대학총장의 별장에 머물렀다. 별장은 다대포에 있었다. 그 총장은 성철을 깊이 존경하고 있었다. 하지만 승려가 별장에 머물 수는 없었다. 산으로 가야했다. 그곳에서 여름을 나고 다시 길을 나섰다.

마땅히 갈 데가 없었다. 제자들은 아직 스승을 모실만한 인연을 축적해놓지 못했다. 그렇다고 성철이 나서서 누구에게 청을 놓을 리도 없었다. 발 닿는 곳이 여수였다. 고찰 흥국사에 들었다. 주지에게 잠시 머물 방을 내줄 수 없냐고 사정했다. 주지는 빈 방이 없다고 단번에 거절했다. 성철이 들어갈 방 하나 없었다. 행색을 살피던 주지는 흥국사 위 암자에 가보라 했다. 세 사람이 다시 산길을 올라가 암자에 들었다. 홀로 암자에 머물던 노장이 반갑게 맞았다. 제자들은 노장의 환대가 눈물 나게 고마웠다. 암자에서 며칠 머물렀다.

스승을 모시고 이렇게 유랑할 수는 없었다. 천제가 먼저 서울로 올라가 스승 모실 곳을 찾아보기로 했다. 천제는 먼저 서옹西翁(1912~2003) 스님을 떠올렸다. 서옹은 성철이 있던 천제굴에 자주 찾아왔다. 그래서 천제와 자주 대면했고 천제는 서옹의 온화한 미소를 기억하고 있었다. 서옹 스님은 1932년 백양사 만암 대종사 문하에서 득도했다. 동화사, 백양사, 봉암사 조실을 지내고 조계종 제5대 종정을 역임했다. 백양사를 고불총림으로 승격시키고 방장에 취임했다.

당시 서옹은 동국대학교 선원장을 맡고 있었다. 예상대로 서옹은 천제를 잊지 않고 있었다. 큼지막한 미소를 지어 보였다.

"큰스님 모실 데가 마땅치 않습니다."

순간 서옹의 얼굴에서 웃음기가 사라졌다. 곧바로 천제와 함께 서울 외곽에 있는 절을 수소문해 찾아갔다. 급한 마음에 택시를 대절해서 달려갔다. 군사지역이라 몇 번의 검문을 받아야 했다. 여러 곳을 살폈지만 살만한 곳은 없었다. 서옹이 뭔가 한참을 생각하더니 불현듯 말했다.

"이보게, 도선사道詵寺 청담 스님을 찾아가면 어떨까?"

이튿날 천제는 도선사를 찾아갔다. 도반이었지만 성철과 청담은 10년 동안 만나지 못했다. 한 사람은 정화운동에 뛰어들어 동분서주했고, 한 사람은 한 곳에서 꼼짝하지 않았다. 천제는 스승이 갈 데가 없다고 말했다. 청담이 놀라서 소리 질렀다.

"많고도 많은 절을 두고 어찌 성철 스님 갈 곳이 없단 말인가. 당장에 모셔 오거라."

청담은 성철의 '미련한 성정'을 잘 알고 있었다. 갈 곳이 없어도 결코 얘기할 위인이 아니었다. 마침내 성철은 서울로 올라왔다. 여름의 끝자락에 도선사 일주문을 넘었다. 청담이 뛰쳐나와 성철을 부둥켜안았다. 이 광경을 보며 제자들은 눈시울을 붉혔다.

청담의 원력이 스며있는 도선사는 우람하면서도 정갈했다. 청담은 1961년 도선사 주지로 부임했다. 맨 먼저 한 일이 법당 정리였다. '부처' 외에는 모두 산문 밖으로 쫓아냈다. 불상이 무속 탱화와 함께 모셔져 있음을 발견하고는 이내 뜯어냈다. 봉암사에서처럼 칠성탱화, 산신탱화, 용왕탱화 등을 마당에 쌓아 놓고 불을 질렀다. 신도들의 항의가 거셌다.

"웬 마구니가 도선사에 나타났다."

청담은 그들의 항의도 불구덩이에 집어넣어 버렸다. 그랬더니 도선사에 인적이 끊겼다. 하지만 3년 후에는 신도들이 이전보다 훨씬 늘어났다. 청담은 야외법당, 법당, 석불전, 삼성각 등을 갖춘 중창불사를 회향했다.

도선사의 청담과 성철은 떨어지지 않았다. 북한산, 남한산성, 회암사 등을 함께 돌아보기도 했다. 성철은 청담과 서원문을 지었다. 육필로 번갈아 쓴 서원문은 어떤 유혹에도 굴하지 않고 정진하여 청정비구의 길을 걷겠다는 맹서였다.

부처님과 조사님의 가르침을 중흥하고 말세에 정법을 널리 펴기 위하여 삼가 삼보전에 천배 하옵고 다음의 서원을 올리니 만약 이 서원을 어길 때에는 산 채로 지옥에 떨어지겠습니다. (청담)

오직 삼보께옵서는 특별히 가호를 주시어 이 서원을 원만성취하게 하여주시옵소서. (성철)

1. 항상 산간벽지의 가람과 아란야에 머물고 도시 촌락의 사원과 속가에 머물지 않겠습니다. (성철)
2. 항상 고불고조의 가르침과 청규에 모범을 보이도록 실천하고 일체의 공직과 일체의 집회와 회의에 참석하지 아니하겠습니다. (성철)
3. 항상 부처님과 조사님의 가르침을 널리 펼치는 일에 온 힘을 다 쏟아 기타 어떠한 일에도 발언 또는 간여하지 않겠습니다.

갑진년(1964) 9월 13일 삼각산 도선사 청정도량에서

종단개혁을 구상하고, 도선사를 수행정진 도량으로 만들자는 데 마음을 같이했다. 성철과 청담은 불교의 미래를 위해서는 인재불사, 즉 승가의 교육이 절실하다고 생각했다. 승가대학을 세워보자는 염원을 담아 실달학원悉達學園이란 현판을 도선사에 걸었다. 실달이란 부처님 이름인 싯다르타에서 따왔다. 성철은 틈만 나면 승려 교육의 중요성을 강조했다.

"절집의 기왓장을 벗겨 팔아서라도 승려 교육을 해야 한다."

청담과 성철이 마음을 섞은 실달학원은 실제로 1964년 11월 학인 모집에 나섰다. 당시 〈대한불교〉에 실린 공고문의 '수학 요강'은 다음과 같다.

1. 일상수행은 오직 불조유훈佛祖遺訓의 청규를 준수할 뿐이며, 개인의 사견과 망동을 절대로 허용하지 않는다.
2. 매월 초하루와 보름마다 계율(菩薩戒)의 수행을 다짐하며 단속團束한다.
3. 불전의 예는 아침에는 '대능엄주'를 외우며 저녁에는 '대참회법'으로 한다.
4. 불전에는 필히 사시중巳時中에만 마지를 올리고 기타 시간에는 불공을 봉행하지 않으며 삼보 이외의 잡신들에게 예배 공양을 일절 엄금한다.
5. 불공과 기도는 참회법으로 봉행하며 영가의 천도재 등은 전경轉經으로 행한다.
6. 잘 때와 대소변 시 및 특수한 시간 이외에는 항상 오조가사와 장삼(직탈) 법의를 입고 있을 것이며 외출 시에도 또한 그러하다.
7. 공무 이외의 출타는 절대 불허한다(허용되는 특수사항에 관하여는 예외로 함).

도선사 실달학원 앞에 선
성철 스님과 청담 스님.
두 스님은 불교의
미래를 위해서는 승가 교육이
절실하다고 생각했다.

8. 참선과 간경 과정은 원규院規의 정하는 바에 의한다.

9. 의식과 금품 등의 시물施物은 공적 헌납에 한하고 개인 거래는 일체 불허한다.

10. 기타 세칙은 불조 청규 각 장에 의해 행한다.

어디서 많이 본 내용이다. 바로 봉암사 결사 공주규약이다. 두 사람은 교육을 통해 한국불교를 바꿔보려 했다. 하지만 부처님의 가르침을 제대로 가르쳐보자는 꿈은 이루지 못했다. 성철과 청담의 간절한 서원은 지금도 어딘가에 스며 있을 것이다.

초전법륜 운달산 법회

북한산 도선사에서 청담과 겨울을 났다. 청담과 성철은 당시에 많은 사진을 찍었다. 아마 행자나 신도가 줄곧 따라다니며 도반의 '행복한 시간'을 담았을 것이다. 사진을 보면 흡사 소풍을 나온 아이처럼 표정이 밝다. 차 안에서 서로의 멱살을 붙잡고 있는 사진은 절로 웃음이 나온다. 도반의 보살핌에 그해 겨울은 따뜻했다. 성철은 1965년 이른 봄 김룡사金龍寺 산문을 넘었다. 처음으로 '조실'이란 벼슬을 달았다.

김룡사는 588년 신라 진평왕 때 운달 스님이 창건했다고 전해진다. 처음 이름은 운봉사였다. 조선 중기까지의 사적은 알 수 없고, 1624년 인조 때 혜총이 중창했다는 기록이 나온다.

문경 부사 김씨가 운달산에서 불공을 드려 아들을 낳고 그 아이의 이름을 용龍이라 지어서 절 이름을 운봉사에서 김룡사로 바꿨다고 한다. 운달산 금선대의 '금'자와 용소폭포의 '용'자를 따서 금룡사라 지었다는 설도 있다. 일제강점기에는 전국 31본사의 하나로서 수십 개의 말사를 거느린 큰절이었다. 하지만 지금은 당시에 말사로 거느렸던 직지사의 말사로 되어 있다. 절도 윤회를 하고, 흥망성쇠의 언덕 어딘가에 앉아 있음 아니던가. 제행무상이다.

당시 김룡사는 비구니 사찰이었다. 김룡사에 가려면 점촌에서 거의 40리를 걸어가야 했다. 깊고도 외진 곳에 있으니 신도들 발걸음이 뜸했다. 절은 크고 보시는 적다보니 비구니들이 절 살림을 감당하기 어려웠다. 이때 산내 암자인 양진암에 머물던 묘전 스님이 성철을 모셔오자는 의견을 냈다. 큰스님 가르침도 받고 절도 일으켜보려 했다. 묘전은 묘엄 등과 더불어 성철사상을 깊이 받들고 있었다. '집도 절도 없던' 성철은 제자들과 도선사를 나왔다.

성철은 김룡사에서도 수행에 한 치 어긋남이 없었다. 김룡사 대중은 낮에 일하고 밤에는 참선을 했다. 성철에게서는 고승의 위엄과 기운이 우러나왔다. 당시 김룡사 선방을 찾아갔던 대원 스님은 성철의 풍모를 이렇게 기억하고 있다.

"위풍당당한 기가 느껴졌어요. 천하를 누르는 듯 고고한 기

성철 스님은 김룡사에서 처음으로 대중에게 법문을 했다.
성철사상의 초전법륜이었다.
법회에 참석한 대학생들과 기념사진을 찍었다.

상이었지요."

 김룡사 경내에 봄이 찾아와 노닐 때였다. 스승 동산 스님이 입적했음을 알리는 부음訃音이 운달산 골짜기를 타고 올라왔다. 성철은 소쩍새 울음을 밟으며 산을 내려갔다. 천제가 말없이 그 뒤를 따랐다. 전국에서 몰려든 스님과 신도들로 범어사 경내는 장터처럼 붐볐다. 장례식에는 3만 인파가 몰려들었다. 목탁 소리가 계곡을 메웠다. 영결식에서 청담이 조사를 바쳤다.

 큰 법당이 무너졌구나!
 어두운 밤에 횃불이 꺼졌구나!
 어린 아이들만 남겨두시고
 우리 어머니는 돌아가셨구나!
 동산이 물 위에 떠다니니
 일월이 빛을 잃었도다
 봄바람이 무르익어
 꽃이 피고 새가 운다.

 동산 스님은 일생 동안 가람 불사와 포교 활동에 매진했다. 또한 승단의 계戒를 바로잡았다. 불교정화운동을 위해 두 번이나 산문을 나섰다. 갈 곳 없는 수행자를 내치지 않았고, '닭이 천 마리면 그 가운데서 봉황이 나온다'는 말로 대중을 품었다.

조계종 종정을 세 차례나 역임했다. 동산은 1965년 이른 봄에 금강계단에서 보살계를 설하고 대중에게 선언했다.

"나는 다시 이 자리에 오르지 아니하리라."

듣는 이들이 모두 놀라서 그 뜻을 새겨보았다. 동산은 입적하는 날에도 대중과 함께 도량을 정성스레 비질했다고 한다. 그리고는 해질 무렵 홀연 몸을 바꾸었다. 육신보다 마음의 병을 치유하겠다며 의사의 칼을 내려놓고 목탁을 든 지 53년, 세수는 76세였다.

성철은 스승의 사리탑비에 비문을 지었다. 끝부분은 이렇다.

송頌하기를 영골사리는 청정하고 찬연하니 부처님이 실색하고 달마가 점두點頭하도다. 한여름에 서리 내리고 엄동에 꽃이 찬란하도다. 해는 푸른 산마루에 비추고, 달은 붉은 계수나무에 걸렸도다. 흰 구름은 하늘에 비껴가고, 붉은 안개는 바다에 잠기었으며 푸른 용은 웅비雄飛하고 표범은 용맹스럽게 달리도다. 날카로운 칼날은 감로수요, 비둘기 깃은 맑은 차(茶)로다. 어두운 밤의 보배 구슬과 낭떠러지의 무지개다리로다. 시체가 쌓이어 산이 높고 피가 흘러 폭포가 되었네. 향기로운 바람은 땅을 휩쓸고 꽃비는 하늘에 가득하네. 봉황은 예천醴泉을 마시고 기린은 경림瓊林에 들었도다. 성주聖主가 홀笏을 잡고 춤을 추니 시골 늙은이가 한껏 노래 부르네. 문인 성철이 울며 짓다.

성철은 은사스님의 입적에 새삼 인간의 짧은 생을 실감했다. 일각에서는 성철이 스승인 동산 스님에게 소홀했다는 얘기들도 했다. 하지만 성철은 스승을 가슴에 고이 품고 있었다. 단지 깨달음에는 스승을 뛰어넘어야 했다. 그것이 진정 스승을 섬기는 길이었다. 그렇기에 더 치열하게 정진해야 했으며 홀로 '중의 길'을 가야했다.

"오해를 받을만한 부분이 없지 않아 있었습니다. 한 가지 예를 들면 동산 스님이 종단 대표로 남방에 다녀오시더니 남방 스님들의 노랑가사를 그대로 받아들여 노란 옷을 입기 시작한 것입니다. 다 아는 사실이지만 성철 스님은 봉암사에서 괴색을 주장했지요. 괴라는 것은 무너질 '괴壞'자입니다. 원색을 입지 말고 색을 무너뜨려서 입으라는 것으로 율장에 나옵니다. 그렇다면 어떤 색을 무너뜨리느냐, 바로 청, 황, 적, 백, 흑이지요. 그런데 불교계 어른들이 남방을 다녀오더니 '그쪽을 따라해야 한다, 세계 추세가 그렇다' 하며 노란 옷을 입고 와버렸습니다. 이래놨으니 성철 스님이 보통 곤혹스러운 게 아니었습니다. 그 당시 언론들의 논조도 괴색이 정당하다는 게 대세였던 것으로 기억합니다. 동산 스님께서도 나중에는 괴색이 옳다고 했습니다. 일부러 괴색 가사를 지어 스님에게 가져다 드리라고 하여 내가 괴색 가사를 전달한 적이 있습니다. 하지만 그런 것들로 사이가 좋네, 안 좋네 하면 안 되지요."(천제)

김룡사의 성철은 인재불사를 서둘렀다. 사람을 키워 부처님의 바른 가르침을 세상에 퍼뜨려야 했다. 성전암에서 길어 올린 것들을 나눠줘야 했다. 절문을 열어 사부대중을 맞았다. 성철은 불교의 핵심 사상에 대해 설하기 시작했다. 우선 대중에게 삼천배를 시켰다. 그렇게 하심下心을 갖춘 이들에게 비로소 법문을 했다. 자신이 집대성한 중도사상을 알리기 시작했다. 하화중생下化衆生이었다.

1966년 성철은 하안거 기간에 중도법문을 했다. 비구, 비구니, 신도들과 대불련 회원 등 모두 100여 명에게《반야심경》《육조단경》《금강경》《신심명》《증도가》를 설했다. 대불련 소속 학생들은 성철이 도선사에 머물 때 찾아가 가르침을 받은 적이 있었다. 덕산德山 거사로 더 알려진 이한상李漢相(1917~1984) 씨도 학생들과 함께 김룡사 법문을 들었다. 법문은 20일 동안 계속됐다. 성철의 법문은 자상하면서도 예리했다. 대중을 향해 처음으로 사자후를 토했다. 성철사상의 초전법륜初轉法輪이었다.

　이리 가도 부처님, 저리 가도 부처님, 부처님을 아무리 피하려고 해도 피할 수가 없으니 불공의 대상은 무궁무진하며 미래겁이 다하도록 불공을 하여도 끝이 없습니다. 이렇듯 한량없는 부처님을 모시고 불공하며 살 수 있는 우리는 행복합니다. 법당에 계시는 부처님께 불공하는 것보다, 곳곳에 계시는 부처님들을 잘 모시고 섬기는 것이 억천만 배 비유할 수 없이 더 복이 많다고 석가세존은 가르치셨습니다. 이것이 불보살의 큰 서원이며 불교의 근본입니다.

  모인 사람들은 법문에 빨려 들어갔다. 불교 이론은 정연했고 비유는 정치精緻했으며 과학적인 인용은 흥미로웠다. 성철을 엄격한 수행자, 괄괄한 선승으로만 알았던 사람들은 깜짝 놀랐다. 해박하고도 유려한 법문은 일반 재가불자와 불교학자들 사이에서도 화제가 됐다. 이한상 씨도 이때 감명을 받아 평생 성철을 받들고 성철의 불교개혁 구상을 실천하는 데 앞장섰다.

  불교 핵심 사상인 '색즉시공色卽是空 공즉시색空卽是色'을 아인슈타인의 상대성이론으로 설명했다. 또 최면술의 이치로 육도윤회를 설명하고, 연기緣起 법문에서는 시간의 절대성을 부인하는 우주과학의 원리를 동원했다. 쉽고도 오묘했고 또 타당했다.

  "운달산 법회가 해인사 백일법회의 모태입니다. 백일법문은 운달산 법회의 되풀이라고 해도 과언이 아니지요. 운달산 법회는 참석자가 많지는 않았지만 그 분위기가 진지했습니다. 그때 반야심경 사상을 다 설명하셨는데 정작 백일법문에는 그 말이 빠졌습니다. 산중 법문에 감동했던 기억이 지금도 새롭습니다."

  (천제)

이 대중법회를 사람들은 '운달산 법회'라 불렀다. 그러나 아쉽게도 법회의 전체 내용은 전해지지 않는다. 성철은 녹음 같은 것을 일체 하지 못하게 했고, 제자 천제가 몰래 녹음한 테이프도 닳아서 재생시킬 수가 없다. 이제 당시 그 자리에 있었던 사람들이 띄엄띄엄 증언해 줄 뿐이다. 앞으로 그 사람들도 띄엄띄엄 사라질 것이다.

법회에 참석한 대학생들(전창열, 김금태, 이진두, 김기중, 황귀철, 김선근 등) 또한 깊이 감동했다. 20일 간의 법회가 끝난 후 다시 일주일간의 용맹정진으로 이어졌다. 김룡사에서 법문을 들었던 박성배 교수와 김금태, 이진두 학생은 출가해서 성철의 제자가 되었으니 바로 원조, 원공, 원기이다.

삼천배

절은 실상 자기 자신에게 하는 것이다. 어떤 상像이나 그림이나 조각에 절을 해도 결국은 자신에게 돌아온다. 비록 흙덩어리나 썩은 나무에 절을 했더라도 성심을 다했다면 그 간절한 마음이 자신을 정화시킨다. 부처님께서도 말씀하셨다.

나로 인해 그대들이 공경스럽게 되는 것이다.
因我禮汝

남회근 《금강경 강의》

부처에게 절하는 것은 나 자신에게 하는 것이라는 말이다.

몸으로, 말로, 생각으로 지은 삼업三業의 몸뚱이를 아래로 내던짐은 그 자체로 참회다. 욕심과 분노와 어리석음을 앞세워 머리 치켜들고 세상을 활보하던 사람이 이마를 땅에 대고 엎드리는 것은 아만我慢의 숨을 죽임이다. 그래서 절하는 사람에게는 평화가 찾아온다.

성철은 자신을 찾아오는 사람들에게 삼천배를 시켰다. 본격적으로 삼천배를 시킨 것은 천제굴에 있을 때부터였다. 성철에게 화두를 받기 위해 수백 리를 걸어 천제굴을 찾아온 사미, 사미니들은 삼천배부터 해야 했다. 성전암에서도, 김룡사에서도 '삼천배 후 화두 내리기'는 계속됐다. 성철의 '삼천배 시키기'는 숱한 이야기를 남겼고, 그 삼천배는 이제 불교의 유산이 되었으며, 그 유산은 지금도 일화들을 낳고 있다. 남겨진 이야기 중 하나를 펼쳐보자.

1965년 9월, 대불련 회원들이 김룡사를 찾아왔을 때였다. 그들은 전국의 사찰을 돌며 큰스님들의 법문을 듣는, 나름 구도의 행각 중이었다. 성철은 이들을 반갑게 맞았다. 학생들은 다른 절에서 했던 것처럼 대뜸 성철에게 가르침을 청했다. 성철은 수업료를 내라고 했다. 수업료는 3천 원이라고 했다. 절에서 수업료를 받는다하니 학생들이 어리둥절한 표정을 지었다. 그걸 보고 성철이 껄껄 웃으며 절집의 수업료는 속세와는 다르다고 했다. 그 수업료라는 것이 대웅전 부처님께 삼천배를 올리는 것이었다.

학생들은 엄두가 나지 않았다. 가만히 있어도 땀이 흐르는 염천이었고, 누구도 삼천배는 해보지 않았기 때문이었다. 학생들은 삼천배는 다음 기회에 하겠다고 했다. 그러자 성철이 불같이 화를 냈다.

"당장 나가거라. 너희들은 여기서 물 한 모금 얻어먹을 자격도 없는 놈들이다."

성철의 벼락같은 외침에 학생들은 그만 얼어붙어버렸다. 성철은 그런 학생들이 안 돼보였는지 다시 목소리에 힘을 뺐다. 그리고 어느 병든 비구니가 삼천배를 해서 다시 살아난 사연을 학생들에게 얘기했다.

폐병 말기로 죽음을 기다리는 비구니가 있었다. 비구니는 죽기 전에 성철 스님의 법문을 한 번만이라도 듣고 싶었다. 어느 날 비구니는 성철이 머물고 있는 김룡사에 가기 위해 버스를 탔다. 겨우 절 근처에서 내렸지만 한 발을 떼기도 어려웠다. 성한 사람이라면 걸어서 10분도 걸리지 않는 거리였지만 비구니에게는 한없이 멀었다. 한 걸음 걷고 한참을 쉬어야 했다. 그렇게 하루 종일 걸어서 일주문을 넘었다. 비구니는 겨우 성철의 방 앞에 이르러서 한 말씀을 청했다. 성철은 병색이 완연한 비구니를 쳐다보더니 이내 심드렁하게 얘기했다.

"먼저 삼천배를 하고 오거라."

비구니는 원망을 섞어 성철을 바라봤다.

"할 수만 있으면 왜 안 하겠습니까?"

그러자 성철이 고함을 질렀다.

"아니 그럼 내가 할 수 없는 일을 시키고 있음이더냐?"

할 수 없이 비구니는 삼천배를 시작했다. 걷기도 힘든 몸이니 절은 더디고 더뎠다. 김룡사 대중은 차마 그 광경을 보지 못하고 눈을 돌렸다. 몇 번의 해가 뜨고 졌다. 비구니는 어렵게 어렵게 삼천배를 마쳤다. 그러자 놀라운 일이 일어났다. 비구니의 얼굴에 희미하게나마 화색이 돌았다. 그리고 웃음기를 머금었다. 환희심이 생긴 비구니는 다시 삼천배를 시작했다. 그렇게 몇 달 동안 삼천배를 계속했고, 비구니는 마침내 몸에서 폐병을 떼어냈다.

비구니 이야기를 마치고 성철이 학생들을 두루 바라봤다. 이래도 삼천배를 안 할 것이냐고 눈으로 물었다. 학생들은 마침내 삼천배를 시작했다. 그때 지도교수였던 박성배 교수는 이렇게 회고하고 있다.

드디어 삼천배의 시작을 알리는 목탁 소리가 울렸다. 겨우 백팔배를 하고 나니 벌써 미칠 것 같았다. 바깥 열과 속의 열이 합쳐져 몸은 뜨겁게 달아오르고 숨은 콱콱 막혔다. 그래도 삼백배까지는 그런대로 견딜 수가 있었다. 그러나 오백배가 고비였다. 이미 우리의 옷은 물속에 빠졌다가 기어 나온 사람들처럼 땀에 흠뻑 젖어 있었다. 기진맥진 몸을 가눌 수가 없었다. 무릎은 깨져 피로 얼룩지고 더 이상 견딜 수가 없게 되자 학생들은 불평을 하기 시작했다.

"불교는 자비문중이라 들었는데 이게 자비문중에서 하는 짓입니까?"

내가 하고 싶은 이야기를 학생들이 해주니 마음속으로는 기뻤지만 그래도 지도교수라고 큰 소리를 쳤다.

"잔소리 마라. 사람이 한번 하기로 했으면 하는 거야. 자비문중인지 잔인문중인지는 다 하고 난 다음에 따지자."

나중에는 헛소리를 하는 학생도 있었고 벌떡 드러누워 막무가내로 일어나지 않으려는 학생도 있었다. 그 다음 천배, 특히 마지막 천배는 어떻게 해냈는지 아무 생각도 나지 않는다. 한 번도 쉬지 않고 8시간여 만에 우리는 모두 삼천배를 무사히 끝마쳤다. 오후 1시에 시작한 삼천배는 8시 30분에 끝났다.

삼천배를 하고 난 후에는 모두가 변했다. 계속되는 박성배의 증언이다.

"우리들은 변했다. 무엇보다도 조용해졌다. 그렇게도 말이 많고 밤낮 시비만 일삼던 학생들이 갑자기 조용해진 것이다. 그것은 커다란 변화였다."

한 학생은 심경의 변화를 이렇게 말했다.

성철 스님 사리탑 앞에서 삼천배를 하는 불자들. 성철 스님의 '삼천배'는 숱한 이야기를 남겼고, 이제는 불교의 유산이 되었다.

"몇 푼어치 안 되는 지식을 가지고서 내가 남보다 더 낫다는 것을 증명하기 위해 그동안 얼마나 수고를 했는지 생각해보면 참 우스워요."

그렇게 삼천배를 하고 나면 대부분의 사람은 마음에 변화가 왔다. 교만과 위선이 빠져나간 마음에 자신의 모습이 비치는 것이었다. 성철은 훗날 왜 삼천배를 시키느냐는 기자의 질문에 이렇게 답했다.

중이 신도를 대하는 데 사람은 안 보고 돈과 지위만 본단 말입니다. 안 그래요? 그래서 난 이 대문을 들어올 때는 돈 보따리와 계급장은 소용없으니 일주문 밖에 걸어놓고 알몸만 들어오라고 하지. 사람만 들어오라 이겁니다. 그리고 들어오면 '내가 뭐 잘났다고 당신을 먼저 만날 수 있나?' 하지요. 부처님을 찾아왔다면 부처님부터 뵈라는 뜻입니다. 부처님을 정말로 뵈려면 절을 삼천 번은 해야지요.

 부처님을 뵙고 절을 하면 결국 자신이 보이고, 종국에는 다른 사람이 보였다. 미천하고 연약한 자신이 여기 이렇게 존재함이 고마웠다. 그 고마움은 고스란히 함께 살아가는 이웃들에게 바쳐진다. 성철은 절을 하면서 일체중생을 위해 참회하라고 일렀다. 절을 통해 신심을 키우는 성철의 '절 수행'은 독특했다. 누구나 삼천배를 하고 나면 절에 대한 생각이 달라졌다. 절은 묘했다.

 큰스님의 법문을 듣고 출가한 사람은 발심의 깊이가 다르다. 그리고 그들은 절을 하면서 신심을 키운다. 각각 다른 곳에서 흘러들어온 개울물도 바다에 이르면 한 맛인 짠 맛이 되는 것처럼 절을 하고 나면 누구나 이치가 서고 목표가 뚜렷해진다. 기도 가운데 제일 큰 기도가 절이다. 절을 해보면 밑바닥부터 낱낱이 자기가 지은 허물이 드러나 참회가 안 될 수 없다. 그리고 무릎과 머리와 마음이 땅에 닿으면 무한한 힘과 지혜가 생긴다.

불필 《영원에서 영원으로》

발원은 참회와 감사에서 비롯된다. 따라서 참회야말로 발원에 앞서는 수행이다. 그리고 그 참회는 절에서 시작되는 것이다.

성철은 누구에게든 절하라 일렀다.

"절하다 죽는 사람은 없다."

그리고 다시 일렀다.

남을 위해 절하시오. 처음에는 억지로 남을 위해서 절하는 것이 잘 안 되어도, 나중에는 남을 위해 절하는 사람이 되고, 남을 위해 사는 사람이 되며, 그렇게 행동하게 되는 것입니다.

우주 아래 한 점도 안 되는 산에서, 그보다 작은 절에서, 그보다 작은 법당에서, 그보다 작은 한 사람이 무릎을 꿇고 절을 한다. 그러면 한없이 작고 초라한 내가 '보였다'. 자신이 보이고 그리고 작은 자신을 있게 한 모든 존재가 보였다. 수없이 자신을 버리면 환희심이 물결처럼 일었다. 그리고 마침내 누구는 가슴을 열고, 누구는 흐느꼈다.

아비라 기도

사람들은 절에서 기도 드린다 함은 시주금과 공물을 바치고 소원을 비는 행위로 인식하고 있다. 소원을 빌 때도 본인보다는 스님이 대신해주기를 바라고 그래야 기도의 효험이 있다고 믿고 있다. 하지만 성철은 타력他力에 의해서는 어떤 성취도 이룰 수 없다고 단언했다. 오직 자력에 의한 기도와 불공만을 하도록 했다. 또 기도는 참회부터 해야 한다고 일렀다. 억울할수록, 슬플수록, 아플수록 참회하여 삼업을 씻어야 한다고 일렀다.

"자신의 참회가 다 끝난 후에 남을 위해 기도하라."

성철은 삼천배를 권하며 사람들에게 여러 가지 얘기를 들려줬다. 다음은 6·25전쟁 중에 일어난 일로, 성철이 삼천배를 시키며 신도들에게 종종 들려준 이야기다.

성철이 청담과 함께 고성 문수암에 머물고 있을 때였다. 전쟁은 전장에서만 벌어지는 게 아니었다. 병사들만 죽거나 다치는 것이 아니었다. 온 마을이, 온 산하가 울부짖고 신음했다. 사람들은 자신의 상처를 짊어지고 산을 올라왔다.

어느 날 여인이 가파른 산길을 타고 무이산 문수암 경내로 들어섰다. 온몸이 땀에 젖어서 보는 사람이 민망할 정도였다. 여인은 다짜고짜 성철을 찾았다. 그리고 그 앞에 엎드렸다.

"스님, 제발 제 아들 좀 살려주십시오."

성철이 연유를 묻자 여인은 한숨과 눈물을 섞어 얘기했다. 여인은 진주 묵실이란 마을에 살고 있었다. 여인에게는 금쪽같은 외동아들이 하나 있었다. 아들은 전쟁에 끌려가 3개월이 지나도 소식이 없었다. 백방으로 탐문했지만 누구도 알지 못했다. 그러다 아들이 속한 부대가 전장에서 몰살했다는 풍문이 들려왔다. 여인은 지푸라기라도 움켜쥐어야 했다. 천하 도인이 마침 문수암에 있다는 소리를 듣고 무작정 찾아간 것이다. 얘기를 이어가던 여인은 아예 방바닥에 엎드려 통곡을 했다.

"스님 제 아들 좀 살려주십시오."

하지만 성철은 여인에게서 눈길을 거두며 말했다.

"나 같은 산중이 어찌 전쟁에 나간 당신 아들을 살릴 수 있겠소."

그러자 여인은 차고 있던 전대를 풀었다. 논밭을 모두 팔아 만들어 온 20만 원이었다. 당시에는 거금이었다.

"이 돈으로 기도를 해 주십시오."

성철이 여인과 돈을 번갈아보더니 목소리를 높였다.

"어찌 이리 어리석은가. 당신 아들이 20만 원짜리란 말이요? 어찌 돈으로 목숨을 살 수 있겠소?"

"스님, 제발 제 아들을 살려주십시오."

성철은 엎드린 여인을 한참 굽어봤다. 그리고 물었다.

"내가 시키는 대로 어떤 일이라도 하겠소?"

"시켜만 주시오. 아들만 살아온다면 무슨 짓이라도 하겠습니다."

"그럼 이 돈을 가지고 내려가 저 산 아래 굶주리는 사람들에게 골고루 나눠주시오. 그리고 집으로 돌아가 벼를 사서 아홉 번 찧고 손질하여 그 쌀을 절로 가져오시오. 절대로 땅바닥에 놓지 말고 가져와 부처님께 올리시오."

며칠 후 다시 여인이 산을 올라왔다. 아들 살릴 마음을 앞세우고 허겁지겁 달려와 기진맥진한 채 경내로 들어섰다. 보는 사람이 숨이 막힐 지경이었다. 그래도 공양미가 들어있는 보따리는 받쳐 들고 있었다. 이를 보고 절집 일을 하는 부목이 보따리를 들어주려 했다. 성철이 그 광경을 보고 막대기로 후려갈기며 고함을 질렀다.

"이놈아, 남의 기도를 망치려 드느냐!"

여인은 성철이 시킨 대로 가져온 쌀을 탁자 위에 공손히 올려놓았다. 그리고 법당과 절 마당을 깨끗이 쓸고 닦았다. 목욕까지 마친 여인에게 성철이 말했다.

"내 말 잘 들으시오. 당신 아들은 나 같은 중이 살리는 게 아니오. 당신이 직접 당신 아들을 살려야 한다는 말이오."

그러자 여인이 두 손을 모았다. 얼굴에서 간절함이 묻어나왔다.

"가져온 쌀로 공양을 지어 부처님께 올리고 삼천배를 하시오."

여인이 삼천배를 시작했다. 아들을 살리겠다는 일념으로 부처님 앞에 엎드렸다. 하지만 몸이 마음을 따라주지 않았다. 도대체 무릎을 꿇을 수 없었다.

새벽 3시경 성철의 방 안으로 여인의 음성이 들어왔다. 다 죽어가는 목소리였다. 성철이 문을 열었다. 여인이 땅바닥에 다리를 쭉 뻗고 앉아있었다.

"스님 이천배까지는 했는데 죽으면 죽었지 더는 못하겠습니다."

성철은 단호하게 나무랐다.

"그럼 아들은 살지 못하겠네."

목소리가 새벽 공기보다 차가왔다.

"만약 산길을 가다가 호랑이를 만났는데, 호랑이 바로 뒤에 잃어버린 아들이 있어. 호랑이가 보살에게 네 다리를 하나 주겠느냐, 아니면 뒤에 있는 네 아들을 주겠느냐 하면 어떻게 할 것인가."

"제 다리를 내놓아야 하겠지요. 알겠습니다, 스님. 계속 절하겠습니다."

여인은 다시 법당으로 들어갔다. 여인이 삼천배를 마치고 법당을 기어 나왔다. 햇살이 눈을 찔렀다. 눈물이 나왔다.

"스님 절을 마쳤습니다."

성철은 미리 끓여놓은 죽을 들게 하고 뒷방에서 자라고 일렀다. 그리고 한나절이 지났을 때 여인이 집에 가봐야겠다며 인사를 올렸다.

"더 쉬지 않고 벌써 가려 하시오."

"아들이 집에 오는 꿈을 꿨습니다. 가봐야겠습니다."

삼천배를 마치고 그대로 곯아떨어진 여인의 꿈속에 아들이 나타난 것이다. 절뚝거리며 산을 내려가는 여인의 모습을 성철은 오래 지켜보았다.

여인은 10여 일이 지나 다시 문수암을 찾아왔다. 이번에는 아들을 앞세우고 느긋하게 산을 올라왔다. 여인이 진주 집에 도착하고 며칠이 지나자 정말 아들이 집으로 돌아왔다. 아들에게 실로 기적 같은 일이 일어난 것이다. 아들이 속한 부대는 백마고지 전투에서 몰살을 당했고, 아들은 시체더미에 깔려 있었다. 송장 밑에서 죽어가고 있던 아들은 누군가 자신의 이름을 부르는 소리를 듣고 온 힘을 다해 몸부림을 쳤다. 그랬더니 시체더미 사이로 하늘이 보이고 숨을 쉴 수 있었다. 겨우 기운을 차려 피투성이가 된 몸을 이끌고 산을 내려왔다.

문득 강이 보였다. 정신없이 물을 마시고 고개를 들어보니 어떤 노인이 서 있었다. 노인은 아들을 오두막으로 데리고 가서 군복을 벗기고 자신의 옷을 내주었다. 아들은 그렇게 살아 돌아왔다.

그렇게 여인은 스스로 아들을 구했다. 성철은 단지 안내만 했을 뿐이었다. 이렇듯 자신의 기도는 아무도 대신해 줄 수 없다. 사람들은 무조건 스님들에게 복을 달라고 한다. 그들은 업장이 소멸돼야 복이 온다는 사실을 모르고 있다. 복은 받는 것이 아니라 스스로 짓는 것임을 모르고 있다.

성철은 삼천배를 통해 자기를 바로 보도록 했다. 극한 고통을 이겨내고 부처님 앞에서 '삼천배'를 올린 신도들은 비로소 성철을 뵙고 '감격'한 채 법어를 기다렸다. 그러나 성철은 둥근 원 하나를 그린 백지 한 장씩을 나눠주고는 한마디 했다.

"날마다 이 '원' 자 앞에 백팔배를 올리며 참회기도를 하라."

커다란 가르침을 기대했던 사람들은 크게 실망했다. 그러면 성철은 웃음을 머금고 이렇게 일렀다.

"말세 중생은 자기 기도는 자기가 하는 거요. 내 법어는 여러

분 기도에 비하면 사족에 불과합니다."

신부나 수녀, 또 기독교 신자들도 삼천배를 하고 성철에게서 화두를 배워갔다. 삼천배를 시킬 때 성철은 그들에게 당부하는 말이 있다.

"하나님 반대하고 예수님 욕을 가장 많이 하는 사람이 제일 먼저 천당에 가라고 축원하며 절 하시오."

성철은 '참회'를 통해 진리에 다가가는 '아비라기도'를 만들었다. 비로자나 법신진언인 "옴 아비라 훔 캄 스바하"를 염송하며 절을 올리도록 했다. '옴'은 우주생성 원리이고 '아비라 훔 캄'은 법신을, '스바하'는 회향을 뜻한다. 그래서 '우주 삼라만상의 모든 일이 뜻대로 되게 하소서'라는 의미이다. 아비라기도는 성철이 남긴 유산이다.

백팔배도 본래 있었고 장궤합장도 오래전부터 전해져 내려왔다. 능엄주와 회향게도 있었다. 그런데 그 요소들을 백팔배, 장궤합장 30분, 능엄주 독송, 회향게 이런 순서로 구성하신 분이 성철 스님이시다. 성철 스님께서 불교의 모든 염불, 기도, 수행 방법들을 살펴본 후, 중생들에게 아비라기도라는 최상승법最上乘法을 내놓으신 것이다. 이런 순서로 기도를 하다보면 이 기도가 얼마나 과학적으로 잘 만들어졌는지를 체득하게 된다. 아비라기도는 우리 몸의 구성 원리와 특성, 우리 식識의 특성,

기의 흐름 등을 참작하며 완벽하게 만들어졌다.

장성욱 『성철 스님과 아비라기도』

성철이 이미 존재했던 수행 방법을 활용하여 업장을 녹이는 가장 효율적인 기도 방법을 창안했다는 것이다.

5년 동안 류마티스 관절염을 앓던 여인이 있었다. 모든 관절이 굳어져가고 합병증으로 위장, 신장, 심장 등 성한 장기가 없을 정도였다. 대소변을 받아내고 밤마다 통증에 잠을 이루지 못했다. 그런 여인이 아비라기도를 했다.

"그동안 앉은뱅이처럼 생활을 해오다가 대참회와 아비라를 위해 5년 만에 무릎을 꿇었습니다. 그러자 형태가 사라진 제 다리는 그 자리에서 딱 부러진 것처럼 아팠습니다. 한 파트, 두 파트, 세 파트···, 온몸을 휘저으며 파고드는 고통을 어찌 말로 다할 수 있겠습니까. 눈물과 콧물, 마음 속 깊이 얼어붙은 한까지 비 오듯 쏟아냈습니다. 법복을 다 적시고도 모자라 좌복까지 흥건하도록 젖어들었습니다. 이를 악물고 사지가 뒤틀리는 육신을 일체 부처님께 바치기 위해서 발음도 안 되는 목소리로 '옴 아비라 훔 캄 스바하'를 피를 토할 정도로 외치며 하루를 마쳤습니다.

이튿날 오후 3시쯤, 세상에 태어나 그렇게 속 시원하게 많이 울어본 적이 없습니다. 울어도 울어도 끝이 나지 않았고, 그리곤 3일째 아침에 5년 만에 달려서 화장실을 가는데 마치 몸이 하늘을 나는 것 같았죠. 너무나 신기하고 신기해서 일체 부처님께 그리곤 큰스님께 감사 감사 또 감사의 눈물을 흘렸습니다." (라지현해 보살)

법 고향 가야산에

 성철은 해인사 백련암에 들었다. 1966년 가을이었다. 해인사 주지 자운 스님의 간곡한 청을 받아들였다. 자운이 제자들에게 말했다.

 "김룡사에서 어렵게 지내신다 들었네. 백련암을 비워놓았으니 이제 그만 해인사로 오시라고 말씀드리게. 해인사는 성철 스님이 출가한 곳이니 법 고향이 아니겠는가."

 성철은 처음 삭발한 곳으로 돌아왔다. 돌아보면 30년 동안 제방을 돌며 수행했고, 도를 이뤘다. 그리고 스승 동산 스님이 머물던 백련암에서 어느덧 스승이 되었다. 세수 55세였다. 스승의 말씀을 받았으니 이제 가르침을 내려야 했다.

일천 겁劫을 지나도 옛날이 아니며,
일만 세歲를 뻗쳐도 언제나 지금이라
歷千劫而不古 亘萬歲而長今

해인사 일주문의 주련이다. 과거는 흘러갔고 미래는 오지 않았으니 오로지 지금뿐이요, 이는 달리 말하면 지금 속에는 과거의 일천 겁이 녹아 있고 미래의 만세萬歲 또한 들어있음이었다. 흘러간 것은 흘러갔지만 흘러간 것이 아니며, 미래는 아직 오지 않았지만 이미 와 있음이었다. 성철은 옛날이 지은, 또 내일이 들어앉은 해인사 속으로 들어왔다.

가야산은 육산肉山이면서도 골산骨山이었다. 홍류동 계곡물은 변함없었고, 낙락장송의 기개도 옛날과 같았다.

"이산 저산 다녀봐도 가야산만큼 편한 산은 없더라. 지리산은 크지만 밋밋하고, 금강산은 삐죽삐죽 날이 서있지."

성철은 가야산을 좋아했다. 제자들은 흥에 겨워 가야산을 예찬하는 성철의 시를 기억하고 있다.

가야산 산색은 천 년 동안 수려하고,
홍류동 계곡의 하늘은 만년토록 빛난다
伽倻山色 千古秀
紅流洞天 萬世明

그런 가야산속 백련암은 해인사 암자 중에서 맨 꼭대기에 있다. 주변은 기암절벽이 즐비해서 가야산 제일 승지로 꼽혔다. 성철은 곧잘 이런 말을 했다.

"이제 나는 진리를 본 산승으로서 한산이 천태산을 떠나지 않았던 것처럼 가야산의 경치를 결코 벗어나지 않을 것이다."

한산寒山은 수나라 말기와 당나라 초기의 난세에 살았다. 비승비속非僧非俗인 채로 천태산 한암寒巖이란 동굴에 기거하며 빼어난 선시 300여 편을 남겼다. 성철은 딸 불필에게도 '한산시'를 읽으라 권했다.

"한산이 숲속의 석벽이나 마을 인가의 마른 벽에 적은 300여 수의 시와 습득拾得과 풍간豊干의 시 약간을 모아 한 권의 책을 만들었는데 그것이 '한산시'야. 한번 읽어봐. 세 사람은 바

성철은 처음 삭발한 곳으로 돌아왔다. 그리고 1967년 해인총림 방장 자리에 앉았다.
사진은 여름 해인사 풍경.

보처럼 살면서 사람들에게 온갖 멸시를 당했지만 누구보다 쾌활하고 자유자재한 도인이었는기라."

성철은 한산의 선시를 즐겨 암송했다.

내 천태산의 경치 속으로 들어온 뒤로,
몇 겨울 봄을 어느새 지났던고.
산과 물은 그대로이나 사람은 절로 늙나니,
뒤에 올 많은 사람 안타까워라.

천태산이 성철에게는 가야산이었고, 한암이 곧 백련암이었다. 백련암은 창건 연대를 알 수 없지만 서산대사의 제자 소암 스님이 중창했다고 알려져 있다. 백련암 마당에 불면석佛面石이 있다. 부처님 얼굴 같다고 해서 붙인 이름이다. 성철은 여여부동如如不動한 바위처럼 백련암에 앉아 물소리가 되고 바람 소리가 되었다. 스스로 자연이 되었다. 백련암 입구의 산죽 숲, 신선대 바위 위의 늙은 소나무, 홀연히 찾아드는 아침 햇살, 가야산을 덮고 있던 구름바다를 아꼈다.

1967년 해인총림 방장에 취임했다. 총림이란 종합도량으로 세 가지를 갖춰야했다. 참선하는 선방, 교리를 가르치는 강원, 계율을 익히는 율원이 있어야 했다. 그 총림의 최고지도자가 방장이었다. 해인사는 1967년 7월 임시중앙종회에서 통과시킨 총림법에 의거하여 해인총림으로 격상되었다. 이렇게 된 데는 종정에 취임한 도반 청담의 역할이 컸다. 초대 방장으로 추대된 성철이 말했다.

"앞으로 불사 잘하라는 '보국대'로 징발당했다."

보국대란 일제강점기 전쟁에 동원된 노동자들을 일컬었으니 억지로 떠맡았다는 의미였다. 그러면서도 방장으로서 제대로 된 수행처를 만들어보겠다는 결심을 내비쳤다.

"총림운영의 기본 방침은 계戒, 정定, 혜慧 삼학三學을 바탕으로 해서 엄격한 계율과 일관된 이론, 철저한 참선 정진으로 견성성불하는 것입니다."

성철은 부단히 불교개혁을 외쳤다. 바른 인재를 양성하고 싶었다. '중다운 중'을 키워야 불교가 살아나고, 승려가 신도들을 속이지 않고, 절집에서 귀신을 쫓을 수 있었다. 1954년 대통령 이승만의 유시로 시작된 불교정화운동은 1962년 통합종단 출범으로 마무리되었다. 하지만 이는 외형상 매듭이었다. 내용을 들여다보면 봉합에 불과했다. 권력에 의한 타율적 정화운동은 이미 후유증을 예고하고 있었다. 정화운동의 화신이랄 수 있는 청담조차 부패한 종단을 개탄했다.

"음주식육飮酒食肉의 무리가 들끓는 썩은 못이다."

사실 불교정화운동은 제대로 된 승려가 없는 데서 비롯되었다. 불교가 세속화되어 절집이 굿집과 별반 다른 게 없었다. 하지만 정화불사가 정화를 내세운 절 뺏기 싸움으로 전개되었고, 이에 세를 불리는 수 싸움으로 변질되었다. 이때 승적은커녕 이력조차 수상한 자들이 머리를 깎고 비구를 자처했다.

성철은 일찍이 이를 간파하고 패싸움의 폐해를 지적했다. 정화란 모름지기 안으로부터 내실을 기해야한다고 강조했다. 성철은 정화운동 초기에 15명으로 구성된 정화대책위원에 선임되었지만 이를 박차고 산속으로 들어가버렸다. 성전암에서 10년 동안 동구불출 했다. 그 후 종단은 '세 불리기'에 골몰했고, 결국 묵은 도둑 몰아낸다고 들어온 사람들이 도둑이 되어 종단을 능멸했다. 그들이 묵은 도둑이 되었음이다. 그 폐해는 지금까지도 계속되고 있다.

이러한 일련의 사태를 성철은 정확하게 예견했다. 성철이 아니더라도 당시의 상황을 정확히 들여다 본 사람이라면 정화불사의 기승전결을 예측할 수 있었다. 조계종단은 대처승만 몰아냈지 수행승을 품기에는 턱없이 부족했다. 경내에는 미신적 숭배물이 넘쳐나고, 승려들의 의식은 천박했다. 성철은 총림을 제대로 만들어 진정한 개혁을 이뤄보려 했다.

해인총림이 설치되고 첫 동안거를 맞았다. 선원에 60명, 강원에 70명 등 모두 160여 명이 안거에 들어갔다. 강원의 경전 강독은 지관, 율은 일타, 원시불교는 법정이 맡았다. 전국에서 선승들이 간절한 마음을 앞세우고 산문을 넘었지만 해인사는 그들을 받아들일 준비가 되어있지 않았다. 이름만 총림이었다. 인재를 키워야한다는 데는 공감했지만 종단의 지원은 미미했다. 성철은 방장 자격으로 '해인총림 계획안'을 보내 종단의 관심과 지원을 요청했다. '해인총림 운영에 관한 건의문'은 사뭇 절절하다.

정화운동 이래 200명 가까운 승려가 한 도량에 모여 정진하는 일은 아직까지 없었습니다. 이와 같이 많은 대중이 한데 모였다는 것은 곧 우리에게 승가정신이 죽지 않고 살아있다는 장한 증거입니다. 그리고 이것은 어떤 가능성을 보이는 상서祥瑞이기도 합니다. (…) 해인총림은 해인사만의 총림일 수 없습니다. 어떤 특정인의 도량도 아닙니다. 그곳은 우리 종단의 염원이던 도량입니다. 이 시대에 우리가 수행해야 할 불제자의 사명인 동시에 우리들의 공동운명체입니다. 종회의원 여러 스님들의 적극적인 관심과 원력 아래 거種종단적인 지원이 있어야 할 것을 호소하는 바이며, 우선적으로 제12교구에 한해서 본말사 중앙분금회 및 3대사업비 전부를 해인총림운영비 일부로 공제해 주시기를 간절히 호소하는 바입니다.

물론 성철이 직접 작성하지는 않았을 것이다. 하지만 그런 문안을 보내도록 한 것은 성철이 얼마나 승려교육에 심혈을 기울이고 있었는지, 또 총림의 재정 확보가 얼마나 절박한 문제였는지 알 수 있다. 승려교육이 곧 불교개혁의 길이었다.

성철은 이와 더불어 '승가대학 설치 계획안'도 함께 보냈다. 계획안을 보면 재단은 '학교법인 해인총림'이며 정원은 100명(매 학년 25명)으로 4년제 대학을 세우려 했다. 이수해야할 필수교양과목으로 국어, 논리학, 법학통론, 심리학, 체육, 문화사, 문학개론, 정치학, 윤리학, 음악, 자연과학개론, 사회학, 경제원론, 생물학, 영어 등이 들어있다. 일반대학과 다름이 없으며 교직 과목을 이수케 하여 졸업자는 정교사 자격증을 받도록 했다. 승가대학 설립은 '대한불교' 사장 덕산 이한상 씨가 앞장섰다. 덕산은 성철의 뜻을 받들어 백방으로 뛰어다녔지만 승가대학 인가는 나오지 않았다. 정부는 왜 승가대학 설립을 거부했을까. 이를 둘러싼 여러 설이 떠돌고 있다.

결국 승가대학은 종단도 정부도 외면했다. 성철의 '교육을 통한 불교개혁'의 구상이 깨지고 말았다. 성철은 가야산에서 젊은이들이 포효하는 모습을 보고 싶어 했다. 청정 도량에서 청정 승려를 배출하려는 원대한 계획은 수포로 돌아갔다.

덕산거사와 인재불사

성철은 승려 정규대학을 세우지 못한 것을 아쉬워했다. 그리고 그 아쉬움 속에 또 아쉬운 인물이 있었다. 바로 재가불자 덕산 이한상이다. 사람들은 덕산이란 그의 호를 따서 '덕산거사'라 불렀다.

절집에 처사는 많지만 거사는 드물다. 처사란 이름에서는 은둔 선비, 낭인 같은 체취가 풍겨 나온다. 하지만 거사란 호칭은 자못 무겁다. 비록 산문 밖에 있지만 오계를 지키고, 삼보에 보시하고, 공부를 많이 한 사람을 거사라 부른다. 인도에는 유마維摩, 중국에는 방龐, 한국에는 부설浮雪거사가 있었다. 이렇듯 엄중한 호칭을 왜 이한상에게 붙였을까. 성철은 왜 그를 아꼈을까.

경기도 개풍군에서 태어난 덕산은 초등학교를 졸업한 후 단신 상경했다. 고학으로 공업학교를 졸업하고 건설업에 뛰어들었다. 덕산은 풍전산업과 대한진척공사를 창업하여 1960년대 초에는 3,000명이 넘는 종업원을 거느린 최대의 토목건축회사로 키웠다. 정부종합청사, 조흥은행 본점, 섬진강댐, 팔당댐, 풍전상가 등을 지었다. 뛰어난 기술을 보유하여 그가 세운 건물에는 '국내 최초'라는 수식어가 붙었다.

덕산은 한마디로 '잘 나가는' 사업가였다. 큰돈을 벌어 불교계에 아낌없이 썼다. 삼보장학회를 창립하여 미래의 인재들을 후원했고, 삼보학회를 설립하여 《한국불교 최근 백년사》를 편찬했다. 재가불자 모임인 '달마회' 회장을 맡았고, 삼보법회를 만들어 당대 선지식을 모시고 정기법회를 열었다. 우리나라 최초의 일요법회였다. 이로써 도심의 대중법문 시대가 열렸다. 그 밖에도 종립학교 교법수호회와 군 포교의 이정표를 세운 군승 설치에 주도적인 역할을 했다. 또 불교 교재 편찬 및 배포 등으로 불교 교육의 전기를 마련했다.

덕산은 종단의 강력한 권유로 경영난에 빠진 대한불교신문사(현재 불교신문)를 인수해야 했다. 그는 〈대한불교〉를 월간에서 주간신문으로 바꾸고 불교와 사회를 연결시키는 소통의 매체로 육성시켰다. 또 대불련에 대한 지원도 아끼지 않았다. 봉은사에 수도원을 차려 학업과 수행을 겸하여 정진토록 배려했다.

이는 전무후무한 일이었다. 대불련 총재를 맡아 수련대회와 구도행각에도 동참했다.

1968년 5월 덕산의 사재 헌납으로 장충단공원에 사명대사 동상이 세워졌다. 제막식에는 박정희 대통령이 참석하여 치사를 했다. 각계 인사, 스님과 신도 등 3만여 명이 참석했다. 덕산 생애의 찬란한 날이었다.

'사명대사의 성상은 박대통령의 원력으로 세워지는 이충무공 동상과 김종필 씨에 의하여 덕수궁에 마련되고 있는 세종대왕 동상 등과 함께 애국선열조상건립 제1차년도 사업으로 추진되고 있다.' 〈대한불교〉

이처럼 덕산은 당대 최고 권력자들과 나란히 동상을 세우는 '위용'을 과시하고 있었다. 1960년대 중후반은 덕산의 이름이 불교계를 풍미했다. 거의 모든 불사 뒤에는 덕산이 있었다.

덕산은 성철의 초전법륜이라 일컫는 운달산 법회에서 법문을 듣고 성철을 지극히 섬기게 된다. 덕산은 성철의 법문에 빨려 들어갔다. 그 후 성철이 정규 승가대학을 세우기 위해 지혜를 모을 때도 그 곁을 지켰다. 인재불사를 서두르는 큰스님의 발이 되고 손이 되었다.

"덕산거사가 성철 스님을 모시고 학교 터를 보러 다녔지요. 산속에 대학을 지어 불교를 바로 세우자는 데 뜻을 모은 것입니다. 깊은 산속에서 덕산거사의 차가 수렁에 빠져 성철 스님이

눈오는 날 손님들이 찾아왔다.
왼쪽부터 서경수 교수, 성철 스님,
숭산 스님, 덕산거사, 박성배 교수.

제6장/나 같은 중한테 속지 마라

고생한 적도 있었어요."(조호정 전 삼보법회 회장)

그러던 덕산이 갑자기 미국으로 떠났다. 1971년 7월 가족을 데리고 이 땅을 빠져나갔다. 덕산의 출국은 많은 의혹을 낳았다. 사업이 부진하자 출구를 찾았다는 설, 불교신도회장에 출마하려다 권력의 견제를 받았고 결국 이를 감당하기 어려웠을 것이라는 설, 기계적인 삶과 인간적인 삶의 갈림길에서 고통을 받다가 점점 인간 쪽으로 기울어졌다는 설(박성배 추측) 등이 나돌았다. 지금도 명확히 밝혀진 것은 없다. 하지만 황망히 재산을 처분하고 서둘러 미국으로 떠난 이면에는 덕산이 차마 밝히지 못한 뭔가가 있을 것이다.

덕산은 미국에서도 캘리포니아 카멜 산정에 삼보사를 설립하고 수도원을 조성했다. 1973년 2월 18일자 〈대한불교〉는 이렇게 의미를 부여했다.

'미국에 삼보사가 건립됐다는 사실은 반가운 일이 아닐 수 없다. 그것도 종단 전체의 사업으로서가 아니라 신도 개인의 힘으로 이룩된 사찰이란 것은 놀라운 일이다. 이한상 거사의 원력으로 된 사찰. 아름다운 카멜 계곡, 1만여 평의 대지 위에 세워진 사찰. 삼보사의 창건을 계기로, 우리 불교가 좀 더 웅비할 수 있는 기틀이 마련되길 바란다.'

제자 원택 스님 또한 스승으로부터 덕산거사 얘기를 종종 들었다. 그러던 어느 날 한국에 온 덕산이 성철을 찾아왔다. 백련암에 도착한 덕산은 성철과 두어 시간 얘기를 나누고 산을 내려갔다. 원택은 산 밑까지 배웅했다. 오솔길을 내려가던 덕산이 원택에게 말을 건넸다.

"스님, 스님은 제가 모르는 얼굴입니다."

"예, 저도 거사를 처음 뵙습니다. 하지만 말씀은 많이 들었습니다."

"제가 큰스님께 죄를 지었습니다. 동생한테 '인천 월미도 땅을 큰스님께 드려서 원하시는 정규대학 만들도록 해드리라'고 신신당부를 했건만…. 이제 와 보니 해드린 것이 아무것도 없습니다. 그때 큰스님 말씀 듣고 앞뒤 잘 살폈더라면 지금 해인사 강원이 정규대학이 되었을 것인데…. 그러면 큰스님께서 얼마나 좋아하셨겠습니까."

원택은 그런 덕산이 안쓰러웠다. 그때를 이렇게 기억한다.

"이씨는 하산하는 길에 몇 번이나 말꼬리를 흐리며 지난 일을 회고했다. 그 말끝마다엔 탄식과 회한, 그리고 큰스님에 대한 송구스러운 마음이 절절히 묻어나왔다."

미국으로 돌아간 덕산은 1984년 8월 23일 입적했다. 그가 세운 카멜 삼보사에서 홀로 숨을 거뒀다.

"덕산거사가 남긴 것들이 사라져가니 안타깝습니다. 달마회는 없어졌고, 정릉에 있는 삼보정사도 옛날 같지 않습니다. 장충단공원 사명대사 동상을 어디에서 관리하는지 찾아보다 깜짝 놀랐습니다. 어디에도 적籍이 없었습니다. 시청에서도, 구청에서도, 공원관리공단에서도 그저 모른다고만 합니다. 참으로 덕산거사에게 미안할 뿐입니다." (조호정 전 삼보법회 회장)

그 말을 듣고 문득 사명대사 동상의 안부가 궁금했다. 장충단공원에 막 도착하니 비가 내렸다. 공원에 내리는 겨울비는 쓸쓸했다. 동국대 중문 길옆에 서 있는 사명대사 동상은 천을 둘둘 감고 있었다. 아마 무슨 탈이 난 듯했다. 동상 앞에는 어떤 안내판도 없었다. 공원 내 다른 조형물마다에는 안내판이 있었다. 이한상은 시나브로 지워지고 있었다. 동상 제막식과 법요식에 참석한 스님과 신도들도 거의가 이 세상을 떠났을 것이다. 오직 사명대사 동상만 남아서 천을 둘러쓴 채 겨울비를 맞고 있었다.

성철과 덕산의 인재불사 발원은 결실을 맺지 못했다. 참된 시주와 불공은 남모르게 해야 한다고 그렇게 강조했던 성철이 덕산을 가까이 했음은 그에게서 진심을 보았기 때문일 것이다. 하지만 시절인연이 아니었을 것이다. 덕산거사의 빛났던 불사를 기억하는 사람도 사라져가고 있다. 어찌 보면 섬광이었다.

제7장

불이 곧 물이니 물이 곧 불이며

밥값 내놔라

해인총림 방장 성철은 선방에서 참선 수행하는 수좌들을 아끼고 존중했다. 그러자니 절 살림을 꾸려가는 스님들은 기를 펴지 못했다. 대신 선방 수좌들에게는 엄격한 수행을 요구했다. 안거 마치기 전에는 꼭 일주일간의 용맹정진을 하도록 했다.

성철은 죽비를 들고 선방에 들이닥쳤다. 그리고 졸고 있는 선승의 등줄기를 사정없이 후려쳤다.

"밥값 내놔라, 이놈아!"

봉암사 결사 시절과 변함이 없었다. 성철이 이토록 밥값을 내놓으라 소리치는 데는 이유가 있었다.

중국의 총림에 가보면 '신도들이 보시한 한 톨의 쌀은 무겁기가 수미산과 같으니 여기서 도를 성취하지 못하면 반드시 축생으로 태어나 그 빚을 갚아야 하리라'는 문구가 곳곳에 새겨져 있다. 애써 농사지은 소중한 곡식과 재물을 여름날 땀 한 방울 흘리지 않은 스님들에게 보시하는 까닭은, 부지런히 수행해 속히 도를 성취해서 지옥 같은 삶 속에서 고통받는 중생을 하루빨리 제도해 주십사 하는 바람 때문이다. 만일 이런 간절한 바람을 저버리고 깊은 산 높다란 누각에서 시원한 바람이나 쐬며 도화원桃花園 같은 풍경에 취해 한가로이 잡담이나 나누고, 목침을 높이 베고 누워 낮잠이나 즐기며 허송세월한다면 과연 그 죗값이 어느 정도이겠는가. 결코 개나 소로 태어나는 것에 그치지 않을 것이다. 공연히 겁주려고 하는 소리가 아니다.

성철 《선문정로》

성철은 또 '사람 못된 것이 중 되고, 중 못된 것이 선원 수좌 되고, 수좌 못된 것이 도인 되는 것'이라며 선방 수좌들을 세속의 기준으로 가장 못된 인간들이라고 일갈했다. 부디 부지런히 공부하라 일렀다.

옛 스님들도 늘 하신 말씀이다. '죄 중에 사람을 죽이는 죄가 가장 크지만, 공부니 수도니 한답시고 허송세월하는 놈이 있으면 그런 놈은 하루에 만 명을 때려죽여도 죄가 되지 않는다'고 하였다. 그러니 모름지기 부지런히 노력하고 또 노력할 일이다.

성철은 좌복 위에서 정진하는 수좌들을 보고 있을 때가 가장 좋았다. 그 속에 영원히 사는 길, 중생 제도의 길이 있었다. 수행을 돕는 소임자들에게는 일체 간섭하지 말고 외호外護나 잘하라고 일렀다.

"그래도 결제가 되면 부처님 혜명을 잇겠다며 좌복 위에 앉아있는 수좌들 모습이 얼마나 보기 좋은가. 저 속에서 그래도 한 개나 반 개나 되는 인물들이 나오는 거다. 그런 기대로 선방을 둘러보는 것 아닌가. 저들이 없으면 난들 무슨 소용이 있겠는가."

선승에게 수행이란 운명이었다. 깨달음으로 가는 길은 험하고도 험했다. 누구에게 매달리지 않고 홀로 가는 길이었다. 부처님은 선각자이며 지도자일 뿐이었다. 신이 아닌 인간의 길을 걸어 자유를 획득하는 일은 얼마나 어려운가. 성철은 그걸 알고 있었다.

선방에서 난제 중의 난제는 '수마睡魔'였다. 큰스님이 지키고 있어도, 이를 악물어도, 허벅지를 꼬집어도 잠은 소리 없이 스며들었다. 세상에서 가장 무거운 것이 눈꺼풀이었다. 혜국 스님도 해인사 선방에서 한겨울 21일간 용맹정진했던 당시를 잊지 못한다. 용맹정진에 들면 밥 먹고 화장실 다녀오는 것을 빼고는 24시간을 꼬박 앉아서 참선 정진을 해야 했다. 새벽 3시가 되면 성철이 경책에 나섰다. 물푸레나무 회초리를 세 개쯤 들고 선방에 들어왔다. 회초리를 한 손에 몰아 쥐고 수좌들을 살폈다. 조는 사람에게 다가가 회초리로 등짝을 후려갈겼다.

"쫘~악!"

맞는 사람은 물론이요 선방에 있던 모두가 정신이 번쩍 들었다. 그 소리에 산사의 새벽도 벌떡 일어났다. 용맹정진에 든 지 이삼 일이 지나면 잠이 쏟아져 정신을 차릴 수 없었다. 잠이 진정 무서웠다. 그러다보니 울 수도 웃을 수도 없는 일들이 종종 일어났다.

가야산 해인사 도량에 눈이 하얗게 쌓였는데 한 스님이 한참 참선 정진을 하다가 살짝 일어나 나가는 겁니다. 그리고 눈이 하얗게 쌓인 눈밭 속에서 슬그머니 드러눕는 겁니다. 그러더니 눈을 손으로 계속 가슴 위로 쓸어 올립니다. 눈이 이불인 줄 알고 그러는 것이지요. 물론 성철 스님의 불호령이 떨어집니다. 그만큼 잠이란 고약한 마장입니다. 영하 20도 차가운 눈밭에서 눈을 이불이라 뒤집어쓰면 그게 제정신이냐고 웃는 사람도 있겠지만 그렇게 말하는 사람은 수행 중 잠과의 싸움이 얼마나 처절한가를 체험해보지 못한 사람입니다.

혜국 《신심명信心銘-몰록 깨달음의 노래》

  혜국은 그 후에도 제대로 잠을 쫓지 못했다. 도솔암에서 수행할 때도 잠이 문제였다.

  '성철 스님은 10년 동안 눕지 않았다는데 정말 졸지도 않았을까. 만일 그러셨다면 나는 중이 될 자질이 없다. 하근기로 무엇을 이룰 수 있을 것인가.'

  혜국은 약초를 팔러 장에 나왔다가 그 길로 백련암을 찾아갔다. 마침 성철은 제자와 경내를 거닐고 있었다. 혜국이 땅바닥에 엎드렸다.

  "스님, 장좌불와하실 때 졸지 않으셨습니까?"

  느닷없는 질문에 성철이 버럭 고함을 질렀다.

  "야, 이놈아, 내가 목석이냐, 안 졸게!"

  혜국은 그 소리에 환희심이 생겼다. 희망이 밀려들었다.

  '그렇구나, 스님도 졸았구나.'

  벙글거리며 산길을 기운차게 내려가는 혜국을 보면서 성철은 '별 놈 다 본다'는 표정을 지었다. 그 후 혜국은 조금씩 잠 쫓는 법을 터득해갔다.

  성철은 또 '최잔고목摧殘枯木론'을 설파하며 공부하는 사람은 모름지기 '썩고 부러지고 마른 나무 막대기'가 되라 일렀다.

제7장/물이 곧 불이며, 불이 곧 물이니

부러지고 썩어 쓸데없는 나무 막대기는 나무꾼도 돌아보지 않는다. 땔나무도 되지 않기 때문이다. 불 땔 물건도 못 되는 나무 막대기는 천지간에 어디 한 곳 쓸 곳이 없는, 아주 못 쓰는 물건이다. 이러한 물건이 되지 않으면 공부인이 되지 못한다. 공부인은 세상에서 아무 쓸 곳이 없는 대낙오자가 되지 않으면 안 된다. 오직 영원을 위하여 모든 것을 다 희생하고, 세상을 아주 등진 사람이 되어야한다. 누구에게나 버림받은 사람, 어느 곳에서나 멸시 당하는 사람, 살아나가는 길이란 공부하는 길밖에 없는 사람이 되어야 한다. 세상에서뿐만 아니라 불법 가운데서도 버림받은 사람, 쓸데없는 사람이 되지 않고는 영원한 자유를 성취할 수 없는 것이다.

성철은 공부할 때 피해야 할 세 가지를 제시했다. 바로 돈과 이성異性, 그리고 명예욕이다. 돈은 독사보다 무서워하고, 비상砒霜보다 겁을 내라 했다. 또 이성을 멀리하라며 '여자 같은 장애물이 두 가지만 있어도 성불할 사람은 아무도 없다'는 부처님 말씀을 상기시켰다. 그리고 그것들보다 더 무서운 것이 바로 명예욕이라며 이름을 날리거나 남기려는 유혹의 실체를 발가벗겼다.

실제로 재물병과 여자병은 결심만 단단히 하면 벗어날 수 있습니다. 하지만 이름병에 걸리면 남들이 더 칭찬해주니, 그럴수록 이름병은 참으로 고치기 어려운 것입니다. 책을 좀 보아서 말주변이나 늘고 또 참선이라도 좀 해서 법문이라도 하게 되면 그만 거기에 빠져버리는데, 이것도 일종의 명예병입니다. 이리하여 평생 잘못된 생활이 굳어버립니다. 자기만이 아니라 남도 그렇게 만들어버립니다.

속인이 들어도 탁견이다. 제 이름 하나 남기려고 세상에 나와 먼지를 피우는 중들이 얼마나 많은가.

성철은 수좌 오계를 설파했다. 이는 지금도 제방의 선승들이 받들고 있다.

잠 많이 자지 말라.
책 보지 말라.
과식하거나 간식하지 말라.
말 많이 하지 말라.
돌아다니지 말라.

모두 수행 체험에서 우러난 것들이었다. 또 수행자에게 납자십게納子十偈를 내렸다.

1. 무상無常

한 조각 그믐달이 겨울 숲 비치니, 몇 개의 백골들이 숲 사이로 흩어져. 옛날의 풍류는 어디에 있는가, 덧없이 윤회의 괴로움만 더해가는데.

2. 안빈安貧

누더기 더벅머리로 올연히 앉았으니, 부귀니 영예니 구름 밖 꿈이로다. 쌀독에 양식은 없지만, 만고의 광명은 대천세계 비추네.

3. 정근精勤

물 긷고 나무하는 일은 옛날 스님 가풍이요, 텃밭 매고 주먹밥은 참 사는 소식이라. 한밤에 송곳 찾아도 오히려 부끄러워, 깨닫지 못함을 한숨 지며 눈물로 적시네.

4. 정절貞節

몸 망쳐 도를 없애는 데는 여색이 으뜸이라, 천번 만번 얽어 묶어 화탕지옥 들어가네. 차라리 독사를 가까이 할지언정 멀리 둘지니, 한 생각 잘 못 들어 무량고통 생기도다.

5. 신독愼獨

어둔 방에 혼자서 보는 이 없다 말라, 천신의 눈은 번개 같아

털끝도 못 속인다. 합장하고 정성껏 받들어 모시다가도, 갑자기 성을 내어 자취를 없애느니라.

6. 하심下心
법계가 모두 비로자나 부처님인데, 어느 누가 현우와 귀천을 말하는가. 모두를 부처님처럼 애경하면, 언제나 적광전을 장엄하리라.

7. 이타利他
슬프다 뜬구름 같은 이 세상의 어리석은 중생이여, 가시덤불 심어놓고 천도복숭 바라도다. 나를 위해 남 해침은 죽는 길이고, 남을 위해 손해 봄이 사는 길이네.

8. 자성自省
내 옳은 것 찾아봐도 없을 때라야, 사해가 모두 편안하게 될 것이니라. 내 잘못만 찾아서 언제나 참회하면, 나를 향한 모욕도 갚기 힘든 은혜이니.

9. 회두回頭
꿈속의 쌀 한 톨 탐착하다가, 금대의 만겁 식량을 잃어버렸네. 무상은 찰나라 헤아리기도 힘든데, 한 생각 돌이켜서 용맹정진 않을 건가.

10. 인과因果

콩 심어 콩 나고 그림자는 형상 따라, 삼세의 지은 인과 거울에 비추는 듯. 나를 돌아보며 부지런히 성찰한다면, 하늘이나 다른 사람을 어찌 원망하리오.

성철 스님은 졸고있는 수좌에게
회초리나 죽비를 사정없이 내리쳤다.
그 소리에 수좌들은 물론이요
산사의 새벽까지 벌떡 일어났다.

물었으니 내 외명철 하신가

성불은 마음의 눈을 떠서 자신의 본성을 보는 것이며 이를 견성이라고 한다. 그래서 성철은 불교를 '마음에서 시작해서 마음에서 끝난다'고 했다.

"팔만대장경 전체를 똘똘 뭉치면 '심心 자' 한 자 위에 서 있다."

마음의 눈을 뜨는 방법에는 여러 가지가 있다. 관법觀法이나 주력呪力을 하고 또 경經을 읽기도 한다. 다라니를 외우는 사람도 있다. 하지만 가장 확실하고 빠른 방법이 참선이었다. 성철이 보기에 가장 수승한 방법이었다. 그리고 견성하기 위해선 '3단계 과정'을 거쳐야 한다고 일렀다.

처음 동정일여에 들고 몽중일여, 숙면일여의 경지에 이른 후 거기서 더 정진하여 참다운 깨달음을 얻으라 일렀다. 성철은 깨달음에 이르는 가장 확실하고 빠른 길은 참선이며 화두를 든 선승에게 동정, 몽중, 숙면일여는 반드시 거쳐가야 할 관문(三關)임을 설파했다.

성철은 대원사에서 동정일여에 든 바 있다. 동정일여에서 더 깊이 들어가면 자나 깨나 한결같은 몽중일여와 숙면일여의 오매일여 경지에 이른다. 꿈꿀 때의 몽중일여는 제6식인 의식이 사라진 단계로서 교가敎家에서 말하는 무상정無相定의 7지 보

성철 스님은
'잠이 꽉 들어서도
공부가 되는지'를
화두 공부의 기준으로
삼으라고 설파했다.
숱한 법거량에서도
늘 오매일여 확인을
빠뜨리지 않았다.

살에 해당하고, 잠이 깊이 든 때의 숙면일여는 제8식 아뢰야식에 머무는 멸진정滅盡定인 8지 이상의 자재自在보살에 이른 것이다. 아무리 깊은 잠에 빠져 있어도 정신 상태가 항상 밝아 조금도 변함이 없으면 이를 8지보살 이상, 즉 자재위自在位라 한다. 마음속에는 분별작용이 없는 세 가지 미세한 것(三細)과 분별작용이 있는 여섯 가지 거친 것(六麤)이 있어서 팔만사천의 한없는 번뇌를 파생시킨다. '삼세 번뇌'는 근본무명으로서 아뢰야, 또는 제8식 등으로 부른다. '6추 번뇌'는 지말 번뇌로서 의식, 또는 제6식이라 한다. 7지보살 이하의 모든 중생은 6추 속에 있고 8지 이상의 자재보살은 삼세 가운데 있다. 이 근본과 지말의 두 가지 무명, 즉 번뇌망상을 제거해야만 진여불성을 볼 수 있다.

견성은 제8식 아뢰야식인 삼세 무명까지를 끊어야 이뤄진다. 동정일여와 몽중일여가 되어도 숙면일여가 되지 않으면 이것은 6추의 영역이요, 숙면일여가 돼야만 비로소 가무심假無心인 삼세의 미세망상에 이른 것이다. 그런 후에 이 미세번뇌마저 끊어야만 견성을 이루고 정안종사正眼宗師가 될 수 있다. 따라서 참다운 구경을 성취하기 위해서는 숙면일여의 경계를 돌파해야만 했다. 그런 경계를 뚫고 나아가기 전에는 진정한 공부라 할 수 없다. 성철은 주장자를 내리치며 말했다.

조사스님, 조사스님 하면서도 과연 이 분들의 경계가 부처님과 같을까 하고 생각하는 사람들이 많이 있다. 오가칠종五家七宗의 정맥으로 내려온 조사스님네들은 누구를 막론하고 반드시 오매일여라는 경계를 지나서 깨친 사람들이지 오매일여의 경계를 지나지 않고 깨쳤다는 사람은 한 사람도 없다. (…) 잠이 꽉 들어서도 한결같은 오매일여의 경계가 있다 하면 벌써 8지보살 이상이라는 것이 분명하다. 그것만 가지고 보아도 선문에서 조사나 종사라 하는 사람들은 누구든지 8지보살 이상이라는 것은 틀림없다.

성철《선문정로》

공부하다 보면 이상한 경계가 나타나고, 선객들은 이를 견성, 성불했다고 착각을 일으키기 쉽다. 하지만 잠이 꽉 들어서도 공부가 되는지를 살펴야 한다. 성철이 설파한 화두 공부의 기준은 '잠이 꽉 들어서도 공부가 되느냐'이다. 숱한 법거량이나 '견성 인가'에서도 성철은 오매일여 확인을 빠뜨리지 않았다. 성철은 옛 선사의 예를 들며 바른 화두참선법을 제시했다. 고봉원묘(1238~1295) 스님이 설암 스님을 만났을 때 나눈 문답이다.

설암 스님이 고봉 스님에게 물었다.

"낮 동안 분주할 때도 한결같으냐?"

"한결같습니다."

"꿈속에서도 한결같으냐?"

"한결같습니다."

"잠이 꽉 들었을 때는 주인공이 어느 곳에 있느냐?"

여기에서는 말로써 대답할 수 없으며 이치로도 펼 수가 없었다. 5년 후에 곧바로 의심덩어리를 두드려 부수니 이로부터 나라가 편안하고 나라가 조용하여서 한 생각도 함이 없어 천하가 태평하였다.

《선요》

거의 800년 전에 스님들이 이런 문답을 통해 화두를 확인했다. 그렇게 보면 성철의 화두 점검법은 '오래된 새길'이었다.

그렇다고 숙면일여에서 그쳐서는 안 된다. 더 나아가야 한다. 어쩌면 숙면일여에 든 순간부터가 백척간두百尺竿頭의 위험한 상태이다. 한 걸음 더 나아가 깨쳐야 한다. 오매일여가 된 자리에서 제8식 아뢰야식을 다 없애버리고 진여자성을 통견해야만 비로소 견성에 이른다.

우리나라 선문의 태고 스님도 20여 년의 공부 끝에 40세 즈음 오매일여의 경지에 이르고 그 후 확철히 깨쳤다. 그런데 자신의 공부를 알아주고 인가해줄 스님이 고려에는 없었다. 아마도 깨친 큰스님을 만날 수 없었던 듯하다. 할 수 없이 중국으로 건너간 태고는 그곳에서 임제정맥을 이어받고 돌아왔다. 태고 스님은 자신의 수행담을 이렇게 전했다.

> 점점 오매일여한 때에 이르렀어도
> 다만 화두하는 마음을 여의지 않음이 중요하다.
> 漸到寤寐一如時 只要話頭心不離

태고 스님도 오매일여의 경계에서 더욱 정진하라 일렀다. 우리가 생각이나 분별이 끊겨 한 생각도 일어나지 않는(一念不生) 무심경지에 들어가면 과거 현재 미래 전체가 다 끊어져버린다. 이를 전후제단前後際斷이라 한다. 그러나 이 단계는 아직 삼세의 미세망상이 남아있다. 여기서 다시 살아나 깨쳐야 한다. '일념불생, 전후제단'이 되어 대무심지에 이르렀어도 거기서 살아나지 못하면 그 사람은 크게 죽은 사람(大死底人)이라 한다. 그래서 '일념불생, 전후제단'의 경계에 머무는 경우를 선문에서는 "죽기는 했으나 살아나지 못했다(死了不得活)"며 철저히 배격한다. 죽긴 죽었는데 다시 살아나지 못하니 산송장이나 다름없었다.

오매일여 경지에 들어 8지 이상의 자재보살위에 들었다 하더라도 이는 구경이 아니다. 선문에서는 어린아이와 같은 대무심의 경지도 '어느 것 하나 제대로 분간할 수 없는 캄캄한 산속 귀신들이 사는 굴에 빠졌다(黑山鬼窟)'며 이를 경계했다. 아직은 제8식 아뢰야식이 남아있기 때문이다. 제8식 아뢰야식은 워낙 깨끗하고 미세해서 언뜻 보면 맑고 잔잔해 전혀 움직임이 없는 듯 보이나 깊이 관찰해보면 그 급박한 흐름이 조금도 쉬지 않았다. 따라서 성철은 이러한 오매일여가 도리어 수행인을 매몰시키는 마구니의 경계이며, 귀신의 소굴이 될 수 있음을 지적했다. 여기서 다시 용맹심을 일으켜 근본무명을 끊고 무심을 깨달아야 했다. 이 경계에서 철저히 깨쳐 크게 죽은 후에 다시 살아나야(死中得活) 한다고 일렀다.

'사중득활'하려면 어찌해야 하는가. 화두, 즉 공안 참구를 통해 마음의 눈을 떠야 한다. 그래야 비로소 자성의 본래면목을 볼 수 있다. 화두란 예부터 암호밀령暗號密令이라고 했다. '뜰 앞의 잣나무'나 '삼서근'처럼 겉은 같을지 모르나 정작 속 내용은 따로 암호로 되어있어 깨쳐야만 알 수 있다. 화두의 생명은 설명하지 않는 데 있다. 또 설명될 수도 없다. 설명하는 즉시 하는 사람이나 듣는 사람 모두 죽어버린다. 눈을 뜬 자신만이 볼 수 있고 알 수 있는 것이다. 8지 이상의 보살 경계에 들었어도 화두를 모르면 죽을 수밖에 없다.

크게 죽은 가운데서 살아나 진여무념을 성취한 것이 비로소 견성이며 그 견성이 대원경지大圓鏡智이다. '크고 둥근 거울 같은 지혜'인 대원경지는 일체망상의 근본이 되는 제8식 아뢰야식까지 완전 제거된 상태를 이름이었다.

> 맑고 공적하며 둥글고 밝아 움직이지 아니함이 대원경지이니라.
>
> 성철 《돈오입도요문론》

견성을 하면 자성의 진여광명이 시방세계를 환히 비췄다. 이것은 지혜의 빛이니 안팎으로 명철明徹해진다. 유리병 속에 보배 달을 품은 듯 안팎이 환해진다. 유리병 속에 촛불만 밝혀도 온 방이 환한데 거기에 보름달이 들어있으니 그 밝음은 시방법계를 비추고도 남는다. 그렇게 자신의 깨침이 내외명철하지 않으면 견성이 아니었다. 그럼에도 작은 변화에도 견성 운운하는 것은 공부하다 생긴 일종의 병에 불과했다. 성철은 간절하게 일렀다.

> 아무리 깨친 것 같고 지견이 분명하더라도 오매에 일여한지 반드시 점검해야 한다. 또한 무심의 경계를 체득했다 하더라도 그곳에 머물면 마구니 경계가 됨을 알아 확연히 깨쳐 내외명철의 경지에 이르러야 한다. 이것이 달마 스님에서 육조 스님으로 면면히 내려온 우리 종문의 가풍이다.

성철이 견성했다는 이 땅의 선객들에게 지금도 묻고 있다.
"잠 꽉 든 숙면 상태에서도 일여하신가?"
"예"라 대답하는 선승에게 다시 묻는다.
"그렇다면 지금 내외가 명철하신가?"

백일법문

해인총림은 일약 선승들의 참선도량으로 솟아올랐다. 전국에서 수좌들이 몰려들었다. 그곳에는 가야산이 있었고, 성철이 있었다. 사람들은 성철을 '가야산 호랑이'라고 불렀다. 성철이 있는 곳에는 '적당히'가 없었다. 수좌들은 서릿발처럼 매서운 경책을 무서워하면서도 또 곁에 가고 싶어 했다. 큰 가르침에 목이 말라 있었기 때문이다.

사실 1960년대 불교정화운동은 엄청난 후유증을 낳았다. 겉으로는 비구 사찰이 늘어 가시적인 성과를 냈지만 속으로는 골병이 들어있었다. 종단의 분쟁은 무엇보다 자비문중의 청정수행 풍토를 앗아갔다. 승려들은 지탄의 대상이었고, 납자들은 방황했다. 그러자 구도에 목마른 자들은 정신적 스승을 찾았고, 자연 해인총림 방장인 성철을 흠모했다.

1967년 겨울의 해인사는 특별했다. 선방 스님들의 정진은 뜨거웠고, 거기에 또 하나 한국불교사에 기념비적인 일이 벌어졌다. 바로 성철의 백일 동안의 법문이 있었다. 사람들은 이를 '백일법문'이라 불렀다. 어쩌면 모두가 기다리던 법회였다.

해인사 대적광전에서 일대 법석이 펼쳐졌다. 12월 4일부터 성철의 사자후가 산중에 메아리쳤다. 대중은 그 시간을 기다렸다. 해인사 대적광전은 발 디딜 틈이 없었다. 선방 수좌, 강원의 학인, 절 살림을 하는 스님들도 모두 모였다. 인근의 다른 사찰에서도 찾아오고, 암자에서 정진하던 선객들까지 모여들었다.

성철은 먼저 자신의 법문이 '선문의 골수가 아님을 알고 들어

1967년 겨울 한국불교사에 길이 남을 성철 스님의 백일법문이 있었다. 불교의 핵심을 뽑아낸 100일 동안의 사자후는 지금도 한국불교를 깨우고 있다.

야 한다'고 했다. 선가의 본분을 버리고 이론과 언설로서 불교의 근본 뜻을 말해보겠다고 했다. 그렇다면 선문의 골수는 무엇인가. 선은 바로 '직지인심直指人心 견성성불見性成佛'이다. 불립문자不立文字와 이심전심以心傳心의 세계이다. 문자와 말은 깨달음의 방해물이었다. 그런데 조사선의 정맥을 이어받았다는 성철이 정작 지름길이 아닌 우회로를 선택했다. 교학과 언어의 길을 선택했다. 상근기를 지닌 자들을 경책하여 그들을 깨달음에 이르게 해야 함에도 중생과 함께 느리게 가고자 했다.

그렇다면 무엇 때문에 이론과 언설을 동원하였는가. 바로 한국불교를 깨우기 위함이었다. 부처님 법을 잃어버린 한국불교는 깨달음보다 부처님의 뜻을 아는 것이 더 중요했다. 이미 부처님 법대로 살아봤으니 그것이 왜 부처님의 혜명을 잇는 것인

백일법문
교재

지 설명해보기로 했다. 그래서 성철의 법문은 대중보다는 승려들을 겨냥했다고 봐야 할 것이다.

불교사에 거의 유례가 없는 백일 동안의 법문은 초기불교, 중관, 유식, 열반, 천태, 화엄, 선종사상을 망라하고 있다. 백일에 걸친 장광설은 불교사 전반을 섭렵하여 불교사상의 핵심을 뽑아내고 있다. 어쩌면 당시 한국불교를 무지에서 깨우기 위해서는 말이 많이 필요했는지도 모른다.

"성철 스님은 '무식'을 자랑하던 시대에 백일법문으로 법을 밝히셨다. 무식을 타파했다. 대단한 일이었다. 처음으로 스님들 간에 논리 경쟁도 촉발시키고, 선에 대한 참된 의식도 고취시켰다."(적명)

이론과 사상의 실체를 정확히 분석하고 이를 다시 통합해서 대중에게 설했다. 그렇다고 단순한 지식 묶음이나 나열이 아니었다. 성철의 법문에는 수행의 체험과 깨달음의 경지가 녹아 있다. 이론과 함께 실참을 설파했다. 그래서 건조하지 않다. 또 축축하지도 않다. 불교는 경전이 무수히 많다. 그렇기에 팔만대장경의 무게에 짓눌려있었다. 그 속으로 들어갈 엄두를 내지 못했다. 예수교는 성경, 유교는 사서삼경, 회교는 코란이면 되는데 불교는 경전이 복잡하고 어려워 접근하기 불편해했다. 성철은 부처님이 무슨 말씀을 했는지, 승가에서는 어떻게 살아야 하는지, 불교가 무엇을 가르치고 있는지를 알리기로 했다.

불교는 말 그대로 부처님의 가르침이다. 또 부처란 인도말로 붓다Buddha이고 이는 '깨친 사람'이란 뜻이다. 그러니 불교는 근본이 깨달음에 있다. 따라서 부처의 가르침(불교)이란 깨치는 길, 깨치는 방법을 가르치는 것이었다.

"2,500여 년 전에 석가모니 부처님께서 부다가야의 보리수 아래에서 새벽에 명성을 보고 정각正覺을 이루셨으니 이것이 불교의 근본 출발점입니다."

성철은 절집 식구라면 누구나 아는 얘기를 끄집어냈다. 그러나 그것은 변할 수 없는 진리이고 왜 우리가 부처님 법대로 살아야하는가에 대한 답이었다.

'부처님이 보리수 아래서 처음 정각을 이루시고 일체만유를 다 둘러보시고 감탄하고 말씀하셨다. 기이하고 기이하구나! 일체중생이 모두 여래와 같은 지혜덕상이 있건만 분별 망상으로 깨닫지 못 하는구나.' 부처님 이 말씀이 우리 불교의 근본 시작이면서 끝인데 부처님께서 인류에게 주신 이 말씀은 인류 사상 최대의 공헌이라고 할 수 있습니다. 부처님이 이 말씀을 하시기 전에는 사람이 꼭 절대자가 될 수 있나 없나 하는데 대해서 많이들 논의해왔지만 부처님 같이 명백하게 누구든지 절대적이고 무한한 능력을 가지고 있다고 공공연히 선포한 사람은 없었습니다.

하지만 그런데도 어째서 중생들이 무한하고 절대적인 능력을 발휘하지 못하고 늘 중생에 머물고 있느냐는 것이 문제였다. 성철은 우리에게 무한하고 절대적인 능력이 있음에도 불구하고 분별망상에 가려서 깨치지 못했기 때문이라고 설명했다. 즉 우리 마음에 먼지가 잔뜩 끼어있어 마음의 먼지를 없애야 지혜덕상을 얻을 수 있다는 것이다. 그렇다면 마음을 닦으려면 어떻게 해야 하는가. 그것은 참선을 통해야 가능하다고 일렀다.

언어문자를 익히는 것뿐만 아니라 육도만행六途萬行을 닦아서 정각을 성취하는 것이 어떠냐고 흔히 수좌들이 나에게 묻습니다. 거기에 대해서 예전 스님들이 많이 말씀하셨습니다. '육도만행을 닦아 성불하려고 하는 것은 송장을 타고 바다를 건너가는 것과 같다'고. 어떤 바보 같은 사람이 송장을 타고 바다를 건너갈 것입니까.

성철은 언어문자는 산 사람이 아닌 종이 위에 그린 사람인 줄 분명히 알아서 마음 깨치는 것을 근본으로 삼으라고 했다. 화두를 붙들고 의심에 의심하여 마침내 활연히 깨치라고 일렀다.

성철은 문자와 말로 법문을 하면서도 곧바로 말과 문자를 멀리하라 했다. 정작 마음을 놔두고 문자를 더듬거리지 말라는 뜻이다. 양명학파인 왕양명의 말을 빌어 '자기 집 보화를 버리고 밥그릇 들고 거지노릇'을 하지 말라 했다.

"누구든지 하루빨리 마음을 돌이켜서 방편가설과 삿된 믿음에 얽매이지 말고 내 마음이 오직 부처인 줄 알아서 내 마음속의 무진장 보물창고의 문을 열자는 것입니다. 왜 남의 집에 밥 빌어먹으러 다니며 거지노릇을 합니까?"

그렇다면 해인총림을 무겁게 지키고 있는 팔만대장경은 왜 있는 것인가. 그리고 우리 곁에 수많은 경전들은 왜 있는가. 성철은 이런 비유를 들었다.

금강산이 천하에 유명하고 좋기는 하나 그것을 세상에 알리기 위해서는 안내문이 필요합니다. 금강산을 잘 소개하면 '아! 이렇게 좋은 금강산이 있구나, 우리도 한번 금강산 구경을 가야겠구나' 생각하고 드디어 금강산을 실제로 찾아보게 되는 것입니다. 이러한 안내문이 없으면 금강산이 그렇게 좋은 곳인 줄 세상 사람들이 어떻게 알 수 있겠습니까? 그와 마찬가지로 이 언어문자로 이루어진 언설과 이론인 팔만대장경은 깨달음에 이르기 위한 일종의 노정기路程記입니다.

부처님은 언어문자를 달을 가리키는 손가락에 비유했다. 그래서 누구든 손가락으로 달을 가리키면 그 손가락을 따라 허공에 떠있는 달을 봐야 한다. 그런데 범부들은 손가락 끝만을 쳐다보며 달이 어디 있느냐고 묻는다. 팔만대장경은 곧 손가락질이니 그 손가락을 물고 빨아봐야 달은 볼 수 없음이었다. 부처님께서 아난존자에게 이렇게 말했다.

> 네가 비록 억천만 겁토록
> 여래의 묘장엄법문을 기억하여도
> 하루 동안 선정禪定을 닦느니만 못하느니라.

언어문자를 기억하는 능력이 출중하여 좋은 법문을 달달 외운다 해도 그것은 안내문에 불과했다. 그래서 부처님은 다시 이렇게 말씀하셨다.

> 언어문자란 처방전이다. 거기에 의거해서 약을 지어먹어야 병이 낫는 것이지 처방전만 열심히 외어보았자 병은 낫지 않는다.

부처님이 돌아가신 뒤 칠엽굴七葉窟에서 부처님의 생전 법문을 수집할 때였다. 그 자리엔 아난이 당연히 끼어 있었다. 아난은 총명하여 법문 수집에는 가장 뛰어난 인물이었다. 아난은 부처님 말씀을 한 마디도 놓치지 않고 기억하고 있었다. 그런데 아난은 마음을 닦지 못했다. 부처님 법을 이어받은 가섭존자가 이를 알아보고 아난을 굴 밖으로 내쳤다.

"여기는 사자굴이니 너 같이 마른 지혜로 인하여 몹쓸 병이 든 여우가 어찌 이 사자굴에 들어올 수 있겠느냐."

아난이 울면서 빌고 대중이 반대했어도 가섭은 아난을 쫓아냈다. 그 후 쫓겨난 아난이 법회를 여니 신도들이 구름처럼 몰려들었다. 아난은 다시 속세의 인기를 얻는 재미와 아만에 빠져 세월만 까먹었다. 그때 부처님 제자 발기跋耆비구가 타일렀다.

고요한 나무 밑에 앉아
마음은 열반에 들어
참선하고 게으르지 말라
말 많아 무슨 소용이 있는가

아난이 술 깬 사람처럼 정신이 번쩍 들었다. 그 후 열심히 선정을 닦아 마음을 깨쳤고 마침내 가섭의 인가를 받아 다시 칠엽굴에 들어갈 수 있었다. 그리고 여시아문如是我聞, '나는 이렇게 들었다'로 시작하며 부처님의 말씀들을 그대로 읊었다. 성철은 가섭과 아난의 사실史實을 예로 들며 불교의 생명이 마음을 깨치는 데 있음을 강조했다.

"팔만대장경 속에서 불법을 찾으려고 하는 것은 얼음 속에서 불을 찾는 것과 같습니다."

양변을 떠나 가운데도 머물지 마라

부처님이 도를 이루고 함께 수행했던 교진여 등 다섯 비구들에게 최초로 설법했다. 율장 《대품》〈초전법륜편〉에서 이렇게 전하고 있다.

> 세존이 다섯 비구에게 말씀하셨다.
> 출가자는 이변二邊에 친근치 말지니 고苦와 낙樂이니라.
> 여래도 이 이변을 버린 중도를 정등각하였다.

성철은 불교의 근본이 중도사상에 있음을 대중에게 알렸다.

부처님께서는 '너희들이 세상의 향락만 버릴 줄 알고 고행하는 이 괴로움(苦)도 병인 줄 모르고 버리지 못하지만, 참으로 해탈하려면 고와 낙을 다 버려야 한다. 이변을 버려야만 중도를 바로 깨칠 수 있다'고 말씀하셨습니다. '이변을 버리고 중도를 정등각하였다'는 이 초전법륜이 조금도 의심할 수 없는 부처님의 근본법이라고 확증하고 있으며 이것을 부처님의 '중도대선언中道大宣言'이라고 합니다.

성철은 근본불교사상, 중관사상, 유식사상과 천태종, 화엄종 등 선종의 핵심 사상 등을 총동원해서 중도사상을 설파했다. 중도사상은 삼조 승찬대사가 지은 《신심명》 머리에 나오는 구절이 핵심이었다.

지극한 도는 어렵지 않음이요 오직 간택함을 꺼릴 뿐이니
미워하고 사랑하지 않으면 통연히 명백하니라
至道無難 唯嫌揀擇 但莫憎愛 洞然明白

누구든지 무상대도를 성취하려면 간택하는 마음을 버려야 하고, 그 가운데 대표적인 것이 미워하고 사랑하는 마음이라는 것이니, 증애심만 떠나면 중도정각中道正覺을 이룬다는 것이다. 중도의 기본은 있음(有)과 없음(無), 생함(生)과 멸함(滅) 등 상

대적인 어떤 두 극단에 집착하지 않는 것이다.

흔히 '중도'라 하면 '중도는 중간이다' 하는데 그것은 불교를 꿈에도 모르고 하는 말입니다. 중도는 중간이 아닙니다. 중도라 하는 것은, 모순 대립된 양변인 생멸을 초월하여 생멸이 서로 융화하여 생이 즉 멸이고, 멸이 즉 생이 되어버리는 것을 말합니다.

성철은 또 흔히 중도를 변증법으로 이해하는 것을 경계했다. 헤겔(F. Hegel)의 변증법에서는 모순의 대립이 시간적 간격을 두고서 발전해가는 과정을 말하지만 불교에서는 모순의 대립이 직접 상통한다고 가르쳤다.

성철의 법문은 구체적이었다. 중도의 실체를 알기 쉽게 풀어서 전했다.

현실세계란 전체가 상대모순으로 되어 있습니다. 물과 불, 선과 악, 옳음과 그름, 있음과 없음, 괴로움과 즐거움, 너와 나 등입니다. 이들은 서로 상극이며 모순과 대립은 투쟁의 세계입니다. 투쟁의 세계는 우리가 목표하는 세계는 아닙니다. 우리는 평화의 세계를 목표로 하여 살아가고 있습니다. 그러나 상극 투쟁하는 양변의 세계에서 평화라는 것은 참으로 찾기가 어렵습니다. 그러므로 참다운 평화의 세계를 이루려면, 진정한 자유를 얻으려면 양변을 버려야만 합니다. 모순상극의 차별세계를 버려야 합니다. 양변을 버리면 두 세계를 다 비추게(雙照二諦) 되는 것입니다. 다 비친다는 것은 통한다는 뜻이니 선과 악이 통하고 옳음과 그릇됨이 통하고 모든 상극적인 것이 서로 통하는 것을 말합니다. 우리는 그것을 둘 아닌 법문(不二法門)이라고 합니다. 선과 악이 둘이 아니고, 옳음과 그릇됨이 둘이 아니고, 괴로움과 즐거움이 둘이 아닙니다. 둘이 아니면 서로 통하게 되는 것이니 서로 통하려면 반드시 양변을 버려야 합니다.

성철은 불교의 근본은 불생불멸에 있고, 그것이 곧 중도라 말했다. 또 불생불멸은 관념론이 아니라 객관적으로 입증되는 것이며 이는 과학이 증명해주고 있다고 전했다. 성철은 불생불멸의 중도법문을 아인슈타인의 등가원리로 설명했다.

자연계는 에너지와 질량, 이 두 가지로 구성되어 있는데, 고전 물리학에서는 에너지와 질량을 각각 분리해 놓고 보았습니다. 그러나 아인슈타인의 등가원리에서는 에너지가 곧 질량이고 질량이 곧 에너지입니다. 서로 같다는 것입니다.
아인슈타인이 등가원리에서 에너지와 질량 두 가지가 별개의 것이 아니고 같은 것이라는 이론 $E=mc^2$을 제시하였을 때 세계의 학자들은 모두 다 그를 몽상가니 미친 사람이니 하였습니다. 그러나 학자들이 수십 년 동안 연구하고 실험에 실험을 거듭한 결과 마침내 질량을 에너지로 전환하는 데 성공했습니다.

그 성공의 첫 응용단계가 우리가 다 아는 원자탄, 수소탄입니다. 질량을 전환시키는 것을 핵분열이라고 하는데 핵을 분열시켜보면 거기에는 막대한 에너지가 발생한다고 합니다. 그때 발생되는 에너지, 그것이 원자탄인 것입니다. 이것은 핵이 분열하는 경우이고 거꾸로 핵이 융합하는 경우에도 그렇습니다. 수소를 융합하면 헬륨이 되면서 거기에서 막대한 에너지가 나온다고 합니다. 이것이 수소탄이 되는 것입니다. 질량이 에너지로 완전히 전환한다는 것은 미국 물리학자 앤더슨(C. D. Anderson), 무솔리니에 쫓겨서 미국에 간 이탈리아 학자 세그레(Emilio Segre)에 의해 입증되었습니다.

이것은 물과 얼음에 비유하면 아주 쉽게 알 수 있습니다. 물은 에너지에 비유하고 얼음은 질량에 비유합니다. 물이 얼어서 얼음으로 나타나면 물은 없어지지 않습니다. 또 얼음이 녹아서 물이 돼도 얼음은 없어지지 않습니다. 결국 물이 얼음으로 나타났다 얼음이 물로 나타났다 할 뿐이고, 그 내용을 보면 얼음이 곧 물이고 물이 곧 얼음인 것입니다. 에너지와 질량 관계도 이와 꼭 같습니다. 이것이 처음에는 상대성이론에서 제창되었지만 양자론에서도 여전히 적용됩니다.

에너지가 완전히 질량으로 전환하고 질량이 완전히 에너지로 전환할 때 나타나는 현상을 쌍생쌍멸雙生雙滅이라고 합니다. 모든 에너지가 질량으로 변할 때 언제든지 쌍으로 변하는 현상을 쌍생성이라고 합니다. 앤더슨의 실험에서도 광光에너지를 물질로 전환시킬 때 양전자와 음전자가 쌍으로 나타났습니다. 또 양전자와 음전자를 합하니까 완전히 쌍으로 없어져 버렸습니다. 에너지가 질량으로 전환할 때는 쌍생이고, 질량이 에너지로 전환할 때는 쌍멸이 됩니다. 이것은 중도의 공식, 곧 쌍으로 없어지고 쌍으로 생기는 쌍차쌍조雙遮雙照로 변한다고 할 수 있습니다. 불교에서 말하는 쌍차쌍조의 공식이 에너지와 질량이 전환하는 이론으로 증명이 됩니다.

결국 자연계를 구성하는 근본 요소인 에너지와 질량은 불생불멸, 부증불감이며 따라서 우주는 영원토록 상주불멸이었다. 성철은 주장자를 내리치며 말했다.

부처님께서는 3,000년 전에 진리를 깨쳐서 이루 말할 수 없는 혜안으로 우주 전체를 환히 들여다 본 그런 어른입니다. 그래서 일체 만법이 그대로 불생불멸임을 선언하였던 것입니다. 그러나 보통 사람들은 그런 정신력을 갖지 못했기 때문에 3,000여 년 동안을 이리 연구하고 저리 연구하고 실험을 거듭했습니다. 마침내 자연계를 구성하고 있는 근본 요소인 에너지와 질량이 둘이 아니고 서로 전환하면서 증감이 없음을 마침내 알아냄으로써 부처님이 말씀하신 불생불멸이라는 원리가 과학적으로도 입증되기에 이른 것입니다.

요사이 이것이 수학적, 과학적으로도 4차원의 세계라는 개념에서 증명되었습니다. 논리적으로 가장 정확한 것이 수학인데 거기에 4차원 세계의 공식이라는 것이 있습니다. 본래 4차원 세계라는 것은 아인슈타인의 상대성이론에서 나온 것인데, 민코프스키(H. Minkowski)라는 수학자가 4차원 세계의 공식을 완성하여 그 이론을 수학적으로 증명하여 놓고 첫 강연에서 다음과 같이 말했습니다.

'앞으로 시간과 공간은 그림자 속에 숨어버리고 시간과 공간이 융합하는 세계가 온다.'

3차원이라는 입체 즉 공간을 말하며 시간은 1차원입니다. 그런데 차별상대의 세계인 현상계는 시간과 공간이 융합하는 세계가 되어 현상계의 차별 모순은 사라지게 된다는 것입니다. 이 이론이 불교 중도의 진리와 꼭 같은 것은 아니지만 그 생각은 같다고 봅니다. 양변이 융합하는 세계를 불교에서는 중도라고 하며, 현대 물리학에서는 시간과 공간의 양변이 융합하는 세계를 4차원의 세계라고 합니다. 거기에서는 물이 물이 아니고 불이 불이 아니기 때문에 물과 불이 서로 통하여 물이 곧 불이며 불이 곧 물이 되는 것입니다. 이것을 불교에서는 걸림이 없는 세계(無碍世界)라고 합니다.

초기불교, 부파불교, 대승불교를 일관하는 중도사상이라는 것은 불교만의 독특한 진리였다. 부처님 앞에도 없었고, 부처님 살아계실 당시에도 없었다. 6년 동안 갖은 고행을 다했어도 아무 소득이 없었지만 그러한 행을 버리고 보리수 아래서 독자적인 방법으로 공부하여 새벽별을 보고 정각을 이루었던 것이다. 양변을 떠나 가운데(中)도 머물지 아니하는 중도사상만이 오직 참다운 극락세계를 이 현실에 실현시킬 수 있었다. 성철은 말했다.

"지금까지 어느 누구도 나와 같이 부처님의 중도사상으로 선과 교를 하나로 꿰어서 불교를 설명한 사람은 없다."

그것은 자랑이 아니었다. 부처님의 초전법륜을 잘 이해하여 전수해주려는 의지의 표명이었다. '불교보다 나은 진리가 있다면 나는 언제든 불교를 버릴 용의가 있다. 나는 진리를 위해서 불교를 택한 것이지 불교를 위해 진리를 택하지는 않았다'고 한 그 진리는 바로 중도사상이었다. 중도란 곧 마음자리를 말하는 것이고, 중도를 깨쳤다는 것은 우리의 '마음자리' '근본자성'을 바로 보았음을 뜻하니, 그것이 곧 견성이었다.

성철의 백일법문은 달리 말하면 중도법문이었다. 방대한 불경을 중도로 꿰어 쉽게 강설했다. 무엇을 공부하고 무엇을 깨쳐야하는지 알 수 없었던 후학들에게는 귀한 지침이 되었고, 불자들에게는 진정한 불교가 무엇인지 알게 해주었다.

"스님께서는 한국불교가 나아가야 할 방향을 고민하고 그 길을 제시하셨습니다. 그 법문이 바로 '백일법문'입니다. 스님께서는 이 법문을 통해 불자의 의식개혁을 일깨웠습니다." (고우)

백일법문은 제자 원택 스님의 표현대로 '일백 개의 해가 솟아있는 법문'이었다.

불교 속으로 들어온 과학

성철은 과학 이론을 통해 불교의 원리를 설명했다. 백일법문에서도 또 이후의 법문에서도 불교의 진리를 과학으로 풀어냈다.

 색이 공과 다르지 아니하고 공은 색과 다르지 않으며, 색은 곧 공이고 공은 곧 색이니라(色不異空 空不異色 色即是空 空即是色). 색이란 유형을 말하고 공이란 것은 무형을 말합니다. 유형이 곧 무형이고 무형이 곧 유형이라고 하였는데, 어떻게 유형이 무형으로 서로 통하겠습니까? 어떻게 허공이 바위가 되고 바위가 허공이 된다는 말인가 하고 반문할 것입니다. 그것은 당연한 질문입니다. 그러나 알고 보면 바위가 허공이고, 허공이 바위입니다. 어떤 물체, 보기를 들어, 바위가 하나 있습니다. 이것을 자꾸 나누어 가다 보면 분자들이 모여서 생긴 것임을 알 수 있습니다. 분자는 또 원자들이 모여 생긴 것이고, 원자는 또 소립자들이 모여서 생긴 것입니다. 바위가 커다랗게 나타나지만 그 내용을 보면 분자→원자→입자→소립자로 결국 소립자 뭉치입니다. 그럼 소립자는 어떤 것인가? 이것은 원자핵 속에 앉아서 시시각각 '색즉시공色卽是空 공즉시색空卽是色' 하고 있습니다. 스스로 자기가 충돌해서 문득 입자가 없어졌다가 문득 나타났다가 합니다. 인공으로도 충돌 현상을 일으킬 수 있지만 입자의 세계에서 자연적으로 자꾸 자가 충돌을 하고 있습니다. 입자가 나타날 때는 색色이고, 입자가 소멸할 때는 공空입니다. 그리하여 입자가 유형에서 무형으로의 움직임을 되풀이하고 있습니다. 그러므로 공연히 말로만 '색즉시공 공즉시색'이 아닙니다. 실제로 부처님 말씀 저 깊이 들어갈 것 같으면 조금도 거짓말이 없는 것이 확실합니다.

이쯤 되면 법문인지 과학 강의인지 헷갈릴 정도이다. 불교는 가장 과학적인 종교였다. 불교는 늙고 오래되어 낡았다는 인상을 주었지만 사실은 가장 새롭고 역동적인 종교였다. 성철은 이런 '과학 법문'을 오래전부터 준비했다. 동구불출하며 공부했던 성전암에서 성철이 메모한 수십 권의 노트(성전암 노트)에는 과학으로 불교의 근본교리가 밝혀지고 있음을 찬탄했다.

우주의 근본 대원리를 구명하여 합리 또 합리한 만세부동萬世不動의 법칙으로써 조직되어 허공은 가히 붕괴시킬 수 있으나 이론 체계는 추호도 움직일 수 없는, 영원히 진정한 종교가 3천 년 전부터 존재하였다. 유-그릴의 기하공리幾何公理는 이론이 천박하여 이해가 용이하므로 고금을 통하여 일반에 공개되었다. (하지만 영원히 진정한 종교의) 이 교리는 원래 우주의 심오난사深奧難思한 근본원리를 토대로 하였으므로 일반적인 보급은 지극히 어렵고, 오직 탁출卓出한 몇몇 지혜인에 독점되어 심산궁곡深山窮谷의 고경古經 속에 매몰되어 있었던 것이다.

그러나 과학의 경이적 비약으로 인지人知가 크게 발달한 금일에야 비로소 그 진가의 일부를 공개하게 되어 그 광명이 점차 우주를 덮게 되었으니 다름 아니라 인도의 싯다르타 태자가 개척한 우주의 원리인 불교 그것이다.

우주의 대신비를 천명한 심원深遠한 불교 교리는 1940년대의 과학으로도 몰이해 상태에 있었으나 1945년 일본 히로시마에 원자탄이 투하되어서 원자과학의 극치인 등가원리 즉 질량과 에너지의 등가원리가 만방에 공개됨으로써 불교 교리의 기초인 진여상주이론眞如常住理論을 다소 이해하게 되었다.

그리고 또한 백 인치 2백 인치 망원경이 완성되어 광대무변한 은하계 밖 우주를 측정함으로써 삼천대천세계의 불교우주관을 인식하게 되고, 전자현미경으로 일호一毫에 9억이란 불교 세균설을 규명하여 판별할 수 있게 되었으니, 이러한 사실로만 보더라도 불교가 얼마나 광대심원한가를 가히 짐작할 수 있을 것이다.

성철은 과학이 발달할수록 불교가 진가를 발휘할 것이라고 했다. 허황하고도 미신적이라며 공격받던 불교 교리가 과학의 힘으로 그 실체가 드러나고 있다며 대견해했다. 성철은 또 영국의 캐논 경(Sir Alexander cannon)의 〈잠재력(The Power Within)〉이란 보고서를 인용하여 인간에게 무한한 잠재력이 있음을 입증했다. 캐논 경의 실험 보고를 통해 인간의 정신작용은 뇌신경 세포의 활동에 관계없이 독립해있다고 설명했다. 또 정신과 정신이 서로 통하는 텔레파시telepathy라는 '정신감응'이 있음을 얘기했다. 한쪽에서 어떤 생각을 강하게, 그리고 간절하게 하면 그 생각이 그대로 상대편에 전달된다는 것이다. 또 부처님이 수백, 수천의 장소에 몸을 나타내는 '분신分身'과 안이비설신의眼耳鼻舌身意의 육근을 서로 바꾸어 쓰는 '육근호용六根互用'도 가능하다고 했다. '중국 사천에 사는 어린이가 모든 것을 귀로써 본다'는 언론 보도를 인용하며 이렇게 말했다.

"귀로써 보고 눈으로 듣는다(耳見眼聞)는 이 말은 본래 불교에 있는 말입니다. 오조법연 선사도 이에 대해 자주 말씀하셨습니다. 보통의 상식으로 생각한다면 그것은 일종의 법문이지 실제로 그렇게 될 수 있겠는가 하고 의심을 품는 것도 당연합니다. 그러나 중생이 번뇌 망상으로 육근이 서로 막혀 있기 때문에 그런 경계에 도달할 수 없을 뿐이지 실제로 부사의不思議한 해탈경계를 성취하면 무애자재한 그런 경계가 나타나 육근이 서로서로 통하게 됩니다."

성철은 《아함경》이나 《범망경》 또는 《화엄경》에 나타난 불교의 우주관에 대해서도 깊이 들여다봤다. '한 일월日月이 한 세계를 빚어 천千세계가 있나니 이것이 소천小千세계요, 소천세계가 천이 있나니 이것이 중천中千세계요, 중천세계가 천이 있나니 이것이 대천大千세계'(아함경)라는 것과 또 '백억 세계에 백억 일월이 있는 끝없는 세계대해'(범망경)는 부처님이 설파한 우주관이었다. 하지만 광대무변한 세계대해를 사람들이 이해할리 없었다. 허망한 망설로 배척당했다. 그러다 과학이 발달하여 대망원경을 통해 우주를 관찰한 사람들은 경악했다. 부처님의 우주관은 틀림이 없었다.

"부처님께서는 대천세계를 세 번 곱한 것이 삼천대천세계라고 말씀하셨습니다. 그러나 그렇게 말씀하신 것은 일종의 표현 방식을 뿐이고 실지 내용은 백억 세계, 혹은 백억 일월인 것입니다. 또 이 백억 세계, 백억 일월을 한 불찰佛刹이라고 하고 이런 불찰이 미진수微盡數로 많이 있다고 했습니다. 이것은 상상할 수 없을 정도의 큰 크기입니다. 이런 크기는 혜안이 열리지 않고는 누구도 쉽게 납득할 수 없는 세계입니다. (…) 망원경을 통하여 우리가 일반적으로 생각하는 우주라는 것 밖에도 무한한 우주 집단이 존재한다는 것을 확인했습니다. 단순히 별 하나뿐인 단일체가 아니라 수천, 수만 개의 별이 모인 집단 우주가 무한히 많은 숫자로 존재하고 있음이 확인되었습니다. 그 사실은 사진에도 나타나고 신문에도 보도되었습니다. 지금으로서는 그러한 무한한 우주 집단이 대략 40억 개 내지 50억 개쯤 있는 것으로 추정하고 있습니다. 이것을 볼 때 부처님이 말씀하신 백억 세계라는 것이 결코 과장된 표현이 아님을 과학은 증명하고 있습니다."

성철은 부처님의 혜안에 두 손을 모았다.

광대무변한 공간에 무한히 흩어져 있는 대성운들을 확인한 금일에서야 비로소 불교의 삼천대천 백억 세계설을 조금이나마 이해하게 되었으니, 석가모니는 무슨 능력의 소유자이길래 이러한 불가사의한 통찰력을 가졌는지 참으로 경탄하지 않을 수 없는 일이다.

〈성전암 노트〉

성철은 전생과 영혼, 그리고 윤회가 있음을 설파했다. 아이임에도 지난 생을 정확히 기억하고 이를 얘기하는 전생기억前生記憶, 몸을 바꾸어 다시 살아나는 차시환생借屍還生, 최면술 등을 이용하여 전생을 연구하는 연령역행年齡逆行, 전생을 꿰뚫어 전생과 금생의 인과를 아는 전생투시前生透視 등 사례를 모아 제시했다. 정신과학 등을 동원하고 객관적인 사실을 적시하여 인간에게는 부처님의 말씀대로 전생과 영혼, 윤회가 있음을 입증해 보였다. 성철은 전생기억에 대해서 이렇게 설했다.

"흔히 천재니, 신동이니, 생이지지生而知之니 하는 아이들이 있습니다. 태어난 뒤로 한 번도 글을 배운 적이 없는데 글자를 다 아는 것입니다. 이런 것을 생이지지라고 합니다. 곧 나면서부터 다 알고 있다는 뜻입니다. 이 생이지지는 바로 전생기억에 의한 것입니다. 전생에 배운 것을 잊어버리지 않고 금생에로 그대로 가지고 넘어온 것입니다."

성철은 또 처음 가보는 곳인데 낯이 설지 않고, 처음 만난 사람인데도 친근감이 가는 경우는 전생의 기억이 희미하게 되살아나기 때문이라고 말했다. 전생은 분명 있었다.

《법화경》은 이렇게 가르치고 있다.

전생 일을 알고자 하느냐? 금생에 받는 그것이다.
내생 일을 알고자 하느냐? 금생에 하는 그것이다.

欲知前生事 今生受者是
欲知來生事 今生作者是

　　최근 우주의 중력파가 검출됐다. 13억 년 전에 일어난 두 개의 블랙홀이 충돌하면서 발생한 파동을 지구인들이 잡아냈다. 중력파는 시간과 공간이 뒤틀리면서 발생한다고 한다. 그렇다면 시공간을 일그러뜨리는 중력파는 불교에서 말하는 찰나와 겁을 어떻게 변형시킬 것인가. 속된 호기심 같지만 도道를 이루면 시공을 초월할 수 있는 것인가. 성철이 인용한 4차원의 세계, 즉 시간과 공간이 융합하는 세계는 과연 도래할 것인가.
　　성철은 과학은 발달을 거듭할수록 불교 쪽으로 오게 되어있다고 말했다. 이미 중도와 연기사상은 의심할 수 없는 진리로 과학 속에서, 아니 그 위에서 영원불변할 것이라고 강조했다.
　　"설령 원자탄이 천 개, 만 개의 우주를 다 부순다하더라도 불교의 중도사상, 연기사상의 원리는 영원히 존재할 것입니다."
　　성철이 중력파를 건져내는 우리 시대에 있었다면 또 어떤 설법을 했을 것인가. 성철의 '과학적인 법문'은 이전에 없던 것이었다. 결국 과학이 불교였다. 아니 불교 속으로 과학이 들어왔다. 성철은 반세기 전에 이미 무변광대한 우주를 바라보고 있었다. 그것은 석가모니가 발견 또는 발명한 우주선에 올라 삼천대천세계를 유영遊泳함이었다.

청담 그리고 향곡과 자운

1971년 11월 15일 조계종 총무원장 청담 스님이 입적했다. 청담은 도선사 경내에서 갑자기 쓰러졌다. 입적하기 나흘 전에는 이화여대에서 법문을 했고, 사흘 전에는 서울 대방동 공군사관학교 법당(현 보라매법당) 준공법회에 참석했다. 이틀 전에는 원주 1군사령부 법당 준공법회에서 설법했다. 일요일인 14일에도 신도들의 야외법회를 이끌며 설법했다. 실로 총무원장으로서 하루하루가 고단했다. 그렇더라도 청담의 입적은 누구도 예상조차 못했던 비보였다. 그날 밤 조계사에서 입적을 알리는 범종이 울렸다. 소식을 듣고 달려온 사부대중이 크게 울었다.

성철은 해인사에서 도반의 입적 소식을 들었다. 눈앞이 깜깜

했다. 한국불교는 청담이 더 있어야 했다. 정화불사는 자리를 잡지 못하고 있었다. 대구에서 향곡과 만나 서울로 올라갔다. 향곡은 성철을 보자 대뜸 소리 질렀다.

"너 앞으로 레슬링 상대할 사람 없어 어쩔래?"

청담과 성철은 만나기만 하면 서로 붙잡고 힘자랑을 했다. 두 사람만 있으면 거의 난투극에 가깝게 뒹굴며 싸우는 게 흡사 레슬링 경기를 하는 것 같았다. 간혹 성철이 서울에 올라가 신당동 신도 집에 머물 때면 청담이 찾아와 둘만의 시간을 가졌다. 그런데 두 큰스님이 만났다하면 방 안에서 쿵쾅거리는 소리가 들리고 집안이 들썩거렸다. 집주인이 하도 궁금해서 어느 날 큰맘 먹고 방문을 열었다. 그랬더니 두 스님이 웃통을 벗고 나뒹굴고 있었다. 고승의 풍모는 간 데 없고, 삭발한 학생 둘이 싸우는 것 같았다. 그걸 알고 있는 향곡이 레슬링 얘기를 꺼내 성철의 서운함을 달래줬다.

1964년 갈 곳이 없었던 성철이 도선사를 찾아가자 청담은 도반 곁을 떠나지 않았다. 청담의 제자 현성은 이렇게 회고했다.

"성철 스님이 도선사에 오신 후부터 청담 스님의 방에선 두 분의 대화가 쩌렁쩌렁 울렸고, 간간이 박장대소가 도량을 휘몰아치곤 했지요. 이전까지 항상 참선으로 적요만 흐르던 스님의 방이었는데, 뭐가 그리 재미있는지. 나는 그 무렵 성철 스님에게 불만이 생겼어요. 은사이신 청담 스님이 훨씬 연상인데도 두 분은 '너, 나' 하면서 서로 하대하는 거예요. 그 점이 이해가 안 갔지요."

그리고 어느 날 현성은 청담 스님에게 볼멘소리를 했다.

"스님이 큰형님뻘인데, 성철 스님은 예의가 없는 것 같습니다."

그러자 청담은 그런 제자를 나무랐다.

"성철 스님은 한국불교의 보물이다. 그걸 내가 알지 못하면 누가 알겠느냐. 내가 열 살 많지만 불교는 성철이 열 배나 더 잘 안다. 그 따위 생각일랑 버리거라."

청담은 한국불교 정화운동의 대명사였다. 조계종단의 기틀을 마련했고 초대 중앙종회 의장, 종정, 장로원장, 총무원장 등 주요 소임을 차례로 맡았다. 청담은 평생 교단정화와 중생교화의 길을 걸으며 수많은 제자를 길러낸 현대불교의 거목이었다.

함께 정화운동에 참여할 것을 간절히 권유했지만 성철은 산중 수행승으로 남았다. 그것은 이 땅에 선풍을 일으키는 일이었다. 청담이 그릇을 제조했다면 성철은 그 내용물을 만들었음이었다. 정화운동 기간에 두문불출했던 성철을 두고 여기저기서 시비를 걸어올 때 이를 막아준 이도 청담이었다. 청담은 자신이 생불生佛로 불리면서도 성철을 향한 존경심을 숨기지 않았다.

"산중의 성철은 뜻이 깊다. 성철과 팔만대장경 중 하나를 선택하라면, 난 성철 스님을 택하겠다."

"성철 스님은 석가의 화현이다. 세세생생 철수좌와 함께 공부하고 싶다."

청담 스님을 위시한 종단정화가 수행환경의 외연을 바로 잡는 것이었다면 성철 스님의 백일법문은 정화를 통해 확립한 그릇에 수행이라는 내용을 채우는 과정으로 평가할 수 있다. 정화에 발 벗고 나섰던 청담 스님과 끝까지 수행에만 몰입했던 성철 스님이 "부처님 법대로"를 기치로 삼았던 봉암사 결사에서 서로 의기투합했던 도반임을 상기한다면 두 분은 각자 역할을 나누고 있었다고 볼 수 있다. 따라서 만약 정화를 통해 설립된 해인총림에서 백일법문이 울려 퍼지지 않았다면 정화는 단지 사찰의 주인이 바뀌는 것 그 이상의 의미를 갖지 못했을 것이다.

서재영 《아침바다 붉은 해 솟아오르네》

성철 노장이 질풍노도와도 같은 격렬함으로, 혹은 서릿발보다 차가운 냉정함으로 후학들을 접하고 경책했다면, 청담 스님은 새싹을 틔워주는 봄바람 같은 따뜻함으로 대중들의 마음을 다독인 수행자였다.

법전 《누구 없는가》

성철에게 도반은 많지 않았다. 하지만 그들과는 깊게 교유했다. 부처님도 제자를 '벗이여'라고 불렀다. 함께 길을 가는 길동무라는 것이다. 아난이 좋은 벗의 중요함을 깨닫고 좋은 벗이 있음은 도道의 절반을 이룬 것 아니냐고 물었다. 부처님은 이렇게 답했다.

"좋은 벗을 갖고 좋은 동지와 함께 있다는 것은 도道의 전부이다."

홀로 가는 길이기에 오히려 좋은 벗이 필요하다고 설파했다. 부처님은 좋은 벗을 지니라며 이렇게 아침 햇살처럼 맑고 고운 비유를 들었다.

비구들이여, 너희는 아침에 해가 뜨는 모양을 잘 알고 있으리라. 해가 나올 때에는 먼저 동쪽 하늘이 밝아지고, 그런 다음에 빛이 눈부시게 발산하면서 해가 솟는다. 즉 동쪽 하늘이 밝아짐은 해가 뜰 선구요 전조이다. 비구들이여, 그러므로 너희가 성스러운 여덟 가지 바른 길(팔정도)를 배우고 닦아 일으키는 데도 그 선구가 있고 전조가 있나니, 그것은 착한 벗을 갖는 것이다.

《상응부경전》

성철은 청담 외에도 향곡과 자운 등 도반들과 여러 일화를 남졌다. 향곡은 성철의 권유로 봉암사 결사에 동참했고, 봉암사에서 확철대오했다. 이미 살펴본 대로 성철이 물었다.

"죽은 사람을 완전히 죽여야 바야흐로 산 사람을 볼 것이요, 죽은 사람을 완전히 살려야 바야흐로 죽은 사람을 볼 것이다는 말씀이 있는데 그 뜻이 무엇이겠는가?"

향곡은 성철의 질문에 꼼짝하지 못했고 그날부터 대분발심이 일어나 정진에 들어갔다. 그리고 21일 동안의 용맹정진 끝에 사중득활死中得活, 즉 '죽은 자리에서 살아남'의 경계에 이르러 오도송을 지었다. 실로 도반의 참모습이었다. 깨달음의 경계를 알아보고 질문을 던진 성철과 이를 받아 자신의 부족함을 인정하고 다시 공부에 들어간 향곡, 이 얼마나 아름다운 동행인가. 둘 사이에는 부끄러움도, 수치심도 없었다. 오직 깨달음으로 가는 길 위에 함께 있을 뿐이었다.

1960~70년대의 불가에서는 '북전강北田岡 남향곡南香谷'이란 말이 돌았다. 즉 '북쪽에는 전강 스님이, 남쪽에는 향곡 스님이 있다' 했으니 향곡의 법력이 누리에 뻗침이었다. 당호 그대로 향기로운 골짜기를 이루었다. 나이가 같았지만 성철보다 먼저 입적했다. 1979년 1월 묘관음사에 머물다 원적에 들었다. 성철은 장의위원장을 맡고 '곡향곡형哭香谷兄'이라는 추도사를 지었다.

북한산 비봉에 오른 청담, 향곡, 성철 스님.
도반이 많지 않았던 성철 스님은
청담, 향곡, 자운 스님과는
깊게 교유하며 여러 일화를 남겼다.

슬프도다, 이 종문의 악한 도둑아. 하늘 위 하늘 아래 너 같은 놈 몇일런가. 업연業緣이 벌써 다해 훨훨 털고 떠났으니 동쪽 집의 말이 되든 서쪽 집의 소가 되든 애닮고도 애닯도다. 갑을병정무기경甲乙丙丁戊己庚

이 얼마나 소탈하면서도 절절한 그리움인가. 성철은 향곡을 생각하며 고비 때마다 떠나간 도반을 찾았다.
"지금 향곡이 있었으면 얼마나 좋을고."

자운은 가야산 해인사 바로 왼쪽에 있는 홍제암에 머물렀다. 성철과 자운은 해인사 큰절의 양대 거목이었다. 성철과 자운은 1940년 금강산 마하연 선방에서 만났다. 그리고 50년이 넘는 세월을 도반으로 지냈다.

일찍이 봉암사 결사 시절에는 성철의 부탁을 받고 이 땅에 계율을 다시 세웠다. 당시에도 이미 '포살' 같은 절집의 전통을 되살리고 장삼의 본을 만들어냈다. 치열하게 공부하면서도 궂은일을 마다하지 않았다. 성철은 이렇게 회고했다.

"봉암사 시절에는 모두 어렵던 시절이라 탁발도 쉽지 않았지. 그럼에도 제일 많이 탁발을 다녔던 분이 자운 스님이야."

또 성철이 성전암에 있을 때의 일화도 전해진다. 하루는 자운이 걸망을 지고 성철을 찾아왔다. 그 안에는 원고뭉치가 들어있었다.

"운허 스님이 《금강경》을 번역한 원고라네. 노스님께서 특별히 교정을 부탁하시니 한번 읽어주시게."

"내가 어찌 노스님 원고를 교정본단 말인가. 나는 못하겠으니 다시 싸 짊어지고 가소."

자운은 할 수 없이 원고뭉치를 걸망에 집어넣었다. 그리고 몇 달 후 자운은 똑같은 걸망을 메고 산을 올랐다. 그러나 성철은 무심했다. 다시 거절했다.

또 몇 달이 지나 자운은 걸망을 지고 다시 성철을 찾아왔다.

"어른 체면을 봐주시게."

그렇다고 마음을 바꿀 성철이 아니었다. 그러자 자운이 불처럼 화를 냈다.

"내가 세 번을 올라와 부탁하고, 노스님이 세 번이나 교정한 글을 한 번도 못 봐주다니 이럴 수 있나."

자운이 화를 내자 성철도 난감했다. 그래도 고집을 꺾지 않았다.

"스님 말처럼 그 사이에 운허 스님께서 세 번이나 교정보신 것을 내가 손 댈 것이 뭐 있소. 내가 손대는 것 자체가 노스님께 불경 아닙니까."

그러자 자운이 자리를 털며 일어섰다.

"저 고집을 언제 꺾어보려나."

자운은 이렇듯 성품이 온화했다. 성철은 성전암에 머물던 1955년 해인사 주지로 추대되자 이를 뿌리치며 대뜸 자운을 추천했다. 그리고 훗날 자운은 또 "해인사의 법통을 지키기 위해서는 성철 스님을 모셔와야 한다"며 문경 김룡사에 머물던 성철을 해인사 백련암으로 이끌었다.

성철도 자운의 청이라면 숙고를 거듭했다. 종정으로 추대되었을 때도 자운의 간절한 요청이 있었기에 뿌리치지 못했다.

자운은 도봉산 망월사에서 용성 스님을 친견한 후 법제자가 되었다. 어질고 품이 넓어 "자운 스님 포대 속에 어른스님들이 다 들어가 있다"는 말이 떠돌았다. 교와 선을 익히고 율에 정통했다. 1992년 해인사 홍제암에서 입적했으니 세수 82세였다. 청정계율을 지킨 한국불교 계맥戒脈의 중흥조였다. 이름 그대로 '자애로운 구름(慈雲)'으로 수좌들을 품었으니 계를 받은 수좌들이 구름처럼 많았다. 성철은 종정으로서 도반을 추모했다.

(…) 계행은 달과 같고 자비는 꽃과 같아 삼공이 줄지어 빛남이로다. 몸과 마음을 단련하고 닦으심이여, 맑고 맑고 깨끗하고 깨끗하도다. 만법을 거두시고 선정에 드심이여, 사바와 극락이 두 가지가 아니로다. 허허! 만리길이 황금의 나라요 천 층의 백옥누각이로다. 온통 천지가 노랫소리 춤이요 전 세계가 풍류일 뿐이로다.

제7장/물이 곧 불이며, 불이 곧 물이니

자운의 다비식이 끝나고 사리친견법회가 있었다. 법회가 진행되는 동안 제자가 자운의 사리를 모셔오자 성철은 이를 한참이나 바라보았다.

"이것이 자운인가, 사리가 이리 나왔으니 얼마나 좋은가."

성철은 평소 재를 뒤적이는 사람들을 크게 나무랐지만 자운만은 예외였다.

제 8 장 / 돈오돈수

象徵

해동불교의 종조와 법손

1976년 7월 성철은 《한국불교의 법맥》을 출간했다. 백일법문을 하면서 자신의 법문이 선문의 골수가 아니고 선가의 본분을 버린 이론과 언설이라 했건만 이번에는 한술 더 떠서 문자를 동원했다. 그렇다면 무엇이 답답하여 붓을 들었는가. 성철이 보기에 법을 잇고 등불을 전하는 사법전등嗣法傳燈에 삿된 것이 스며들어 한국불교의 법계가 뒤죽박죽이었기 때문이었다.

몇몇 승려와 학자가 주동이 되어 조계종 종조를 갑자기 태고에서 보조로 바꿨다. 납득할만한 근거가 없었다. 성철은 이러한 뒤틀림이 곧 바로잡힐 줄 알았다. 문중에 어른들이 많았기 때문이었다. 실제로 당시 종정이던 만암 스님은 종조 바꿔치기를 크게 꾸짖으며 조계종 종정직을 내던졌다. 1955년 8월이었다. 조사들의 행적에 밝았던 만암은 거의 800년 동안 모셔온 종조가 바뀌자 크게 낙담했다.

"종조를 바꿈은 환부역조換父易祖로 있을 수 없는 일이다."

최고 어른의 노여움에도 종단은 끄떡없었다. 종단을 움직이는 세력은 따로 있었다. 결국 만암은 백양사로 돌아갔다. 도무지 납득할 수 없는 일들이 벌어지고 있어도 조계종 내부에서는 별 일 없이 10여 년이 지났다. 그러자 선승 성철이 나섰다. 문자에 의존해서라도 법맥을 제대로 알리고 법통을 바르게 잇고자 했다. 그 책이 바로《한국불교의 법맥》이었다.

한국 승려들은 임제와 태고의 법손이며 이는 결코 변경할 수 없는 사실이었다. 법맥을 기록한 것으로 가장 오래된 〈종봉영당기鍾峯影堂記〉와 〈서산행적초西山行蹟草〉를 바탕으로 성철은 '임제태고종통臨濟太古宗統'을 세웠다.

임제……석옥石屋-태고太古-환암幻菴-구곡龜谷-벽계碧溪-벽송碧松-부용浮蓉

그리고 부용은 서산西山(청허)과 부휴浮休라는 걸출한 제자를 두었고 서산은 다시 사명四溟과 편양鞭羊을 두었다. 따라서 서산과 부휴는 임제를 바로 전한 태고의 법손이라는 것이다. 고승대덕의 비문과 행록行錄 등에도 태고종통임을 밝히고 있으니 성철이 전거로 든 것들을 살피면 다음과 같다.

휴정비休靜碑, 대흥사 청허비淸虛碑, 전주 송광사개창비松廣寺開創碑, 부휴비浮休碑, 벽암비碧巖碑, 선가귀감禪家龜鑑, 사명집四溟集, 남원 승연사기勝蓮寺記, 대은암기大隱菴記, 경헌비敬軒碑, 취운비翠雲碑, 허백비虛白碑, 춘파비春坡碑, 조계산 송광사사적비松廣寺寺蹟碑, 백암비栢菴碑, 벽송집碧松集, 풍담비楓潭碑, 월담비月潭碑, 월저비月渚碑, 화월비華月碑, 허정비虛靜碑, 연담비蓮潭碑.

무수히 많은 증좌들이 있음에도 거짓으로 지어낸 주장들이 난무했다. 불교학자 이불화는 '임제보조종통臨濟普照宗統'을 주장했다. 즉 태고 대신 보조를 종통으로 내세웠다. 성철은 이불화의 주장이 허구임을 여러 각도에서 파헤쳤다. 그중 염향사법拈香嗣法(개당 설법을 할 때 법을 전해 준 스승에게 향을 사르고 대중 앞에서 법통을 선언하는 것)을 내세워 보조가 대혜의 법을 이었다는 이불화의 주장이 허설임을 밝혔다. 문헌상으로 보조는 경산대혜 스님에게 염향사법한 일이 없었다. 또 스스로 대혜의 법제자라 한 적도 없었다. 그럼에도 이불화는 보조가 대혜에게 염향사법했으므로 대혜의 법제자라고 우겼다. 후세에 세워진 송광사 사적비에도 보조는 스승 없이 오직 도만을 따랐고 불도징, 구마라습, 배도, 지공 등과 같은 무리라고 새겨져 있다. 즉 《단경》으로 스승을 삼고 《서장》으로 벗을 삼았다는 학자 목은牧隱의 평가대로 보조는 사법사嗣法師가 없었다. 이에 성철은 이불화에게 호통을 쳤다.

"이처럼 보조 자신은 물론 그의 법손들이나 뒷날의 역사가들도 보조를 두고 대혜의 법제자라고 일컬은 이는 한 사람도 없는데, 팔백 년이 지난 오늘에 와서 이불화 씨가 허설을 거짓 조작하여 대혜를 보조의 법사로 만들려고 온갖 노력을 다하고 있지만, 그 이론은 성립될 수 없을 뿐만 아니라 오히려 학자로서의 자살행위를 면치 못할 것이다."

또 환속한 불교학자 이종익은 '법신종승설法身宗承說'을 주장했다. 이는 '보조가 《단경》과 《대혜어록》을 읽다가 조계曹溪와 대혜大慧의 심법心法을 발견하고 그 마음을 전했으니, 보조가 육신조계와 육신대혜를 사승한 것이 아니라, 법신의 심법心法을 스승으로 하여 종승宗承한 것이 명백하다'는 것이다. 이심전심이란 굳이 만나서 전법하는 것이 아니라 책 속에서 마음으로 전해 받을 수 있다는 주장이었다. 불조의 혜명을 잇는 인가와 전법은 문중의 생명선인데 이를 부정했다. 이심전심이 꼭 만나서 전하는, 즉 면수구전面授口傳할 필요가 있냐며 "한 교조가 한 종조가 되는 것은 독창적이고 혁명적이다"라고 주장했다. 이에 성철은 다시 일갈했다.

"이종익 씨는 궁여지책으로 법신상속설法身相續說을 주장하지만 이는 천고미문의 법을 파괴한 논설이다. 법신은 일체에 변만遍滿하여 개개가 평등구족함으로 어느 특정 법신을 사승師

承한다는 것은 불법상으로 절대로 용인될 수 없는 것이다. 이와 같은 망론은 외도의 견해이다."

 그렇다면 왜 조계종단의 주류는 보조 띄우기에 열을 올리고 성철은 보조종통설에 주장자를 치켜들었는가. 거기에는 이유가 있었다.

 중국에서 활짝 핀 선사상이 한반도에서도 화엄종의 기세를 누르고 불교의 중심이 된 것은 주지의 사실이다. 정치적인 목적이 있었지만 조선조 말에 이르러서는 선종 하나로 통일되다시피 했다. 이러한 전통은 해방 이후까지 지속되었다. 그러다 한국불교는 돌연 1954년 불교정화를 내세운 이승만의 유시가 발표되고 이후 승려들의 다툼이 일어났다. 불교계는 비구승의 조계종, 대처승의 태고종으로 나뉘게 되었다. 이 과정에서 태고종은 임제종의 적자인 태고 보우를 종조로 삼았고 태고의 홍가사紅袈裟를 선점했다. 조계종은 이에 맞서 보우보다 앞선 시대의 인물인 지눌을 새로운 종조로 내세웠다.

 우리나라 선맥은 신라 도의국사에서 비롯되었다가 중간에 그 맥이 끊겼다. 그 후 고려 말 원나라에 유학하여 임제종의 법맥을 전해 받은 태고 보우가 다시 맥을 이었다. 그런 전통은 불교정화운동 전까지는 불교계가 이견이나 이설 없이 받아들였다. 그러다 불교정화를 거치며 태고종이 보우를 선점하자 조계종이 지눌을 선택한 것이다. 일종의 차별화였다. 그러나 지눌은 유학승이 아니어서 스승과 제자로 이어지는 법맥 계승자가 될 수 없었다. 또 지눌은 깨친 후에도 닦아야 한다는 돈오점수설을 주창하여 보우의 돈오돈수설과는 달랐다. 이때부터 종조와 사상 논란이 시작되었다. 사실 종조와 돈점 논란은 하나로 연결되어 있었다. 하지만 당시에는 대처승들과의 대립각을 세우고 치열하게 영역 다툼을 벌였기에 공론화 할 수 없었다.

일부 학자들은 보조의 종조 추대를 민족문화독립운동이라 치켜세웠다. 종교가 아닌 민족을 끌어들인 것이다. 태고 보우가 중국에서 법을 이어오고 보조는 그 누구의 법도 이어받지 않음을 의식한 것이었다. 하지만 사실은 사실이었다. 성철은 이렇게 정리하고 있다.

달마는 서천西天에서 동토東土로 법을 전하였으니 동토의 초조初祖가 되며, 태고는 중국에서 해동으로 등불을 전하였으니 해동의 종조가 된다. 그리고 종명宗名은 나말·여초로부터 선종을 조계아손曹溪兒孫으로 통칭하였으므로 '조계종'으로 불러도 무방하다.

그럼에도 대한불교조계종 종헌 제1조는 한국불교의 종조를 보조라 하고 있다.

'본 종은 신라 도의道義국사가 창수創樹한 가지산문迦智山門

에서 기원하여 고려 보조국사의 중천을 거쳐 태고 보우국사의 제종포섭諸宗包攝으로서 조계종이라 공칭公稱하여 이후 그 종맥이 면면부절綿綿不絶한 것이다.'

성철은 도의국사는 가지산문이고, 보조는 사굴산문이니 법맥이 다르고 임제종의 종풍을 이어받은 종조는 보조가 아니라 태고 보우국사여야 한다고 간곡하게 이르고 있다. 그럼에도 한국불교에서 보조 지눌을 받드는 제단은 매우 높고 견고하다. 물론 성철 또한 보조가 한국불교에 끼친 영향이 지대함을 《한국불교의 법맥》에서도 인정하고 있다.

"현재 한국불교가 태고법계임은 분명하다. 한편 사상적으로는 보조의 영향이 크다고 할 수 있다."

그렇다고 사실을 왜곡할 수는 없는 노릇이다. 그렇다고 교외별전이며 이심전심인 불법전승의 생명선을 끊을 수는 없는 노릇이다.

성철에게는 삭발을 허락하고 계를 준 득도사得度師는 있지만, 법을 이어준 사법사가 없다. 성철은 선문의 철칙대로 오도 후 인가를 받으려 했다. 효봉, 만공 등 큰스님을 찾아다님도 나름 인가를 받기 위해서였을 것이다. 성철은 벼락같은 법거량을 기다렸지만 당시 선지식들은 주장자를 들지 않았다. 고승들과 성철 사이에 깨달음의 경계와 관련해서 어떤 차이가 있었는지는 알 수 없다. 성철은 결국 법 스승을 갖지 못했다.

불도징, 구마라습, 배도, 지공과 같은 처지가 된 것이다. 보조 또한 그렇다.

보조도 성철도 법 스승이 없으니 사법전등의 계보에 오를 수 없다. 하지만 본인이 적손嫡孫이 아니더라도 계보는 바로 알려야 하지 않은가. 본인들은 모두 이를 인정하는데 후손들이 이를 비튼다면 그것이 큰일 아니겠는가. 1962년 3월에 제정된 조계종 종헌 제1조는 지금까지 한 자도 수정되지 않았다. 성철은 이렇게 고치라 말한다.

"본 종은 태고 보우국사를 종조로 한다."

이에 이의가 있는 이들은 벌떼처럼 일어나야 할 것이다. 그래서 성철의 논지를 반박해야 할 것이다. 성철이 책에서 밝힌 논거들을 차례로 부숴야 할 것이다. 성철이 이를 기다리고 있을 것이다. 하지만 그냥 보조의 사상이 뛰어나서, 단지 보조가 좋아서, 오로지 보조를 연구해서 보조종통설을 붙들고 있다면 또 다른 업을 짓는 일이 아니겠는가.

지눌을
찌르다

 교敎는 말로 말을 전하는 이언전언以言傳言이지만 선禪은 마음으로써 마음을 전하는 이심전심以心傳心이다. 선은 문자를 세우지 않고(不立文字) 마음으로써 마음을 전달함이 근본이다. 흔히 '선은 부처님 마음이요, 교는 부처님 말씀이다'라고 한다. 그러면서 선교일치를 무심하게 얘기한다. 하지만 성철은 이를 무심하게 넘기지 않았다. 예리하게 바라봤다.

 선은 깨침(證)이요, 교는 이해(解)이니 그 내용이 하늘과 땅 차이라는 것이다. 조선불교의 최고봉이며 중흥조인 청허 스님도 선은 천자天子, 교는 백 천 신하(百僚)에 비유하여 선과 교는 비유 자체를 할 수 없다고 했다. 우리가 밥을 먹고 살지만 그

밥맛을 팔만대장경 이상으로 기록하고 설명해 놓는다 해도 실제 밥맛은 거기 들어가 있지 않다. 하지만 밥 한 숟가락을 딱 떠먹으면 찰나 간에 그 밥맛을 알 수 있다. 그러므로 교는 밥맛을 얘기하는 것이고 선은 밥 한 숟가락을 떠먹는 것이다. 그러니 그 차이는 엄청난 것이었다.

진정한 깨달음도 선종에서는 단박 찰나(頓)간에 성품을 보아 부처를 이루는 견성성불見性成佛법을 주장한다. 반면에 교문教門에서는 층계를 올라가듯이 점차 공부하여 성불한다고 가르친다. 선종에서는 '곧바로 사람의 마음을 가리키는(直指人心)' 돈교문頓教門만을 주장하고 점차문漸次門은 삿된 것으로 취급했다. 선종의 근본은 단박에 깨침(頓悟)에 있기에 점차문은 육조혜능대사의 조계정맥이 아니었다. 육조 스님은 《단경》에서 단박에 깨치고 단박에 닦으니 또한 점차가 없다고 분명하게 밝혔다.

돈점논쟁은 7세기 중국불교에서 자못 치열하게 전개됐다. 그렇다면 돈頓과 점漸은 왜 생겼는가. 육조혜능은 본래 법에는 돈과 점이 없다고 했다. 단지 사람마다 근기가 달라 수승한 사람과 둔한 사람이 있기에 돈과 점이 생겼다는 것이다. 근기가 수승한 사람은 돈문頓門으로 들어가 도를 빨리 성취하고, 근기가 하열한 사람은 어쩔 수 없이 점문漸門으로 들어가야 한다는 것이다. 그렇기에 점문은 방편가설이지 실법이 아니라는 얘기다. 따라서 점문을 실법으로 알고 참다운 선이라 주장하면 삿된 종(邪宗)이라 했다.

그리고 천 년이 훨씬 넘은 한국 불교계에서 다시 돈점논쟁이 불붙었다. 그것은 진정한 깨달음은 어떻게 이뤄지고 그 경계는 무엇이냐는 물음이었다. 돈오돈수와 돈오점수. 단박에 깨쳐서 더 이상 닦을 필요가 없음과 깨달았지만 점차 더 닦아 성불에 이름. 돈오돈수 속에는 성철이 우람하고 돈오점수 속에는 지눌이 우뚝하다. 사실 돈오돈수라는 용어는 성철이 처음 사용했다.

돈오돈수란 말은 성철 스님이 몸소 현토·편역한 《돈황본 육조단경》에는 전혀 보이지 않지만 《법보단경》에는 한 번 등장한다. 이것이 비록 성철 스님이 지어낸 내용이 아님에도, 즉 중도 및 돈오돈수사상이 새로운 사상은 아니지만 이 사상들은 한국 불교의 개혁자로서 한국의 역사적 맥락 속에서 알맞게 소개한 것을 미루어 보면 성철 스님의 창의성이나 개척정신을 알 수 있다.

서명원 《가야산 호랑이의 체취를 맡았다》

서명원은 창의성이나 개척정신을 얘기하지만 사실은 성철이 돈오점수가 전통 선맥이 아니라는 사실을 일깨우기 위한 방편으로 사용했을 것이다. 돈오점수가 선문의 정맥인 양 인식되고 성찰 없이 그냥 흘러가는 것을 보고 이를 바로잡기 위해 반대 개념으로 돈오돈수를 부득이 일으켜 세운 것이라는 얘기다.

깨친 이후 성철은 돈오돈수를 설파했다. 찾아오는 납자들마다에게 이를 강조했다. 당시 전국 선방에서는 견성 못한 승려가 드물 정도로 '성불견성'이 넘쳐났다. 참선하다가 기특한 소견이 생기면 한 소식했다고 떠들었다. 그러나 점검해보면 저 홀로 망상에 휩싸여 생각나는 대로 떠드는 것에 불과했다. 견성했으니 인가해 달라고 찾아오는 자들도 태반은 견성은커녕 몽중일여도 되지 않은 자들이었다. 견성은 대무심지인 오매일여를 넘어선 구경각이라 일러주면 고개를 절레절레 흔들었다.

"아이고 스님, 스님의 견성은 하늘의 별처럼 까마득히 높습니다."

성철이 보기에 통탄할 일이었다. 아무리 봐도 임제종맥을 이어받았다는 조계종은 깨달음의 경계를 잘못 알고 있었다. 여기에는 보조국사 지눌 스님의 《수심결》 영향이 컸다.

깨친다고 하는 것은 한번 깨칠 때 근본 무명을 완전히 끊고 구경각을 성취함을 말한다. 그것은 '단박에 깨친다(頓悟)'고 하며 그렇기에 '단박에 닦는다(頓修)'라고 한다. 더 이상 닦을 필요가 없음이다. 전체를 다 마쳤음이니 등각等覺을 넘어선 묘각妙覺, 즉 구경각이다. 이는 경전과 경론, 그리고 선종의 정안조사들의 말씀이 전하는 바다. 성철은 《능가경》《대열반경》《대승

신기론》《유가론》《육조단경》《종경록》《원오록》 등을 인용하여 돈오돈수의 참의미를 밝혔다.

돈오점수의 '돈오'는 곧 '해오解悟'이다. 해오란 얼음이 본래 물이었다는 것을 분명히 알듯 중생이 본래 부처란 것을 분명히 아는 것이다. 그러나 번뇌망상은 아직 그대로이다. 얼음이 본래 물이라 해도 얼음인 채로는 융통자재할 수 없다. 중생이 본래 부처란 것을 알았다 하여도 번뇌망상이 남아있는 해오는 생사에 자유자재한 증오證悟와는 하늘과 땅 차이였다. 중생이 본래 부처임을 아는 것에 그치지 않고 6추를 비롯한 삼세의 미망까지 완전히 끊어 일체를 해탈해야만 비로소 증오라 하기 때문이다.

교가에서는 흔히 얼음이 본래 물인 줄 아는 해오를 두고 '돈오'라고들 한다. 그러나 선종에서는 얼음이 완전히 녹아 자유자재한 물이 되었을 때인 증오를 돈오라고 했다. 교가에서는 해오를 돈오라 하여 "깨달은 후에 3현三賢 10성十聖의 지위를 거치며 닦아나간다" 하고, 선가에서는 증오를 돈오라 하여 "10승十乘 등각마저 넘어선 구경각이 깨달음이니 다시 배우고 닦을 일이 없다"고 말한다. 따라서 '돈오'라는 용어는 같이 사용하고 있지만 그 내용은 근본적으로 달랐다.

그런데 보조국사 지눌은 달마대사의 선풍을 이었다고 하면서도 돈오점수를 주장했다.《수심결》에서 성인들은 누구나 먼

참선하다 기특한 소견이 생기면
"한 소식했다" 하지만
대부분 저 홀로 망상에 휩싸여
함부로 떠드는 것에 불과했다.
성철 스님은 견성했으니
인가해 달라고 찾아오는
납자들을 무섭게 다그쳤다.

저 깨치고 뒤에 닦아 구경각을 성취한다고 하였다. 깨친 뒤에도 오랫동안 망념이 일어나거든 덜고 또 덜어서 무위에 이르러야 비로소 구경이라는 것이다. 돈오점수사상은 보조 스님의 《수심결》《권수정혜결사문》에 근본으로 자리 잡고 있다. 그러나 입적하기 직전에 쓴 《절요節要》에서는 사상적 전환이 있었다. 돈오점수는 교종에 해당하는 것이지 선종은 아니라고 밝혔다.

보조는 《절요》에서 돈오점수를 주장했던 당나라의 하택신회와 규봉종밀을 '지해를 주장하는 무리(知解宗徒)'라며 조계정맥曹溪正脈이 아니라 했지만 전체적으로는 지해인 해오를 선양하고 있다. 그러나 사후에 발견된 《간화결의론》에서는 비로소 교외별전인 선종을 받들었다. 그러면서도 사후에 함께 발견된 《원돈성불론》에서는 여전히 해오를 주장하고 있었다. 이를 두고 교종에서는 보조가 교와 함께 선을 주창했다고 찬양하고 있지만 성철의 평가는 냉정했다. 보조가 일생 동안 선과 교를 혼동했고, 말년에도 끝내 지해의 병을 떨치지 못했다고 지적했다.

그렇다면 보조에게 영향을 끼친 규봉은 어떤 스님인가. 그는 하택 스님의 법을 받아 선종이라고 하다가 나중에 화엄종으로 들어간, 이른바 사선입교捨禪入敎의 승려였다. 규봉은 교가의 입장에서 선을 취급하다보니 선과 교를 혼동하여 돈오점수가 달마선이라고 끝까지 주장했다. 성철은 수행 고백을 기록한 규봉의 《도서都序》를 인용하여 그의 깨달음이 단지 해오일 뿐이라고 평가했다.

좋아하는 생각은 막기 어렵고 스스로 생각하고 마침내 대중을 떠나 산에 들어가서 정定과 혜慧를 고르게 닦아 생각 쉬기를 모두 10년을 했다. 그랬더니 창틈에 햇빛이 비치면 티끌 먼지가 요란하듯, 맑은 물속에 그림자가 두렷이 비치듯, 미세한 습정이 기멸하면 고요한 지혜에 비춰지고 차별된 법의法義가 늘어서면 빈 마음에 드러났다.

규봉은 정과 혜를 닦아 고요한 지혜가 조금 있긴 있으나 그 가운데 망상이 먼지 일어나듯 하니 마치 아침 해가 뜰 때 창문 틈으로 빛이 들어오면 거기에 먼지가 분분하게 일어나고 있는 것을 보듯 했다. 또 맑은 못에 그림자 모양이 환하게 밝으나 모든 차별법과 망상이 생멸을 거듭하고 있으니 그런 경계에 머물고 있음이었다. 규봉은 이 경계를 벗어나지 못했으니 돈오돈수의 구경각에 이르지 못했다는 것이다.

선문의 비조로 일컬어지는 마조 스님은 견성하고 돈오하면 병도 약도 다 필요 없다고 했다. 그런데 규봉은 달랐다. 깨달았어도 교와 관, 정과 혜를 익혀야 한다고 했다. 마조는 구경각을 성취해 병이니 약이니 일체 필요 없는 분이었고, 규봉은 깨달았다고는 하나 자기가 병이 여전하니 약이 필요했던 것이다. 성철은 규봉의 눈이 어두워 마조를 바로 볼 수 없었을 것이라 여겼다. 규봉은 마조의 깨달음도 자신과 비슷할 것이라고 짐작했음이니 그것이야말로 망상이라는 얘기였다.

성철이 보기에 한국의 선방에서는 보조의 《수심결》을 보고 돈오점수를 따르고 있었다. 한둘이 아니고 그런 승려가 선방마다 넘쳐났다. 흔히 참선하다가 기특한 소견이 생기면 "견성했다" "한 소식했다"고 했다. 그러나 대부분 저 홀로 망상에 휩싸여 생각나는 대로 함부로 떠드는 것에 불과했다. 그릇된 견해와 망상은 자신만 그르치는 것이 아니었다. 그것은 종지宗旨를 흐리고 정맥을 끊는 심각한 폐해였다.

성철은 강원에서 해오를 선문이라고 주장한 《도서都序》와 《절요節要》를 가르치지 말아야 하며, 경허 스님이 편찬한 《선문촬요》에서도 《간화결의론》 이외의 보조의 저술은 모두 제거해야한다고 주장했다. 한국의 선문은 온갖 이론과 수행이 범벅이 되어 그 선지가 분명치 않으니 선의 근원인 육조를 정점으로 삼아 정리해야 한다고 목청을 높였다. 따라서 육조의 정맥을 계승한 《돈오요문頓悟要門》《전심법요傳心法要》《완릉록宛陵錄》《임제록臨濟錄》《증도가證道歌》 등의 가르침을 받들어 선문의 정통성을 회복해야 한다고 일렀다.

한국불교를 깨운 돈점논쟁

비유컨대 세 종류의 자비의 그물을 가지고 과거·현재·미래의 나고 죽음의 바다에 펴서 작은 그물로는 새우와 조개를 건지고(人天小乘敎와 같음), 중간 그물로는 방어와 송어를 건지고(緣覺中乘敎와 같음), 큰 그물로는 고래와 큰 자라를 건져서(大乘圓頓敎와 같음) 함께 열반의 언덕에 두는 것과 같으니, 이는 가르침의 순서이다.

그 가운데 한 물건이 있어서, 갈기는 시뻘건 불과 같고 발톱은 무쇠창날과 같으며, 눈은 햇빛을 쏘고 입으로는 바람과 우레를 내뿜는다. 몸을 뒤쳐 한번 구르면 흰 물결이 하늘에 닿고 산과 강이 진동하며, 해와 달이 어두워진다. 세 가지 그물을 뛰어넘어 바로 구름 위로 올라가서 감로수를 퍼부어 뭇 생명들에게 이로움을 주니(바로 조사문중의 교외별전의 기틀임), 이는 선이 교와 다른 점이다.

서산대사 《선교결禪敎訣》

서산대사가 제자인 유정에게 주는 가르침이다. 선과 교가 큰 차이가 있음을 설파하는 비유가 장쾌하다. 성철은 《선교결》을 서산 만년의 명저로 평가했다. '교외별전'이란 교외敎外라 하여 불교 밖에 있는 것이 아니라 깨달음은 이론이 아닌 실천에 있음을 이름이었고, 이는 교가 아닌 선으로 이룰 수 있다는 것이었다. 세존이 꽃을 들어 대중에게 보이니 가섭이 미소로 화답한 것이 바로 교외별전의 시작이었다. 서산은 조사들의 교외별전 사례를 열거했다.

달마의 '툭 트이어 성聖이랄 것도 없다', 육조의 '선악을 생각하지 말라', 회양의 '수레가 멈추니 소를 채찍질한다', 행사의 '여능의 쌀값', 마조의 '서쪽 강물을 다 마심', 석두의 '불법을 모른다', 운문의 '호떡', 조주의 '차 마심', 현사의 '흰 종이', 설봉의 '공 굴림', 화산의 '북 두드림', 도오의 '춤을 춤' 등이다. 서산은 이를 "옛 부처와 조사들이 교외별전의 곡조를 노래한 것"이라 했다.

조계종 종정을 지낸 서옹 스님도 한국 승려들은 서산 스님의 문손이며 서산은 태고 스님의 법을 이었다고 단언했다. 조사선

5조 가풍 어디를 뒤져봐도 돈오점수를 주장한 사람은 하나도 없다고 했다. 서옹은 돈오돈수라야 견성할 수 있다고 말했다.

돈오돈수의 돈오는 '진여자성을 아는 것'이고 돈오점수의 돈오는 '진여자성을 지해로서 아는 것'입니다. 말하자면 조사선은 본래면목 그 자리로 완전히 전환하는 것인데, 지해知解 차원에서 그 자리를 향해서 수행해 간다는 것은 도저히 불가능한 일입니다.

〈고경〉 1997년 가을호

이렇듯 한국에서 임제정맥은 면면히 흘러내려왔다. 그러다 이미 살펴본 대로 비구와 대처승 간에 종조 선점 다툼에서 보조가 솟아오르고 이로 인해 종조와 더불어 종지宗旨 논쟁이 벌어졌다. 그것의 연장선상에 돈점논쟁이 있었다. 거듭 말하면 성철은 돈오돈수론을 펼쳐 승려들의 삿됨과 나태함을 꾸짖었다. '한 소식'을 내세워 성불했다고 주장자를 휘두르는 무리에게 깨달음의 경계를 정확히 알리려 했다.

대승경전들이 승단불교의 폐쇄성을 극복하고 대중을 위한 불교의 실현이라는 불교의 시대사적 과제를 이념적으로 정당화하기 위한 사회현실적 필요에서 만들어진 것과 마찬가지로,

성철의 돈오돈수 이론은 외적인 모순과 억압 속에 와해되어가는 승단의 재건을 위한 이념적 토대의 필요성이라는 한국불교의 시대적 요청을 충족시키기 위해 만들어졌다.

김종인 〈한국불교 현실에 대한 성철의 대응과 돈오돈수〉

성철은 깨달았지만 완전하지 못하여 점차 닦고 있다는, 결국 아만에 빠져있는 선승들의 빠져나갈 구멍을 틀어막았다. '견성 아닌 견성'을 내리친 것이다. 성철은 깨달은 후 다시 망상을 끊고 습기를 제거해야 한다는 지눌의 '목우행'도 이렇게 비판했다.

거울의 본성인 밝음은 먼지가 있고 없음과 상관없듯 중생의 본성인 진여자성은 번뇌가 있고 없음과 상관없다. 보조 스님은 이를 돈오견성이라 하였고, 먼지를 제거하듯 망상을 제거하는 것을 일러 오후목우행悟後牧牛行이라 했다.
그러나 종문의 목우행은 그렇지 않다. 보임무심保任無心, 먼지를 완전히 닦아 삼라만상을 자유자재로 비추는 맑은 거울을 잘 보전하는 것을 일러 보임과 목우행이라 했다. 결코 망상을 끊고 습기를 제거하는 것을 목우행이라 하지 않았다. 그러니 같은 용어를 사용하고 있지만 선문의 정안종사들과 보조 스님의 견해는 분명 다르다. 진정한 깨달음을 얻었다면 할 일도 하는 일도 없어야 한다.

그렇다면 깨친 다음에 보임은 어떻게 해야 하는 것인가. 성철은 《선문정로》에서 이렇게 말했다.

> 종문에서의 보임이란 자유자재한 대무심삼매大無心三昧를 일컫는 말이다. 그런 이는 일체의 번뇌망상이 끊어져 어떤 가르침도 방편도 필요치 않다. 따라서 '깨달은 뒤에 망상을 하나하나 끊는 것이 보임이다'라고 주장한다면 이는 병이 여전한 자를 온존한 이로 여기는 과오이다. 또한 종문에서의 견성이란 구경각을 일컫는 말이다. 따라서 '견성한 후에도 다시 닦음이 필요하다' 한다면 이는 병 없는 이를 병자라 하는 과오를 범한 것이다.

불교학자 도대현도 《성철 선사상》을 통해 성철의 주장에 꽃을 던졌다.

"돈오돈수에서 '돈수'의 의미는 '깨치기 위한 수행의 노력이 필요 없다'는 뜻이 아니다. 깨침 이전에는 목숨 바칠 각오로 수행해야 하지만, 돈오 후에는 부처 경지로 되므로 '더 이상 수행할 필요가 없어졌다'는 뜻으로 돈수인 것이다. 또한 돈오 이전의 수행 때문에 돈수라고 할 수 없다는 비판도 있으나, 이는 오전수행悟前修行이고 돈오와 짝할 수 있는 말은 오로지 돈수뿐이며, 견성하는 순간에 '불각不覺의 수행도 마쳐진다'는 뜻이다."

성철이 돈오돈수론을 주창하자 성철을 향한 비난이 쏟아졌다. 조계종 중흥교조로 떠받든 지눌선사의 돈오점수론을 손바닥 뒤집듯 했다며 불쾌해했다.

"어떻게든 조상의 훌륭한 점을 부각시켜야지 왜 자꾸 잘못을 캐내려고 야단인가."

"성철의 논리는 종파주의이며 돈오돈수는 특수한 수도 이론에 불과하다."

"돈오돈수론은 수행론이 아닌 견성의 정의에 불과하다."

"오로지 화두 근본주의에 기대고 있다."

"성철이 인용한 문헌과 문구들은 극히 편파적으로 가려 뽑은 것들이다."

그러면서 그동안 지눌을 따르며 수행한 한국불교는 무엇이냐며 따져 물었다. "그럼 성철은 돈오돈수했느냐"고 묻는 사람도 있었다. 그러나 성철은 물러서지 않았다. 깨달은 만큼 전해야 했다. 바르게 깨달았으면 부처도 죽이고 조사도 죽이라 했지 않은가.

보조 이후로 대선지식이 출현하지 못한 것은 보조 스님의 《수심결》 때문이다. 《수심결》의 돈오점수 사상 때문에 지혜의 병이 들어 선을 닦는다는 이들이 참공부를 못한 까닭이다. 지혜의 병이 걸리면 바로 들어가려해도 갈 수가 없다. 지혜의 병이 그렇게 무서운 것이다. 사법邪法을 깨뜨려 정법을 지키는 것, 사법을 깨뜨려 정법으로 들어오게 하는 것, 그것이 자비이자 불제자의 사명이다.

참선 중에 떠오른 기특한 생각 하나로 깨달았다며 스스로 제 이름을 높이는 선승들이 얼마나 많은가. 결국 견성에 이르지 못하고 성불한 것으로 착각하여 지옥으로 떨어진 이들이 얼마나 많은가. 그렇기에 삿된 가르침은 당사자만이 아니라 만인을 망치게 하니 그 죄업이 얼마나 클 것인가. 그것이 바로 성철이 돈오돈수를 주장하며 깨달음의 경계를 분명히 밝히는 이유였다.

성철은 달을 가리키는 손가락만 보는 사람들이 답답했다. 이런저런 말씨름을 하지 말고 직접 자신이 이른 대로 수행해보라 일갈했다.

자기 경험과 소견에 맞지 않는다고 이런저런 의심으로 믿질 않는데, 하지 않는 것이 문제일 뿐 하면 된다. 단박에 여래의 땅을 밟는 이런 묘방이 있음을 알고 속는 셈 치고라도 한번 해보라. 해보면 부처님 말씀이 거짓이 아니고, 역대 조사님들의 말씀이 거짓이 아니고, 해인사 노장의 말이 거짓이 아니었음을 스스로 알게 될 것이다.

돈점논쟁은 1,600년 한국불교사에 그 자체로 청량한 바람이었다. 아무도 감히 종통을 두고 사상적 제동을 건 사람이 없었다. 성철의 선사상은 종조와 선맥에 대한 성찰을 하게 만들었다. 대중은 돈점논쟁을 숨죽이며 들었다. 더러는 경전을 다시 들추거나 옛 거울을 찾았으니, 이는 잠자는 한국불교를 깨우는 죽비였다. 보조사상을 연구하는 사람들도 성철과 돈오돈수에 대한 검증 작업은 이제 피해서는 안 될 과정이 되었다. 그리고 그런 검증 작업을 통해 돈오돈수에 대해서 고개를 끄덕이는 불도와 학자들이 늘어나고 있으니 성철이 우리 곁에 있음이다.

"성철 스님은 1981년 출판한 《선문정로》에서 '몹쓸 나무가 뜰 안에 났으니 베어버리지 않을 수 없다'라고 하여 지눌의 돈오점수에 대한 공격을 시작한다. 이것이 인구에 회자되다가 10년 후인 1990년에 비로소 학술적으로 논의되어 세상에 널리 알려지게 되는 것이다.

이 논쟁은 선종 법맥관계의 사자상승師資相承과 사상적인 충실도에 있어서, 보우와 그의 돈오돈수가 옳음에 틀림없다. 그럼에도 불구하고 문제가 다른 방향으로 바뀌어 지눌을 지지하는 송광사 측과 성철스님을 따르는 해인사라는 양강兩强 간의 대립구도를 초래하게 된다. 그러나 이러한 대립 속에서 우리나라의 선사상은 중국 선사상을 능가하는 정치精緻함을 구현하게 되어 사상적인 큰 발전을 이룩한다." (자현)

성철은 깨친 후 최고의 위치에 안주하지 않았다. 존경과 경배의 자리에서 스스로 내려왔다. 몸은 산속에 있었지만, 선사상은 속세의 광장으로 내려보냈다. 그리고 숱한 학자와 승려들로부터 화살을 맞았다. 하지만 성철 선사상은 무수한 화살 자국이 났음에도 불구하고 일 자 일 획 달라진 게 없다. 화살 자국은 상처가 아니었다. 성철사상을 확인해보려는 두드림의 징표였다. 자신의 깨침을 인가해 줄 종장宗匠을 찾을 수 없었기에 성철은 선맥과 깨달음의 실체를 더 세심하게 더듬었다. 그리고 고불고조의 옛길을 찾아냈다. 그것은 결국 새 길이 되었다. 후학에게 길을 펼쳐 보인 성철은 선가의 귀감으로 길이 기억될 것이다.

지눌과 성철

성철은 보조의 점수사상을 공격했다. 돈오점수설로 선불교 전통이 정법에서 크게 벗어나게 했다는 것이다. 물론 보조는 어떤 반박도 할 수 없었다. 보조 지눌이 고려와 함께 사라졌기 때문이다.

그렇다면 누군가 지눌을 대신해서 반박을 해야 옳다. 그래서 많은 학자와 승려들이 지눌 입장에서 성철을 공격했다. 하지만 지눌은 아니다. 대변자일 뿐이다. 그렇다면 지눌과 성철이 동시대에 있었다면 어떤 일들이 벌어졌을까. 두 사람은 어떤 논쟁을 벌였을까. 불교학자 도대현은 《성철 선사상》에서 지눌과 성철의 같은 점과 다른 점을 이렇게 지적했다.

첫째, 두 선사가 육조혜능을 스승으로 삼은 것이 공통점이다. 그러나 《육조단경》을 보는 시각은 서로 다르다. 육조혜능이 주장한 '돈오돈수 역무점차(頓悟頓修 亦無漸次)'의 입장에서 볼 때, 성철은 이를 점수가 필요 없는 돈오돈수로 파악하였으나, 보조는 혜능의 남종선을 규봉종밀의 돈오점수와 같은 것으로 파악하여 돈오점수를 유일한 수증론으로 보았다.

둘째, 두 선사 모두 간화선을 주장한 것이 공통점이다. 그러나 성철은 간화선을 통해 화두를 타파하여 돈오하게 되면 바로 돈수가 되어 수행이 끝나는 것으로 보았으나, 보조는 돈오를 해오로 이해하고 점수 수행의 시작으로 보았다.

셋째, 두 선사가 처한 시대 상황에 맞추어 자신의 사상을 주장한 것이 공통점이다. 그러나 성철은 깨침이 확실한 기준으로 구경각과 견성성불, 즉 돈오돈수를 주장한 데 비해, 보조는 망념이 있는 해오를 돈오라 하고 돈오점수를 주장하였다.

두 사람의 돈점사상이 '시대 상황에 맞추어 자신의 사상을 주장한 것'임은 여러 정황에서 확인할 수 있다. 지눌이 고려 말 선禪과 교敎의 다툼에서 이를 통섭하려 돈오점수설을 주장했다는 설은 나름 설득력이 있고, 성철 또한 함부로 견성했다며 종지를 어지럽힌 무리를 향해 돈오돈수설을 내세우고 죽비를 내려쳤기 때문이다. 그러고 보면 지눌과 성철은 비록 750년이 넘게 차이 나는 시공간에 존재했지만 닮은 점이 많았다. 우선 두 사람은 고려 무신시대와 현대사의 무인시대 한복판에 있었다.

90년간 지속된 무신정권은 고려 의종 때 시작되었다. 왕은 절에서 놀기를 좋아했다. 문신의 권세는 왕권이 주눅들 정도였다. 이에 불만을 품은 무신들이 연회장에 들이닥쳐 문신과 환관들을 차례로 척살했다. 문관文冠을 쓴 자들은 죽임을 당했다. 칼을 든 자들은 부패한 왕실의 배후로 사찰을 지목했다. 승려들은 반발했고, 그때마다 시체가 산을 이뤘다. 남은 승려들은 새 권력에 엎드렸다. 사찰들은 새로운 왕실과 귀족들의 의례를 치르며 부를 축적했다.

칼을 지닌 자들은 서로를 벴다. 민란이 끊이지 않았다. 시체가 널브러진 곳에 까마귀떼가 하늘을 덮었다. 사찰에서는 음식이 넘쳐났다. 몸과 마음에 살이 오른 승려들은 뒤뚱거렸다. 사찰에 술 냄새가 진동했고 시정보다 시끄러웠다. 권력은 승려를, 승려는 백성을 부렸다.

어느 날 승려 하나가 사찰을 향해 일갈했다. 지눌이었다. 왕실과 귀족들이 놀랐다. 더욱 놀란 것은 승려들이었다. 지눌은 귀족불교에서 서민불교로, 명리에서 정혜로, 기복에서 수행으로 옮겨가자고 외쳤다. 지눌은 정혜결사定慧結社를 만들어 동지를 구했다.

남은 세월이 한줌 햇살인데 탐욕, 분노, 질투, 교만, 방일로 세월을 허비하고 부질없는 말로 세상을 흔들 셈인가. 덕도 없으면서 신도들 보시를 받고, 공양을 받으면서도 부끄러움을 모른다. 그 허물을 두고 어찌 슬퍼만 할 것인가. 선禪과 교敎, 유가와 도가를 막론하고 뜻이 높은 사람은 일어나라.

지눌의 결사문은 거대한 죽비였다. 세상과 타협한 승려들은 질린 얼굴로 모여서 수군거렸다.
"지눌이 불법으로 우리를 찌르는구나."
지눌은 개경에 발을 들여놓지 않고도 권력을 무수히 찔렀다. 고려불교는 그렇게 변방에서 일어섰다.

성철이 살았던 근현대사 또한 척박했다. 나라를 빼앗기고, 해방이 되자 곧 국토가 동강났다. 6·25전쟁으로 무고한 백성들이 영문도 모르고 죽었다. 그리고 정치군인들이 권력을 찬탈했다. 육군소장 박정희 쿠데타 이후 신군부의 전두환과 노태우정권까지 31년(1961~1992) 동안을 무인정권이라 칭할만하다.

이러한 격동의 역사에 불교계도 숱한 곡절이 있었다. 사찰에서 술 냄새와 비린내가 진동했다. 항일 승려와 친일 승려가 있었고, 정화운동이 전개되면서 비구승과 대처승이 싸웠다. 그리고 군인들이 총을 들고 전국의 사찰에 난입하는 법난이 발생했다.

지눌의 시대나 성철이 살았던 시대는 똑같이 민족의 암흑기였다. 나라는 외세에 휘둘리고, 백성은 고통받고, 승단은 부패했다. 그럼에도 불교는 백성을 보듬지 않았다. 권력에 기대어 자기들끼리 주린 배를 채우기에 급급했다. 이에 지눌은 정혜결사를, 성철은 봉암사 결사를 주도했다. 정혜결사나 봉암사 결사나 내용은 똑같다.

"땅에서 쓰러진 자는 땅을 짚고 일어서라"

"삿된 것을 몰아내고 부처님 법대로 살자."

말은 다르지만 뜻은 같다. 보조와 성철은 근본에 충실했다. 똑같이 변방에 머물며 서울에 나타나지 않았다. 성철 또한 불법으로 나태한 한국불교를 찔렀다. 그것은 처절한 자기 혁신이고 부처님 법을 세우자는 호소이기도 했다. 성철은 지눌처럼 결사문을 내걸지 않았지만 평소 외침으로 미뤄 보면 성철의 봉암사 결사문은 이랬을 것이다.

"한국불교는 간판만 불교이지 불교가 아니다. 여기저기서 목탁장사만 하고 있으니 그 죄를 어찌할 것인가. 먹고 살 길이 없으면 강도짓을 할지언정 천추만고에 거룩한 부처님을 팔아서야 되겠는가. 가짜 선지식들은 간판을 내려라. 천상천하 유아독존, 가장 잘사는 것이 승려여야 한다. 이에 부처님법대로 잘 살아보려 한다. 뜻있는 자들은 희양산 봉암사로 오라."

성철은 직설적이고 지눌은 자못 은근하다. 그것은 지눌의

《수심결》과 성철의 《선문정로》를 비교해보면 알 수 있다.

　삼계三界의 열뇌熱惱여 화택火宅과 같도다. 어찌타 여기에 머물러 있어 가없는 괴로움을 달게 받을 것이랴. 윤회를 벗고자 하면 부처를 찾음보다 나음은 없나니 부처를 찾고자 하면 이 마음이 곧 부처라. 마음을 어찌 멀리서 찾으리오. 나의 몸을 떠나지 않음이요, 색신色身은 다 거짓이라 남이 있고 멸滅함이 있으나 진심은 공함과 같아 끊어짐과 변함이 다 없나니 이런 전차로 이르사대 백해百骸는 흩어져서 불로 돌아가고 바람으로 돌아가나 일물一物은 길이 영령靈하여 하늘과 땅을 덮는다 하시니라. 슬프다, 이젯사람의 길을 잃고 헤맴이여. 저의 마음이 참으로 부처인 줄 모르며 저의 성性이 참 법인 줄 몰라 법을 구하되 멀리 여러 성인聖人을 찾고 부처를 구하되 저의 마음은 보지 않는도다.

　만일 마음 밖에 부처가 있고 성性 밖에 법이 있다 하여 여기에 굳이 집착하여 부첫길을 찾고자 하면 비록 진겁塵劫을 지나도록 몸을 태우며 팔을 그을리고 뼈를 두드리며 살을 깎고 피를 뽑아 경經을 베끼며 길이 앉아 눕지 아니하고 하루 한 끼를 묘시卯時에 먹으며 크나큰 대장교大藏敎를 다 읽으며 이렇듯 가지가지의 고행을 닦은들 어찌 얻음이 있으리오. 마침내 모래로써 밥을 지음과 같이 다만 수고로움만 더하리로다. 오로지 저의 마음을 알며 항사恒沙의 법문과 한없이 묘한 뜻을 찾지 않아도 얻으리라.

지눌 《수심결》 첫머리, 조지훈 역

영취산정에서 세존이 염화拈花함은 사슴을 가리켜 말이라 함이요, 소림암굴少林巖窟에서 이조二祖가 삼배三拜함은 모난 나무로 둥근 구멍을 막음이니, 고금 선지식들의 현언묘구玄言妙句는 모두 눈 속에 모래를 뿌림이다.

열할熱喝과 통방痛棒도 납승의 본분이 아니거늘 어찌 다시 눈뜨고 꿈꾸는 객담客談이 있으리오마는, 진흙과 물속에 들어가서 자기의 성명性命을 불고不顧함은 고인의 낙초자비落草慈悲이다.

정법상전正法相傳이 세구연심歲久年深하여 종종種種 이설異說이 횡행하여 조정祖庭을 황폐케 함으로 노졸老拙이 감히 낙초자비를 운위云謂할 수는 없으나, 만세정법萬歲正法을 위하여 미모眉毛를 아끼지 않고 정안조사들의 수시법문垂示法門을 채집하여 선문禪門의 정로正路를 지시指示코자 한다.

성철 《선문정로》 서언

《수심결》은 섬세하지만 《선문정로》는 굵다. 지눌의 글에는 살점이 많고 감성이 진하게 묻어있지만 성철의 글에는 살이 별로 없고 담백하다. 지눌이나 성철은 이렇듯 닮은 듯 다르고, 다른 듯 또한 닮았다. 불교학자 박성배는 닮은 점 세 가지를 이렇게 꼽았다.

"첫째 우리는 두 분이 모두 다 주장자 법문만을 장기로 삼지 않았다는 사실에 주의해야 한다. 둘째로 두 분은 모두 시대와 사회를 그 나름대로 걱정하신 분들이라는 공통점을 가지고 있다. 셋째로 두 분이 다 당신의 메시지를 대중에게 효과적으로 전달하기 위해서 무척 노력했다는 점이다."

그러면서 시대적 사명감을 가지고 사상적으로 문제를 밝혀 보려는 노력을 높이 평가했다.

보조 스님도 성철 스님도 모두 붓을 들었다 하면 항상 말이 되게끔 말씀하셨다. 모두 학문적인 감각이 있으셨던 것이다. 말은 논리적으로 그리고 체계적으로 해야 한다는 학문의 보편적인 원칙을 지킬 줄 알았다. 모두 학문적인 자질이 탁월하신 분들이었다. 이런 공통점들 때문에 지금 두 분의 사상은 서로 다름에도 불구하고 모두 학자의 주목을 받고 있는 것이다.

〈고경〉 1996년 봄호

원을 받은 제자들

성철은 가야산 백련암에만 머물렀다. 명성이 가야산만큼 우뚝해서 이름이 세간으로 흘러내렸다. 성철을 친견하려 사람들은 백련암으로 올라왔다. 그중에는 인생의 답을 찾는 젊은이들도 있었다. 성철의 제자들은 성철의 법문을 듣고 감화를 받아 삭발한 경우가 많았다. 또 삼천배를 하고 친견했을 때의 '특별한 느낌' 때문에 다시 찾아온 이들도 있다. 성철은 그들에게 무심히 물었다.

"왜 왔나?"

집 떠나 온 젊은이들의 대답은 다소 다르긴 했지만 뜻은 하나였다.

"깨달음에 이르고 싶습니다."

"도인이 되고 싶습니다."

그러면 성철은 한동안 젊은이를 응시했다. 그 눈길 속에는 기대와 우려가 섞여 있었다. 아마도 근기와 결기까지를 헤아려 보았을 것이다. 처음 성철을 본 사람은 모두 안광에 압도당했다. 그 눈빛 속으로 빨려 들어갔다. 속으로 되뇌였다.

'과연 도인이구나.'

그러나 도인의 길은 멀고 험했다. 고달픈 행자생활을 이겨내지 못하고 산문을 빠져나간 이들이 많았다. 성철은 배운 사람을 선호하여 '대학생 제자'가 많다는 얘기가 떠돌지만 사실은 그렇지 않았다. 소위 '대학 물'을 먹은 제자는 대여섯 명에 불과했다. 당연히 성철은 학벌이나 과거나 출신 등을 묻지 않았다. 영민하고 부처님 말씀을 잘 새기는 젊은이를 좋아했을 뿐이다.

처음에는 삼천배, 일만배를 시키며 하심을 심어주었다. 그리고 행자가 되면 우선 능엄주를 외우게 했다. 부처님이 직접 설했다는 주문이다. 보통 3주일에서 한 달이 지나면 외울 수 있었지만 불과 2주 만에 외워버리는 행자도 있었다. 그러나 몇 달이 걸려도 외우지 못하면 스스로 산을 내려가야 했다. 또 한문 경전을 읽으려면 문리文理를 터득해야 한다며 유교 경전인 사서四書도 외우게 했다. 행자들은 대학-중용-논어-맹자 순으로 읽었다.

또 일본어를 익히도록 했다. 당시는 한글 경전이 드물어 일본 경전으로 공부하는 게 더 효과적이었다. 행자들은 자습서로 문법을 익히고, 일본소설을 본 후 불교성전을 읽었다. 책은 마음대로 볼 수 없었다. 성철이 주는 책만을 읽어야 했다. 보통 출가한 지 반년이 지나면 첫 책을 주는데 부처님 일대기를 비롯하여 《법구경》《아함경》《열반경》《법화경》 등 40여 권의 경전과 해설서를 읽게 했다. 책들은 거의 일어판이었고, 이들 불서를 읽는 데는 2~3년이 걸렸다. 이 기간 동안 화두를 받았다. 그런 후에야 제자들은 선방에 들 수 있었다.

백련암의 하루는 성철의 예불 소리로 열렸다. 누구보다 일찍 일어났다. 성철이 백팔배를 드릴 때쯤에서야 새벽 도량석이 울렸다. 새벽 3시 무명을 쫓아내고 여명을 부르는 목탁 소리가 경내 모든 것들을 깨웠다. 큰절 해인사에서부터 작은 암자에 이르기까지 가야산속의 승려들은 모두 일어났다. 경내에 들어와 부처님 품 안에 잠들어 있던 생명붙이가 다시 산속 제자리로 돌아갔다.

촛불과 향을 피우며 새벽예불이 시작됐다. 예불은 오분향례 및 헌향진언, 능엄주 독송, 발원문 낭독의 순으로 진행했다. 오분향례는 새벽 산사를 향기로 장엄했다.

"계율의 향기, 삼매의 향기, 지혜의 향기, 해탈의 향기, 해탈지견의 향기, 광명의 구름 되어 법계에 두루두루 모든 곳 한량없이 계시는 거룩한 부처님, 거룩한 가르침, 거룩한 스님들께 공양하옵니다."

예불은 새벽 4시쯤 끝났다. 예불 후에는 각자가 흩어져 정진을 했다. 행자들은 삼백배나 오백배를 하고 스님들은 경을 읽거나 참선에 들었다.

5시가 되면 누구는 공양간으로, 누구는 채공간으로 갔다. 조용히 그러나 분주하게 하루를 열었다. 최선을 다해 음식을 마련했다. 대중의 먹거리를 장만하는 것은 성스러운 일이었다. 음식은 정성이었고 하나하나가 수행이요 정진이었다. 나물을 무칠 때는 나물만을, 국을 끓일 때는 국만을 생각해야 했다. 나물 맛이, 국 맛이 곧 공부의 깊이였다.

성철의 공양은 별도의 장소에서 따로 만들었다. 성철의 공양상이 들어간 후에 큰방에서 대중들이 공양을 했다. 성철의 밥상은 늘 단순 초라했다. 무염식에 쑥갓 대여섯 줄기, 가늘게 썬 당근 몇 조각, 검은 콩 자반 한 숟가락이 전부였다. 밥그릇은 어린 아이 것처럼 작았다. 아침에는 밥 대신 흰죽 반 그릇을 들었다. 성철은 소금기 없는 음식을 오래오래 씹어 맛있게 삼켰다. 제자들이 보기에 100번도 더 씹는 듯했다. 평생 간식은 입에 대지 않았다. 사람들이 그런 성철을 보고 건강을 걱정했다.

"그렇게 드시고도 괜찮습니까?"

"음식에 먹히면 안 됩니다. 그래서 적게 먹고, 세상에서 맛있다는 것은 안 먹습니다."

소금기가 없으니 세상의 음식맛과는 달랐다. 쑥갓에서는 쑥갓, 당근에서는 당근, 콩에서는 콩 냄새가 났다. 가공하지 않은 순수한 맛이 오감에 스며들었다.

공양을 마치면 일제히 청소를 했다. 성철이 머무는 염화실 청소는 휴지 한 장을 뽑아서 반으로 갈라 휴지통 위에 놓는 것으로 끝이 났다. 성철은 언제나 휴지를 반 장씩만 쓰기 때문이었다.

성철은 근검절약이 몸에 배어있었다. 어떤 때는 반쪽짜리 화장지도 네 조각, 여섯 조각으로 나눠썼다. 이쑤시개도 버리지 않고 놔뒀다가 깎고 또 깎아서 다시 썼다. 새벽에 향불을 지필 때는 사각 성냥 통을 사용했다. 성냥 알이 떨어지면 알만 다시 사오라고 했다. 성냥 통도 반질반질하게 닳아서 불이 붙지 않을 때까지 썼다. 양말이 떨어지면 손수 꿰매 신었다. 바느질 솜씨가 누구보다 좋았다. 고희를 넘기고도 옷가지나 내복을 기워 입었다.

신도들은 대개 오후에 찾아왔다. 성철을 친견하려면 삼천배를 해야 했다. 어른들은 삼천배를 하고 아이들은 성철과 함께 놀았다. 성철은 아이들만 보면 얼굴이 활짝 피었다. 삼천배를 하지 않으면 누구도 만나주지 않았지만 아이들은 예외였다. 하

성철 스님에게 아이들은 가장 반가운 손님이었다. 백련암 마당은 곧잘 아이들의 놀이터가 되었다.

기야 아이들에게는 엎드려 참회할 죄업이 없었다. 껴안아주고 볼을 꼬집으며 함께 놀았다.

나는 꽃을 좋아한다. 그런데 꽃보다 더 아름다운 건 아이들이다. 아이들이 놀러와 춤추고 노래하며 재롱을 피울 때가 가장 즐거운 시간이다. 아이들은 내 친구요, 꾸밈없는 천진함은 진불眞佛의 소식과 같다. 사람이 깨달아 아이처럼 순진무구한 마음이 되면, 산이 물 위로 간다는 소식이 환하게 드러나니 그것이 바로 깨침의 경지이다.

섬돌 끝 등의자에 앉아 있다가 아이들이 밀어버려 오른팔이 부러지기도 했다. 그래도 성철은 웃었다.

오후 5시에 저녁공양을, 7시에는 저녁 예불을 드렸다. 예불이 끝나면 각자 책을 읽거나 참선을 했다. 그리고 몇이서는 염화실에 들러 성철의 어깨를 주물렀다. 백련암의 밤은 평화 그 자체였다. 시간이 느슨하게 어둠 속으로 풀어졌다.

밤 9시 삼경을 알리는 종이 울리면 모두 잠자리에 들었다. 절 식구들이 잠이 들면 비로소 가야산 봉우리들이 백련암 작은 뜰로 내려와 앉았다.

성철은 천제굴, 성전암의 '10년 상좌'들에게는 천제, 만수라는 법명을 내렸다. 그리고 그 후 제자들에게 법명으로 원圓자를 주었다. 성철이 삼천배를 한 사람들에게 원상圓相(동그라미)을 그려준 것과도 무관하지 않다. 원상은 깨달음을 상징했다. 처음도 끝도 없으니, 불생불멸 부증불감을 나타낸 것이었다. 성철은 제자들에게 선방을 지키며 다른 데 눈을 돌리지 말라 일렀다. 말사 주지는 물론이요 큰절(해인사)의 삼직三職(주지를 돕는 직책으로 총무, 교무, 재무를 말함)도 맡지 말고 묵묵히 수행에만 전념하라고 했다. 제자들은 거의가 스승의 뜻을 따라 문중에서 세운 절 외에는 어떤 소임도 맡지 않았다.

'천제 만수 원명 원융 원택 원해 원행 원타 원담 원천 원규 원영 원소 원여 원암 원유 원당 원일 원서 원인 원종…'

제자들이 본 성철의 면모는 어땠을까.

"한국불교의 기준을 세우셨다."(천제)

"생이지지生而知之하신 분이다. 귀에서 나는 소리(耳鳴)는 자신밖에 듣지 못하듯 공부도 그러하니, 양심에 따라 공부하라 이르셨다."(만수)

"자신에게는 엄격하고 철저한 수행자였다. 자신과 남에게 약속한 것은 끝까지 지키고 실천하셨다."(원규)

"출가한 후로 성철 큰스님 같이 선교율禪敎律에 대해서 이론과 실천과 수행력을 완벽하게 겸비한 스님을 아직 본 적이 없다."(원소)

"해인사 퇴설당에 계시다가도 갑자기 백련암 장경각에 있는 경전이나 어록을 가져오라 했다. 책 더미 속에서 어떻게 찾나 난감해 하고 있으면 '그 책은 몇 번째 책장, 몇 번째 칸, 몇 번째 줄에 있다'고 일러주셨다. 장경각에 들어가 찾아보면 정말 말씀하신 자리에 어김없이 꽂혀있었다."(원당)

"스님은 양심을 가르치셨다. 자신을 속이지 말라는 말씀 한 마디에 모든 가르침이 녹아 있다."(원순)

"스님이란 공부하는 사람이라는 말씀을 들은 후 다른 생각은 가져본 적이 없다."(원영)

"천둥번개와 같은 선의 가르침을 주셨다."(원유)

"스님께서는 제자들에게 출가해 스님이 된 것에 무한한 자부심을 심어주셨다."(원타)

"스님께서는 우리더러 꿈에서 깨라 하셨다. 이왕 사람 모습 받았으니 죽기 살기로 공부해 본래면목을 찾으라 당부하셨다." (원해)

"평생 돈오돈수를 설파했는데도 이를 대중이 이해하지 못하는 것을 안타까워 하셨다." (원택)

"선의 대중화를 간절히 원하셨다. 불자들의 눈높이에 맞게 견성즉불은 '자기를 바로봅시다'로, 보현행원은 '오직 일체중생을 위해 산다'로 말씀하셨다." (원여)

"한 치의 오차도 허용치 않았던 어른이시다. 새벽예불부터 취침까지 하루 일과를 절대 어기지 않았다." (원행)

"중은 계戒가 생명이라 하셨다. 그런데 요새 계는 바다로 갔는지 똑바로 행하라는 계가 옆으로만 가는 게가 되어버렸다고 일갈하셨다." (원암)

"후학들에게 깨치는 방법을 가르치려 무던히 힘쓰셨다. 그런데 정작 우리들은 큰스님의 마음을 헤아리지 못했다." (원담)

"말로서가 아니라 수행정진이라는 행으로 후학들을 가르쳐야 함을 깨우쳐 주셨다." (인홍)

"스님의 법문은 차원이 달랐다. 우리는 3차원에 살고 큰스님께서는 4차원에 사시는 것 같았다." (혜춘)

"중노릇이 무엇인가를 직접 보여주고 심어주신 분이다." (묘엄)

성철 스님이 열반에 든 후
상좌들이 해인사 퇴설당에 모였다.
앞줄 가운데가 맏상좌인 천제 스님이다.

남을 위해 살라

깨친 사람은 세속을 벗어나 홀로 고고한 은사隱士도 아니요, 신통력을 지닌 도사도 아니었다. 도를 얻었으면 하화중생下化衆生해야 했으니 결국 사람들 속에서 중생을 사랑하고 제도해야 했다. 백련암의 성철은 말씀을 얻으러 오는 사람들에게 남을 위해 살라고 일렀다.

　불교는 세상과 거꾸로 사는 것입니다. 세상은 전부 내가 중심이 되어 나를 위해 남을 해치려고 하는 것이지만, 불교는 나를 완전히 내버리고 남을 위해서만 사는 것입니다.

승려들에게도 목탁 장사를 하지 말라고 했다. 목탁이란 본시 법을 전하는 것이 근본 생명이었다. 길을 잃고 방황하는 사람들에게 바른 법을 전하여 허망한 꿈에서 깨어나도록 해야 했다. 그런데 그 목탁을 두드려 부처님 앞에서 명 빌고 복 비는 도구로 활용하면 바로 목탁 장사가 되는 것이었다.

절에 사는 우리 승려들이 명복을 빌어주는 불공에서 벗어나 남을 도와주는 참 불공을 할 때, 그때 비로소 우리 불교의 새싹이 트지 않을까 생각합니다.

성철은 불공은 남이 모르게 해야 한다고 했다. 성철은 제자와 신도들에게 이런 얘기를 들려줬다.

마산에 사는 한 신도가 추석을 맞아 가난한 사람을 돕기로 마음먹었다. 쌀을 트럭에 가득 싣고 가난한 집을 찾아가 나눠주고 숨어버렸다. 그러자 기자들이 '얼굴 없는 선행'이라며 추적에 나섰고, 결국 그 신도를 찾아내 대서특필했다. 성철도 잘 아는 사람이었다. 그 신도가 성철을 찾아오자 대뜸 쏘아붙였다.

"신문에 낼 자료를 장만했지?"

"아무리 숨어도 결국 들켜버렸습니다."

"아무리 캐물어도 발목을 잡히지 말아야 불공이지, 남이 알면 불공은 날아가 버린다는 것을 왜 모르는가."

성철은 진정한 불공의 의미를 제대로 알고 행하는 노인 이야기도 해줬다.

어느 마을에 부자 노인이 불공을 많이 했다. 그러자 이웃 청년이 와서 인사했다.

"재산 많은 것도 복인데 그토록 남을 도와주시니 그런 복이 어디 있겠습니까?"

그러자 노인이 발끈해서 꾸짖었다.

"이런 고얀 놈. 내가 언제 남을 도왔단 말인가. 남을 돕는 것은 귀 울림과 같은 것이야. 자기 귀 우는 소리를 어찌 남이 듣게 한다는 말인가. 그런 소릴 하려거든 다시는 오지 말게."

실상 남 몰래 남을 돕는 것은 어려운 일이다. 결국 남을 도와도 도왔다는 생각 자체가 들지 않아야 진정한 불공이다. 다른 사람을 도왔다는 숭고함 같은 것이 마음속에 남아있다면 진정한 보살도를 행함이 아니었다. 그것은 자신을 속이는 일이었다. 그래서 성철은 곧잘 '자신을 속이지 말라(不欺自心)'고 일렀다.

성철은 또 가난을 강조했다. 누구든지 '도를 배우려면 마땅히 가난함부터 먼저 배우라(學道先須學貧)'는 조사들의 가르침을 상기시켰다.

중생이란 그 살림이 부자입니다. 8만 4천석이나 되는 온갖 번뇌가 창고마다 가득가득 하기 때문입니다. 그래서 창고마다 가득 찬 번뇌를 다 쓰지 못하고 영원토록 생사윤회를 하며 해탈의 길을 걸어가지 못하고 있는 것입니다. 그러니 우리가 참답게 도를 배우려면 8만 4천석이나 되는 번뇌의 곳집을 다 비워야 하는 것이니 그렇게 할 때 참으로 가난한 사람이 되는 것입니다. 8만 4천석이나 되는 번뇌를 다 내버리고 나면 참으로 가난하고 가난한 사람이 되어서 텅텅 빈 창고만 남게 되는 것입니다. 이 뜻은 실제로 진공眞空을 먼저 깨쳐야 한다는 말입니다. 아주 가난한 진공, 이것은 가난한 것도 없는데서 하는 말입니다. 그래서 누구든지 도를 닦음에 있어서는 가난한 것부터 먼저 배우라는 것인데 그것은 번뇌망상을 먼저 버려야 한다는 것입니다.

성철 《증도가 강설》

재물에 대한 욕심 또한 번뇌망상에서 비롯되었다. 성철은 예전 스님들이 진정한 가난을 가르칠 때 인용했던 경구를 자주 얘기했다.

지난해에는 송곳 세울 땅도 없더니
금년에는 송곳마저도 없다.
去年無錐地 今年錐也無

지난해에는 번뇌망상을 모두 버려서 송곳마저 들어설 수 없게 되었지만 가난을 의식하는 송곳이라는 물건은 남아있었다. 그런데 올해는 그 송곳마저 버려 '완전한 가난'을 완성했다는 것이다. 비우고 또 비워서 가난의 경계까지 지워버렸다는 것이다. 밖으로는 모든 물질을, 안으로는 번뇌망상을 다 버려서 안팎이 함께 가난해질 때 비로소 성불을 이룰 수 있다고 일렀다.

  금은보화라는 패물을 지니고 있으면 재물에 대한 욕심이 늘 붙어 있어서 마음속의 탐심을 버릴 수 없게 됩니다. 내 마음속의 탐심을 버리려면 바깥에 있는 물질적인 금은보화 같은 물건까지도 버려야 합니다. 그래서 당나라의 방거사龐居士는 그 많은 자기의 모든 재산을 배에 싣고 가서 동정호洞庭湖에 버리고는 대조리를 만들어서 장에 갖다 팔아다가 나날의 생계를 이어갔다고 합니다. 이와 같이 밖으로는 모든 물질까지도 다 버리는 동시에 안으로는 번뇌망상을 다 버리게 되면 안팎이 함께 가난하게 됩니다.
  이렇게 철두철미하게 가난뱅이가 된다면 모든 것이 공해서 거기에는 항사묘용恒沙妙用이 현전하지 않을래야 않을 수 없으니, 이것이 곧 견성이며 성불입니다. 그러므로 도를 배우는 사람은 안팎으로 가난한 것부터 먼저 배워야 합니다.

《증도가 강설》

성철은 《증도가》 구절을 인용하여 진정한 가난에 대해 설했다.

가난한즉 몸에 항상 누더기를 걸치고,
도를 얻은즉 마음에 무가보無價寶를 감추었도다.
貧則身常披縷褐 道則心藏無價珍

안팎이 가난하니 몸에 누더기를 걸쳐도 마음속은 값을 헤아릴 수 없는 보배를 지녔다는 것이다. 따라서 도를 이루기 위해서는 가난부터 배워야한다는 고불고조의 말씀을 철칙으로 삼아 공부하라고 일렀다.

성철은 일찍이 만공 스님에게서 들은 '가난' 얘기도 자주 입에 올렸다. 먹을 것이 변변치 않아 탁발로 연명할 때에는, 그래도 한철 지나면 '한 소식' 했다는 수좌들이 나타났다. 그런데 그 뒤에 형편이 나아지니 공부 제대로 했다는 사람이 안 나오더라는 것이다. 물질이 풍요로우면 참수행 풍조가 사라져 가는 것은 예나 지금이나 같을 것이다. 성철은 제자들에게 시주물 받기를 독화살인 듯 피하고, 부귀와 영화는 원수 보듯 경계하라고 일렀다.

땀 흘리면서 먹고 살아야 한다. 남의 밥 먹고 내 일 하려는 썩은 정신으로는 만사불성萬事不成이다. 예로부터 차라리 뜨거운 쇠로 몸을 감을지언정 신심 있는 신도의 의복을 받지 말며,

뜨거운 쇳물을 마실지언정 신심인의 음식을 얻어먹지 말라고 경계했다. 이러한 결심 없이는 대도는 성취 못하니, 그러므로 잊지 말고 잊지 말자.

출가자에게는 철저한 걸사乞士정신이 있어야 한다고 말했다. 걸사정신이란 무소유를 근본으로 일의일발一衣一鉢, 즉 옷 한 벌에 밥그릇 하나에 의지하여 살라고 일렀다.

지금도 백련암 식구들이 기억하는 일화가 있다. 어느 해 하안거 백중을 맞아 장에서 수박을 50덩이 넘게 사왔다. 신도들과 일꾼들이 백련암까지 수박을 져 올렸다. 골짜기 시원한 물에 수박을 담가 두었다가 다음 날 대중공양을 했다. 무더위 속에서 땀을 흘리며 아비라기도를 올렸던 대중들에게 시원한 수박을 먹는 것은 비길 데 없는 즐거움이었다. 수박을 먹고 모두 기도에 들어간 지 30분이 되었을까. 성철의 불벼락이 떨어졌다.

"기도하는 사람은 전부 마당에 모이라!"

무슨 영문인지 모른 채 사람들이 마당에 모였다. 노한 성철의 얼굴은 실로 무서웠다. 쓰레기통에 버려진 수박 껍질에서 사단이 났다. 끝까지 먹지 않고 버려서 붉은 속살이 남아있었다.

"돈은 너희 돈으로 샀다지만 먹기는 농부들 정성을 생각하고 먹어야지. 반도 안 먹고 버렸으니 기도하지 말고 싹 다 가든지, 아니면 쓰레기통에 처박아놓은 수박을 다시 꺼내 먹든지 둘 중에 하나 선택하라."

신도들은 너나없이 쓰레기통에 버려진 수박을 다시 집어 들고 먹어야 했다.

또 평생 소식을 했던 성철은 밥을 많이 먹는 행자들을 보면 혀를 찼다.

"그렇게 먹고 배 안 터지나?"

한창 먹을 나이, 먹는 걸로 꾸중을 들으니 참으로 서운했다. 그러나 그러면서 제자들은 또 다른 의미의 가난을 배워갔다. 백련암에서는 소화제가 없었다. 많이 먹고 배탈이 나면 불벼락이 떨어졌다.

성철 스님의 누더기 두루마기. 성철 스님은 수행자에게 가난은 숙명이라고 강조했다.

"산에서 뭘 처먹었으면 배탈이 나는가."

성철은 깁고 또 기운 누더기를 입고 지냈다. 출가해서 옷 두 벌로 육신을 감쌌을 뿐이었다. 성철은 이렇게 말했다.

야반삼경에 다 떨어진 걸망 하나 지고, 달빛 수북한 논두렁 길을 걷다가, 차가운 논두렁을 베개 삼아 베고 푸른 별빛을 바라다보면서 죽음을 맞이할 수 있어야 조금이라도 수행자의 모습에 가깝다.

제9장 자기를 속이지 마라

不欺自心

10·27
법난

1980년 10월 27일 새벽, 군인들이 총을 들고 사찰에 난입했다. 스님과 불교계 인사를 다짜고짜 연행했다. '10·27법난'의 시작이었다. 명분은 불교계 정화였다. 10월 마지막 날에는 군인 3만 2,000여 명을 풀어 전국 사찰과 암자 5,731곳을 뒤졌다. 군홧발로 법당을 짓밟았다. 법당에 모셔진 부처님까지 수색을 당했다. 조계종의 상징이며 불교계 성지인 봉암사에도 군인들이 들이닥쳤다. '전두환 대통령 지지선언을 하라는 신군부의 강요를 거절했던' 조계종 총무원장 월주 스님은 서빙고 지하실에 끌려가 27일간 감금당했다. 결국 총무원장직을 내놓아야 했다.

전대미문의 폭거였다. 신군부 군인들은 빨갱이와 깡패, 그리고 불순분자를 가려내겠다며 승려 1,776명을 붙잡아 갔다. 승복을 벗기고 죄수복으로 갈아입혔다. 누구냐고 묻지도 않고 몽둥이로 내리쳤다. 누구는 물고문과 전기고문을 당하고, 누구는 삼청교육대에 끌려갔다. 또 누구는 바지를 내리고 성기를 내보여야 했다. 또 누구는 감금당한 채 강제로 참선 교육을 받아야 했다.

법난의 화인火印은 깊다. 먼 훗날에도 아플 것이다. 오대산 월정사에서 원주 시내 보안사 대공분실로 끌려간 원행 스님은 그때의 참상을 폭로했다. 스님이 기억하는 만행의 일부를 옮겨 본다.

흉한 몰골의 군인 두 명이 다가와 소릴 질렀다
"야, 이 중놈아. 군복으로 빨리 갈아입어."
참으로 참담하였다. 이미 많은 스님들이 도착해있었다. 옷을 늦게 갈아입는 스님에게 그들은 발길질과 쇠몽둥이질을 서슴지 않았다. 여기저기서 퍽퍽 내려치는 소리와 고통의 비명 소리가 끊이질 않았다. 어떤 스님은 벌써 얼굴에 피멍이 들었고 어떤 스님은 고통스럽게 가슴을 부여잡고 울부짖었다. 인정사정 볼 것 없이 발길질과 쇠몽둥이로 닥치는 대로 내려치니 시멘트 바닥에 피와 울부짖음이 낭자했다.

그들은 나를 의자에 거꾸로 세워 콧구멍에 수건을 씌우고 고춧가루를 퍼 넣고 거기다 양동이의 물을 들어부었다. 이름 하여 고춧가루 물고문. 다짜고짜 고문을 강행하면서 나에게 몇 차례나 허위 진술을 강요했다. 계속 잠을 재우지 않고 눈에 서치라이트를 비추면서 고문을 가하면 정신이 몽롱해져 사뭇 헛소리를 했다. 혼몽 중에 나는 최면에 걸린 듯 까마득하게 잊었던 어린 시절의 어느 날로 돌아가 있기도 하고, 돌아가신 할머니가 생생하게 앞에 다가와 함께 이야기를 나누기도 했다. 그러다가 기절하여 시멘트 바닥에 쓰러져버리면, 양동이 물을 냅다 끼얹는 바람에 정신이 들곤 했다. 정신이 드는가 싶으면 다시 일으켜 책상 앞에 앉히고 내게 볼펜과 메모지를 밀쳐놓으면서 다그쳤다.

"월정사에서 10년 동안 재무 소임을 봤잖아. 비밀 자금을 어디에 숨겨놓았으며 비밀 아파트와 여자는 어디에 숨겨 놓았는지 빨리 적어. 그리고 무엇 때문에 중이 되었는지도 적고, 북한 간첩과는 몇 번 만났는지 실토해. 중이 된 이후에 자세한 행적을 하나도 빠짐없이 적으라구. 알았어?" (…)

그러는 중에 나는 기절하여 쓰러지고 찬물을 끼얹으면 깨어나 다시 고문을 당하고…. 그것은 일주일 동안 반복되었다. 낮에는 원주 태장동 보안 부대 대공분실에서 취조와 고문을 당하고, 밤에는 봉산동 원주경찰서 유치장에서 군복 차림으로 얇은 담요 한 장에 의지해 새우잠을 자야 했다.

원행 스님 〈10·27법난〉

공포심에, 수치심에 눈물을 흘렸지만 부처님은 멀리 계셨다. 부처님을 지켜드리지 못했으니 어찌 가피를 바라겠는가. 석불도 목불도 철불도 인간이 그 앞에서 절을 올릴 때만 부처였다.

쿠데타로 정권을 탈취한 신군부 세력은 정의를 내세워 자신들의 불의를 감추려 했다. '정의사회구현'을 외치며 나름 사회적 지탄을 받는 무리를 골라 정조준했다. 이때 '만만한' 과녁이 불교였다. '정화'라는 깃발을 내걸고 비구와 대처승이 그토록 치열하게, 또 지루하게 싸웠건만 다시 정화를 하겠다는 것이었다. 그것도 부정한 자들이 총칼을 들고.

신군부 정권이 불교계를 만만하게 여긴 것은 이 땅에 불교가 제대로 서있지 않았기 때문이었다. 정화운동은 1970년 1월 대처승들의 태고종 창종으로 일단락 됐지만 이후 조계종단은 밖이 아닌 안에서 서로 싸웠다. 끊임없이 패를 나눠 종권 다툼

신군부 세력은 10·27법난을 일으켜 사찰을 비리의 온상으로 몰아세웠다. 사진은 10·27법난 진상 규명과 책임자 처벌을 위해 1998년 10월 27일 동국대에서 열린 불교도 실천대회 모습. 법보신문 제공.

을 벌였다. 또 승려들이 잇단 비리에 연루되어 사회문제로 비화되었다. 중앙종회에서는 집단 난투극이 벌어지기도 했다. 급기야 김대심 등 20여 명의 승려들이 총무원을 점거하고 종권을 탈취하려는 해괴한 일도 발생했다. 신도들은 삼삼오오 모여서 종단의 앞날을 걱정했다.

종정, 총무원장, 종회 구성원들이 서로 권력을 차지하려 싸웠다. 또 문중 간에 감투를 놓고 으르렁거렸다. '중 벼슬은 닭 벼슬만도 못하다' 했지만 말뿐이었다. 그렇다보니 다시 외부세력을 끌어들여야 했다. 당연히 권력의 손을 탔다. 불교계 내부의 인적 손실도 컸다. 명망이 높은 큰스님들까지 분규에 휘말려 이름에 오물이 묻었다. 총무원장이 구속되고, 종정 추대를 취소하는 불상사가 발생했다.

사찰을 강제로 점거하는 사례가 빈발하고, 그 와중에 폭력이 난무했다. 자비를 앞세운 종교가 실제로는 힘을 규합해 폭력으로 상대를 제압했다. 불교를 바로 세우겠다는 명분으로 폭력을 끌어들였고, 결국 그 폭력이 종단을 위협하는 부메랑이 되었다. 인과응보였다. 일찍이 성철이 예견했던 대로였다.

"묵은 도둑 몰아내고 새 도둑을 들였다."

"똥덩어리를 놓고 똥개 두 마리가 싸우고 있다."

구심점을 잃은 종단은 표류했고, 현안을 자율적으로 해결할 능력도 상실해버렸다. 억울하다며 법에 호소했고, 줄지어 법원에 나가 재판을 받았다. 종단은 끝내 개운사파와 조계사파로 나뉘었다. 법원이 손을 들어주면 그것이 곧 종권이었다. 종권을 손에 쥐려 세속법에 의지해야 했으니 이 어찌 비루하지 않은가.

두 개로 쪼개진 조계종단은 급기야 1979년 부처님오신날 법회를 별도로 가졌다. 1980년 3월 겨우 종회의원 선출에 합의하고, 4월 17일 전국 24개 교구에서 제6대 중앙종회 의원을 뽑는 선거를 실시하여 69명의 종회의원을 선출했다. 하지만 새로 출범한 종회는 종정 선출을 둘러싸고 다시 내홍에 휩싸였다. 그리고 5월에는 개운사 측이 총무원을 강제로 점거하는 사태가 벌어졌다.

이런 꼴을 지켜봐야하는 신도와 국민들은 참담했다. 이런 사회적 분위기를 읽고 신군부가 거침없이 절로 들어간 것이다. 불교가 이처럼 철저하게 유린당했던 것은 불교가 스스로 일어서지 못했기 때문이었다. 불교는 권력의 눈치를 보고 나아가 권력에 기대었다. 권력이 던져주는 당근에 길들여져 있었다.

천주교와 개신교가 민주화를 외치며 민중의 고통에 동참할 때 상대적으로 불교의 움직임은 미약했다. 스님들의 추문만 들려왔다. 불교계 분열은 정권이 부추긴 탓도 있었다. 그래야 권력이 제 맘대로 끌고 다닐 수 있었기 때문이다. 그러다보니 불교는 일반인들에게 관제 종교로 치부되었다. 내부 다툼으로 기력이 쇠진한 불교는 전혀 응집된 모습을 보여주지 못했다. 불교의 힘은 부처님의 가르침을 따라 승단이 여법하게 운용될 때 자연발생적으로 우러났다. 그러나 한국불교는 내분으로 지쳐갔고, 결국 정치의 희생양이 되고 말았다.

아마 신군부 정권이 천주교와 개신교는 건드리기에 겁이 났을 것이다. 독재에 저항하며 키워온 내공이 만만찮았고, 투사들이 즐비했기 때문일 것이다. 역설적으로 체제순응적인 불교만 저들의 과녁이 되었다.

법난의 후유증은 더 무서웠다. 신군부 세력은 승려들의 비리를 조작하거나 부풀려서 세상에 내놓았다. 언론은 이를 여과 없이 받아 퍼뜨렸다. '낮엔 주지, 밤엔 요정' '목탁 재벌' 같은 제목이 등장했다. 갑자기 사찰은 비리의 온상이 되어버렸다. 사찰마다 무서운 침묵이 흘렀다. 하지만 그보다 더 무서운 것은 동시대를 살아가는 사람들의 차가운 시선이었다. 승복을 입고 거리를 나다닐 수 없을 정도였다. 불자들이 떠나가고, 사찰은 점점 섬이 되어갔다. 가야산에도 군인들이 올라왔다. 소총 끝에 칼이 꽂혀 있었다. 청정도량 해인사는 그야말로 공포 분위기에 휩싸였다. 주지스님은 영문도 모른 채 산을 넘어 피해야 했다. 법당을 군인들이 에워쌌다. 군인들은 백련암까지 올라왔다. 권총을 찬 군인이 가쁜 숨을 몰아쉬며 물었다.

"성철이가 누구야! 같이 가야겠으니 빨리 나오라고 해!"

참으로 무례했다. 성철은 산책을 나가고 없었다. 제자 원택이 둘러댔다.

"성철 스님은 아침 산책을 나가시는데 산에 오르면 보통 한 두 시간은 걸립니다. 근데 뭔가 잘못 알고 온 것 같소. 이런 산속 암자에 사는 스님이 무슨 죄를 짓겠소?"

"상부 명령이요. 연행해가면 되는 거지 다른 것은 모릅니다."

원택은 혹시나 하는 마음에서 군인을 구슬렸다.

"그러면 그냥 기다릴 것이 아니라 이쪽 상황을 큰절에 있는 상관에게 알리면 어떻겠소. 다시 명령을 받아보는 것이 낫지 않겠소?"

그러자 군인들도 지루하고 피곤했던지 어딘가로 전화를 한 뒤 이내 내려갔다. 원택이 서둘러 큰절로 내려가 보니 소임을 맡은 스님들이 도망치고 숨고 또 잡혀가고 해서 아무도 없었다. 가을 하늘은 공활한데 세상은 화택火宅이었다.

산은 산이요 물은 물이로다

10·27법난은 그렇게 지나갔다. 시간은 되돌릴 수 없었고, 불자들 가슴에는 분노와 더불어 열패감이 엄습했다. 그때 조계종단 구성원들은 한 곳을 바라봤다. 그 시선들은 간절하고도 절박했다. 가야산 해인총림, 그 속의 방장인 성철을 쳐다봤다. 백련암에는 가야산 호랑이 성철이 있었다. 누더기를 걸치고 있어도 그 앞에서는 누구나 작아졌다. 법난을 당한 한국불교는 성철이 필요했다. 하지만 산문을 나서지 않는 성철을 누가 설득할 것인가.

불자들은 마침 서울에 머물던 자운의 등을 떠밀었다. 성철을 움직일 사람은 자운뿐이었다. 어느 날 백련암으로 전화가 왔다.

자운이 성철을 급하게 찾았다. 전화를 받는 성철의 표정이 밝지 않았다.

"뭐, 종정을 하라고? 종단이 어려우니 안 한다는 말은 하지 말라고? 한마디 상의도 없이 그런 말이 어디 있는가?"

전화를 끊은 성철이 뒷짐을 지고 방 안을 서성거렸다. 성철은 자운의 진지함과 인자함에는 늘 약했다. 끝내 자운의 간청을 외면하지 못했다. 눈과 귀를 세우고 있는 제자들을 향해 말했다.

"거 참 어렵게 됐네. 안 한다는 말도 못하게 하네."

재차 자운이 재촉하는 전화가 왔다. 성철이 시원하게 답했다.

"내 이름을 가져다 써서 불교가 나아진다면 기꺼이 응하겠소."

1981년 1월 10일 정화중흥회의 체제의 원로회의는 성철을 종정으로 추대했다. 그렇게 종정이 되었다. 세수 70세였다.

1월 20일에 제6대 종정 취임식이 있었다. 그런데 정작 주인공이 나타나지 않았다. 종정이 없는 종정 취임식이 열렸다. 취임 법어만 원로원장 영암 스님이 대신 읽었다. 종정을 상징하는 주장자와 불자拂子는 총무원장 성수 스님이 백련암으로 가져가 봉정했다. 그러자 여러 소문이 떠돌았다.

"성철 스님이 종정직을 거부했다."

"취임 법어도 가짜라더라."

결국 종단은 성철이 종정의 불자를 받는 사진을 공개해야 했다. 성철의 종정 취임은 결과적으로 엄청난 파장을 불러왔다. 성철은 은둔의 고승에서 일약 국민의 선승으로 솟아올랐다. 배우가 하루아침에 국민스타로 떠오른 것과 비견할 수 있었다. 일대 사건이었다.

백련암을 찾은 종단 간부들에게 종정 성철이 일렀다.

"출가자에게는 출가의 본분이 있습니다. 자기 내부에 있는 진실한 자기를 만나야 합니다. 지금부터 싸우지 마시오. 싸움하다가 타율적 정화를 당한 것 아니오. 제발 온갖 인연의 속박에서 벗어나시오."

산속의 종정은 제자들에게 이렇게 말했다.

"종정이라는 고깔모자를 썼지만, 내 사는 것 하고는 아무 관계가 없어."

그 후 가야산 호랑이는 산을 떠나지 않았다. 그럼에도 산속 호령은 멀리 뻗어나가 비가 되고 바람이 되었다.

성철의 글이 처음으로 신문에 실렸다.(불교신문 1990년 12월 21일자 창간호, 12월 28일자 제2호) '한국불교의 전통과 전망'이란 제목의 '불교 중흥을 위한 제언'이었다. 직접 작성한 것은 아니고 조계종 기획위원들이 백련암을 찾아가 면담한 내용을 정리한 것이었다. 위원들이 위기의 한국불교가 다시 살아날 길을 물었고, 이에 성철이 답한 것이었다. 10·27법난이 있은 지 거의 두

달 만이었다.

성철은 종단 혁신의 요체는 승려 자질 향상을 위한 교육에 있음을 역설했다. '절집 지붕 기왓장을 팔아서라도 공부시켜야 한다'는 평소의 소신을 다시 피력했다. 승려가 중생을 교화하는 민중의 지도자가 되려면 전문적인 불교 지식과 수행력을 겸비해야 했다. 이에 승려가 되는 문턱을 높여 교육과 수도를 엄격히 시키자고 제안했다. 성철은 종단의 안이 허약하니 밖에서 불교를 하찮게 본다며 중노릇을 어떻게 해야 할지 철저히 가르쳐야 한다고 했다.

산중에서 또는 포교당에서 목탁이나 치고 앉아 잿밥 싸움이나 하는 식의 불교가 되어서는 안 된다. 승가대학의 교육은 지행합일知行合一의 철저한 신행 교육이 되도록 해야 한다. 철저한 신행 교육이 없으면 속인이 되고 만다. 예를 들자면 일제강점기에 각 사찰에서 일본 유학을 200명가량 시켰는데 졸업 후에는 모두 대처를 하고 말았다. 노스님들께서는 대학이 내 상좌 다 잡아먹었다고 대학이 원수다 하고 한탄하셨다 한다. 이것은 지식만 가르치고 중노릇(신행 교육)을 철저히 가르치지 못했기 때문이다.

흐트러진 승풍을 바로잡기 위해 성철은 지식보다 수행을 더 강조하고 있다. 또 승가대학 및 총림의 설립과 운영 방안을 구체적으로 제시하면서도 이와 별도로 한국불교의 은사 제도를 개선하라는 항목이 눈에 띈다. 글의 흐름에는 다소 동떨어졌음에도 이를 중간에 삽입하여 강조한 것은 파벌 싸움으로 척박해진 종단의 현실을 직시했다고 보여진다.

은사 제도-문중 파벌 등 폐습과 세속적인 정情에 매달리는 등 병폐가 많기 때문에 은사 제도를 폐지하는 것이 좋으나 현실적으로 어려울 경우에는 상좌는 승가대학 졸업 당시 전국적으로 은사될만한 스님의 명단을 작성하여 배정하는 식으로 한다.

사실 한국불교의 가장 큰 병폐는 승려들이 같은 문門 아래 똘똘 뭉쳐 세력화함이었다. 스승은 법 위에 있었다. 자신들의 스승은 높임을 받아야 하고, 그래야 자신들도 높아진다고 여겼다. 결국 다툼의 뿌리에 문중이 있었다. 성철은 그런 폐단을 고쳐보려 했다. 성철이 자신의 제자들에게 큰절의 요직을 맡지 말라 이른 것도 종단의 세력화를 경계했기 때문일 것이다.

성철은 또 투명하고도 공정한 '중앙 통제'의 재정 집행을 주장했다. 국가의 수입을 국고로 관리하듯, 또 가톨릭의 경우 성당의 전 수입을 중앙에서 관리하듯 불교도 모든 수입을 중앙에서 투명하게 거두어 나누자고 촉구했다. 도대체 중이 왜 돈을 관리해서 자신의 사찰에 근심덩어리를 쌓아놓느냐는 일갈이었다.

  돈 많은 절 주지 등 몇몇이 나누어 먹는 식으로 하면 불평불만이 생기고 서로 좋은 절의 주지를 하려는 암투가 없어지지 않는다. 공부하고 포교할 생각은 없고 주지 될 생각만 하게 된다. 결국 사찰 재산과 수입의 개인적 분산 관리의 현 체제가 승려들의 비행, 부정, 암투의 원흉이요 원동력이다. 그러므로 승려의 비행을 근본적으로 막고 사찰 수입을 효율적으로 사용하여 불교 중흥을 이루도록 제도적 개혁을 해야 한다.

  성철은 그러면서 먼 앞날을 내다보고 사심 없이 일대혁신을 하자고 촉구했다. 적당히 현상유지나 한다면 결국 종단은 망할 것이라고 강조하면서 글을 맺었다. 그렇다면 그 후 문중 파벌 싸움은 줄었는가? 재정의 중앙 통제는 투명하게 이뤄지고 있는가? 조계종단은 흥했는가, 망했는가? 10·27법난을 지켜본 부처님들이, 산천초목들이 묻고 있다.

조계종 종정 성철은 백련암에서 취임 법어만을 내려보냈다. 그 법어는 단번에 세상의 이목을 사로잡았다.

원각圓覺이 보조普照하니 적寂과 멸滅이 둘이 아니라
보이는 만물은 관음觀音이요, 들리는 소리는 묘음妙音이라
보고 듣는 이 밖에 진리가 따로 없으니
아, 시회대중時會大衆은 알겠는가?
산은 산이요, 물은 물이로다

'산은 산이요, 물은 물이로다'라는 구절은 삽시간에 입에서 입으로 전해졌다. 알 듯 하면서도 모르겠고, 쉬운 듯 어려웠다. '산은 산 물은 물'은 여러 가지 의미로 확대 재생산되었다. 어찌 들으면 하극상의 쿠데타로 정권을 찬탈한 무리를 꾸짖는 사자후 같았다.

"불교의 심오한 진리를 말함과 동시에 당시 전두환 정권을 향해 '진실은 속일 수 없는 법이니 참회하고 반성하라'는 메시지를 담고 있었다고 볼 수도 있을 것이다." (박경준 동국대 교수)

또 시대정신을 잃어버린 세태를 꼬집는 은유이고, 근본을 잃어버린 사회에 대한 조롱이기도 했다. 또 언젠가는 상식이 승리하는 사회가 도래할 것이라는 사필귀정의 희망이기도 했다.

'산은 산, 물은 물(山是山 水是水)'은 진공묘유眞空妙有를 일컬음이었고, 그 안에는 중도사상의 진수가 들어있었다.

"산과 산, 물과 물이 각각 뚜렷하다는 것은, 깨끗한 거울 가운데 붉은 것이 있으면 붉은 것이 그대로 비치고 푸른 것이 있

으면 푸른 것이 그대로 비치고, 산을 비추면 산이 그대로 비치고 물을 비추면 물이 그대로 비치어서 조금도 착오 없이 바로 비치는 것을 말합니다."

성철은 백일법문에서 "체體에서 볼 때는 '볼 수 없다'고 하는 것이며 용用에서 볼 때는 '분명하고 밝게 볼 수 있다'고 하는 것이니, 전자는 정定을 말하며 쌍차雙遮를 가리킨 것이고 후자는 혜慧를 말하며 쌍조雙照를 가리킨다"고 분명하게 밝혔다. 그러니 곧 한번 크게 죽었다가 다시 살아나서(大死却活) 바로 비치는 것을 분명하고 밝게 보자는 말이었다. 눈을 뜨고 보면 자기가 천지개벽 전부터 이미 성불했으니 결국 자신의 본성을 보라는 것이었다. 마음의 눈을 바로 뜨고 그 실상을 바로 보면 산은 산이요, 물은 물이었다. 진리의 혜안을 지닌 자만이 사물의 핵심을 볼 수 있다는 것이다.

즉 우리는 이미 구원받았으니 마음을 깨쳐 세상을 바로 보면 만물이 관음이었다. 우리의 실상을 바로 보면 우리 사는 지상이 곧 극락이니 행복을 다른 데서 구할 일이 아니었다. 결국 우리가 사는 이 세상이 얼마나 아름다운지 바로 보라는 가르침이었다. 이는 한국 불교계에는 경종이었고, 사바대중에게는 희망이었다.

세간의 이목이 백련암에 집중됐다. 장좌불와와 10년 동구불출 이야기가 퍼지고 성철의 행적이 신비롭게 포장되어 더러는 부풀려진 채 유통되었다. 언론의 인터뷰 요청이 쇄도했다. 하지만 그런 취재 요청에 응할 성철이 아니었다. 그러자 성철을 만나지도 않은 채 기사를 내보내기도 했다. 언론사 사이에 일대 취재 경쟁이 벌어졌다. 인터뷰를 하기 위해 온갖 연을 동원했다. 성철을 친견한 인터뷰는 어느 특종 못지않게 시선을 끌었다.

기자들의 성화에 제자들만 죽을 지경이었다. 저마다 말씀 한마디만 듣겠다고 지극정성이었다. 무작정 기자들을 따돌리기도 미안했다. 원택과 원영은 한 가지 꾀를 냈다. 묘책은 아니지만 궁여지책으로는 그럴듯했다.

"법문집을 만들기 위해 정리해둔 원고 중에서 일부를 발췌해 주자."

한 시간 분량의 법문 원고를 기자에게 내줬다. 그리고 그 원고는 주간지에 '성철 종정 최초 법문 공개'라는 제목으로 크게 보도됐다. 그러자 절집에 일대 회오리가 일었다. 전국 사찰에서 주지들의 항의 전화가 해인사로, 백련암으로 빗발쳤다. 요지는 성철의 법문이 승려들의 밥통을 깨버렸고 나아가 승려들의 위상을 실추시켰다는 것이다. 종정이면 종정답게 승려들이 편안하게 살 수 있도록 해야지 당신만 잘났다고 하면 어찌 되냐고 대들었다. 성철의 제자들도 욕을 먹어야 했다. 법문은 이렇다.

어떤 도적놈이 나의 가사장삼을 빌어 입고 부처님을 팔아 자꾸 여러 가지 죄만 짓는가? 누구든지 머리 깎고 가사와 장삼을 빌어 입고 승려의 탈을 쓰고 부처님을 팔아서 먹고사는 사람을 부처님께서는 모두 도적놈이라 하셨습니다. 다시 말하면 승려가 되어 가사와 장삼을 입고 도를 닦아 도를 깨쳐서 중생을 제도하지는 않고 부처님을 팔아 자기의 생계 수단으로 삼는 사람은 부처님의 제자도 아니요, 승려도 아니요, 다 도적놈이라는 겁니다.

우리가 승려가 되어 절에서 살면서 부처님의 말씀 그대로를 실행한다는 것은 어려운 일이지만, 그래도 부처님 가까이는 가봐야 할 것입니다. 설사 그렇게 못 한다 하더라도 부처님 말씀의 정반대 방향으로는 가지 말아야 할 것입니다. 나는 자주 '사람 몸 얻기 어렵고, 불법 만나기 어렵다(人身難得 佛法難逢)'라는 이야기를 합니다. 그런데 다행히 사람 몸 받고 승려까지 되었으니 여기서 불법을 성취하여 중생 제도는 못할지언정 도적놈이 되어서야 되겠습니까. 만약 부처님을 팔아서 먹고사는 그 사람을 도적이라 한다면 그런 사람이 사는 처소는 무엇이라 해야겠습니까. 그것은 절이 아니라 도적의 소굴, 적굴賊窟입니다. 그러면 부처님이 도적에게 팔려있으니 도적의 앞잡이가 되겠지요.

옳은 편도 들지 마라

산중의 '살아있는 전설'은 산문을 나서지 않았다. 사람들은 종정의 모습을 보고 싶어 했지만 가야산에 박혀 있었다. 그리고 일체의 현실을 살피는 얘기는 하지 않았다. 1980년대는 살아있는 이들에게 시대 자체가 아픔이었다. 사람들은 그 아픔을 보듬는 시국 발언을 고대했지만 성철은 이를 외면했다.

쿠데타로 권력을 찬탈하고, 불교를 탄압했던 극악무도한 세력에게 죽비를 내려칠 것이라는 기대는 번번이 허물어졌다. 그러자 현실은 각박하고 시국은 수상하여 내일을 알 수 없는데 뜬구름만 잡고 있다는 불만이 터져 나왔다. 부처님오신날에도, 새해에도 말씀을 받으러 간 사람들은 실망했다. 때가 되면 성철의 입만 쳐다봤지만 시국 발언은 없었다. 일각에서는 시의적절하게 권력을 꾸짖던 천주교 김수환 추기경과 비교하며 성철을 비판하기도 했다. 그래도 성철은 이에 일체의 반응을 하지 않았다.

눈앞에는 평화와 자유, 환희와 영광이 있을 뿐입니다. 들판에 가득 찬 황금물결은 우리 생활의 곳집이요, 공장을 뒤흔드는 기계 소리는 우리 앞날의 희망입니다.

1982년 신년 법어

모순과 갈등은 그림자도 찾아볼 수 없으며, 평화와 자유로 수놓은 행복의 물결이 항상 넘쳐흐르는 탕탕무애한 광명이 가득 차 있습니다.

1983년 신년 법어

어느 법어에도 현실의 아픔은 들어있지 않았다. 듣기에 따라서는 독재정권을 미화한다는 오해를 살만도 했다. 물론 성철의 법어가 진리를 향해 있음은 알고 있었다. 하지만 사회 곳곳에 살기殺氣가 스며들고, 젊은이들의 절규가 거리에 넘쳐나는데 종정 성철의 법어는 한없이 한가했다. 종단 내부에서도 볼멘소리가 터져 나왔다.

그러나 면밀하게 살펴보면 성철에게는 역대 불교계 지도자들과는 다른 한 가지가 있었다. 바로 '권력과 거리 두기'였다. 불의한 정권을 향해 호통을 치지 않았지만 그렇다고 감싸지도 않았다. 성철의 행적을 추적해 보건데 그것은 사실이었다. 시국과 관련한 말씀을 얻으려는 사람들에게 체면치레로라도 한마디 할 수 있으련만 성철은 일체 말이 없었다.

종교가 정치에 예속되는 순간 종교는 '으뜸 가르침'이 아니었다. 권력과 타협하는 순간 권력 아래로 들어가는 것이었다. 권력의 눈치를 봐야하고 종내는 권력에 엎드릴 수밖에 없었다. 종교의 타락이었다. 선승 성철은 이를 잘 알고 있었고 실제로 '정치'를 멀리했다.

1977년 구마고속도로 개통식에 참석했던 대통령이 귀경길에 해인사를 방문했을 때도 성철은 대통령 박정희를 만나지 않았다. 관리들과 정보부 요원들, 그리고 나중에는 큰절 해인사 스님들까지 백련암에 올라와 방장인 성철의 영접을 간청했다.

"대통령이 오신다니 큰스님이 큰절까지 내려오셔서 맞아주셨으면 좋겠습니다."

성철은 아무 말이 없었다. 지나가는 말처럼 한마디 했을 뿐이다.

"산에 사는 중일 뿐, 일부러 대통령 만날 일은 없을 듯하오."

성철은 끝내 큰절로 내려가지 않았.

성철은 종교가 정치와는 일정한 거리를 두고 따로 서 있어야 한다고 생각했다. 법정 스님과의 대화에서 그 일단을 살펴볼 수 있다. 1982년 새해 법정이 종정인 성철에게 물었다.

"한국불교 교단은 정치권력 앞에 너무 나약하게 처신해왔습니다. 스님께서는 종단의 최고 지도자로서, 정치권력과 종교는 어떤 관계에 있어야 된다고 생각하십니까?"

종교와 정치는 완전히 분리해야 합니다. 분리해야 될 뿐 아니라 종교는 정치 이념의 산실이라고 봅니다. 정치 이념의 근본이란 말입니다. 종교는 정치의 정신적인 근본 공급처, 정신적인 원동력이 되어, 모든 정치 이념이 종교에서 비롯되어야 하는 것입니다. 만약 종교가 정치의 지배를 받게 된다면, 이것은 서로 전도된 것이어서 국가적으로 큰 위험이 오게 되며 결국에는 파멸에까지 이르게 됩니다.

법정은 현실을 꾸짖어달라고 우회적으로 촉구했지만 성철이 이를 완곡히 거부한 셈이었다. 성철은 법정을 아꼈다. '펜대를 꼿꼿이 세우고 있는 사람'으로 평가하고 있었다. 성철은 그런 법정에게 원론적인 얘기를 꺼내 '시국에 침묵하는 의미를 당신만은 알아주시오'라고 당부했던 것이다.

그 옛날 천제굴을 찾아온 비구니 혜춘에게 내린 법문 또한 반추해볼만하다.

선악 시비 어디에도 절대 관여치 말고 수행만 할 것.
옳은 편도 들지 마라.

성철은 제자들에게도 이렇게 말했다.
"나는 아무 편도 들지 않겠다. 아무 편도 안 드는 게 한쪽을 편드는 것보다 오히려 더 힘들다는 것을 왜 모르는가."
성철은 종단과 승려들에게는 엄했다. 성철은 알고 있었다. 모든 문제는 불교 안에 있다는 것을. 불교는 그동안 권력과 야합했고, 권력의 환심을 사기 위해 아무 곳에서나 목탁을 두드렸다. 실로 그 처지가 비루했다. 조선시대는 도성 안 출입도 하지 못했고, 일제강점기에는 왜색 옷을 걸치고 난장판을 기웃거렸으며, 해방 후에도 권력에 '존재'를 구걸해야 했다. 성철 스님은 불교가 홀로 서지 않고서는 권력의 도구가 될 수밖에 없다는 것을 알았다. 그래서 깨어있으라고 죽비를 밖이 아닌 안으로 내리친 것이다.
어쩌면 산중에 물러나 있으면서도 세상에 가장 깊숙이 나아가고 있었다. 불교의 진면목은 나아가는 것이 아니라 물러서는 것이었으니 제자리를 지켜 현실과 불교계를 깨웠던 것이다.

근현대 스님들 가운데, 성철 스님만큼 널리 알려진 인물이 없을 것이다. 그의 몸은 철저히 은둔한 듯 보였어도, 그의 삶과 가르침은 어느 누구보다 우리 사회에 강력한 영향을 끼쳤던 것이다. 역설적 삶이다. 성철 스님은 철저하게 은둔함으로써 적극적으로 참여하는 역설의 삶을 살았던 것이다.

김성철 〈간디와 성철을 읽고〉

성철은 또한 종단의 세속적 인기몰이에도 동참하지 않았다. 1984년 4월 총무원 간부들이 성철의 서울행을 간절히 요청했다. 부처님오신날 봉축행사장에 참석해 달라는 것이었다. 당시 개신교계는 부활절을 맞아 서울 여의도광장에서 대규모 집회를 가졌다. 언론은 100만 인파가 모였다고 보도했다. 이에 자극을 받은 불교계도 그런 세勢 과시 집회를 기획하려 했다.

"우리라서 못할 게 무엇인가. 부처님오신날에 여의도에서 대대적인 집회를 갖자."

대규모 집회 구상은 조계종 총무원의 공식 입장으로 굳어졌다. 그런데 그렇게 하려면 성철이 집회에 모습을 드러내야 했다. 그들이 보기에 성철은 흥행에 꼭 필요한 '은둔의 대스타'였다. 그러나 성철이 누군가. 조계종 종정은 이를 간단히 일축해버렸다.

"산승이 산에 있어야지. 내가 서울 가서 사람이 많이 모이면 그게 무슨 의미가 있는가. 사람을 모아 무엇을 하려는 것인가."

결국 불교계의 여의도 집회는 열리지 못했다. 설사 수백만 불자들이 모였다고 해도 무엇을 할 것인가. 떡 벌어진 법회를 해서 타 종교와 세 대결을 하자는 것이니 참으로 좁은 소견이며 결코 부처님께 아뢸 일이 아니었다. 그런 행위 자체가 '정치적'이었다. 이런 일련의 모든 것을 곁에서 지켜본 제자 원택은 이렇게 증언하고 있다.

"종정 취임 초기에 중생들을 제도하기 위해 대중 앞에 언제쯤 서시겠냐는 뜻을 묻는 일들이 많아졌습니다. 그 무렵 정휴 스님이 그렇게 여쭈었더니 큰스님은 《금강경》에서 여래를 형상이나 소리로써 찾지 말라고 했습니다. 비록 육신은 이 가야산에 있으나 내 원력은 중생의 마음속에 존재하고 있습니다.'라고 답변하셨습니다. 시국 발언, 여의도 초파일 집회 권유 등을 한사코 내치시면서 산중 수행승으로 머무르셨던 건 결국 한국불교의 질곡을 타개하기 위한 성철 스님 특유의 돌파구였던 셈입니다."

부처님 가르침대로 살았으면 불교를 감히 누가 침탈하겠는가. 법난보다 법난을 불러온 실체를 살펴봐야 했다. 모든 것은 내부에서 일어나고 있음이었다. 달을 가리키는 손가락을 볼 것이 아니라 손가락이 가리키는 달을 봐야 했다.

민주화를 향한 민중의 염원이 뜨거울 때 성철은 아무런 말도 하지 않았다. 간악한 무리들에게 간담이 서늘해질 추상같은 호통을 내릴 만도 했지만 침묵했다. 10·27법난에 대해서도 밖으로는 어떤 목소리도 내지 않았다. 신군부의 행태에 주장자를 들지 않았다. 다만 안으로 죽비를 들었다. 승려의 본래 모습이 무엇이냐고 무섭게 다그쳤다. 문제는 밖이 아니라 안이었다. 남이 아니라 내가 문제였다. 백련암을 찾아오는 사람들에게 이렇게 말했다.

내 말에 속지 마시오. 나는 그저 종정이라는 고깔모자를 썼을 뿐이오. 나를 보지 말고 당신의 본래면목을 보시오.

'내 말도 믿지 말라'는 선지식에게 민주화 투쟁에 말을 보태라는 것은 결국 우리의 또 다른 욕심이었다. 당시 대중의 마음을 사로잡는 법어를 내렸다면 대중은 더 자극성이 강한 또 다른 법어를 원했을 것이다. 그랬다면 선승 성철은 어찌됐을까. 한번쯤 '우리는 인기인을 얻는 대신 큰 어른을 잃었을 것'이란 작가 박완서의 말도 음미해봄직하다. 성철은 순수한 불교정신을 이렇게 설했다.

세속을 불교화해야지, 불교가 세속화되어서는 안 됩니다. 승려는 세상이 아무리 서西로 가더라도 바른 길이 동東이라면 동으로 가도록 계속 빛을 발해야 합니다. 수행하는 사람들이 세속화되면 물에 빠진 사람을 건지려다 같이 익사하는 꼴이 되는 겁니다. 자신을 물에 빠뜨리지 않고 물에 빠진 사람을 건져낼 역량을 키워야 합니다.

불교계가 많이 변했다. 시위대가 피난처로 곧잘 사찰을 찾는다. 혹자는 10·27법난으로 정권과 날을 세운 것이라고 분석한다. 그러나 그것만은 아닐 것이다. 그것은 불교가 그 당시보다 당당해졌음일 것이다. 안으로 내공이 쌓여 마음이 가난해지고, 결국 그래서 남을 위해 살려는 작은 서원들이 뭉쳐있음일 것이다. 사람들이 불교를 떠올릴 때 그래도 산속에서 기도하는 선승을 연상하는 것은 누구의 공덕인가. 이쯤에서 우리는 성철의 원력을 헤아려봐야 할 것이다.

  하지만 지금 이후가 더 중요하다. 불교가 다시 자꾸 세속화의 길로 들어서고 있기 때문이다. 이 땅의 불교를 물들이고 있는 승려들이 자꾸 속세의 논리와 타협하기 때문이다. 성철은 여전히 묻고 있다. 진정 그대들이 세상을 향해 큰소리칠 수 있을 만큼 청정하냐고. 그대들의 절에는 누가 살고 있느냐고. 혹시 도적이 살고 있지 않느냐고.

한글법어

1981년 조계종 종정이 되고 나서 처음 부처님오신날을 맞았다. 조계종 총무원에서 법어를 내려달라는 연락이 왔다. 제자들은 성철이 이것마저 뿌리칠까봐 걱정이었다. 하지만 의외로 스승이 선선히 이를 받아들였다. 제자들은 어떤 법어를 내릴지 궁금했다. 이윽고 성철이 법어가 적힌 종이 한 장을 내밀었다.

"이것이 초파일 법어다."

온통 한문 투성이었다. 예상은 했지만 이를 받아 든 제자 원택은 뭔가 아쉬웠다. 처음으로 발표하는 초파일 법어였기에 불교계뿐만 아니라 일반 국민들도 관심을 가질만했다. 하지만 한문법어는 국민들이 쉽게 그 뜻을 알 수 없었다. 특별한 날에 발표되는 종정 법어는 스님과 신도를 상대로 하는 산중 법어와는 달라야 했다. 원택은 평소 종정의 한문법어에 대해서 아쉬움을 지니고 있던 참이었다. 야단맞을 각오를 하고 스승에게 건의했다.

"큰스님, 스님께서는 산중의 스님이 아니십니다. 이제 공인이십니다. 해인사 방장이 아닌 종정으로 모든 국민에게 부처님을 대신하여 한 말씀 하시는 것입니다. 이런 한문 투의 법어는 세상 사람들이 잘 알아듣지 못할 것입니다. 한글로 법어를 내려주시면 어떻겠습니까."

원택은 이렇듯 '감히' 고하고 불호령을 기다리고 있었다. 그런데 이번에도 의외였다. 성철이 잠자코 있었다. 그러더니 선뜻 말했다.

"그래? 그럼 내가 다시 써보지."

성철은 다시 염화실로 들어갔다. 그리고 다음 날 아침 원택을 불렀다. 성철이 제자에게 법어가 적힌 종이를 내밀었다. 이번에도 반은 한글, 반은 한문이었다. 내친김에 제자는 다시 간청을 드렸다.

"처음보다 이해하기 훨씬 쉽습니다만… 스님, 아예 말 자체를 완전히 한글체로 바꾸면 어떻겠습니까."

"그놈 참, 사람 힘들게 하네. 이놈아, 이것도 얼마나 힘들었는데… 평생 써온 한문체를 바꾸는 게 얼마나 허전한 일인 줄 모르나. 그래도 알았다. 다시 생각해보지."

다음 날 아침 마침내 종정의 첫 한글법어가 탄생했다.

모든 생명을 부처님과 같이 존경합시다. 만법의 참모습은 둥근 햇빛보다 더 밝고 푸른 허공보다 더 깨끗하여 항상 때묻지 않습니다. 악하다 천하다 함은 겉보기일 뿐, 그 참모습은 거룩한 부처님과 추호의 다름이 없어서, 일체가 장엄하며 일체가 숭고합니다. 그러므로 천하게 보이는 파리, 개미나 악하게 날뛰는 이리, 호랑이를 부처님과 같이 존경해야 하거늘 하물며 같은 무리인 사람들끼리는 더 말할 것도 없습니다.

초파일에 탄생한, 종정이 내린 최초의 한글법어였다. 법어는 부처님이란 말 외에는 어떤 불교 용어도 구사하지 않았다. 이듬해 부처님오신날에도 '자기를 바로 봅시다'라는 한글법어를 발표했다. 이 법어는 지금도 빛나고, 앞으로도 빛날 한글로 펼친 진리였다.

자기를 바로 봅시다.
자기는 원래 구원되어 있습니다. 자기가 본래 부처입니다. 자기는 항상 행복과 영광에 넘쳐 있습니다. 극락과 천당은 꿈속의 잠꼬대입니다.

자기를 바로 봅시다.

자기는 시간과 공간을 초월하여 영원하고 무한합니다. 설사 허공이 무너지고 땅이 없어져도 자기는 항상 변함이 없습니다. 유형, 무형 할 것 없이 우주의 삼라만상이 모두 자기입니다. 그러므로 반짝이는 별, 춤추는 나비 등등이 모두 자기입니다.

자기를 바로 봅시다.

모든 진리는 자기 속에 구비되어 있습니다. 만일 자기 밖에서 진리를 구한다면, 이는 바다 밖에서 물을 구함과 같습니다.

자기를 바로 봅시다.

자기는 영원하므로 끝이 없습니다. 자기를 모르는 사람은 세상의 끝을 걱정하고 두려워하며 헤매고 있습니다.

자기를 바로 봅시다.

자기는 본래 순금입니다. 욕심이 마음의 눈을 가려 순금을 잡철로 착각하고 있습니다. 나만을 위하는 생각을 버리고 힘을 다하여 남을 도웁시다. 욕심이 자취를 감추면 마음의 눈이 열려서, 순금인 자기를 보게 됩니다.

자기를 바로 봅시다.

아무리 헐벗고 굶주린 상대라도 그것은 겉보기일 뿐, 본모습은 숭고합니다. 겉모습만 보고 불쌍히 여기면, 이는 상대를 크게 모욕하는 것입니다. 모든 상대를 존경하며 받들어 모셔야 합니다.

제9장/자기를 속이지 마라

자기를 바로 봅시다.

현대는 물질 만능에 휘말려 자기를 상실하고 있습니다. 자기는 큰 바다와 같고 물질은 거품과 같습니다. 바다를 보고 거품은 따라가지 않아야 합니다.

자기를 바로 봅시다.

부처님은 이 세상을 구원하러 오신 것이 아니요, 이 세상이 본래 구원되어 있음을 가르쳐 주려고 오셨습니다. 이렇듯 크나큰 진리 속에서 살고있는 우리는 참으로 행복합니다.

다 함께 길이길이 축복합시다.

친필법어
'자기를 바로 봅시다'

성철의 법어는 대단한 반향을 일으켰다. 그것은 이 땅의 글, 한글의 힘이기도 했다. 작가 최인호의 마음까지 움직였다. 마음 상한 일이 있어 남도 여행길에 나선 최인호는 가판대에서 무심코 신문을 집어 들었다. 마침 그 신문에 종정 성철의 법어가 실려 있었다. 그리고 '부처님은 세상을 구원하러 오신 것이 아니라 세상이 구원되어 있음을 가르쳐 주러 오셨다'는 대목에서 이루 형용할 수 없는 감동을 받았다. 여행에서 돌아온 작가는 성철의 사진을 구해 책상 옆에 붙여놓았다. 그리고 가만히 성철을 들여다봤다.

한국불교는 사실 한문이란 틀에 갇혀있었다. 한자를 모르면 누구도 심오한 세계에 접근할 수 없었다. 그러다 보니 불경은 몇 사람의 머릿속에서 맴돌 뿐 대중 속으로 내려오지 못했다. 선禪을 논할 때도 일반인들은 명상 수준으로 막연히 이해할 뿐이었다.

말로는 불교대중화를 외쳤지만 불교는 대중 속으로 들어갈 수 없었다. 제대로 된 한글 경전이 없었기 때문이었다. 불경은 먼지를 뒤집어쓰고 산사의 다락이나 박물관 한구석에 처박혀 있었다. 아는 만큼 보이고, 알아야 판단할 수 있었다. 그런 면에서 보면 불교는 '알 수 없는 종교'였다. 승려들의 기행이나 이적 등만 전해졌다. 자연 불교는 아낙들이 산속에서 소원을 비는 기복신앙쯤으로 여겨졌고, 심지어 무속으로 치부되기도 했다.

일찍이 용성 스님은 3·1운동을 주도하고 옥중에 갇혀 있을 때 한글 경전이 필요하다는 것을 절감했다. 기독교의 성경은 한글로 번역이 되어 감옥에서도 누구나 쉽게 읽었다. 하지만 불경은 한자로 되어있어 아무도 거들떠보지 않았다. 용성은 경전이 한문이란 감옥에 갇혀있다는 생각이 들었다. 갇혀있는 자신의 신세보다 누구도 보지 않는 경전이, 이를 방치하는 불교 현실이 더 서글펐다. 용성은 출소하면 불경을 한글로 번역하겠다는 원을 세웠다. 실제로 그 후 용성은 불교 포교의 현대화를 주창하며 역경사업에 앞장섰다. 1921년 삼장역회三藏譯會를 조직하여 경전을 한글로 옮기는 대역사를 시작했다.

"조선 사람들에게는 조선의 글과 조선의 말이 있을 뿐이다."

스님은 수십 권의 경전을 번역해서 수십만 권의 한글 경전을 보급했다. 이렇게 보면 용성-동산-성철로 이어지는 범어문중은 경전 및 법문의 한글화에 각별히 노력한 셈이다.

이 땅의 승려들은 한문 경전을 한글로 바꾸는 것에는 도무지 신경을 쓰지 않았다. 어찌 보면 어려운 한문에 자신들의 얕은 실력을 은폐시키고 있는지도 몰랐다. 중요한 것은 부처님의 가르침을 제대로 전파하는 것이었다. 경전이 어떤 말로 쓰이건 무슨 상관인가. 중요한 것은 대중이 읽고 알 수 있어야 했다. 많은 사람들이 한글을 쓰면 경전도 한글로 쓰여져야 했다.

물론 경전을 한글로 옮기는 것은 쉽지 않다. 우선 한문에 정통하면서도 우리글을 깊고 바르게 아는 인재들이 있어야 가능하다. 또한 막대한 자금이 뒤를 받쳐줘야 한다. 따라서 역경사업은 개인이나 어느 사찰에서 감당하기에는 벅찰 수밖에 없다. 종단 또는 국가 차원에서 이뤄져야 할 일들이다.

성철이 제자들에게 일본 불서를 읽게 한 것도 일본 불교계가 일찍이 경전을 알기 쉽게 일본어로 정리했기 때문이었다. 한글법어를 선뜻 수락한 것도 '진리의 한글화'에 대한 필요성을 절감하고 있었기 때문이었을 것이다. 어쨌든 이 땅에서 한글법어의 탄생은 불교사에 남을 한 편의 드라마였다. 한문투의 법어가 당연시됐던 오랜 관행을 깨뜨리는 사건이었다. 성철이 한글법어를 내리자 혹시 대필이 아니냐는 의혹을 제기하는 사람도 있었다. 불교계의 다른 문중에서도 의심의 눈초리로 흘끔거렸다. 그러나 성철은 직접 한글법어를 작성했다. 다만 맞춤법이 다소 틀렸고 그걸 제자들이 고쳤을 뿐이었다.

성철은 우리말과 글을 구사하는 능력이 출중했다. 그것은 폭넓은 독서에서 기인했을 것이다. 백일법문이나 다른 저서들을 보면 한글로 자신의 사상과 생각을 쉽고도 깊이 있게 풀어내고 있다. 이런 대필 논란은 성철의 한글법어 육필이 공개됨으로써 일거에 해소되었다.

성철은 한글로 계속 법어를 내렸고, 쉽게 풀어쓴 불교의 진수는 그때마다 빛이 났다. 성철의 한글법어는 누리를 밝히는 또 다른 등이었다.

　난타가 피운 한 잔의 기름 등은 오늘도 타오르고 있습니다. 우리들이 피운 과거의 등불도 오늘 밝게 빛나고 미래에도 빛날 것입니다. 허공보다 넓고 바다보다 깊으며 청정무구한 우리들의 마음속에 타오르는 등불은 삼라만상을 밝게 비추니 칠흑같은 어둠은 사라지고 환희의 세계가 열리고 있습니다. (…) 생일을 맞은 부처님보다 뭇 중생이 더욱 즐겁습니다. 본래 부처님이 중생 위해 사바에 오셨으니 중생이 즐거워하는 것은 당연한 것이요, 부처님도 중생으로 와서 부처 되었으니 오늘은 중생들의 생일입니다. 이는 곧 중생이 부처라는 말이요, 천지일근天地一根 만물일체萬物一體로서 일체중생은 평등하고 존귀한 것입니다.

1992년 초파일 법어

밥값을 하다

원택이 상기병에 걸렸다. 참선에 들면 머리가 깨질 듯이 아팠다. 상기병은 갈 길 먼 수좌들의 정신을 쪼아댔다. 선승에게는 언제 나타날지 모르는 공포덩어리였다. 원택은 할 수 없이 스승의 법문을 들으며 공부해보기로 했다. 백일법문 테이프를 얻어서 듣기 시작했다. 그런데 들을 땐 뭔가 알겠는데 듣고 나면 그만이었다. 원택은 아예 법문을 노트에 받아쓰고 그걸 보면서 들었다. 그랬더니 이해가 빠르고 다시 볼 수 있어 좋았다. 보는 것과 듣는 것의 차이였다. 그렇게 백일법문을 옮겨 적었다.

원택은 스승 성철이 알면 불호령이 떨어질까 봐 뒷방에서 홀로 듣고 옮기며 공부했다. 그러던 어느 날 성철이 원택을 찾았다. 성철 주변을 맴돌던 제자가 보이지 않았기 때문이었다. 행자가 뒷방에 있다고 하자 성철이 쫓아가 방문을 열어젖혔다. 이어폰을 끼고 뭔가를 적고 있던 원택은 화들짝 놀랐다. 결국 원택은 선방이 아닌 골방에서 '테이프 법문 공부'를 하게 된 연유를 털어놓았다.

"네깐 놈이 뭘 알겠다고…."

크게 꾸짖을 줄 알았는데 이상하게 관대했다. 말투는 퉁명스러웠지만 표정 또한 그리 싫지 않은 기색이었다. 그런 후 며칠이 지나 성철이 원택을 찾았다.

"어디까지 받아 적었나?"

원택은 백일법문이 다 끝났다고 답했다. 그랬더니 성철은 개당설법(開堂說法, 방장취임법문)을 정리해 오라고 일렀다. 원택은 쾌재를 부르며 그대로 옮겨서 가져갔다. 내심 칭찬을 기대했다. 하지만 원고를 보던 성철이 버럭 고함을 질렀다.

"어느 놈이 이 글을 옮겨 적었나."

원택은 호통 소리에 백련암 지붕이 내려앉는 줄 알았다.

"꼴도 보기 싫다, 어서 나가."

원택은 다시 녹음기를 틀어 대조해봤다. 원고는 한 자도 틀리지 않았다. 도대체 이해할 수 없었다. 이틀이 지나서 성철이 다시 원고를 보자고 했다. 아무리 봐도 고칠 데가 없었다. 할 수 없이 그대로 가져갔다. 성철은 한심하다는 듯 혀를 찼다. 별수 없이 물러나왔다. 또 이틀이 지나자 다시 원고를 가져와 보라고 했다. 원택은 미칠 지경이었다. 똑같은 원고를 받아든 성철은 그제야 말문을 열었다.

"너라는 놈은 참으로 실력이 없는가 보다. 그만큼 일렀으면 어딘가 좀 고쳐 와야 할 것 아닌가. 문장은 간결하게 정리해야지, 이리 늘어지면 누가 읽겠나. 안 되겠다, 내일 새벽예불 마치고 내 방으로 와. 내가 직접 말해 줄 테니 너는 그대로 받아 적기만 해라."

그때서야 제자는 깨달았다. 성철은 구어체가 아닌 문어체, 즉 직역이 아닌 의역을 원하고 있었다. 말을 그대로 옮겼을 뿐이니 문장은 아니었다. 그때 원택에게 한 생각이 번개처럼 스쳐 지나갔다.

'스님이 법문을 정리하고 싶어 하시는구나. 그런데 아무도 그 일을 하지 않았구나.'

마하가섭은 부처님이 꽃만 들어도 그 뜻을 알아차렸는데 자신은 무엇인가. 그렇게 몇 번을 암시했건만 전혀 알아채지 못했으니, 스승은 자신의 미욱함에 얼마나 실망하셨을까. 그렇다고 직접 얘기할 스승이 아니었다. 원택은 자신을 책망하다 이제라도 스승의 의중을 알게 되어 다행이라는 생각이 들었다.

'상기병에 걸리지 않았으면 법문 정리는 꿈도 꿀 수 없었으니

어쩌면 부처님의 뜻일 것이다.'

다음 날부터 원택은 하루 한 시간씩 받아쓰기를 했다. 원택은 자신감이 생겼다. 그리고 스승의 사상을 널리 알리기 위해선 법문 출판이 꼭 필요하다고 생각했다. 성철은 새벽 구술을 빠뜨리지 않았다. 내심 그 시간을 기다리는 듯했다. 간혹 구술 중에 원택이 졸고 있으면 등짝을 두들겼다. 손길이 따뜻했다.

이렇게 법문을 옮긴 《본지풍광本地風光》과 성철이 직접 논술한 《선문정로》 원고가 완성되었다. 《선문정로》는 돈오돈수를 불교의 핵심 개념으로 설명했고, 《본지풍광》에는 간화선 수행을 위한 100여 칙의 공안을 모아놓았다. 초고가 만들어지자 성철은 원택에게 법정을 찾아가보라 했다. 윤문을 부탁한 것이다. 법정은 성철의 청을 흔쾌히 받아들였다.

마침내 책이 나왔다. 원택은 스승보다 더 설렜다. 성철은 책을 받아들면서 한마디 했다.

"오자는 없겠지?"

"법정 스님이 활자活字는 살아있는 거라서 오자 없는 책 만들기가 참으로 힘이 든다고 했습니다. 하지만 이 책에는 오자가 하나도 없을 것입니다."

원택은 장담하고 물러나왔다. 서너 시간이 지났을 때 성철이 원택을 찾았다. 염화실 방문을 열자마자 성철이 책을 팽개쳤다.

줄곧 성철 스님 곁을 지켰던 제자 원택스님.
성철 스님의 의중을 정확히 헤아렸지만
꾸중 또한 누구보다 많이 들었다.
사진은 백련암 뜰에서 정겨운 한때.

제9장/자기를 속이지 마라

원택이 펼쳐드니 스승이 잡아낸 오자가 쪽마다 수두룩했다.

"다음 판부터 모두 고치겠습니다."

원택은 식은땀을 흘렸다. 책을 들고 출판사로 달려갔다. 그렇게 세상에 빛을 본 《선문정로》(1981년 출간) 《본지풍광》(1982년 출간)을 성철은 아꼈다. 특히 《선문정로》는 후학들에게 책 제목대로 '선에 이르는 바른 길'을 제시했다. 법정이 찾아와 《선문정로》를 펴낸 동기를 묻자 성철은 진정한 깨달음이 무엇인지 알려주고 싶었다고 했다. 그것은 불교 집안에 대한 경책이기도 했다.

"요즘에 와서 견성해버리고 성불해버린 사람들이 하도 많아서 견성성불에 그만 표준이 없어져 불교계에 큰 혼란이 오고 말았습니다. 그래서 비록 능력은 없지만 불교의 장래를 위해서 표준을 세워야겠다고 생각했습니다."

성철은 고불고조들은 어떻게 공부해서 어떻게 성불했는지 구체적인 사례를 모아서 정리했다. 그것은 또 다른 돈오돈수의 설파였다. 성철이 원택에게 말했다.

"책 두 권 냈으니 이제 부처님께 밥값을 했다. 이 책을 이해하고 실천하는 사람이면 바로 나를 아는 사람이지."

성철의 '밥값 했다'는 말에 많은 학자들이 두 손을 모은다.

선문정로는 성철 스님의 수행 및 깨달음에 대한 직접적인 체험을 바탕으로 집필된 책이라 평가된다. 성철 스님은 자신의 체험을 통해 한국 선가에서 말하는 깨달음에 문제가 있다고 생각하게 되는데, 이것을 '아니다'라는 한 마디 말로 부정하기에는 그 뿌리가 깊고 오래된 것이었다. 그래서 보다 설득력 있는 방법으로 정안조사들의 법문을 채집하여 제시하기에 이른다. '부처님 대조사님들을 재판관으로 삼고 판결을 받아보자'는 것이었다.

강경구 〈《선문정로》 설법의 맥락과 특징〉

스님은 영웅을 때려 부수고자 철퇴를 쥐고 있는 납자로 그려져야 옳다. 적어도 화두 공부를 근본으로 삼았다는 점에서 이러한 평가는 피할 수 없는 성철 스님의 운명이다. 《본지풍광》의 진실은 영웅의 거점을 인정사정없이 불살라 버리고 그 자신도 흔적 없이 태워 없어지는 인물을 지향하도록 인도한다. 《본지풍광》에 등장하는 수많은 주인공들과 마찬가지로 저자인 성철 스님 역시 어떤 유형의 영웅으로도 눌러 앉으려 하지 않고 누구도 주인공으로 치켜세우며 떠받치지도 않는다. 누구라도 이 진면목을 놓치고 막연히 스님을 영웅시한다면 허깨비를 숭배하는 꼴이다.

김영욱 〈《본지풍광》의 화두와 현재적 의미〉

성철은 그 후에도 《돈오입도요문론 강설》(1986), 《신심명 증도가 강설》(1986), 《자기를 바로 봅시다》(1987), 《돈황본 육조단경》(1988), 《백일법문 상·하》(1992) 등을 펴냈다.

성철은 책을 펴내 문자를 맹신하는 사람들에게 문자를 없애는 법을 문자를 통해 가르쳐주려 노력했다.

성철의 저서는 비매품이 아니었다. 스님의 저작물은 으레 공짜로 나눠주었고 이를 당연한 법보시로 여겼던 당시의 절집 관행을 깬 파격이었다. 성철의 책은 엄연히 정가가 붙어 유통되었다. 그것은 법정의 조언이 있었기에 가능했다. 법정은 원택에게 '불서 비매품' 관행에 대한 부작용을 명쾌하게 설명했다.

"불교출판이 활성화되지 못한 가장 큰 이유는 절집 안에 유행인 법보시에 있다네. 신심 있는 사람이 책을 내어 공짜로 나누어주니 받는 사람도 귀한 줄 모르고 그저 그런 책이려니 하고 읽지 않게 된다네. 그러면 책을 낸 출판사도 손해고 결국은 불서 출판을 기피하게 되지. 또 그렇게 해서 책이 절판되면 그 다음엔 정작 책을 보려 해도 볼 수가 없다네. 그러니 성철 스님 책은 정가를 붙여 서점에 내놓도록 하게. 그러면 책을 보고 싶은 사람이 손쉽게 서점에서 구해 읽을 수 있고, 또 정가를 붙여 내놓으니 그 책이 사라지지 않고 늘 독자 가까이에 있게 될 거야. 이런 장점이 있으니 큰스님께 잘 말씀드려서 정가를 붙여 서점에 내놓도록 하게."

들어보니 옳았다. 원택은 법정의 충언임을 내세워 성철에게 조심스레 '책을 팔자'는 의견을 드렸다. 그러자 성철은 의외로 선선하게 받아들였다.

"그럼 법정 스님과 좋게 의논해보지."

이렇게 해서 성철의 책은 서점에서 팔려나가기 시작했다. 그동안 거의 모든 책이 수십 쇄가 넘게 팔렸다. 자연 절판된 책은 없다. 지금도 선방 수좌에서부터 일반 신도, 또 불교를 알고 싶은 직장인과 학생들이 서점에서 끊임없이 집어 들고 있다. '소리 없는 베스트셀러'이다.

성철이 직접 가려 뽑은 《선림고경총서》 37권 간행은 그 산고가 무척 컸다. 이 또한 제자 원택의 역할이 컸다.

《선문정로》가 출간되자 좀 어렵다는 반응이 있었지만 그 반향이 만만치 않았다. 마침 《선문정로》에 대해 연구한 바를 발표해보겠다는 교수가 나타났다. 그 교수는 한국불교학회가 주최하는 세미나에서 《선문정로》에 나타난 성철사상의 핵심을 설명하고 깨침의 바른 길을 나름대로 제시했다. 하지만 보조의 돈오점수 사상으로 무장한 학자들의 반격은 매서웠다. 성철의 돈오돈수 사상은 형편없이 구겨졌다. 세미나장에서 스승의 돈오돈수론이 깨지는 것을 생생하게 목격한 원택은 마음이 무거웠다.

'큰스님의 돈오돈수 사상은 해인사 일주문 밖을 한 발짝도 나서지 못했구나.'

학자들은 돈오돈수론에 일대 함포사격을 했던 것이다. 아무도 돈오돈수를 제대로 알려고 하지 않았다.

백련암에 돌아온 원택은 성철에게 그 실상을 알려야 했다. 안마를 해 드리며 성철이 가장 기분 좋은 시간에 세미나에서 있었던 일을 고했다.

"학회에 가보니 모두 보조사상을 연구한 교수들입니다. 해인사 골짜기에서 선종 전통사상이 돈오돈수라고 외쳐도 아무 소용이 없을 것 같습니다. 큰스님 사상을 뒷받침할 인재를 양성해야지 이러다간 나중에 큰일 나겠습니다."

말없이 듣고 있던 성철이 갑자기 일어나 앉더니 제자의 뺨을 때렸다.

"너 지금 인재양성이라고 했나. 이놈아, 내가 평생 인재양성이 뭔지 모르고 살았는지 아나. 이놈아, 키울 인재가 없는데 나보고 어쩌란 말이냐. 너희들이라도 내 뜻을 알아 똑바로 살아줘야지, 다 머저리 곰 새끼들만 우글거리니 나도 별 수 없지."

성철은 다시 제자의 뺨을 후려쳤다. 그날 원택은 인재양성이란 말로 스승의 가장 아픈 곳을 건드렸던 것이다. 죄책감에 잠을 이룰 수 없었다. 제자로서 스승의 사상을 제대로 전파하지 못하고 밥만 축내고 있으니 스승이 시퍼렇게 꾸짖은 '밥도둑'이 자신처럼 느껴졌다. 그때 원택은 어떻게든 스승의 사상을 세상에 전파해야겠다고 다짐했다. 그리고 평생 이를 실천했다.

원택은 며칠을 고민하다 한 가지 방안을 마련했다. 스승의 사상을 알아보는 인재는 없지만 돈오돈수론의 원천인 고불고조의 선어록은 있었다. 그것들을 모아서 불을 밝히면 될 듯싶었다. 원택이 조심스레 염화실 방문을 열었다.

"스님, 사람을 키우는 일에는 시간이 필요할 것 같습니다. 대신 역대 조사들의 어록 중에서 돈오돈수 사상을 주장한 것들을 모아서 널리 알리면 큰스님 사상의 울타리가 될 것 같습니다."

스승은 한참 동안 말이 없었다. 이내 고개를 끄덕였다.

"그것도 한 가지 방법일 수 있겠군."

원택은 서둘러 30권가량의 선종 서책을 정리해 목록을 가져갔다. 성철은 여기에 대여섯 권을 보탰다. 그렇게 목록을 확정했다. 그러나 우리말로 번역하는 작업은 쉽지 않았다. 발간 비용도 만만치 않았다. 제자들은 사람을 찾고 비용을 마련하러 이리 뛰고 저리 뛰었다. 마침내 선어록《선림고경총서》37권이 성철 스님 법어집 11권과 함께 빛을 봤다.《임제록》《운문록》《위앙록》《법안록》《조동록》《임간록》《나호야록》《총림선사》《인천보감》《운와기담》《고애만록》《산암잡록》《벽암록》《종용록》등의 선어록을 번역했다.

1993년 10월 완간 기념회를 가졌다. 준비에서 출간까지 10여 년이 걸렸다. 원택은 출간기념회를 마치고 스승 앞에 무릎을 꿇었다. 성철이 말했다.

"수고했다."

스승에게 처음 듣는 칭찬이었다. 원택은 눈시울이 뜨거워졌다. 성철이 열반에 들기 한 달 전이었다.

제10장 / 기다리다 남자를 눈 푸른

状 微

법거량 슬픈 삽화

성철은 환갑을 맞은 해부터 자신을 퇴옹退翁이라고 했다. 스스로 물러난 늙은이라 칭했지만 성철은 여전히 강건했다. 그런데 왜 퇴옹이라며 물러나 있었을까. 그것은 물러서서 제자리를 지키자는 자신과의 다짐이었을 것이다.

성철은 백련암에만 머물렀다. 가야산이 그 옛날 성전암 동구 불출의 철조망이었다. 거대한 바위가 둘러치고 있는 산속에서 꼼짝하지 않았다. 시인 고은의 말대로 '산을 나가는 길을 없애버렸'으며 그런 성철을 사람들은 '멀리는 원효의 길이 있고 가까이는 경허와 만해의 길이 있건만 그런 선사들도 한 방망이로 타파한 납자 그 자체'로 받들었다.

사람들 발길이 큰절 해인사를 지나 백련암으로 향했다. 성철을 친견하려면 삼천배를 해야 했지만 이를 마다하지 않았다.

선승들도 성철을 찾아왔다. 거의가 자신의 깨달음을 인가 받아 법맥을 잇겠다고 했다. 성철이 이를 마다할 리 없었다. 깨달았다고 주장하면 독대를 허락했다. 덕과 지혜가 스승을 능가해야 비로소 스승의 은혜를 갚는 것이다. 임제도 오도한 후에는 감히 스승 황벽의 뺨을 때리며 어린아이 다루듯 하지 않았는가. 뛰어난 법기法器가 나타나 성철의 뺨을 때리면 그로써 한 세상이 열림 아니겠는가.

그러나 백련암에서의 법거량은 늘 싱겁게 끝이 났다. 성철은 가야산을 허물 듯한, 번개와 회오리 같은 임기응변의 기봉을 기대했다. 하지만 그런 대장부는 나타나지 않았다. 더러는 성철의 무릎 아래서 병든 양처럼 굴었다. 또 더러는 엉뚱하게 대들었다. 동정일여의 경계에도 이르지 못했으면서 큰 소리 쳤다. 그럴 때면 성철은 무섭게 다그쳤다.

"너 지금 나하고 이야기하면서 화두는 잘되나?"

"스님, 화두가 문젭니까? 저는요, 좌복에 앉아있으면 번뇌망상이 하나도 일어나지 않습니다. 저 청천하늘처럼 맑아서 마음이 편하기 이를 데 없는데 제가 왜 화두를 듭니까? 화두 없이 가만히 앉아 있는 것이 얼마나 좋은데요."

"그렇다면 그것은 무기에 빠진 것이지 진짜 참선이 아니다.

선승들이 성철 스님을 찾아와
깨달음의 인가를 받겠다고 했지만
법거량은 늘 싱겁게 끝이 났다.
대장부는 나타나지 않았다.

다 내버리고 그 자리에 화두가 들어서도록 다시 공부해라."

"아닙니다. 스님이 틀렸습니다. 내 마음이 맑은데 무슨 공부를 다시 하라하십니까."

이쯤 되면 성철의 노기가 폭발했다. 주장자를 치켜들어 쫓아내 버렸다.

성철이 김룡사에 있을 때 처사 하나가 찾아왔다. 처사는 자리에 떡 앉으면 정에 들어서 일고여덟 시간은 눈 깜짝할 새에 지나가버린다고 했다. 자신의 경계를 스님들에게 물어봐도 모두 모른다하니 답답하여 이렇게 찾아왔다고 했다.

제10장/눈 푸른 납자를 기다리다

"신선이 이렇게 좋을 수 있으며 대통령인들 이렇게 좋을 수 있겠습니까?"

처사의 아만我慢이 가관이었다. 성철이 물었다.

"그래! 공부 많이 했구만. 하지만 그건 정에 든 병이지 깨친 게 아닌 것 같네. 꿈에도 그 경계가 있는가 없는가?"

처사는 순간 말이 없었다. 한참 후에 입을 열었다.

"꿈에는 나타나지 않습니다."

성철은 몽둥이를 치켜들어 사정없이 내리쳤다.

"에이 도둑놈의 자식아. 공부라면 일여해야 하거늘, 꿈에도 없는 것을 공부했다고 하느냐."

처사는 이내 잘못했다고 무릎을 꿇었다. 이렇듯 성철은 마음과 몸의 변화를 견성으로 여기는 사람들을 혹독하게 꾸짖었다. 정신이 번쩍 들게 만들었다. 성철 자신도 수없이 헛것에 속았다. '깨쳤다!' 하는 환희심도 며칠이 지나면 '깨쳤나?' 하는 의심으로 바뀌었다. 그때의 열패감은 당해본 사람만이 알 수 있었다. 어쩌면 깨쳤다고 느꼈을 때가 가장 위험했다. 그때마다 먼저 깨친 이의 몽둥이가 그리웠다. 그러나 성철에게 매를 때린 선지식은 없었다. 의심으로 의심을 지우며 홀로 경계를 무너뜨렸다.

공부하다가 지견이 좀 생기면 고불고조를 뒷간 휴지쯤으로 취급하며 아만이 하늘을 찌르는 이들을 많이 보았다. 허나 말만 그렇게 한다고 무슨 소용이 있겠는가? '출중한 변재와 지혜를 갖췄던 원오나 대혜도 오매일여에 미치지 못함이 병이라 했는데 네가 안 것이 뭐 그리 대단하냐'고 일러주지만 대부분 내 말을 긍정치 않고 자리를 박차고 일어선다. 그 중엔 돌아서며 욕을 퍼붓는 자들도 있다.

그러나 날 아무리 욕하고 부정하더라도 심하게 아파보면 그땐 내 생각이 나리라. 설령 지견이 하늘을 가리고 대지를 덮을 만큼 대단하고, 그 말솜씨가 천하 선지식을 꼼짝 못하게 한다 하더라도, 원오나 대혜 스님 같은 이들의 예를 거울삼아 스스로 돌이켜보아야 한다. 만일 몽중일여에 이르지 못했다면 깊이 참회하고 더욱 공부를 열심히 해야 한다.

성철 《선문정로》

어느 가을날이었다. 노승이 성철을 찾아와 무릎을 꿇었다. 인상이 온화했고, 태도는 단정했다. 잘게 퍼져있는 주름살이 속기俗氣를 지워버린 듯했다. 절 식구들이 열린 문으로 이를 지켜봤다. 이내 제자들이 염화실 방문을 닫았다. 노승이 입을 열었다.

"제가 깨달은 바 있어 찾아왔습니다. 다들 스님을 찾아가 보라 해서, 이렇게 세상의 끝에서 스님을 뵙습니다."

노승은 성철에게 깨달음의 인가를 받고자 했다. 나이는 성철보다 많았다. 하지만 불가에서 젊고 늙음은 아무런 의미도 없었다. 곧바로 성철이 주장자를 치켜들었다.

"내 물음에 똑바로 대답해야 한다."

"예, 스님. 거짓은 없을 것입니다."

"동정일여한가?"

"예. 화두를 한결같이 붙잡습니다."

"그렇다면 꿈속에서도 일여한가?"

그러자 노승은 말이 없었다. 성철은 무섭게 쏘아보았다. 노승은 성철의 눈길을 피해 천장을 바라보았다.

"네 이놈, 무엇이 깨침이란 말이냐!"

성철이 주장자를 들어 노승을 내리쳤다. 노승은 미동도 하지 않고 매를 맞았다. 평생 마음을 닦아 깨달음을 얻었다고 생각했는데 그것이 참이 아니라면 어쩌겠는가. 이 세상을 떠날 날이 얼마 남지 않았는데 이를 어쩌면 좋은가. 매가 아픈 것이 아니었다. 오로지 부처님을 섬기며 살아온 지난날들이 서럽고 아픈 것이었다. 이를 듣고 있는 백련암 대중도 함께 아팠다.

성철의 매질이 멈추고 노승은 성철 앞에 엎드렸다. 마른 어깨가 들썩였다. 그 울음이 처연했다. 성철은 다시 화두를 주었다.

"이 늙은 놈아, 다시 공부하겠는가?"

"예, 스님."

노승이 화두를 받았다. 다시 선방에서 목숨을 내놓고 정진해야 했다. 노루꼬리만큼 남은 생에서 깨달음을 얻기란 쉽지 않을 것이다. 저 생에서 다행히 사람 몸을 받는다면 다시 선방에 앉을 수도 있을 것이다. 하지만 사람으로 태어나는 것, 또 불법을 만나는 것은 어렵고도 어려웠다. 그래서 옛 조사들은 '가사를 입고 사람 몸을 잃음이 제일 원통하다'고 하지 않았는가. 가사 속에 무간지옥이 있음이었다.

곱게 늙음은 그냥 상相이었다. 속인들은 풍파 없는 고요한 삶을 동경하며 구족색신具足色身을 좇지만 《금강경》은 상에 집착 말라고 일렀다. 득도한 사람에게는 육신에 반드시 변화가 생기지만 그것이 부처처럼 32상이 모두 뛰어남은 아니었다.

마음에 자신의 참모습이 나타나기까지는 자신의 내부에서 얼마나 큰일들이 벌어지는가. 벼락이 내리치고 비바람이 몰아치고 산하가 울부짖는 거대한 혼돈이 지난 뒤에야 절대의 고요가 찾아왔다. 작디작은, 여리디여린 꽃도 그냥 피지는 않을 것이다. 어찌 꽃 한 송이가 아픔 없이 피겠는가. 꽃이 열리는 순간은 개벽이 아니겠는가. 그런 순간들이 모여 있어서 세상은 지속되는 것 아닌가.

노승이 걸망을 걸머졌다. 백련암 아래 가파른 길을 가만가만 밟았다. 가을 오후는 더없이 쓸쓸했다. 백련암 입구의 늙은 나무들도 손을 모았다. 모두 그 뒷모습을 지켜보고 있었다. 성철이 버럭 소리쳤다.

"뭣들 하는가! 정진하지 않고."

그렇다면 누가 성철로부터 인가를 받아 법을 잇고 등불을 전하는 사법전등嗣法傳燈의 제자가 되었는가. 성철에게서 인가를 받았다는 사람은 여럿 있다. 하지만 정작 성철은 자신이 누구에게 인가를 했다는 말을 한 적이 없다. 사실 깨달음을 얻기란 지극히 어렵다. 마조 스님은 선종사에 선지식을 가장 많이 배출한 인물이다. 하지만 백장 스님의 법을 이은 황벽 스님은 이렇게 말했다.

"마조대사 문하에서 88명이 세상에 나와 도량에 앉아 스승 노릇을 했지만 마조 스님의 바른 안목을 증득한 사람은 두세 사람뿐이다."

대혜 스님도 마찬가지였다. 문하에서 종사를 자처하고 법석을 연 사람이 수없이 많았지만 대혜는 그들 모두를 인정하지 않았다. 우리 불교는 지금 어떠한가. 성철은 생전에 이렇게 개탄했다.

출가한 몸으로 부지런히 공부해 대각을 성취하지 못하면 그 죄가 얼마나 큰지 스스로들 알아야 한다. 예전에는 뼈를 깎는 노력과 수행으로 도를 성취한 도인들이 참 많았는데, 요즘은 스님들 아니면 지옥 채울 사람이 없다고들 하니 참으로 기가 막힌다.

성철 《선문정로》

분홍꽃빛 후광

　백련암은 가야산의 가장 높은 곳에 있었다. 백련암은 이름처럼 흰 연꽃으로 피어 있었다. 성철의 법문과 오도悟道 후 불사가 향기롭기 때문이었다. 사람들은 그 향기를 좇아 숨을 헐떡이며 백련암을 찾아갔다. 종교계, 학계, 정계 그리고 예술계 사람들이 성철 앞에 무릎을 꿇었다.
　자기 분야에 일가를 이룬 이들은 잘사는 것이 무엇인지 물었다. 성철에게서 자신의 인생을 검증받고 싶어 했다. 세속에서 이름이 높을수록 붙들고 있어야 할 것들이 많았다. 숨겨놓은 것들, 말할 수 없는 것들을 꺼내 성철 앞에 펼쳐보였다. 성철은 그들에게 '불교'를 얘기했다. 간결하면서도 쉬웠다.

하지만 성철의 말은 간결하기에, 또 쉽기에 깊었다. 어떤 때는 경經이었고, 어떤 때는 잠箴이었다. 사람들은 성철에게서 범상치 않은 기운을 느꼈다. 시인 서정주도 1973년 봄 백련암의 성철을 찾아갔다. 농익은 시어로 절창을 뽑아내던 시기였다.

서정주는 19세에 박한영 스님을 만나 머리를 깎고 불경을 공부했다. 박한영은 유불선儒佛仙에 통달한 학승이었다. 이광수, 최남선, 신석정 등도 그의 문하에서 수학했다. 서정주는 동대문 밖 개운사에서 절밥을 먹었다. 그러면서도 연애소설을 읽고 기생집도 드나들었다. 1934년 6월 서정주는 참선을 하겠다며 홀연 금강산 장안사를 찾아갔다. 장안사에는 당대의 고승 만공 스님이 주석하고 있었다. 만공이 보기에 서정주는 중이 될 인물은 아니었던 듯하다.

"선을 하려면 거사로는 안 되고 아주 중이 돼야 한다. 뒤에 후회하지 않겠는지를 많이 생각해보라."

만공은 서정주를 본체만체했다고 한다. 서정주는 이튿날 금강산을 떠나왔다.

대선사 만공의 눈에도, 석전(박한영)의 눈에도 수행은 않고 절간 처마 밑에서 담배나 피우고 연애소설이나 읽는 서정주가 선이나 중과는 거리가 멀게 보였을 것이다.

이경철《미당 서정주 평전》

서울 거리를 배회하며 김동리 등 문우들과 어울리던 서정주는 신식 여성 임유라를 사랑했다. 그것은 짝사랑이었고, 실연은 그를 방랑으로 내몰았다. 서울을 떠나기로 작정했다. 서정주는 시인 이상과 서울에서의 마지막 술잔을 기울였다. 초저녁부터 마신 술은 새벽까지 이어졌다. 청진동 해장국집에서 이상과 헤어진 서정주는 서울역에서 기차를 탔다. 그리고 1936년 4월 해인사 일주문을 넘었다. 주지를 찾아가 김동리가 써준 소개장을 내밀었다. 그렇게 해인사 품에 들었다. 마음 속 울화와 근심을 씻으려 했지만 젊은 시인의 눈에는 젊은 아낙들만 눈에 들어왔다.

"몹쓸 마군이여, 무명의 혼돈이여."

머리를 흔들었지만 소쩍새 우는 밤이면 여인들이 뇌리에서 떠나지 않았다. 해인사 주변 여관에서 여류화가의 유혹을 받고 시 〈대낮〉을 썼다. 또 몸뚱이가 울긋불긋한 꽃뱀을 보고는 〈화사花蛇〉를 썼다.

절 근처 밀주집에 안주로 북어를 쫙쫙 찢어 다시 살생해 가며 도무지 여자답지 않은 주모를 희롱하기도 하고 총각 머슴과 안주인이 땀 뻘뻘 흘리며 하는 그 짓거리를 훔쳐보기도 했다. 그러다 성이 안 차면 불경 공부하러 온 거사들과 어울려 절 아랫마을 색싯집으로 내려가 술을 고래로 마시고 색시들을 꼬여

내 혼숙하기도 했다.

이경철 《미당 서정주 평전》

　서정주가 해인사 산문을 넘기 한 달 전 성철은 해인사에서 삭발을 했다. 1936년은 성철과 서정주 모두에게 평생을 걸어가야 할 길이 열렸다. 서정주는 신춘문예에 당선되어 시인이 되었고, 성철은 머리를 깎고 승려가 되었다. 그해 늦봄과 초여름을 성철은 해인사 선방에서, 서정주는 해인사 사하촌에서 보냈다. 서정주가 들었던 소쩍새 울음을 성철도 똑같이 들었을 것이다. 같은 햇살과 바람을 맞았지만 두 사람이 길러낸 것은 물론 달랐다. 시인은 방황의 탈출구를, 선승은 영원히 사는 새 길을 찾았을 것이다. 성철은 그 유명한 출가시를, 서정주는 관능의 이불 위를 맨몸으로 뒹구는 시를 썼다.

　따서 먹으면 자는 듯이 죽는다는
　붉은 꽃밭새이 길이 있어

　핫슈 먹은 듯 취해 나자빠진
　능구렝이같은 등어릿길로,
　님은 다라나며 나를 부르고⋯

強한 향기로 흐르는 코피
두손에 받으며 나는 쫓느니

밤처럼 고요한 끌른 대낮에
우리 둘이는 웬몸이 달어…

서정주 〈대낮〉

이경철은 《미당 서정주 평전》에서 서정주의 시 〈대낮〉에 대해 이렇게 썼다.

"머리도 식힐 겸 서울서 합천 해인사로 내려가 구상한 작품. 그러나 실연失戀의 터질 듯한 아픔, 번열기를 삭히려 들어간 한갓진 산속이기도 했다. 못 이룬 사랑 때문인가. 대낮에 펼쳐지는 육욕肉慾이 실오라기 하나 걸치지 않은 맨몸으로 달아오르고 있다. 형용사의 꾸밈이 아니라 동사로 육욕과 관능과 원초적 생명을 향하여 100미터 달리기 경주하듯 온몸이 터질 듯 달려나가고 있는 시가 〈대낮〉이다."

거의 같은 시기에 승려와 시인이 되어 해인사의 품에 안겼던 두 사람은 그 후 37년 만에 백련암에서 만났다. 1973년 초파일이었다. 서정주는 큰절을 올린 다음 무릎을 꿇었다. 젊은 날에는 서로 존재조차 알지 못했지만 백련암에서 마주 앉은 두 사람은 그 명성이 산을 이루고 있었다. 성철 62세, 서정주 59세

성철 스님과 서정주 시인.
백련암 마당에서
기념사진을 찍었다.

였다. '이제는 돌아와 거울 앞에 섰을'법한 서정주는 그때 이런 질문을 했다.

"저는 육십이 멀지 않은 나이인데도 이쁘게 보이는 여자를 만나면 연연한 마음이 생기는 걸 아직도 끊지 못하고 있습니다. 스님께서는 어떠신지요?"

서정주의 능글맞은 고백이었다. 시로써 젊은 날의 바람기를 잡았지만 아직 욕심의 꿈틀거림이 남아있음을 숨기지 않았다. 고도의 농일 수도 있었다. 성철은 소리 내어 웃으며 이렇게 말했다.

"서정주 씨는 큰 시인이라고 듣고 있었는데, 그것도 아직 모르시오? 아 그러니까 중들은 날이 날마다 아침저녁으로 부처님께 예불도 하고, 불경도 배워 읽고, 참선도 하고, 마음을 바로 닦으며 지내는 것 아니요."

서정주는 이때 구도자의 솔직한 모습을 발견했다고 술회했다. 시인은 선승을 친견한 소감을 이렇게 남겼다.

"참 이상했던 것은 이때 그의 상반신의 주위에서는 아련한 후광後光이 일어나서 비치고 있던 일이다. 그 빛은 아주 엷은 분홍빛이었던 걸로 기억하고 있다. 이 빛깔은 지금까지 우리가 보아 온 성인화聖人畵들에 나타났던 그 후광들의 빛깔과는 다른 빛이어서 아직껏 그것이 신비스럽기만 하다. 성철 큰스님의 앉으신 몸 뒤에 어리었던 그 영원히 청정하게 꽃다운 정신생명을 느끼게 하던 엷은 분홍꽃빛이 실제 후광의 본색이고, 지금까지 화가들의 성인화에 나타났던 그것들은 상상으로만 그럴싸하게 덧붙여 놓은 장식일 뿐 아니었는가 하는 생각도 들었다."

이런 두 사람의 인연에서 영감을 얻어 시인이며 평론가인 송희복은 이런 시를 지었다.

한 편의 시詩를 쓴다는 것
말(言)이 절(寺)을 만나는 일 아니랴.

서정주 시인이 성철 스님을 만났을 때
백련암 선방에서 보았다는 보랏빛 후광처럼
거침없이 말하고 때로 웃음을 터뜨리며
천진한 표정을 짓고 하던
성철 스님의 배경에
드러난 보랏빛 후광처럼
흰 빛이나 금빛이 아니라
석산石山의 해돋이와 해질녘에
엷은 보랏빛으로
둥두렷이 어리는 그 빛처럼
신기한 일 아니랴
한 편의 시를 쓴다는 것
마음속의 절 한 채
저마다 짓는 일 아니랴.

송희복 〈보랏빛 후광〉

사진작가 육명심도 성철을 찾아갔다. 그는 우리네 삶과 우리 고유의 것들, 그리고 사람들을 포착해냈다. 사진에 관한 통념을 깨며 자신만의 세계를 구축해온 독보적인 인물이었다. 사물의 본질을 '마음으로 찍는' 육명심에게 성철은 독특한 존재였다. 그래서 자신의 렌즈에 담고 싶은 대상이다.

육명심은 특유의 배짱으로 해인사 백련암을 향해 무조건 '진격'했다. 삼천배를 하지 않으면 누구도 만나주지 않던 성철이 웬일로 그를 맞았다. 육명심은 성철을 친견하는 순간 엄청난 기운을 느꼈다. 눈앞의 선승이 태산 같은 기세로 자신을 압도했다. 평생 수많은 인물들을 찍었지만 그런 경우는 없었다.

"사진은 뭐 하러 찍을라 하나?"

"스님, 만약 부처님 생전에 사진술이 있었더라면 세상의 불상이 무슨 소용이 있겠습니까?"

성철이 씨익 웃었다.

"그럼 한번 찍어봐라."

육명심의 '작전'은 성공했다. 그런데 막상 성철의 얼굴을 살피던 육명심은 사진 찍을 욕심을 슬그머니 내려놓아야 했다. 성철의 눈두덩이 좀 부어 있었기 때문이었다. 신장이 좋지 않아서 겨울철이면 가끔 그렇게 눈두덩이 부어올랐다. 육명심은 선승의 모습을 말이나 글이 아닌 오직 카메라에 담을 뿐이었다. 성철의 얼굴을 렌즈에 제대로 담을 자신이 없어졌다.

"안 되겠습니다."

"그렇다고 사진을 안 찍어?"

"안 찍는 게 아니라 못 찍겠습니다. 나중에 다시 오겠습니다."

성철은 고개를 끄덕였다. 성철은 날이 풀리는, 부처님오신날쯤 다시 오라고 말했다. 하지만 육명심은 가지 않았다. 결국 성철의 사진은 다른 사람이 찍었다. 성철의 사진을 모아 《포영집》을 출간한 주명덕 작가였다. 그 소식을 전해들은 육명심은 내심 다행이라 여겼다. 카메라로 찍는 사진이 아니고 자신의 눈으로, 마음으로 찍은 사진이 훼손되지 않고 남아있기 때문이었다. 결국 천하무구天下無垢의 사진 한 장이 남은 셈이었다. 육명심은 이런 글을 남겼다.

"누군가가 그 사이 스님을 찍었다는 소문을 들었다. 누가 찍었든지 일단 찍었으면 되었다. 그 모습은 앞으로 기록으로 남을 테니까. 어떤 점에서 사진은 꼭 카메라로만 찍는 것만이 다가 아니다. 오히려 내 육안의 망막으로 찍는 무집착의 촬영법이 이 선승이 두는 단수 높은 인생의 바둑 한 판의 대국이 될 수도 있으니까 말이다."

육명심은 성철을 친견했던 그날, 그 순간을 이렇게 기억했다.

"사진작가로서 욕심과 집착을 버리고 마음으로 사진을 찍었던 내 생의 최고의 순간이었다."

불필은 단단했다

   시부모가 세상을 뜨자 고향집은 며느리 이덕명이 지켰다. 덕명은 출가한 딸을 기다렸다. 그러나 수경(불필 스님)은 오지 않았다. 성전암에 있는 성철을 찾아가 딸을 돌려달라고 악도 써보고 애원도 해봤지만 소용없었다. 성철은 쳐다보지도 않았다.
   산청 묵곡리에 홀로 남겨진 덕명은 외로웠다. 그 많던 식솔들은 흩어져갔고 경호강은 그저 무심했다. 숲속에서 떨어진 바람이 담을 넘어와 방문을 흔들었다. 유림의 당당했던 며느리는 갈수록 작아졌다. 눈 오는 밤이면 딸이 그립고, 달 밝은 밤이면 보고 싶었다. 덕명은 딸을 찾아 나섰다. 마지막 인사를 받은 지 10년 만이었다. 짐작은 했지만, 가지산 석남사에서 만난 수경은 딸이 아닌 스님이었다. 세속 인연을 끊어버린 불필에게서는 찬바람이 일었다.

비련의 여인이 따로 없었다. 사십 대에 딸을 절로 보내고 오십대 후반에 이른 어머니에게서는 벌써 노년의 체취가 묻어났다. 소쩍새처럼 그리움을 노래해도 받아줄 사람 하나 없이 세월이 너무나 쓸쓸했을 나의 어머니. 그러나 나는 10년 만에 찾아 온 어머니를 지나가는 행인보다 더 무심히 대했다.
불필 《영원에서 영원으로》

불필은 곁을 내주지 않았다. 딸은 아버지의 길을 걷고 있었다. 세속은 윤회의 길이요 출가는 열반의 길이었으니, 혈육이란 아무 의미도 없었다. 정情이라는 보따리를 이고 딸을 찾아간 어머니는 매번 눈물바람을 하면서 돌아섰다.

"내가 낳았지만 독사보다 지독하다."

하지만 이덕명에게도 출가의 인연이 기다리고 있었다. 석남사에서 우연히 윤회와 인과응보에 대한 인홍 스님의 법문을 듣고 마음이 움직였다. 우연이란 없는 법, 출가는 예정되어 있음이었다. 이덕명은 성철의 도반 자운 스님으로부터 계를 받았다. 법명은 일휴一休였다. 유림 이상언의 속가를 벗어나 남편과 딸이 있는 불가佛家에 들었다. 일휴는 16년 동안 불필 곁에서 기도하며 절밥을 먹었다. 그리고 1981년 여름 저녁에 떡국 한술을 뜨고 입적했다. 성철이 막 종정에 추대되어 한국불교의 상징이 되어 있을 때였다. 고단하고 쓸쓸했던 생이었지만 마지막 모습은 사뭇 달랐다.

가신 모습에서는 모든 상이 다 떨어져서 그리움도 애착도 기다림마저도 보이지 않았다. 사흘 후, 장작더미에 불이 활활 타고 육신은 한 줌의 재가 되었다. 다시 그 재를 동서남북으로 뿌리니 사람의 한 생이 허무하였다.

불필《영원에서 영원으로》

그날 불필은 눈물을 보이지 않았다. 슬픔은 법랍 25년의 비구니를 더 이상 흔들지 못했다.

불필은 이미 법력이 깊었다. 20대에는 성철이 써준 법문 노트를 품었고, 30대에는 '운달산 법문'과 해인사에서 들은 '백일법문'을 받들었다. 아버지 성철처럼 곁눈 팔지 않고 수행에 전념했다.

백일법문을 들은 후 1년쯤 지났을 때 불필은 은사인 인홍 스님이 이끄는 석남사에서 대중과 3년 결사를 했다. 장우, 성우, 혜관, 혜춘 등 원로와 법희, 법용, 백졸, 혜주 등 젊은 비구니들이 마음을 모았다. 석남사는 성철의 가르침을 가장 반듯하게 실천하는 비구니 도량이었다. 선방을 지었을 때도 성철은 심검당尋劍堂이란 이름을 지어주었다. '지혜의 검을 찾아서 어리석음을 베라'는 시퍼런 원이 서려 있었다. 이후 심검당은 비구니들의 수행 명소가 됐다.

3년 결사가 시작되자 성철은 이들을 격려하는 법문을 했다.

사력을 다한 노력으로 열심히 공부하라. 그렇지 않고 방일放逸하면 미래겁이 다하여도 공부는 성취하지 못한다. 정진은 일상과 몽중, 숙면에 일여가 되어야 한다. 잠시라도 화두에 끊어짐이 있어서는 안 된다.

결사는 한 치의 빈틈도 없이 진행됐다. 하루 삼백배 참회기도를 하고 능엄주를 독송하고 모두 좌복을 떠나지 않았다. 도량 전체에 사람 소리가 끊겼다. 말이 필요치 않았기 때문이었다. 선방에 든 사람이나 이를 외호하는 대중이나 모두 비장했다. 결사에 참여한 비구니는 3년 동안 석남사 일주문 밖을 나가지 않았다. 그들에게는 오늘이 마지막이었다. 내일은 없었다.

"온 도량의 분위기가 칼날처럼 살아있어 누구 하나라도 태만하면 스스로 살이 베일 것 같은 긴장감이 감돌던 시간이었다." (불필)

결사의 끝이 보이자 마지막으로 백일 용맹정진에 들어갔다. 백일 동안 한순간도 눕지 않고 정진한다는 것은 죽을 각오 없이는 할 수 없었다. 불필은 밤에 졸음이 오면 밖에 나가 산길을 걸었다. 짐승이 나타나도 피하지 않았다. 용맹정진은 듣고 보는 것조차 없어야 했다. 치열하게, 아니 그 치열함도 지워지도록 정진했다.

마침내 백일 용맹정진을 마쳤다. 3년 결사를 해냄은 조계종 전체에서도 드문 일이었다. 13인의 비구니는 회향 법문을 들으러 성철을 찾아갔다. 성철은 겉으로는 무심하게 공부의 경계를 물었지만 속으로는 대견해했다. 음성에 칭찬과 격려가 녹아있었다. 대중은 그걸 간파했다. 비구니들의 3년 결사는 실로 장엄했다. 우리 불교사에 아로새겨야 할 쾌거였다.

불필은 출가 이후 해인사 청량사, 태백산 홍제사, 문경 대승사 윤필암, 해인사 국일암, 지리산 도솔암과 대원사, 오대산 지장암 등 제방에서 수행했다. 그리고 석남사 심검당을 선禪의 본향으로 삼아 정진을 거듭했다. 불필은 성철에게 필요 이상 다가가지 않았다. 또 다가갈 수도 없었다. 수행을 거듭할수록 성철은 경외의 대상이었다.

"나는 지중한 인연으로 큰스님의 딸로 태어났지만 단 한 번도 아버지라 불러보지 못했다. 그리고 열여덟 살에 안정사 천제굴에서 뵌 순간부터 큰스님은 내게 아버지가 아니라 스승일

가야산 금강굴에서
성철 스님 사진 앞에 선
불필 스님.
불필에게 수행이란
성철을 아버지가 아닌
스승으로 받드는 것이었다.

뿐이었다. 그럼에도 주변 분들은 나를 큰스님의 딸로만 바라보는 듯하다."

열세 살 때 묘관음사에 찾아가 처음 아버지 얼굴을 보았지만 아버지는 인사조차 받지 않았다. 만나자마자 소리쳤다.

"가라 가."

불필은 성철의 성정을 많이 닮았다. 맺고 끊는 게 분명했다. 남에게 아쉬운 소리를 하지 못했다. 아버지에 대한 미움이 굳건했지만 그럼에도 아버지의 길을 걸어야 했다. 출가 이후 불필은 성철만을 바라보며 살았다. 속세의 인연 때문이 아니었다.

그것은 불가의 인연이었다. 성철의 법문은 밥과 같은 것이었다. 먹지 않으면 죽어야 했다. 그래서 꼭꼭 씹어서 삼켜야 했다.

불필은 성철이 호랑이로 버티고 있는 가야산에 들었다. 권속이 늘어나니 떠돌 수만은 없었다. 36세에 첫 상좌를 받은 불필은 20여 년 동안 24명의 제자를 두었다. 손상좌까지 따르는 무리가 70여 명이었다. 가야산에 금강굴을 지었고, 이 사실을 성철에게 3년 동안 숨겼다. 못난 중으로 숨어서 공부만 하겠다는 다짐을 어겼기 때문이었다. 성철은 금강굴 옆을 지나가지도 않았다.

불필은 금강굴에서 성철의 가르침을 실천했다. 석남사의 수행가풍을 이어 봉암사의 공주규약을 지켰다. 또 삼천배로 상징되는 절 수행을 철저하게 시켰다. 절은 절하는 곳이었다. 성철은 이렇게 말했다.

"죄업이 멸하면 그 자리에 복이 생긴다. 그러니 참회정진으로 복을 지어야 한다."

"절하다 죽은 사람은 없다. 누구든 참회의 절을 해야 한다."

성철의 법문을 듣고 불필은 석남사에서 일만배를 한 적이 있었다. 일만배를 마쳤을 때 사람에게는 퍼내도 퍼내도 다 쓸 수 없는 무한 능력이 있음을 알았다.

불필은 일찍이 절을 해서 몹쓸 병이 나은 기적을 지켜봤다. 지리산 도솔암에 있을 때였다. 초등학교 친구가 중병을 앓고 있다는 소식을 듣고 친구 집을 찾아갔다. 눈썹이 하나도 없는, 의사들도 고개를 젓는 희귀병이었다. 불필은 문득 친구에게 삼천배를 시켜보고 싶었다. 삼천배를 하면 업력을 벗어날 것 같다는 생각이 들었다. 유교 집안의 친구는 다행스럽게 불필의 말을 믿고 따랐다. 백일 동안 하루 천배씩 절을 시켰다. 아무도 없는, 침묵의 공간에서 친구는 홀로 엎드렸다. 거친 숨소리가, 때로는 흐느낌이 새어나왔다. 백일기도 회향을 21일 앞두고서는 하루에 삼천배씩을 하도록 했다.

친구는 점차 기력을 회복했다. 친구는 내친김에 기도를 더해보겠다고 했다. 불필은 그런 친구에게 도솔암 근처의 응석사에서 삼천배 백일기도를 하도록 했다. 친구는 하루에 삼천 번을 엎드렸다. 그러던 어느 날 온몸에서 흰 벌레가 빠져나가는 꿈을 꾸었다. 백일기도 후 친구의 병은 씻은 듯이 나았다.

사람들은 불필을 '절 시키는 선수'라고 했다. 불필은 성철이 왜 그렇게 삼천배를 시켰는지 몸소 깨달았다. 자꾸 엎드리다 보면 하심이 되고 참회가 되어 자신을 돌볼 수 있는 힘이 생김을 체험했기 때문이었다.

참회기도의 으뜸은 삼천배다. 몸을 엎드리면 마음도 엎드려진다. 몸과 마음은 하나이기 때문이다. 내 몸을 상대방의 발 아래로 낮출 때 진정 참회가 되는 것이고, 그 참회 위에 세상과 사람에 대한 감사 그리고 부처로 살아가겠다는 발원이 선다.

불필《영원에서 영원으로》

불필은 성철의 딸이 아닌 제자로 엎드리고 또 엎드렸다. 성철이 열반한 후에도 성철의 사상을 전파하고 유지를 기리는 데 심혈을 기울이고 있다.

그러고 보면 이제 세상에는 불필만이 노승으로 홀로 서있다. 할아버지 이상언은 '성철 스님에게 간다'며 세상을 떴고, 할머니 강상봉은 보살 초연화로 평생 성철 곁을 맴돌았다. 또 아내 이덕명은 일휴라는 법명으로 딸 곁에 머물다 떠났다. 그렇다면 전생의 승려들이 모였다 흩어진 것은 아닌지.

평범한 것의 위대함

성철의 장좌불와와 동구불출 같은 초인적인 수행은 생전에 이미 전설로 회자됐다. 그렇다면 깨친 이후의 하화중생은 무엇인가. 성철은 불교를 기복신앙에서 참회와 발원의 신앙으로 바꿔놓았다. 불교 안의 비불교적 요소를, 선종 안의 비선종적 요소를 걷어냈다. 승려들이 신도의 복을 빌어주는 것은 절집이 굿집이나 다름없음이었다. 성철은 '부처님 법대로' 이런 일체의 행위를 추방하라 일렀다. 봉암사에서부터 천제굴, 성전암, 김룡사, 백련암에 이르기까지 성철의 사자후는 변함이 없었다.

석가모니 부처님도 달마대사도 우리 자성이 부처라는 것을 알렸을 뿐이다. 천불이 나타나 도와주어도 중생을 부처로 만들

수는 없다. 그러니 승려들이 초능력을 지닌들 무슨 소용이 있을 것인가. 만일 초능력을 득했다 해도 자신의 도력이라 뽐낼 것이 아니라 이를 중생제도에 활용해야 할 것이다. 승려는 부처와 통하는 사람이 아니라 중생을 부처의 길로 인도하는 사람이다. 어설픈 신비에 기대니 불교가 '산속의 무속'쯤으로 치부되고 낡고 색이 바랜 종교로 인식되는 것 아닌가.

성철에게도 물론 신비스런 이야기들이 전해져 내려오고 있다.

"신도의 금목걸이가 눈에 거슬려 방 안에서 키우던 산비둘기를 불러 계곡에 버리게 했다."

"오늘 누가 온다고 말하면 어김없이 손님이 찾아왔다."

"6·25전쟁을 미리 내다보고 봉암사의 장서를 안전한 곳으로 옮겼다."

성철이 초능력을 지녔을지도 모른다. 그러나 자신의 입으로는 어떤 얘기도 하지 않았다. 깨친 후에 중요한 것은 '내'가 아니었다. '남'이었다. 성철의 일상은 지극히 평범했고, 가르침 또한 경經을 벗어나지 않았다. 도는 일상 속에 있었고, 고명한 진리는 평범했다. 평범한 것이 제일 위대했다. 노자도 '크게 지혜로운 사람은 마치 어리석은 사람 같다(大智若愚)'고 했다. 지혜의 최고 단계에 이르면 지혜의 경계도 없어져야 했다. 성철은 백일법문에서 도를 위해서는 날마다 덜고, 배움을 위해서는 날마다 더 하라는 노자의 말을 인용했다.

성불해서 도를 보는 것은 스스로를 끊고 다시 소생하는 것이었다. 낭떠러지에서 손을 놓아 버림이니, 그것은 모든 것을 버림이었다. 높은 것에서 손을 놓아 떨어지면 그 어떤 것도 남을 수 없음이었다. 일체의 것을 버려서 아무것도 남지 않은 경계는 자기 자신만 알 수 있다. 그래서 성철은 '자기를 속이지 말라(不欺自心)'고 했다. 실로 벼락같은 경책이다.

산책길의 성철에게 누군가 물었다.

"스님은 이 길에서 무슨 생각을 하십니까."

"겨울에는 춥고 여름엔 덥지."

듣는 사람은 너무 단순해서 그 의미를 되새김질해야 했다. 하지만 산책을 할 때면 산책만을 했기에 가능한 답이다. 산책을 하면서 수많은 분별을 따지고, 숱한 망념이 떠오른다면 이런 답을 할 수 없다. 모든 것을 비웠기에 가능한 것이다.

성철은 새벽 2시쯤 일어나 3시에 백팔참회를 했다. 정해진 시간에 공양을 하고 하루 두 번 산책을 했다. 또 삼천배를 마친 신도와 공부를 점검받으러 오는 스님들을 접견했다. 그 외는 종일 참선과 독서로 소일했다. 3평 넓이의 거처에는 석굴암 부처님 사진 한 장이 걸려있고 경상經床과 좌복뿐이었다. 화분이나 그림 한 점 없었다. 성철의 이런 생활은 살아있는 법문이었다. 성철은 식생활에서도 수행자의 본분을 잃지 않았다.

"아침은 현미죽을 들고 점심과 저녁은 현미밥을 들었다. 버섯을 물에 담가 우려낸 국물에 감자와 당근을 약간 썰어 넣은 것이 국 겸 찌개였다. 반찬은 솔잎 가늘게 썬 것 한 숟가락, 검은콩 삶은 것 한 숟가락, 곰취나물 조금, 마와 더덕을 소량 섭취했고, 계절별 반찬으론 쑥갓이 날 땐 쑥갓 세 줄기, 복숭아가 나올 땐 복숭아 반 쪽, 가을과 겨울에는 사과 반쪽이 반찬으로 나왔다. 여름에 아주 더울 때 수박을 조금 먹었고, 평소에 몸이 냉하여 가끔씩 설사를 했기 때문에 식후에 곶감을 하루 한 개씩 먹었다. 차는 인동과 대나무잎, 녹차를 넣어 삶은 물을 갈증이 나면 한 잔씩 마셨고, 피곤할 땐 차에 꿀을 넣어 마시기도 했다. 식사량은 아주 소량이었으며 간식은 전혀 하지 않았다. 반찬에 소금과 간장이 전혀 들어가지 않은 무염식을 하였다."(원소)

성철은 대중법어를 통해 크게 세 가지를 강조했다. 몸을 받고 살았던 이 세상에 남긴 유언 같은 것이었다.

자기를 바로 봅시다.
남을 위해 기도합시다.
남모르게 남을 도웁시다.

그 속에 불교의 핵심이 녹아있었다. 그것은 자기 견성, 공덕회향, 이타행 실천이었다. 깨닫고, 그 깨달음을 나눠주고, 마침내 깨달음 속에 녹아듦이었다. 그 가르침은 지금도 우리 가슴을 적시고 있다. 성철은 불도들에게 세상은 전부 자기중심으로 남을 해치려 하지만, 불교는 나를 완전히 내버리고 남을 위해서만 살아야 한다고 당부했다.

그럼에도 한국불교는 세상과 거꾸로 살지 않았다. 세상과 타협하며 속세에 물들어갔다. 자기 자신에 감탄하고, 자신을 숭배했다. 성철이 종정으로 있던 10년 동안 총무원장이 열 번이나 바뀌었다. 조계종은 바람 잘 날이 없었다.

1983년 8월 '신흥사 사건'이 터졌다. 설악산 신흥사에서 신임 주지 부임을 둘러싸고 유혈 난투극이 벌어졌다. 승려 1명이 흉기에 찔려 사망하고 여러 명이 다쳤다. 대처승들이 물러갔지만 절 뺏기 싸움은 끊이지 않았다. 설악산 입구에 있는 신흥사는 문화재 관람료를 받아 돈이 쌓여있었다. 그 돈을 차지하려 싸웠다. 폭력배를 동원한 계획된 범행에 국민들은 경악했다. 종정 성철은 교시를 내려 통탄했다.

"꿈결에서도 생각할 수 없는 신흥사 사태는 종단 미증유의 참사이며, 천인이 공노할 비극입니다. 자비로 생명을 삼는 불문에서 이러한 불상사가 발생한 것은 누구도 용서하지 않을 것입니다. 그리하여 국민이 들끓고 있으며, 곤충미물들도 조계종단을 외면하고 있습니다. 이는 일시적 돌발사고가 아니요, 오랫동안 계속된 종단 분쟁의 결말이며, 조계종단이 극도로 타락한 증좌입니다."

스님의 맑은 미소.
자기 견성. 공덕 회향.
이타행 실천. 깨닫고,
그 깨달음을 나눠주고,
마침내 깨달음 속에
녹아든 성철 스님의
가르침은 지금도
우리 가슴을 적시고
있다.

이 사건으로 종단 집행부가 퇴진하고 종회 또한 해산했다. 그해 9월 소장파 승려들이 중심이 된 이른바 '비상종단'이 발족됐다. 이들은 비상종단운영회의를 설치해 개혁을 추진하지만 이에 대한 반발도 만만치 않았다. 반대 세력이 승려대회를 열어 비상종단 해체를 결의하고 폭력배들을 동원해 조계사 총무원을 점령하는 사태가 벌어졌다.

이런 사태를 지켜보던 성철이 종정직 사퇴서를 제출했다. 그러나 조계종은 성철을 대신할 만한 인물을 찾지 못했다. 성철은 1984년, 86년, 88년 세 차례 사퇴서를 제출했지만 뜻을 이루지 못했다. 특히 1986년 4월에 제출한 사퇴서는 그 이유가 '종단 안정'이었다.

"종단이 이만큼 안정되었으니 우승愚僧은 종정직에서 사퇴

합니다. 앞으로 부처님의 법에 의하여 종단이 운영 발전되기를 바랍니다."

앞뒤가 분명하다. 성철이 종정을 사퇴하겠다고 하면 주변에서 종단이 안정될 때까지만 머물러 달라고 했을 것이다. 이로 미루어 성철은 부단히 종정이란 고깔을 벗어버리려 했음을 알 수 있다. 비록 고깔을 쓰고 산속에만 있더라도 한국불교는 성철이 필요했다. 세속의 눈으로 보면 욕심 없고 의지가 부족한 허수아비였고, 무능한 노승일 수 있었다. 그래도 한국불교에 큰일이 생기면 달려갈 곳이 딱 하나밖에 없었다. 바로 성철이 있는 해인사 백련암이었다.

1991년 1월 종정의 임기가 만료되었다. 이에 1월 23일 종정직을 맡을 생각이 없다는 통고문을 보냈다. 성철은 이제는 제발 그만 '종정 고깔'을 벗겨달라고 했다. 하지만 종단 일각에서 성철의 연임을 요청했다. 그러자 다른 문중에서 새로운 종정을 내세우겠다며 반발했다. 종정 추대를 둘러싸고 문중 다툼 양상을 보이자 성철은 다시 7월 5일 통고문을 보내 종정직을 맡지 않겠다고 선언했다. 10일에는 '종도에게 보내는 글'까지 발표했다. 그럼에도 사흘 후 해인사에서 열린 전국승려대표자회의에서 성철을 종정에 추대하기로 결의했다. 이어서 8월 22일 조계종 원로회의에서 성철을 종정으로 추대했다. 이때는 성철의 몸이 많이 쇠약해 있었다. 옛날 같으면 주장자를 내치며 고깔을 팽개쳤겠지만, 10년 동안 쓰고 있던 고깔은 옛날의 고깔이 아니었다. 이미 자신의 의지대로 쓰고 벗을 수 없게 되었다. 이 듬해 초파일 법어를 발표함으로써 종정직을 수락했다.

  성철이 종정으로 있는 동안 많은 고승이 입적했다. 성철과 동시대를 살며 치열하게 수행하고 불교의 새 길을 찾았던 이들이었다. 시대는 험했지만 삶은 향기로웠다. 성철은 종정으로서 추도사를 발표했다. 추도사는 스님의 법맥과 행적을 살펴 직접 작성했다. 성철이 글을 바친, 한 시대를 밝혔던 고승들은 지금 살펴도 빛이 난다.

  경봉정석(1892~1982) 탄허택성(1913~1983)

  동헌완규(1896~1983) 구산수련(1909~1983)

  혜암현문(1885~1985) 일우종수(1918~1985)

  벽초경선(1899~1986) 석암혜수(1911~1987)

  영암임성(1907~1987) 벽안법인(1901~1988)

  고암상언(1899~1988) 성운지효(1909~1989)

  자운성우(1911~1992)

병중일여 게송

상대적이고 유한한 세계를 넘어 절대적이고 영원한 세계로 들어가는 것이 종교다. 그렇다면 그 영원한 세계는 어디에 있는가. 불교에서는 바로 마음속에 있다고 한다. 그러니 마음을 보라고 했다. 마음을 보면 자기 자신이 절대자라는 것을 알 수 있다는 것이다. 중생의 근본자성은 부처님과 조금도 다름이 없다. 하지만 번뇌망상이란 먼지가 끼어 있어서 스스로를 보지 못하니 자신의 본래면목을 보기 위해서는 마음을 닦는 공부를 해야 했다. 여러 가지 공부가 있겠지만 성철은 마음을 보는(見性) 가장 수승한, 가장 빠른 길이 참선이라 일렀다. 부처님도 성불하기 전에는 모든 중생에게 불성이 있음을 알지 못했다. 깨닫고 보니 중생이 빠짐없이 불성을 갖추고 있었고, 그래서 "신기하고 신기하다"고 감탄했다. 그런 만큼 자기 마음속에 부처가 있음을 믿고 열심히 공부해야 했다.

하지만 한국불교는 견성에 대한 설이 분분했다. 성철은 견성에 대한 그릇된 견해와 망설이 퍼져있음을 가장 우려했다. 그것은 선종의 종지宗旨를 흐리고 정맥正脈을 끊는 일이었다. 성철은 이를 바로잡는 데 일생을 바쳤다. 견성이 곧 성불임을 밝히는 것이 깨침의 회향이었고, 오도悟道 후의 불사였다. 돈오돈수 사상도, '자기를 바로 보자'로 상징되는 법어도 여기서 비롯되었다. 사실 경향 각지의 선방마다 견성했다는 승려들이 넘쳐났다. 하지만 성철이 보기에는 어림없었다.

견성했으니 인가해달라고 찾아오는 이가 일 년에 수십 명이 넘는데 태반이 견성은커녕 몽중일여도 되지 않은 자들이다. 그래서 부처님이 말씀하신 견성이란 동정일여·몽중일여를 넘어 숙면일여가 되고 나서 얻는 것이라고 설명해주면 '아, 견성이 그렇게 어려운 것이었습니까?' 하고 순순히 돌아가곤 하는데, 간혹 막무가내로 고함을 치며 법담法談해보자고 달려드는 이들도 있다. 또 자기는 몽중일여 숙면일여를 넘어 완전히 무심경계에 들었다고 억지를 쓰는 이들도 있는데 그건 완전 거짓말이다. 천하 사람을 다 속인다 해도 자신은 속일 수 없다. 그렇게 거짓말 하는 사람이 있는가 하면 간혹 숙면일여를 지나 묘각을 성취했다고 착각하는 사람도 있다.

예전엔 이런 이들을 물리치지 않고 일일이 만나줬지만 아무리 일러줘 봐야 소용이 없다. 그래서 근간엔 시자를 시켜 만나보게 하는데 그런 이들이 한둘이 아니라 도처에 가득하다.

성철 《선문정로》

성철의 몽둥이질이 차츰 뜸해졌다. 고희를 넘기면서부터는 찾아오는 선승들을 아예 만나주지도 않았다. 성철은 탄식을 쏟아냈다.

"'성철은 너 성철이고 나는 나다. 긴 소리 짧은 소리 무슨 잠꼬대가 그리 많으냐' 하면서 달려드는 진정한 공부인이 있다면 내가 참으로 그 사람을 법상에 모셔놓고 한없이 절을 하겠다. 그런 사람이야말로 출격 대장부이며 시퍼렇게 살아있는 사람이다."

기어이 성철이 혼잣말을 했다.

"그놈이 그놈이구나. 내 말 듣는 놈이 아무도 없어."

성철은 눈 푸른 납자를 기다리고 있었다. 그러나 달마의 푸른 눈을 닮은, 깨친 선승은 오지 않았다. 성철은 점점 지쳐가고 있었다.

팔순이 다가오자 기력이 눈에 띄게 쇠해졌다. 관절염으로 거동이 불편해졌고, 무엇보다 가슴 부위가 아팠다. 심장질환이 분명했다. 제자들이 스승을 모시고 심장 전문의 서정돈 박사를 찾아갔다. 진찰 결과 부정맥을 앓고 있음이 밝혀졌다. 서 박사는 심장조절박동기를 심장에 부착해야한다고 했다. 성철은 몸속에 기계를 박아야한다는 말에 고개를 저었다.

"그냥 죽지, 그래 살아서 뭐하겠나."

서 박사는 그런 성철을 곡진하게 설득했다.

"부정맥은 흔한 병입니다. 심장조절박동기 부착은 간단한 시술입니다. 눈 나쁜 사람이 안경을 쓰는 것과 같습니다. 말하자면 심장에 안경 하나 얹는 것입니다."

박사의 '안경론'을 성철은 묵묵히 들었다. 제자들도 입원을 간청했다. 성철은 이내 수술대 위에 누웠다. 수술은 성공적이었다. 제자 원택이 서 박사에게 은밀하게 물었다.

"큰스님께서 치료를 받으셨는데, 제가 어떤 마음의 준비를 하고 있어야겠습니까?"

"다른 이상은 없으시니 앞으로 건강하실 것입니다. 그래도 각오는 하셔야 합니다."

원택은 안심이 되면서도 등골이 서늘했다. 제자는 '각오'란 말을 그냥 삼켜버릴 수 없었다. 스승이 없는 백련암, 가야산, 해인사, 한국불교를 떠올려봤다. 1987년 봄날의 일이었다.

언제부턴가 성철은 추위를 무척 탔다. 백련암은 가야산의 한기가 그대로 몰려왔다. 백련암에서 겨울나기가 힘들어졌다. 제자들은 노승 성철을 따뜻한 남쪽으로 모셨다. 부산에 거처를 마련했다. 부산 중심가에서 대형목욕탕과 숙박업을 하고 있던 이용수, 최봉순 부부는 자신의 건물 맨 위층에 별실을 만들어 놓고 성철을 맞았다. 부부는 성철을 6·25전쟁 직후부터 극진하게 섬겼다. 훗날 자신의 업소를 절터로 기증했다. 또 구봉 현승훈 거사, 정행인 보살도 부산 선동 화승원 안에 성철의 처소를 마련했다. 성철은 이곳에서도 걸망을 풀었고, 그 공간을 '시간 밖'이라는 뜻의 겁외사劫外寺라 이름 지었다. 열반 후 제자들이 성철의 생가 터에 지은 절 겁외사는 여기서 이름을 따온 것이다.

성철은 부산 해운대 근처에 있는 해월정사에도 머물렀다. 바다를 좋아하는 스승을 모시기 위해 만상좌 천제가 바다가 보이는 곳에 절을 지었다. 성철은 사찰 이름도 바다 해海 자를 넣어 직접 지었다. 넓은 바다와 밝은 달빛(月)은 부처님의 법과 지혜를 뜻했다. 해월정사에 머물 때에는 일체 사람들을 만나지 않았다. 가끔 송정, 기장 해변과 장안사 등을 둘러봤다.

가야산 호랑이로 살아온 지 30년, 성철도 노인이 되어야 했다. 늘 다니던 포행길도 힘겨웠다. 그리고 병이 들어왔다. 폐렴으로 부산 동아대병원에 한 달 넘게 입원했다. 성철이 입원 중에 제자 원택을 찾았다. 열반하기 1년 10개월 전이었다. 초췌해진 얼굴로 제자를 쳐다보던 성철이 한마디 했다.

"똑같다."

말뜻을 알아듣지 못한 제자가 눈만 끔벅거렸다.

"이놈아, 똑같다 이 말이다."

"무엇이 똑같다고 말씀하시는 겁니까."

성철은 제자를 한참 노려보다가 입을 열었다.

"옛날 젊었을 때나, 장좌불와할 때나, 지금이나 다 똑같다는 말이다. 너는 벽창호를 언제 면할 것이냐. 그 말도 못 알아들어. 쌍놈 아니가."

그때서야 제자는 스승의 말뜻을 알아차렸다. 성철의 법문이 환하게 떠올랐다.

"숙면일여, 즉 오매일여의 경지를 넘어서야 비로소 안과 밖이 투철해지고(內外明徹) 무심無心을 얻어 큰 깨달음을 이룬다."

성철은 죽음을 넘나드는 와병 중에도 '일여'의 경지를 잃지 않고 있었다. 자신의 내면을 들여다보고 그것을 제자에게 확인하여 전하고 있음이었다. 원택은 문득 스승이 지월 스님을 문병했을 때의 장면을 떠올렸다.

지월은 그 누구를 만나도 하대하지 않아서 '가야산의 인욕보살'로 추앙받고 있었다. 그러던 스님이 몸져누웠다. 원택은 산문에 든 지 얼마 되지 않은 1973년 초봄, 성철을 따라 문병을

갔다. 스승의 문병은 실로 싱거웠다. 원택은 그때를 생생하게 기억하고 있었다. 성철은 다른 일체의 말은 하지 않고 오직 화두만을 챙겼다.

"성성합니까? 화두가 끊어지지 않고 잘되지요?"

"그렇습니다."

"똑같다 이 말이지요?"

"일여합니다."

"그러면 됐습니다. 화두만 끊어지지 않고 잘되면 됐습니다."

성철은 곧바로 일어섰다. 화두를 들고 있기에 더 붙들 이유도 슬퍼할 이유도 없었다. 불생불멸, 부증불감이었다. 지월 스님은 성철과의 선문답을 나눈 그날 밤 열반에 들었다.

그렇게 지월 스님을 보냈던 성철이 병상에서 자신을 점검하고 있었다. 원택은 병중일여病中一如에 든 성철이 새삼 경이로웠다. 하지만 다른 한편으로는 불안감이 솟구쳤다. 이때 스승이 불쑥 종이 한 장을 내밀었다.

쨍쨍한 해가 푸른 하늘에 빛나고 빛나며
천 길 바다 밑에서 고기는 뿔이 돋아나네
조주 운문 스님은 도리어 길을 헤매고
만 갈래 산호가지는 그 빛이 찬란하네

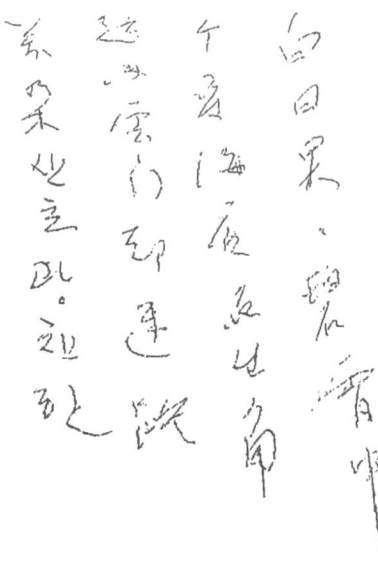

성철 스님이
병중에 쓴 게송.
원택 스님이 처음
공개했다.

白日杲杲碧霄中　千深海底漁生角

趙州雲門却迷路　萬朶珊瑚光燦爛

1992년 1월 28일, 동아병창東亞病窓에서

종이를 받아든 원택은 깜짝 놀랐다. 불길한 생각이 엄습했다.
'정녕 떠나실 준비를 하시는 것인가.'
하지만 글을 꼼꼼하게 읽어보니 열반송은 아니었다. 열반송이라면 굳이 '동아병창'이라는 장소를 밝히지 않았을 것이다.

제10장/눈 푸른 납자를 기다리다

그것은 스승 성철이 병중일여의 심경을 표출한 것이었다. 일테면 '병중일여 게송偈頌'이었다. (원택 스님은 취재차 만난 평전 작가에게 성철이 힘들게 쓴 병중의 글씨를 처음 공개했다.)

몸은 쇠약해도 글은 기운찼다. 병중일여 게송은 열반송보다 당당하다. 지나온 일생을 회고하며 마음을 꺼내 보였다. 해는 푸른 하늘에서 빛나고 고기는 뿔이 돋고 있었다. 조주와 운문 스님은 성철 앞에서 쩔쩔 매고 있음이니, 이를 보며 산호가 만 갈래의 가지를 흔들며 깔깔거리고 있음이었다.

결장 / 참선 잘하그래이

状貌

열반

성철은 출가 후 줄곧 가슴에 쇠말뚝 하나를 박고 살았다. 거기엔 패牌 하나가 붙어 있었다.

'영원한 진리를 위해 일체를 희생한다.'

세속적인 명리를 버리고 영원히 사는 길을 찾아 나섰다. 그 길을 불교에서 찾았고, 부처가 열었던 길을 발견했다. 그 길은 어둠에 잠겨있었다. 성철은 육조혜능이 밝혔던 횃불을 들고 길 위에 섰다. 분명 옛길이었지만 구도자에게는 전혀 새로운 길이었다.

깨달음은 문 없는 문이었으니 부처를 만나면 부처를, 조사를 만나면 조사를 죽여야 비로소 열렸다.

결장/참선 잘하그래이

세상에 나와서 진리를 본 것은 축복이었다. 그 축복은 쌓아놓으면 사라져갔다. 축복은 남을 위하는 것으로 완성되었다. 남을 위해 기도하고 중생을 돕는 것이 지고의 삶이었다.

성철은 일생을 가난하게 살았다. 도를 이루기 위해서는 가난부터 배우라 일렀다. 가난이 참다운 자유임을 실증해보였다. 밥그릇 하나에 옷 한 벌로 살았다. 적게 먹었다. 그래서 지구에서의 삶의 자리가 가장 적게 패였다. 최소의 생활이 최대의 자유였다.

성철의 누더기 옷은 치열한 수행으로 대자유를 얻은 사람의 징표였다.

가을이었다. 그해 가을은 해인사 퇴설당에 맨 먼저 찾아왔다. 해인사 방장이, 조계종단 종정이, 가야산 호랑이가 '떠날 시간'을 부르고 있었다. 해인사 사람들이 퇴설당을 기웃거렸다. 그리고 한 마디씩 했다.

"벌써 가을인가."

성철은 버릴 것은 모두 버렸다. 기력 또한 쇠잔했다. 자주 눈을 감았다. 제자 원융은 스승이 혼침昏沈에 빠진 줄 알고 여쭈었다.

"큰스님, 지금 경계가 어떠하십니까?"

그 말에 성철이 벌떡 일어났다. 그리고 원융의 뺨을 후려쳤다. 열반에 들기 사흘 전 일이었다. 이 소식은 빠르게 퍼져나 갔다.

"가야산 호랑이가 죽지 않았구나."

성철이 제자 원택을 찾았다. 불길했다. 퇴설당에 들어선 원택을 스승은 물끄러미 바라봤다. 성철이 이내 희미하게 웃었다.

"내 이제 갈란다. 너희를 너무 괴롭히는 거 같아."

가슴이 내려앉았다. 올 것이 왔음이었다. 겨우 말을 꺼내 올렸다.

"시자들이 또 스님의 마음을 거슬렸나 봅니다. 부디 고정하시고 노여움을 푸시지요."

"아니다. 이제 갈 때가 다 됐다. 너무 오래 있었다."

제자는 다시 엎드렸다.

"불교를 위해서나 해인사를 위해서나 좀 더 계셔야 되지 않겠습니까."

"아니다. 이제 가야지. 내 할 일은 다 했다."

성철은 말을 마치고 눈을 감았다. 제자가 할 일은 없었다. 이어지는 침묵만을 삼켰다. 소식을 들은 제자와 노장들이 퇴설당으로 달려왔다. 제자들은 성철의 열반송을 이미 받아놓고 있었다.

결장/참선 잘하그래이

성철 스님
친필 열반송.

일생 동안 남녀의 무리를 속여서
하늘 넘치는 죄업은 수미산을 지나친다
산 채로 무간지옥에 떨어져서 그 한이 만 갈래나 되는데
둥근 한 해 붉음을 내뿜으며 푸른 산에 걸렸도다
生平欺誑男女群　彌天罪業過須彌
活陷阿鼻恨萬端　一輪吐紅掛碧山

　일체중생이 부처였다. 그럼에도 방편을 내세워 진리를 찾으라고 수없이 설했으니 그 죄업이 수미산만큼 컸다. 《백일법문》《선문정로》《본지풍광》도 결국 달은 아니었다. 달을 가리키는

손가락질에 불과했다. 육조는 '나의 허물만 보고 세상의 허물은 보지 않는다'고 했건만 부처를 보고도 중생이라며 허튼 소리를 했다. '설할 수 없는 불법의 진리를 설한 죄업'으로 지옥에 빠져야 했다. 중생을 속였으니 중생과 고통을 함께 해야 했다. 중생이 아프니 성철 자신도 아픈 것이다.

하지만 함께 지옥에만 있을 수는 없었다. 해가 붉은 빛을 토하며 푸른 산에 걸려있음은 부처의 지혜광명이 만물에 생명을 나눠주고 있음이었다. 그런 만큼 성철은 남은 이들에게 수행에 전념하여 그 실상을 보라고 당부했다. 시절인연에 따라 선승의 본분사로 회향하지만 부디 '상구보리 하화중생하라'고 이 땅의 승려들에게 주는 유언이었다. 성철의 열반송은 절망이면서 희망이었다. 그리고 그 절망과 희망마저 떠나 보냄이었다.

어떤 무리들은 이를 문자만으로 따져서 종정 성철이 평생 남녀 무리들을 속여왔고, 결국 그 죄가 무거워 지옥으로 떨어졌다고 저주를 퍼부었다. 하지만 저들이 마지막까지 말에 속지 말라는 본분종사의 가르침을 어떻게 알겠는가. 불교에 대해서, 선에 대해서, 선승에 대해서 무지한 자들이었다. 몰라서 가여운 자들이었다.

가을밤이 지나가고 있었다. 여명이 밝아오자 성철이 눈을 떴다.
"나 좀 일으켜 다오."

결장/참선 잘하그래이

성철의 마지막을 기다리는 시간이 새벽 5시를 가리키고 있었다. 성철이 다시 말했다.

"답답하구나. 나를 안아라."

원택은 스승을 끌어안았다.

"새끼야, 편하게 좀 해봐라."

지상에서의 마지막 꾸중이었다. 원택은 성철을 고쳐 안았다. 스승의 몸이 너무 가벼웠다. 창밖이 설핏 환했다. 1993년 11월 4일, 오전 7시 30분.

"새벽인가?"

"네."

"그럼 나도 가야겠다. 다들 못 보고 가겠구나."

제자가 울음을 삼켰다.

"참선 잘하그래이."

글을 마치며

잎 떨군 나무들이 빈 하늘을 가리키고 있다. 겨울나무가 아니라 이름이 겨울나무인 겨울나무가 말한다.

"나를 보지 말고 허공을 보세요. 저 허공의 설법을 들어보세요."

성철 스님도 손가락을 보지 말고 손가락이 가리키는 달을 보라며 이렇게 말했다.

"나 같은 중한테 속지 말라."

성철이 아니라 이름이 성철인 한 부처의 생을 옮겼다. 하지만 성철 스님의 생을 제대로, 완전히 태우지 못했다. 스님은 남김없이 비우고 떠났건만 《성철 평전》은 부유물 투성이다. 스님의 일갈이 들린다.

"중도도 알지 못하는 놈이 어찌 사량분별로 허튼 짓을 했는가."

고승의 생을 옮긴다는 것은 얼마나 무서운 일인가. 그럼에도 불법에 무식하고 한순간 선정에 든 적도 없는 일개 서생이 글자를 동원했으니, 반딧불로 수미산을 태워보겠다는 어리석음 아니던가.

중생이 원래 부처이고 현실 이대로가 극락세계라 했다. 모두가 부처인 세상에서 용서란 있을 수 없고, 이미 구원된 이 땅에서는 구원을 구할 수 없으니 어찌하면 좋은가. 다만 속물임을 고백하며 독자들에게 세속적인 용서를 구해본다. 문자를 동원하여 선승 성철을 가리켰으니 부디 성철만을 보며 삼가 엎드린다.

많은 도움으로 《성철 평전》을 매듭지을 수 있었다. 새삼 인연의 묘함을 체감했다. 출판사 모과나무와 편집진에게 감사드린다.

2017년 새해 작업실에서
김택근 두 손 모음

퇴옹성철 대종사 행장

1912년

경상남도 산청군 단성면 묵곡리에서 아버지 이상언과 어머니 강상봉의 4남 3녀 중 장남으로 출생. 속명은 이영주.

1920년(9세)

4월 단성공립보통학교에 입학. 입학하기 전에 서당을 다닌 것으로 알려져 있다.

1926년(15세)

3월 단성공립보통학교를 졸업. 진주중학교 입학시험에 우수한 성적으로 합격하였으나 신체검사에서 탈락. 원래 몸이 약했던 스님이 이 무렵부터 요양차 대원사에 드나들다.

1931년(20세)

대원사에 드나들며 불교에 빠질 것을 염려한 집안에서 결혼을 서두르다. 11월 이덕명과 혼인.

1932년(21세)

12월 2일 《간례휘찬簡禮彙纂》에 〈이영주서적기〉를 남기다. 동서고금의 철학에 관한 70여 권의 책 제목이 적혀 있다. 20세를 전후한 시기에 본격적으로 불교에 관심을 가지고 불교 관련 서적을 탐독하다. 영가현각선사의 《증도가》를 읽고 밤중에 햇불을 만난 것 같았다고 회고. 잡지 〈불교〉를 통해 화두 공부를 익히고 대원사 요양 중에 대혜종고선사의 《서장》을 보다.

1935년(24세)
대원사 탑전에서 화두참구하며 42일 만에 동정일여의 경지에 이르다. 대원사에서 해인사에 연락하여 효당 최범술 스님이 대원사를 방문, 최범술의 권유로 해인사에 가다.

1936년(25세)
주지 고경 스님의 호의로 해인사 퇴설당에서 참선 정진하다.
해인사에서 강의하던 강사 김법린이 교학 연구를 권하다.
3월 3일 동산혜일 스님을 은사로 해인사에서 수계 득도.
출가시를 읊다.

하늘에 넘치는 큰 일들은 붉은 화롯불에 한 점의 눈송이요
바다를 덮는 큰 기틀이라도 밝은 햇볕에 한 방울 이슬일세
그 누가 잠깐의 꿈속 세상에 꿈을 꾸며 살다가 죽어 가랴
만고의 진리를 향해 초연히 나 홀로 걸어가노라
彌天大業紅爐雪　跨海雄基赫日露
誰人甘死片時夢　超然獨步萬古眞

범어사 금어선원에서 하안거, 범어사 원효암에서 동안거.
11월 18일 용성진종 스님이 동산 스님에게 계맥을 전수하는 자리에 참석.

1937년(26세)
3월 15일 범어사 금강계단에서 비구계 수지.

범어사 원효암에서 하안거.
용성 스님을 시봉, 용성 스님이 서울 대각사로 옮겨 가실 때 데려가겠다고 했지만 부산역까지만 배웅하고 도망쳤다는 일화가 있다.
통도사 백련암에서 동안거.

1938년(27세)
범어사 내원암에서 하안거, 통도사 백련암에서 동안거.
어머니가 철마다 옷가지와 음식 등을 마련하여 찾아왔으나 계속 물리치다.

1939년(28세)
은해사 운부암에서 하안거, 도반 향곡 스님을 만나다.
금강산 마하연에서 동안거. 마하연에서 평생 지기 자운 스님을 만나다. 한문 초서를 모르는 대중스님들의 부탁으로 편지를 대독하고 대필해주기도 하였다. 어머니가 찾아왔으나 만나지 않다가 대중공사를 통해 금강산 유람을 시켜드리기도 했다.

1940년(29세)
금강산 마하연에서 하안거.
동화사 금당선원에서 동안거, 오도송悟道頌 읊다.
깨달음을 얻은 후 장좌불와 수행을 시작하다.

황하수 곤륜산 정상으로 거꾸로 흐르니
해와 달은 빛을 잃고 땅은 꺼지는도다

퇴옹성철 대종사 행장

문득 한번 웃고 머리를 돌려 서니
청산은 예대로 흰 구름 속에 섰네
黃河西流崑崙頂　日月無光大地沈
遽然一笑回首立　靑山依舊白雲中

1941년(30세)
전남 송광사 삼일암에서 하안거.
충남 수덕사 정혜사에서 동안거, 정혜사에서 청담 스님을 만나다. 음력 정월에 대웅전에서 3일 동안 철야기도하는 모습에 감동을 받고 이후 칠일, 삼칠일 기도의 모델로 삼다.

1942년(31세)
충남 서산군 간월암에서 하안거, 동안거.

1943년(32세)
충북 법주사 복천암에서 청담 스님과 하안거. 복천암에서 도우 스님을 만나 이후 도우 스님이 대승사, 봉암사, 천제굴까지 함께 하다. 청담, 도우 스님 등과 생식을 시작. 청담 스님이 독립운동 혐의로 체포되어 상주경찰서에 연행되었다가 피병사로 옮겨지고 상주포교당으로 주거 제한을 받다. 스님은 대승사로 가려고 했으나 식량 사정의 여의치 않아 경북 선산 도리사 태조선원에서 동안거.

1944년(33세)
도리사 태조선원이 폐쇄되어 도리사에서 하안거.

청담 스님이 거주 제한이 풀려 대승사로 옮기고 스님을 초청하여 경북 문경 대승사 쌍련선원에서 청담, 우봉, 도우 스님과 동안거.

1945년(34세)
대승사에 쌍련선원에서 하안거, 청담스님과 총림 구상과 바른 수행 풍토에 대해 논의.
대승사 암자인 묘적암에서 동안거.

1946년(35세)
송광사에 방부를 들이려다가 생식을 이유로 거절당하다. 송광사에서 일타 스님을 만나다.
도우 스님과 성전암으로 옮겨 하안거, 동안거.
해인사에 가야총림이 개설된다는 소식에 청담 스님과 함께 해인사측 스님들을 만났으나 비구대처간 갈등과 재정 문제로 타협이 결렬. 가야총림 방장에 효봉 스님을 추대.

1947년(36세)
총림 건은 청담 스님에게 일임하고, 도우 스님과 통도사 내원암에서 하안거.
경북 문경 봉암사에서 동안거.
봉암사에서 "부처님 법대로 살자"는 기치 아래 결사하여 우봉, 청담, 향곡, 자운, 월산, 법전 스님 등과 주석.
공주규약을 세우고 장삼과 가사, 발우 등을 정비하였으며, 신도에게 삼배와 보살계를 처음으로 시행하였다. 중국 총림의 일과에 맞게 생활하고 대불정능엄신주를 독송하고 예불문을 완성하였다. 이후 주요 인물들이 조계종 종정, 총무원장 등 요직을 맡으며 교단 정화는 물론 종단의 기틀을 마련하였다.

1948년(37세)
봉암사에서 하안거, 동안거.
김병룡거사에게 불서를 기증받고 봉암사 극락전에 모시다.

1949년(38세)
봉암사에서 하안거.
부산 기장군 월내리의 묘관음사에서 동안거, 불서도 묘관음사로 옮겼으며 이후 거처를 옮길 때마다 불서를 옮기다.

1950년(39세)
청담, 법전 등이 봉암사를 나오면서 봉암사결사를 끝내다.
경남 고성 문수암에서 청담, 법전 등과 하안거, 동안거.

1951년(40세)
경남 통영 안정사 은봉암에서 하안거.
안정사와 은봉암 사이 산자락에 초가삼간의 토굴을 지어 천제굴이라 이름하고 동안거. 신도들에게 삼천배와 아비라기도를 하게 하다.

1952년(41세)
천제굴에서 하안거. 천제굴에 머무는 동안 청담, 자운, 운허, 향곡, 서옹 스님 등이 다녀가다.
비구니 스님들 요청으로 경남 창원 성주사에서 동안거.

1953년(42세)
천제굴에서 하안거, 동안거.

1954년(43세)
천제굴에서 하안거, 동안거.
비구 종단의 정화가 시작되다.

1955년(44세)
경남 남해 용문사 백련암에서 하안거.
파계사 한송 스님의 요청으로 파계사 성전암으로 옮겨 동안거.
9월 비구 정화 후 해인사 초대 주지로 임명했으나 거절하다.
파계사 성전암에 철조망을 두르고 1964년까지 10년간 동구불출하며 하안거, 동안거.

1964년(53세)
동구불출을 마치고 부산 다대포에서 하안거.
서울 도선사에서 동안거, 청담 스님과 승가대학 실현을 위해 실달학원을 열고 실달학원 시행요강을 마련하다. 청담 스님과 서원문을 쓰다.

1965년(54세)
경북 문경 김용사 조실로 추대.

퇴옹성철 대종사 행장

김용사에서 하안거, 동안거.
4월 30일 동산 스님 입적, 1967년 세운 동산혜일 대종사 사리탑비 비문을 짓다.
9월 한국대학생불교연합회(대불련) 회원들이 김룡사를 방문하자 삼천배를 시키고 불교의 근본 사상을 현대학문의 방증을 들어 설법하다.

1966년(55세)
김룡사에서 하안거.
1월 대불련 구도부를 상대로 50일 안거정진을 지도하다.
4월 스님의 발원으로 시작한 김룡사 선방 상선원을 준공하다.
8월 대불련 구도부 구도법회를 지도하다. 참선정진을 중심으로 하고 20일 간 《반야심경》을 시작으로 《육조단경》《금강경》《신심명》《증도가》등의 경론과 중도 이론을 대중들에게 최초로 설법함. (운달산 법회)
자운스님의 권유로 해인사 백련암으로 옮겨 동안거. 구도법회 참가자 일부가 스님을 따라 백련암으로 옮겨 출가하다.
11월 6일 월정사 대웅전 상량식에 참가하다.

1967년(56세)
7월 해인총림 초대 방장으로 취임.
안거 때마다 보름과 말일에 상당법어를 하다.
동안거 기간 중에 백일법문을 하다.
12월 15일 조계종 제17회 중앙종회에 조계종 종합수도원인 해인총림의 계획안과 승가대학 설치계획안을 건의하다.

1969년(58세)
10월 월정사 대웅전 낙성식에 참석 후, 청담 스님 등과 춘천 성심여자대학을 방문하여 다른 종교 교육기관을 시찰하고 승가대학에 대한 방향을 모색.

1976년(65세)
《한국불교의 법맥》 출간.

1981년(70세)
1월 20일 대한불교조계종 제6대 종정으로 추대, 취임법회에는 나가지 않고 "산은 산이요 물은 물이로다"라는 취임법어를 내리다.

원각이 보조하니 적과 멸이 둘이 아니라
보이는 만물은 관음이요 들리는 소리는 묘음이라
보고 듣는 이 밖에 진리가 따로 없으니
아아, 시회대중은 알겠는가?
산은 산이요 물은 물이로다

5월 부처님오신날 최초 한글법어 "생명의 참모습"을 발표.
12월 《선문정로》 출간, 경론의 구절을 초록하고 평석을 붙여 돈오돈수를 설파하다.

1982년(71세)
1월 한글 신년법어 "만법이 불법"을 발표.

퇴옹성철 대종사 행장

11월 《본지풍광》 출간.

1986년(75세)
6월 《돈오입도요문론 강설》과 《신심명·증도가 강설》 출간

1987년(76세)
6월 《자기를 바로 봅시다》 출간.
7월 백련불교문화재단 설립.
11월 도서출판 장경각을 설립, 〈선림고경총서〉 발간을 시작.

1988년(77세)
2월 《돈황본 육조단경》 출간.

1991년(80세)
8월 대한불교조계종 제7대 종정으로 재추대.

1992년(81세)
4월 《백일법문》 상·하권 출간.

1993년(82세)
9월 선림고경총서 완간 기념회를 열다.
10월 백련불교문화재단 주최로 '선종사에서 돈오돈수사상의 위상과 의미'라는 주제로 국제학술회의를 개최.
11월 4일 오전 7시 30분 해인사 퇴설당에서 "참선 잘하라"는 말씀을

남기고 입적. 세수 82세, 법랍 58세.

일생 동안 남녀의 무리를 속여서
하늘 넘치는 죄업은 수미산을 지나친다
산 채로 무간지옥에 떨어져서 그 한이 만 갈래나 되는데
둥근 한 수레바퀴 붉음을 내뿜으며 푸른 산에 걸렸도다
生平欺誑男女群　彌天罪業過須彌
活陷阿鼻恨萬端　一輪吐紅掛碧山

11월 10일 영결식 및 다비식 봉행.
11월 12일 100여 과 사리 수습.

1998년
11월 해인사 운양대에 사리탑 봉안.

2001년
3월 경남 산청군 단성면 묵곡리 생가터에 겁외사 창건.

2015년
4월 성철 스님 기념관 건립불사 회향.

퇴옹성철 대종사 행장

참고문헌

성철 스님 《돈오입도요문론 강설》 장경각, 2006
성철 스님 《무엇이 너의 본래면목이냐- 본지풍광·설화 1, 2》 장경각, 2009
성철 스님 《산은 산이요 물은 물이로다》 장경각, 2013
퇴옹성철 《돈황본 육조단경》 장경각 2006
퇴옹성철 《백일법문 상하》 장경각, 2006
퇴옹성철 《신심명·증도가 강설》 장경각, 2006
퇴옹성철 《영원한 자유》 장경각, 2007
퇴옹성철 《옛 거울을 부수고 오너라- 禪門正路》 장경각, 2013
퇴옹성철 《이뭣꼬》 김영사, 2013
퇴옹성철 《자기를 바로 봅시다》 장경각, 2002
퇴옹성철 《한국불교의 법맥》 장경각, 2001
퇴옹성철 《해탈의 길》 장경각, 2004

간디 해설·이현주 옮김 《바가바드 기타》 당대, 2001
고은 《화엄경》 민음사, 1993
곽암·이기영 역해 《십우도》 한국불교연구원, 1995
김광식 《아! 청담》 화남, 2004
김광식 《춘성》 중도, 2014
김광하 《노자 도덕경》 너울북, 2005
김달진 옮김 《법구경》 현암사, 1997
김봉렬 《가보고 싶은 곳 머물고 싶은 곳》 안그라픽스, 2002
김성철 외 《퇴옹 성철의 중도론》 성철선사상연구원, 2012
김순석 《백년 동안 한국불교에 어떤 일이 있었을까?》 운주사, 2009
김영욱 외 《근현대 한국불교의 전통인식과 성철 스님의 선사상》 성철선사상연구원, 2005

김용운《카오스와 불교》이언스북스, 2001
김풍기《선가귀감, 조선불교의 탄생》그린비, 2013
김형효·한승원 외《참선 잘하그래이》김영사, 2013
남회근·신원봉 옮김《금강경 강의》문예출판사, 2006
내암사상연구회《합천의 숨결 해인사의 향기》세종, 2015
다마키 고시로·이원섭 옮김《화엄경》현암사, 2011
대혜종고 원저·전재강 역주《서장》운주사, 2004
도대현《성철선사상》운주사, 2012
도법《부처를 만나면 부처를 죽여라》아름다운 인연, 2004
마스타니 후미오·이원섭 옮김《불교개론》현암사, 2015
목정배 외《돈오돈수와 퇴옹성철의 수증론》성철선사상연구원, 2012
목정배 외《백련불교론집 12》백련불교문화재단, 2002
목정배 외《성철 스님의 법어 법문》백련불교문화재단, 2008
묘엄 스님 구술·윤청광 엮음《회색 고무신》시공사, 2002
무비《당신은 부처님》불광출판사, 2011
무비 스님《신 금강경강의》불광출판사, 2010
박원자《인홍 스님 일대기-길 찾아 길 떠나다》김영사, 2013
박희승 외,《퇴옹 성철과 종교의 현실 참여》성철선사상연구원, 2011
법일 스님 문도회《방장산 대원사와 법일 스님》비움과 소통, 2013
법전《누구 없는가》김영사, 2012
법전·일타 스님 외《나 홀로 가노라 만고의 진리를 향해》장경각, 2013
법흥 엮음《보조국사와 송광사-선의 세계》호영, 1993
불교성전편찬회《불교성전》동국역경원, 1973
불교신문 기획·원택 스님 엮음《이 길의 끝에서 자유에 이르기를》조계종출판사, 2013
불필 스님 회고록《영원에서 영원으로》김영사, 2012
삐야닷시 테라·유미경 옮김《붓다의 옛길》달물, 2015

참고문헌

서명원《가야산 호랑이의 체취를 맡았다》서강대학교 출판부, 2013
서재영 외《아침바다 붉은 해 솟아오르네》장경각, 2015
성철 스님 문도회〈고경〉1996년 봄 창간호-1998년 가을 회향호
신문기사 자료집《덕산 이한상》활불교문화단, 2011
와타나베 쇼크·법정 옮김《불타 석가모니》동쪽나라, 2002
원소 스님 외《한국불교 개혁론 100년과 성철 스님의 개혁론》성철선사상연구원, 2010
원영 스님《부처님과 제자들은 어떻게 살았을까》불광출판사, 2011
원택 엮음《설전》책읽는 섬, 2016
원택 스님《성철 스님 시봉이야기》김영사, 2013
원택 스님 엮음《성철 스님이 들려준 이야기 1, 2》글씨미디어, 2012
원택 스님 엮음《성철 스님 행장》글씨미디어, 2012
원택 스님 엮음《성철 스님 화두 참선법》김영사, 2012
윤청광《고승열전 1~ 20》언어문화, 1998
이은윤 외《육조혜능과 퇴옹성철, 그리고 한국불교》백련불교문화재단, 2013
이지관 편저《가야산 해인사지》가야문고, 1992
이청《우리 옆에 왔던 부처, 성철》문화문고, 2012
이치노헤 쇼코·장옥희 옮김《조선침략 참회기》동국대학교 출판부, 2013
이현주《기독교인이 읽는 금강경》샨티, 2011
일지《멀어져도 큰산으로 남는 스님》우리출판사, 1996
임승택 외《돈점사상의 역사와 의미》성철선사상연구소·동국대학교 종학연구소, 2012
임혜봉《불교사 100장면》가람기획, 2006
자현 스님《불교 문화로 읽는다》민족사, 2012
장성욱《성철 스님과 아비라 기도》장경각, 2013
장지현《잊혀진 가람 탐험》여시아문, 2005
정법안《복천사지》속리산 복천암, 2011

정인영 《한계를 넘어서-묘엄스님 생애와 한국 비구니 승단》 동국대학교 출판부, 2012
정준영 외 《깨달음, 궁극인가 과정인가》 운주사, 2014
정찬주 《산은 산 물은 물-성철 큰스님 이야기》 열림원, 2010
조명제 외 《1960년대 전후 상황과 성철스님의 역할》 백련불교문화재단, 2006
조성택 편 《퇴옹 성철의 깨달음과 수행》 예문서원, 2006
조지훈 《채근담》 나남출판, 1996
지허 스님 《선방일기》 불광출판사, 2010
최원섭 외 《퇴옹 성철의 불교전통 계승과 현대한국사회》 한국불교학회, 2015
최인호 《길 없는 길 2》 여백, 2014
최인호 《할》 여백, 2013
한기문 외 《희양산 봉암사》 문경사, 2011
해인사 백련암 〈고경〉
혜국 스님 《신심명, 몰록 깨달음의 노래》 모과나무, 2015
황현·허경진 옮김 《매천야록》 서해문집, 2012

当孔颜之乐花然乎

怡微

如來滅後에 光輝佛日하고 再轉法輪하여 令法久住
者는 其唯法師矣라 (賢首與義湘書~原墨現存)
法性圓融無二相하니 諸法不動本來寂이라 無名無相
絶一切하야 證智所知요 非餘境이니라
身心語言이 皆悉斷滅하나도 終不能至彼土親證
所現涅槃(大覺實境)이어드 何況能次有思惟心으로測
度大覺의 圓覺境界리오 如取螢火하야 燒須彌山하야
야도 終不能至니라 (圓覺經金剛章第四二)
君이 將心意學玄宗하면 大似東向却西行(洞山竹
損法財滅功德은 莫不由斯心意識이니 是次禪門
에 了却心하고 頓入無生知見力이로다 (證道歌)
修行은 雖歷劫憶持如來秘密妙嚴하야도 不如一日
에 無漏業 (禪定) 이니라 (大正尸一三一A)